国内外经典教材辅导系列·中文类

《中国当代文学史》笔记和考研真题详解

【适用洪子诚第3版教材】

主编：圣才考研网

www.100xuexi.com

中国石化出版社

·北京·

内 容 提 要

本书是普通高等教育“十一五”国家级规划教材《中国当代文学史》(第3版，洪子诚著，北京大学出版社)的学习辅导书。洪子诚主编的《中国当代文学史》是我国高校广泛采用的当代文学权威教材之一，也被众多高校(包括科研机构)指定为“当代文学”考研考博专业课参考书目。本书遵循第3版的章目编排，共分为27章，每章由两部分组成：第一部分为复习笔记，总结本章的重难点内容，提炼高频考点，梳理知识逻辑关系，并邀请专业名师对其中热点内容进行点拨；第二部分为考研真题与典型题详解，精选详析了部分名校近年的考研真题和典型题，用以巩固和强化重要考点。

圣才考研网(www.100xuexi.com)提供洪子诚《中国当代文学史》电子书、题库。手机扫码(本书封底)领取本书AI电子书。

图书在版编目(CIP)数据

《中国当代文学史》笔记和考研真题详解/圣才考研网主编．—北京:中国石化出版社,2024.7.
ISBN 978-7-5114-7583-1

Ⅰ．I209.7

中国国家版本馆CIP数据核字第2024CM2719号

中国石化出版社出版发行
地址:北京市东城区安定门外大街58号
邮编:100011 电话:(010)57512500
发行部电话:(010)57512575
http://www.sinopec-press.com
E-mail:press@sinopec.com
武汉市盛宏源印务有限公司印刷
全国各地新华书店经销
*
787毫米×1092毫米16开本15.5印张380千字
2024年7月第1版 2024年7月第1次印刷
定价:60.00元

序　言

我国各大院校一般都把国内外通用的权威教科书作为本科生和研究生学习专业课程的参考教材，这些教材甚至被很多考试（特别是硕士和博士入学考试）和培训项目作为指定参考书。为了帮助读者更好地学习专业课，我们有针对性地编著了一套与国内外教材配套的复习资料，并提供配套的名师讲堂和题库。

洪子诚所著的《中国当代文学史》（第3版，北京大学出版社）被列为国家"十一五"重点图书，是我国高校采用较多的当代文学优秀教材，也被众多高校指定为"当代文学"专业考研参考书目。

作为该教材的学习辅导书，本书具有以下几个方面的特点：

1. 紧扣知识框架，拓展核心考点

每章的复习笔记紧扣原著知识框架，全方位解析核心考点，并进行延伸拓展，对重难点内容给予备考点拨。内容精炼，条理清晰，易于记忆，方便考生更有针对性地复习。

2. 精选考研真题，巩固重要考点

本书精选了部分名校近年的中国当代文学史考研真题与典型题，均提供了详细的答案。所选试题涵盖的知识点全面，特别注重理论联系实际，凸显当前热点。

要深深牢记：第一，目前，部分高校研究生院往往会给考研专业课的复习指定一些参考书目，这些参考书目无疑是备考考生最重要的复习对象，但是，研究生入学考试作为一种发掘科研人才的选拔性考试，其属性决定考生仅仅把对专业知识的了解与掌握拘囿于一、两本参考书目是远远不够的，必须是对整个专业的学术概况有一定的了解，基于此，本书对笔记的编写和题目的选择融合了整个学科的重要资源，而不是只以一本教材作为依据。第二，考研不同一般考试，概念题（名词解释）要当作简答题来回答，简答题要当作论述题来解答，而论述题的答案要像是论文，有的论述题的答案简直就是一份优秀的论文（其实很多考研真题就是选自一篇专题论文），完全需要当作论文来回答。总之，答得多不扣分，答得少则可能漏掉采分点！

手机扫码（本书封底）领取本书AI电子书。

圣才考研网（www.100xuexi.com）是圣才学习网旗下的考研考博专业网站，提供全国各高校教育类专业考研考博辅导班、电子书、题库、全套资料（历年真题及答案、笔记讲义等）、国内外经典教材名师讲堂、考研教辅图书等。

考研辅导： kaoyan.100xuexi.com（圣才考研网）

资格考试： www.100xuexi.com（圣才学习网）

圣才考研网编辑部

前　言

目　录

上编　50～70年代的文学

第1章　文学的“转折”

1.1　复习笔记

一、40年代的文学界

40、50年代之交的社会转折，影响了中国文学的构成因素，推动了它们之间关系的剧烈错动。40年代，文学有重大转折，不同的文学流派、文学力量在这一时期重组，呈现出新的文学格局。具体表现为：

1. 抗战中的文学流派分布

(1)左翼文学

以延安文学为主要构成的左翼文学，进入50年代后，成为唯一的文学事实。有以下几个特点：

①毛泽东的文艺思想，成为“纲领性”的指导思想。

②文学写作的题材、主题、风格等，形成了应予遵循的体系性“规范”。

③作家的存在方式，写作方式，作品的出版、阅读和批评等文学活动方式也都出现了重大变化。

(2)解放区文学

40年代的解放区文学界不断通过文学创作来探讨中国社会的未来，参与理想社会的创建。有以下几个特点：

①触及有关人性的深层次问题，表现历史乐观主义的理想情怀。

②不仅干预现实事实，也思考社会和人生的悖论情境，思考中国社会的背景与难题。

③作家以个体体验为出发点，具有鲜明的艺术个性。

2. 抗战后期及战争结束后的文学流派分布

这一时期，文学与政治有着紧密的联系。各政治力量都在找寻能服务于自身的作家来宣扬自身的主张，所以作家也不得不做出自身的政治立场选择。具体表现为：

(1)由中国共产党领导的是“中华全国文艺界协会”。此协会是由中华全国文艺界抗敌协会于1945年10月改名而来的。

(2)与国民党密切相关的是“中华全国文艺作家协会”。此协会由张道藩、徐仲年等人组织筹备，并于1946年正式成立。两协会的存在，宣告了战争期间文艺界“团结”的结束。

(3)“广泛的中间阶层作家”在战后表现出普遍理解左翼文学路线的趋向。代表作家闻一多、朱自清成为政治和文学立场发生转变的“进步主义者”范例。

(4)还有一群特殊的作家，他们主张作者不应该做政治的服务者，而应该忠于艺术，他们又被称为“自由主义作家”。朱光潜、沈从文、梁实秋就是其中的重要代表。

二、左翼文学界的“选择”

1. 概述

这一时期，在社会转折的推动下，左翼文学的目标更加明确，认为文学前进的方向应该顺应社会转折，切实书写出中国社会的新变化。

2. 左翼文学界的主要工作

抗日战争时期，中国共产党在延安开展了“延安整风运动”。而左翼文学界的主要工作就是宣传并参与“文艺整风运动”，将文艺引领上“新方向”，力图实现文学“一体化”。具体表现为：

(1)对《讲话》中的重要文艺观点进行传播，积极宣传优秀的解放区文艺创作，参与创作实践与评论。

(2)以毛泽东的文艺思想作为理论依据，对一些重要的文学问题进行回顾、清理。

(3)对40年代作家、文学派别进行“类型”划分。所有的作家主要分为三类：革命作家、进步作家、反动作家。这种分类方式对之后(特别是40、50年代之交)的文学界有着深远影响。而在左翼文学的内部，主流作家不承认有分歧，因为一旦发现“非主流派别”就会将其清除从而保持左翼文学内部的纯洁性。

三、毛泽东的文学思想

1. 特征

毛泽东在30年代末到40年代初，形成了体系性的关于文艺问题的观点，具有实践性的特征。毛泽东《在延安文艺座谈会上的讲话》提出：“我们讨论问题，应当从实际出发，不是从定义出发。”

2. 主要内容

(1)文艺方向论

文艺方向论是毛泽东文艺思想的基石。毛泽东《在延安文艺座谈会上的讲话》指出：“我们的问题基本上是一个为群众的问题和一个如何为群众的问题。”他提倡“民族的形式，新民主主义的内容”的新文化，打击以“中华民族的旧政治和旧经济”为根据的旧文化。

(2)政治效用论

这一理论解释的是文学与政治的关系问题。毛泽东认为，文学要以现实政治为目的，而政治力量的实现也要依靠文学。

(3)文学创作方法论

①创作重视生活

a.《讲话》提出，文学创作要以社会生活为依据，因为社会生活是“自然形态的文艺”，而文学创作就是要在它们的身上进行加工。

b.《讲话》提出，对现实进行文学创作要有政治激情，要描写出理想社会，要创作出比普通生活更为理想、更为典型的生活。

②对待文学遗产的态度

a. 毛泽东在《讲话》中指出“必须继承一切优秀的文学艺术遗产”“决不可拒绝继承和借鉴古人和外国人”。

b. 强调文化遗产不仅包括中国古代的文化遗产，也包括西方文化遗产。对文化遗产的态度绝非只是毫无批判地进行硬搬与模仿，而是要在继承的基础上进行变革，发展出属于我们民族的新文化。

③作家队伍建设

a. 对现有作家队伍有很大保留。毛泽东在《讲话》中提出：“（他们的）灵魂深处还是一个小资产阶级知识分子的王国。”要求作家思想改造、转移立足点、长期深入工农兵生活。

b. 重建无产阶级的“文学队伍”，特别是从工人、农民中发现培养作家。

3. 文学思想指导下的文学行动

在毛泽东文艺思想的引领下，不仅形成了无产阶级的文学队伍，还出现了大批的文学创作。除此之外，毛泽东的文艺思想也充分地反映在一系列的文学运动与文艺政策上。例如，1942 年的延安整风中就有对文艺工作的整风运动，十七年时期对《武训传》的批判、对胡适思想的批判、对“胡风集团”的批判。

【名师点拨】毛泽东的文学思想是本章的重点内容，尤其是其“文艺方向论”“政治效用论”“文学创作方法论”等知识点，在高校历年考研真题中都有所涉及，对这一部分知识考生需重点理解记忆。

四、“文学新方向”的确立

1. “文学新方向”确立的过程

(1)1948 年邵荃麟、冯乃超等在香港创立《大众文艺丛刊》，郭沫若发表《斥反动文艺》，初步对文学进行了等级划分。

(2)第一次文代会

第一次文代会，全名为“中华全国文学艺术工作者代表大会”，于 1949 年 7 月 2 日至 7 月 19 日在北平召开。第一次全国文代会成立了文联和机关刊物《人民文学》《文艺报》，建立了社会主义新文学的生产、评价机制。第一次文代会的影响主要表现为：

①第一次文代会是中国现代文学和当代文学的转折点，在文学史上具有里程碑的意义，是“当代文学”的起点。

②大会确定了毛泽东文艺思想的方针，并通过大会决议指出周恩来的政治报告和郭沫若的总报告为文艺工作的工作指针。通过这次会议，毛泽东文艺思想在全国范围内得到推广和确立。

③建立了文联及其下属协会这一全国性的文艺界组织网络，将文艺工作者、群众以及全国的文艺活动都统一地组织起来。

④加强了中国共产党对新中国文艺的思想领导和组织领导，并使新中国的文艺生产、批评等活动开始呈现出体制化的特点。

(3)1950 年，对电影《武训传》的批判确立了对历史的正确叙述。

(4)1951 年，对萧也牧《我们夫妇之间》的批判又确立了对工农兵的正确叙述。

伴随着一系列的文学运动，政治不断规训着文学，不断塑造文学新的品格，“文学新方向”便逐步确立起来。然而，由于与政治的密切联系，社会主义新文学强烈排斥着不符合自身规范的文学，逐渐走向单一化。最终，随着“文革”的结束与 80 年代的到来，社会主义文学最终崩溃。

2. “文学新方向”的性质及表现

(1)性质：文艺大众化

“五四”以来，文学就开启了“大众化”的历程。但此时的“大众化”是站在文学作为启蒙工具这一观点上的，所以其实质是对当时的民众进行思想与精神上的开化。《讲话》试图在根本上扭转这一方向，使得文艺真正从工农兵土生土长的根基中生发而出，真正实现“文艺大众化”。

(2)表现：文学服务于政治

对于毛泽东来说，社会主义的建立不仅意味着制度建设，更意味着文化建设。“政治标准第一，艺术标准第二”意味着将文学组织到社会主义的结构中去。具体来说，一方面，用文学去表达政治；另一方面，文学需要满足工农兵的精神文化需求。这些观念都使得文学为政治服务，是社会主义文学观念的核心。纵观 1950 ~ 1970 年代的社会主义文学，政治始终贯穿在文学之中，并一步一步通过文学的生产机制得到强化。

3. 对“文学新方向”的评价

“文学新方向”是对马克思主义文论的发展，比起“五四”以来所提出的“新文学”，“文学新方向”的内容更加具体，提出了对文学创作内容、文学创作主体的具体要求，具有强烈的政治性与现实性，对之后中国文学的发展产生了深远的影响。

【名师点拨】“文学新方向”是本章的又一个重点，经常以论述题形式出现在考研题中。复习时，需重点掌握第一次文代会的基本情况、理解毛泽东《讲话》的主要内容，从整个社会大环境背景出发，去更好地理解“文学新方向”的确立。

1.2 考研真题与典型题详解

一、填空题

第一次文代会上，______和______分别总结了国统区和解放区文艺工作的成绩。[四川大学 2023 年研]

【答案】茅盾；周扬

【解析】1949 年 7 月，第一次中华全国文学艺术工作者代表大会(简称“第一次文代会”)召开。会上，茅盾作《在反动派压迫下斗争和发展的革命文艺》的报告，周扬作《新的人民的文艺》的报告，分别总结了国统区和解放区文艺工作的成绩。

二、概念题

1. 第一次文代会[浙江师范大学 2024 年研；北京大学 2023 年研；中山大学 2014 年研；吉林大学 2013 年研；中国传媒大学 2012 年研]

答：第一次文代会是中华全国文学艺术工作者代表大会的简称，于 1949 年 7 月在北平召开，毛泽东到会讲话，周恩来、郭沫若、茅盾、周扬做了主题报告。大会通过了中华全国文学艺术联合会章程；成立了全国文学艺术界联合会，简称全国文联，选举郭沫若为主席。大会把毛泽东的文艺思想作为新文艺的基本方向，号召文艺工作者为建设新中国的人民文艺而奋斗。大会标志着中国现代文学阶段的终结，也是中国当代文学的开端。“第一次文代会”闭幕后，1950 年 3 月出版了由大会宣传处汇编的《中华全国文学艺术工作者代表大会纪念文集》。

2. 十七年文学[同济大学 2013 年研]

答：十七年文学是中国当代文学的第一个时期，以 1949 年，即“中华人民共和国成立”这一重大事件为开端，以 1966 年，即“文化大革命”的开展为结束。十七年文学的特点主要有：①歌颂党、领袖、社会主义、人民；②回忆战争岁月，回忆苦难年代，回忆过去生活；③和帝国主义、资本主义、旧思想、旧观念作斗争。这个时期的少数作品艺术性并不高，作品也主要体现文以载道的思想，作品风格往往失之于简单，人物呈现程式化倾向。

三、论述题

试分析十七年文学的创作特点。［暨南大学 2014 年研］

答：十七年文学是中国当代文学的第一个时期，以 1949 年，即“中华人民共和国成立”这一重大事件为开端，以 1966 年，即“文化大革命”的开展为结束。那时的文学最重要的特征就是政治性凌驾在文学性之上，作品被强行要求放进一个形势认可的政治思想和流行的政治倾向中，政治运动造成了文学的盲从特征。当高昂的革命热情替代了文学的现实创造和诗意境界，自然而然也就产生与这些要求相适应的文学规范。十七年文学具有如下特征：

（1）社会地位

文学在社会中扮演着重要的角色，作家的地位也得到了显著提升，展现出了不同于“旧中国”的面貌。许多知名作家被委以各种国家、执政党的政治职务或头衔。与此同时，建立起了有等级的文学机构，将全国的文艺活动和文艺工作者统一地组织起来。

（2）创作对象

十七年文学中的“中心作家”普遍没有较高的学历，由于文学素养与文学经验的不足，其写作质量通常不高。一方面，他们无法有效地挖掘新题材（如农村革命、人民斗争等）中的经验，所以很难创作出相关题材的优秀作品，拓展文学的创作空间；另一方面，他们也无法处理写作上的传统难题，无法正确对待文学与生活、现实与虚构的关系，有着明显的短板。

（3）作家

这一时期的文学创作者通常也是文学批评家，如周扬、茅盾、何其芳、姚文元等人。除此之外，由于文学与政治的密切联系，许多文学创作者同时也在担任相关的政治职务，有些作家甚至也是文艺界的领导者。他们用自身的创作践行新的文艺观念。

（4）写作主张

这一时期的大多数作家认为“文学创作”与“左翼革命活动”具有同一性。文学被看作是服务于革命事业的一种独特的方式。主要体现为：

①他们认为文学需要反映现实，需要为政治服务，它们之间的关系是密切的，所以他们十分警惕那些强调文学独立性的言论。

②他们普遍认为，凭借着“先进的世界观”，作家能够正确地认识、把握客观生活和人生命过程的“本质”和“规律”。

③他们所实践的革命和文学，正体现并阐释着这一发展规律。

所以，他们的作品中从来不会弥漫着神秘的气息与困惑的焦虑。明确的目标感和乐观精神，必然是他们作品的基调。

（5）题材

这一阶段的作品题材大约有三种：

①歌颂、回忆、斗争。

②歌颂党、领袖、社会主义、人民，回忆战争岁月，回忆苦难年代，回忆过去生活。

③和帝国主义、资本主义、旧思想、旧观念做斗争。

因此，这个时期的少数作品艺术性是不高的，作品也主要体现文以载道的思想。作品风格往往失之于简单，人物也呈现一些程式化的倾向。代表作品中，小说有柳青的《创业史》、赵树理的《三里湾》、梁斌的《红旗谱》；诗歌有郭小川的《致青年公民》、魏巍的《谁是最可爱的人》；话剧有老舍的《茶馆》、郭沫若的《蔡文姬》等。

第2章　文学环境与文学规范

2.1　复习笔记

一、“遗产”的审定和重评

1. 背景

新中国成立后，中国文学进入了当代文学时期。这一时期文学面临的重要任务就是对国内外的文学进行重新评定，明确它们的性质与价值。这不仅仅关系到文学规范的确立，也关系到中国当代文学的“资源”问题。

2. 重评的范围

重评范围十分大，不只包含中国古典文学、“五四”以来的新文学，还包括外国文学。由于需要确立文学规范，所以重评首先需要处理的是新文学和外国文学。

(1)苏联文学的译介

起初，中国文艺工作者对苏联文学进行了大量译介，将其作为“革命文艺”的标杆。表现为：

①主要的文学报刊和文学书籍出版社出版了大量旧译和新译的苏联文学作品和文学理论著作。

②中国文学界对苏联文学的译介还包括对苏联文艺政策、方针、决议、会议报告等具有政治性的文艺内容的译介。

③中国文学界还对苏联的文学艺术问题进行总结，编译了《苏联文学艺术问题》一书。这本书在当时的中国文艺界十分普及。

④此时期还出版了许多苏联的文艺理论著作。毕达可夫作为“苏联专家”于北京大学对来自全国各院校的文学理论教师讲授“文艺学引论”，把苏联当时的文学理论体系和研究、批评方法输入中国。

(2)西方古典文学的译介

在50年代，中国也翻译并出版了大量的西方古典文学作品。不仅如此，《文艺学习》上曾刊登《文艺工作者学习政治理论和古典文学的参考书目》一文，介绍了不少西方古典文学作品。

(3)对外国(西方)文学的态度

50年代，对中外文化“遗产”、尤其是外国(西方)文学的态度，是敏感而重要的问题，对外国文学有限度的肯定主要有以下两个原则：

①以时间而言，主要限制在19世纪以前的文学。

②以创作方法而言，“现实主义”是一个衡量的标尺。所以，这一时期译介的外国文学作品一定体现了“现实主义”或是“社会主义”，那些具有幻想性的文学作品，或是被认为反映“资产阶级情调”的文学作品就被排除在外了。

(4)50、60年代的译介工作

在50、60年代，那些“值得”译介、阅读、借鉴的作家作品，并不处于同一等级，等级划分不仅表现在不同作家，也表现在同一作家的不同作品上。

①作家方面

认为“社会主义现实主义的思想基础是辩证唯物主义和历史唯物主义”，最好的作家能够深刻揭示社会本质，指出理想的前景。例如：

a. 巴尔扎克凭借其深刻的现实主义书写获得了较高的地位。而拥有“自然主义”倾向的左拉，则未能反映所谓的生活本质，因此地位次于巴尔扎克。

b. 在“浪漫主义”的内部进行区分：雪莱、拜伦较为激情、积极的浪漫主义书写被认为具有革命性，从而获得推崇；而济慈、华兹华斯则因为所谓的“消极”书写而受到冷落。

②作品方面

a. 评价古典作品经常使用以下几个标准：

第一，思想艺术上的“典型化”程度。

第二，对劳动者的表现的程度。

第三，对封建主义、资本主义社会黑暗的揭发程度。

b. 评价外国文学的“等级”划分：

第一，50、60年代，在托尔斯泰的小说中，《复活》获得更高的评价。

第二，罗曼·罗兰的《欣悦的心灵》被看作是比《约翰·克里斯多夫》更重要、更有高度的作品。

第三，法捷耶夫的《青年近卫军》被认为高于他的《毁灭》。

第四，对聂鲁达只翻译、高度评价他的革命主题诗作。

二、刊物和文学团体

1. 文学团体概述

50至70年代，中国文学具有高度组织性，文学界不仅会组织作家的文学活动，还会对作家本人进行管理。国家对于作家的管理，主要通过中国文学艺术界联合会和作家协会实现，中国作家协会和各地的分会，是这一时期中国作家的唯一组织。

2. 中国作家协会

在中国文联所属的各协会中，中国作家协会最为重要。表现为以下几个方面：

(1)中国作家协会承担着各种文艺功能：不仅组织文艺活动，还会发布最新的文艺决议，以及监督文艺政策的实施。

(2)中国作家协会从性质上来讲有着重要地位：不仅是对左联的历史继承，还借鉴了苏联作家协会的经验，具有历史继承性与先进性。

(3)中国作协对作家的文学活动进行政治、艺术的领导与控制，保证文学规范的实施。它可以看作垄断性行业公会与政治权力机关的“混合体”。

3. 中国文联和作协对文学发展的领导

中国文联和作协在中共中央、毛泽东的领导和直接介入下，发动、推进了一系列的文学运动和批判斗争。

(1)“决议”

“决议”是中国文联与作协解决文学问题的重要手段。他们通过这种方式对文学问题做出政治性判断，从而使得问题能够快速解决。

(2)文学期刊的增加

50年代以后，文学期刊的数量大幅增加。其中最具有代表性的就是《人民文学》与《文艺报》，它们由中国文联和作协主办，有很大的影响力。

三、文学批评和批判运动

1. 文学批评性质

文学批评最有很强的政治性，被毛泽东认为是文艺界的主要斗争方式。在50到70年代的大部分时间，批评成为体现政党意志，对作家作品、文学主张和活动进行政治“裁决”的主要手段。文艺批评承担了确立规范和保证实施的职能。

2. 文学批评的“功能”

文学批评具有两方面功能：一方面，可以通过文学批评来赞扬文学作品，从而确立文学规范；另一方面，可以通过文学批评来打击某些偏离“正道”的文学作品，保持文学的纯洁性。对这两方面的功能，毛泽东形象地称为“浇花”与“锄草”。

(1)浇花

毛泽东在《讲话》中提出了文学批评应予遵守的“基本的批评标准”，并把它划分为“政治标准”和“艺术标准”两项。符合这些标准的优秀文学作品应该是“真实的”，展现出了生活的“本质”，并且揭示了历史的发展规律。

(2)锄草

当文学界中的领导者认为某一作品或文学思潮偏离了正确轨道，呈现出严重的“错误”倾向时，就会对此产生批判，有可能演变为声势浩大的文学运动。

3. 文学批评权力结构的建立——“读者”的加入

读者的反应是文学批评重要的组成部分，当代文学批评所引入的“读者”概念只是作为权力批评的一种延伸。在大多数情况下，“读者”是被构造出来的，通过加工群众意见，或者捉刀代笔，权力者实现了对文学批评活动的控制，加强了批评的“权威性”。这是使文学走向“一体化”的保证。

4. 当代文学批评的成就

除了文学论争批判运动的作品，当代文学批评也有部分优秀成果，例如，茅盾、魏金枝对于短篇小说及创作所做的评论；何其芳、卞之琳关于新诗问题和新诗创作的评论。

四、作家的整体性更迭

1. 更迭的定义

40、50年代之交中国大陆文学“转折”的征象之一，是文学整体格局中作家、作家群在位置上的大规模更替。40年代的一些重要作家迅速“边缘化”，延续延安文学传统的作家进入本时期文学的“中心”位置。

2. 更迭的原因

左翼文学力量在40年代后期展开的作家、文学派别类型的划分。

3. 更迭的表现

(1)写作“权利”受限

此情形主要发生在“自由主义作家”身上。例如，穆旦、郑敏、陈敬容、杜运燮等。由于他们的创作理念无法融入新的文学界，他们不仅受到了冷落，还被限制了文学创作，最终在文学界中“沉默”与“消失”。不过，这群作家大多有着较高的文学素养，所以进入新中国后，他们纷纷进入了大学或学术机构任职。

(2)“中心作家”边缘化

这主要发生在“国统区的作家”身上。由于他们的文学理念、创作手法不同于新的文学规范，他们对自身进行了反思。一部分作家就此放弃写作，一部分作家选择靠拢新的文学，创作出符合新文学标准的作品，积极顺应时代要求。例如郭沫若、巴金、老舍等。

(3)政治、文学运动罹难

在声势浩大的文学运动中，有一部分作家因各种原因而罹难，无法继续创作。这部分作家大多是“五四”以来的新文学作家。例如胡风、路翎、鲁藜等。

五、“中心作家”的文化性格

50年代中后期的中国文学界已经出现了一群十分具有代表性的作家，他们的文学创作符合新的文学规范，占据着中心地位，所以有人称这群作家为“中心作家”。这群作家的范围，文学界并没有明确的规定，但是根据这一时期中国文联、中国作协的相关表达就可以大致了解这一群体的构成。

1. 主要作家作品

在50、60年代，被看作是体现此时期文学创作实绩的主要作家作品有：

(1)小说

柳青《创业史》，赵树理《三里湾》，杜鹏程《保卫延安》等。

(2)诗歌

郭小川《致青年公民》，贺敬之《雷锋之歌》，李季《玉门诗抄》等。

(3)散文

魏巍《谁是最可爱的人》，杨朔《东风第一枝》，刘白羽《红玛瑙集》等。

(4)话剧

老舍《茶馆》，曹禺《明朗的天》，郭沫若《蔡文姬》等。

2. “文化性格”的新特征

(1)地域的转移：此前的作家大多来自东南沿海地区，其文学创作大多以这一地区为背景；而进入当代文学阶段后，作家与创作的取材地发生了转移，西北与中原地区在文学中的书写比例上升，占据主要地位。

(2)文学政治化：这一时期的大多数作家认为“文学创作”与“左翼革命活动”具有同一性。文学需要为政治服务，书写现实生活。

(3)“文化素养”：这一时期的中心作家，大多都没有较高的文化素养。他们无法有效地挖掘新题材(如农村革命、人民斗争等)中的经验，也无法处理写作上的传统难题。

3. 中心作家的政治及社会地位

(1)作家隶属于某一机构，不存在“自由撰稿”，享受较高的社会政治地位。

(2)中心作家通常在当时的文学机构，例如中国文联、中国作协，担任重要职务，从政治权力中获取文学利益。

2.2 考研真题与典型题详解

一、概念题

中国作家协会

相关试题：简述中国作家协会在当代文学发展中的作用。［简答题；西北师范大学2024年研］

答：中国作家协会，简称中国作协，是中国共产党领导下的中国各民族作家自愿结合的专业性人民团体，是党和政府联系广大作家、文学工作者的桥梁和纽带，是繁荣文学事业、加强社会主义精神文明建设的重要社会力量。中国作协的前身是1947年7月23日在北平成立的中华全国文学工作者协会(简称全国文协)。首任主席是茅盾，副主席是丁玲、柯仲平。协会设职能部门5个，并相继创办《文艺报》《人民文学》等机关报刊，建立中央文学研究所、创作委员会等机构。1953年9月，全国文协召开第二次会员代表大会，茅盾任主席，周扬、丁玲、巴金、柯仲平、老舍、冯雪峰、邵荃麟任副主席。大会通过的章程规定："中国作家协会是以自己的创作活动和批评活动积极地参加中国人民的革命斗争和建设事业的中国作家和批评家的自愿组织。"同年10月，文协正式更名为中国作家协会。周扬为作协党组书记，邵荃麟为副书记。

二、简答题

简述50、60年代的"中心作家"的文化性格。

答：在50年代中后期的中国文学界已经出现了一群十分具有代表性的作家，他们的文学创作符合新的文学规范，占据着中心地位，所以有人称这群作家为"中心作家"。根据这一时期的权威文学批评，中国文联、中国作协各种会议对创作的评述，以及中国作协主持的阶段性文学状况总结，可以确认这个时期"中心作家"大致有柳青、赵树理、杜鹏程、郭小川、贺敬之、李季、魏巍、杨朔、刘白羽、老舍、曹禺、郭沫若等人。"中心作家"的文化性格体现出一些新的特征，主要有：

(1)地域的转移：此前的作家大多来自东南沿海地区，其文学创作大多以这一地区为背景。而进入当代文学阶段后，作家与创作的取材地发生了转移，西北与中原地区在文学中的书写比例上升，占据主要地位。

(2)文学政治化：这一时期的大多数作家认为"文学创作"与"左翼革命活动"具有同一性。文学需要为政治服务，书写现实生活。

(3)"文化素养"：这一时期的中心作家，大多都没有较高的文化素养。他们无法有效地挖掘新题材(如农村革命、人民斗争等)中的经验，也无法处理写作上的传统难题。

第3章　矛盾和冲突

3.1　复习笔记

一、频繁的批判运动

50年代，文学界充满着矛盾和冲突。这有两方面的原因：一是因为政治权力对文学界的侵入与控制；二是由于文学在此时有着“一体化”的目标，也就是文学在生产方式、艺术手法上的趋同。文学的矛盾和冲突具体来说就呈现为各种批判运动。持续的批判运动之间也有短暂的间歇，如1952～1953年、1956～1957年等。这些时期文学观念和政策会有所调整，但最终仍难逃被新的运动拆毁的命运。

1. 对电影《武训传》的批判(1950～1951)

(1)关于武训

武训原名武七，清末山东堂邑县武家庄一个贫苦农民的儿子，他“行乞兴学”，受到社会各界广泛赞赏，清政府予以嘉奖，封为“义学正”。

(2)民国时期对于武训的评价

①北洋政府主持修撰《清史稿》，将武训事迹以“列传”形式编入，开正史为乞丐列传之先例。

②1933年山东省教育厅长何思源等人发起了纪念武训诞辰97周年活动，其间，冯玉祥、王世杰等民国军政文化要人纷纷为之题词。

③人民教育家陶行知先生对武训赞许有加，希望大家效法武训，积极从事普及教育的工作。

(3)当代对《武训传》的批判(1950～1951)

①毛泽东认为电影《武训传》的公映反映了思想文化界严重的思想“混乱”，因此发动了这一批判运动。这一运动的主要目的就是要求作家等知识分子在思想上与国家保持一致，不能在创作中出现有违政治方向、思想立场的内容。

②批判的主要问题：一是揭示武训的游民属性；二是批判革命进程中武训的妥协性和破坏性；三是批判电影《武训传》中宣扬个人作用的错误导向。

③批判涉及的文学问题：文学是否可以阐释“历史”；作家是否可以对“历史”进行部分虚构。

2. 对萧也牧等的创作的批评(1951)

(1)批评对象

萧也牧的小说《我们夫妇之间》等。

(2)批评原因

批评的原因主要包括以下几个方面：“小资产阶级写作”“进城问题”“城市题材书写”“日常生活题材写作”“真实性问题”。

3. 从对俞平伯《红楼梦研究》的批判扩大到对胡适的批判(1954～1955)

(1)批判的主要观点

1952 年，俞平伯出版了《红楼梦研究》。这部作品是在 1923 年出版的《红楼梦辨》的基础上修改完成的，讨论了高鹗续书、《红楼梦》人物、《红楼梦》风格、后三十回《红楼梦》之原貌等红学基本问题。李希凡、蓝翎在《关于＜红楼梦简论＞及其他》等文中对俞平伯的观点和研究方法提出批评。

①李、蓝的文章主要批判了俞平伯的主观唯心主义和实证主义的思想方法。

②表示要从作品所表现的艺术形象的真实性和深度来探讨《红楼梦》的现实主义精神。

③称曹雪芹是现实主义的大师，揭露了封建官僚地主腐朽的阶级本质，揭示了它必然崩溃的历史命运。

④说明曹雪芹敢于真实反映现实生活，概括现实生活的典型规律，创造出社会悲剧性的结局。

(2)批判扩大的经过

①1954 年 10 月 24 日，中国作协古典文学部召开《红楼梦》研究座谈会，俞平伯也在被邀请之列。

②11 月 8 日，郭沫若以中国科学院院长的身份发表《文化学术界应开展反对资产阶级思想的斗争》的谈话，刊登于《光明日报》。

③陆定一表示在关于俞平伯的《红楼梦研究》批判告一段落后，即可有准备、有计划地逐步展开对胡适派思想的其他方面的批判，以确立和巩固我国整个学术界马克思主义思想的领导地位。

(3)批判的本质

李、蓝用历史唯物主义的阶级斗争观念解释《红楼梦》，由此毛泽东在这两名青年人身上看到清除资产阶级思想残余、建立社会主义理论思想的迫切性和可能性，从李、蓝揭示的问题中看到胡适的阴影依然在社会主义时代潜移默化，表示“认清胡适思想的反动性，清除他的影响，是文化界当前的任务”。

4. 对“胡风反革命集团”的批判(1955)

(1)胡风的“主观战斗精神”

胡风的理论批评后来被他自己提升为“主观精神论”，即批评家通常说的“主观战斗精神”，但在左翼文化阵线中，胡风的这个观点被看成是反对“客观主义真理”。

(2)胡风与《三十万言书》

1954 年，胡风上呈震惊全国的《三十万言书》，将矛头指向《讲话》以来的文学道路。

(3)批判的本质

胡风始终将他的问题理解成幻想文艺和学理层面的问题，希望用文艺的逻辑解释《讲话》开创的文艺道路，而实际上，《讲话》的核心观点是文艺的彻底政治化。

5. 反右派斗争以及对“反党集团”的批判(1955～1957)

在“胡风案件”之后发生了“丁玲陈企霞反党集团”案件。这起案件始于 1955 年作协内部的揭发会议，案件所批判的主要人物是丁玲、冯雪峰以及陈企霞。

6. 全领域范围的批判活动(1962)

为了贯彻 1962 年所提出的“千万不要忘记阶级斗争”的口号，毛泽东从 1963 年开始在意识形态领域开展了一系列激烈的批判运动。此批判运动是“文化大革命”的先声。

7. 批判运动的特点

(1)批判内容政治化：将文学中人物性格、艺术手法、创作思路的问题上升到政治层面，对作者的阶级立场提出疑问。

(2)批评方式无理化：这些批评运动通常不仅仅是在学术的层面进行，而且还不顾“学理”，利用权力威逼，甚至对创作者进行人身攻击。

(3)批评的主导人多是毛泽东，他发起或支持了大部分运动。这些冲突都有历史渊源，是文学内部长期存在的利益冲突。

二、左翼文学内部矛盾的延续

1. 矛盾升级的原因

20 世纪的 20、30 年代，文学界已然存在着复杂矛盾。而后，随着政治(特别是政党因素、意识形态)与文学的关系越来越密切，文学中矛盾的性质与冲突都呈现出了不同的面貌。

2. 主要矛盾及对立双方

(1)在政治上倾向于国民党政权的作家和投身于中共领导的革命运动的作家的矛盾，这些作家有截然不同的政治立场，却都信奉文学服务政治的文学观。

(2)在复杂环境中企图保持“中立”或寻求“第三条道路”，维护艺术的“独立性”的作家与上述两类作家的矛盾。

需要注意的是，虽然自由资产阶级依然有部分创作，但是左翼文艺界的内部矛盾占据着主要地位。

3. 左翼文艺界内部重要争论与冲突

(1)创造社、太阳社的郭沫若、成仿吾、钱杏邨、李初梨等与鲁迅、茅盾关于“革命文学”问题的争论。

(2)30 年代初，在对待“第三种人”问题上，瞿秋白、周起应(周扬)与冯雪峰等的不同态度。

(3)1936 年左联内部有关“国防文学”(周扬、夏衍、郭沫若提出)和“民族革命战争的大众文学”(鲁迅、冯雪峰、胡风提出)的两个口号的论争。

(4)1936 年，周扬和胡风关于现实主义问题的争论。

(5)1938 年毛泽东在文化问题上提出“新鲜活泼的，为中国老百姓所喜闻乐见的中国作风和中国气派”之后，在文化界开展的关于“民族形式”的讨论。在讨论中，胡风等表现了与毛泽东等有异的观点。

(6)1942 年延安文艺整风中，对周扬等的鲁艺办学方针的批评，和对王实味、丁玲、艾青、罗烽的杂文、小说的批评。

(7)40 年代中后期，在重庆、香港，围绕“主观”等问题对胡风及其追随者的批评。

4. 50 年代反右派运动结果

《文艺战线上的一场大辩论》是反右派运动的总结性文章，发表于 1958 年 2 月 28 日《人民日报》。这一文章是周扬根据 1957 年 9 月中国作协党组扩大会议批判丁玲、陈企霞的讲话改写而来，其中有毛泽东多次审阅与修改的痕迹。文章厘清了从 20 年代后期到 50 年代文艺界的“异己”，不仅批判了王独清、王实味、秦兆阳、钟惦棐等人，还着重批判了丁玲等人。文章指出他们虽然有着左翼的面貌，但是实际上走的是资产阶级文艺路线。

三、对规范的质疑

1. 文艺界第一次对规则的质疑

(1)胡风质疑的缘起

1954 年 3 月至 7 月，胡风在其追随者的协助下，写成近三十万字的《关于解放以来的文艺实践情况的报告》(即“意见书”或“三十万言书”)。7 月 22 日，这份“意见书”由胡风亲自当面交给了当时的国务院文教委员会主任习仲勋同志，而后转呈给了党中央。意见书包含四个部分：几年来的文艺经过简况、几个理论性问题的说明材料、相关的事实举例、作为参考的建议。在报告中，胡风主要批判了以往文艺工作中的相关方针政策，对理论问题提出了自身的看法。

(2)胡风质疑的高潮

1954 年年底，中国文联和作协主席团召开联席扩大会，胡风误以为毛泽东和中共中央对《文艺报》和文艺界领导的批评，是他的“意见书”起了作用，在会议上做了两次措辞激烈的长篇发言。本来，这一会议主要讨论的是“胡适派资产阶级唯心论”与《文艺报》中的“错误”这两个问题，但胡风的激烈言辞反而使他成为会议的焦点。周扬就在随后发表的《我们必须战斗》(经过了毛泽东的审阅)中重点论述了胡风问题，认为胡风对文艺的认识已经脱离了马克思主义的路线，而为了守护这一路线，我们就必须参与战斗。到此，对胡风的质疑进入了高潮阶段。

(3)胡风质疑的结局

全国报刊发表了大量的批判文章，与胡风的来往信件被作为反革命证据。胡风于 5 月 18 日被拘捕。先后被捕入狱的达几十人。被牵连审查的达两千多人。最后被确定为“胡风分子”的 78 人中，有路翎、阿垅、鲁藜、牛汉、绿原等。

2. 文艺界第二次对规则的质疑

(1)“双百方针”的提出

①1951 年，毛泽东应梅兰芳之请，为中国戏曲研究院的成立题词，写出“百花齐放，推陈出新”八个字。

②1956 年 4 月 25 日毛泽东在中共中央政治局扩大会议上做了《论十大关系》的报告，号召全党：“努力把党内党外、国内国外的一切积极因素，直接的、间接的积极因素，全部调动起来。”

③1956 年 5 月 26 日，陆定一在怀仁堂向科学界和文艺界的代表人物做了题为“百花齐放，百家争鸣”的报告。6 月 13 日，《人民日报》上公开发表了这篇长达一万五千字的报告。

由此，“双百”方针正式成为科技界、文艺界的指导思想。

(2)对规则的质疑

不满 50 年代以来文学现状的作家开始寻求变革，提出“写真实”和“干预生活”的创作口号，还对以行政的、粗暴干预的方式“领导文艺工作”提出批评。

在这一时期，有许多作家都对原有的文艺规则提出了不同方面的质疑。例如，秦兆阳就在《现实主义——广阔的道路》一文中对现实主义进行了再一次的界定，陈涌也在《为文学艺术的现实主义而斗争的鲁迅》一文中对鲁迅作品与精神中的现实主义进行了论述。除此之外，周勃的《论社会主义时代的现实主义》、刘绍棠的《我对当前文艺问题的一些意见》、钱谷融的《论“文学是人学”》等文章也从不同方面涉及了当时的文艺问题。

(3)“大鸣大放”

百花齐放、百家争鸣引发了大鸣大放。1957 年 5、6 月之间，各种座谈会如期召开，罗大冈、朱光潜等对严重偏向苏联文学的现状表示了不满，甚至通俗文艺家也在鸣不平。

(4)从“双百方针”到“打击右派”

①1957 年 5 月，中共中央发出通知，决定在全党开展反对官僚主义、宗派主义和主观主义的整风运动，并要求非党同志帮助共产党整风。

②整风运动随即在全国开展，到处是各种各样的整风会议。结果，一大批被认为“不安好心”的资产阶级右派分子乘机向党进攻，反对党的领导和社会主义制度。形势急转直下，整风变成了“引蛇出洞”，变成揪出隐藏的反党分子。

③在反右派运动中，许多作家、理论批评家、文学翻译家成为“右派分子”，他们中有：冯雪峰、丁玲、艾青、陈企霞、罗烽、白朗、秦兆阳、萧乾、吴祖光、徐懋庸、姚雪垠等。

【名师点拨】“双百”方针是本章的重点，在高校历年考研真题中出现频率较高，可结合相关真题理解记忆该知识点。

四、分歧的性质

1. 左翼内部的不同“派别”

20 年代末到 70 年代，左翼文学内部存在着不同的“派别”。

(1)以胡风、冯雪峰为代表，包括 50 年代的秦兆阳等。

(2)以周扬为代表的，包括当代文学界主要领导者邵荃麟、林默涵、何其芳等。

(3)在“文革”前夕形成的，以江青、姚文元为首的派别。

这些不同的派别在不同的时期呈现出不同的斗争局面。在 30 年代到 50 年代初，胡风、冯雪峰、丁玲这三人的派别与周扬这一派的矛盾占据主要地位。而后，胡风、冯雪峰等人受到批判，主要矛盾就变为了周扬与其他更激进的派别之间的矛盾。

2. 周扬等与胡风、冯雪峰思想的共同点

冯雪峰、周扬、胡风三人都重视对马克思主义文艺理论的阐释，所以有人称他们三人为“革命现实主义理论的三驾马车”。在左翼文艺运动时期，冯雪峰、胡风和周扬三人的理论有相同之处，那就是其理论的基础有相似性，也就是在现实主义及其背后的文艺与政治关系问题上有一致的认识。具体来说：

(1)三人都主张文学(或文艺作品)要参与社会变革以及历史进化过程。这是构成三人文学理论阶级性与实践性的根源。

(2)三人在如何把文学与社会、历史变革结合起来的问题上，亦即提倡什么样的文学、形成什么样的文学运动这个问题上，有同样的认识。三人都认为现实主义是实现文艺作品与社会历史、现实政治相结合的最佳道路。

(3)三人都认识到了建立文学规范的重要性，并认为文学应当走向“一体化”。

3. 周扬等与胡风、冯雪峰思想的不同点

(1)文学与政治、实践(生活的和艺术的)与观念的关系

①周扬强调文艺对政治的服从关系。虽然周扬也探讨现实主义的典型化、真实性以及作家的主观性等具体问题，并且也重视浪漫主义，但他依然强调文艺为政治服务的特性。

②冯雪峰理论的核心是文艺与生活的关系。冯雪峰认为“现实主义作品”就是一切正视并揭露现实的或具有现实精神的作品。这一界定较为宽泛，并没有强调文艺与政治的关系。

③胡风理论的核心是创作主体、创作过程问题。他认为创作是自由的，支持创作自由论，反对题材决定论；他从文学的真实性出发，重点强调了现实主义的批判意义。

(2)对待现实主义的态度

①周扬前期的文艺理论受到列宁主义的文学党性原则的影响，十分强调文艺的政治性。他认为文艺作品与历史革命紧密结合，文艺作品需要展现的是革命的未来。

②胡风的现实主义理论受到了马克思主义文艺理论和鲁迅文艺思想的影响，左翼文艺运动后期还受到卢卡契现实主义理论的影响。对胡风等来说，“现实主义”要体现“民族传统”，表现民众的生存状况和精神状态，即“精神奴役的创伤”。

(3)创作上主客观的关系

①周扬认为在创作上客观更为重要，他认为“深入生活”是文学创作的重要法则，而“生活”所指涉的对象也是固定的，主要指的是“工农兵”。

②胡风等人却肯定了文艺创作中作者的作用。他认为文艺作品融合了主观与客观，而出色的“融合”一定表现了主体对客体的主观投射，所以作者的个人特质及其想象力都是文学不可或缺的因素。他强调的是作家的“主观战斗精神”，拒绝肤浅的颂歌，反对冷静、“观照”的文学。

(4)对待“当代文学”传统的态度

①左翼作家不仅需要谈论文学理论，还需要发表自身对于文学相关事件的看法。其中对三个文学事件的看法至关重要：一是对“五四”运动中的文学革命的意义的看法；二是对社会主义现实主义的界定；三是对毛泽东《在延安文艺座谈会上的讲话》的看法。

②胡风一派认为“五四”文学革命开辟了新的文学范式，将其与现实主义文学传统联系起来，指出了“五四”的重要意义。而胡风认为《讲话》并不是文学认识上的转折性事件，只承认其在文学创作上的指导性作用。

③周扬等认为《讲话》“是继‘五四’之后的第二次更伟大、更深刻的文学革命”，并通过指认“五四”文学革命的性质和领导权来达到论证目的。

在怎样才是真正的现实主义、现实主义应该被如何界定这个层面，三人出现了分歧。分歧主要表现在他们选择了不同的理论轴心。如果从文艺与政治、社会生活、作者三者关系这个角度划分，冯雪峰比较关注文艺和现实生活的关系，周扬比较强调文艺对政治的服从关系，胡风则更为强调创作主体的精神状态，这就形成了他们各自关心或感兴趣的理论轴心。围绕着各自的理论轴心，他们对现实主义的理解必然出现不同甚至对立的解释，从而形成了不同的现实主义理论体系。

【名师点拨】本章“左翼文学内部矛盾的延续”和“分歧的性质”可以合并起来复习，重点记忆左翼文学内部分歧的性质，了解毛泽东对意识形态问题的高度重视。

3.2　考研真题与典型题详解

一、填空题

1. 我国1957年发表《论“文学是人学”》论文的学者是______。[华东师范大学2015年研]

【答案】钱谷融

【解析】钱谷融，原名钱国荣，我国著名文艺理论家，长期从事文艺理论和中国现代文学的研究与教学。著有《论“文学是人学”》《文学的魅力》《散淡人生》《<雷雨>人物谈》等，讲授《治学之道》《钱谷融有关著作》等课程。

2. 1958年6月1日《红旗》创刊号发表了周扬的文章《新民歌开拓了诗歌的新道路》，文章首次传达了毛泽东提出的“两结合”的创作方法，“毛泽东同志提倡我们的文学应当是______和______的结合”。

【答案】革命(的)现实主义；革命(的)浪漫主义

【解析】1958年，毛泽东发表了一系列有关文艺的主张。其中有两项十分重要：一是关于文艺作品的内容，毛泽东强调要对民歌进行全面搜集；二是在文艺作品的创作方法上，毛泽东强调要将革命现实主义与革命浪漫主义结合起来。周扬在《红旗》创刊号上发表《新民歌开拓了诗歌的新道路》一文，全面评价了“大跃进民歌”。毛泽东提出的“两结合”，被郭沫若、周扬等人表述为“革命现实主义和革命浪漫主义相结合”。前者强调要深入生活、反映现实、大胆揭示矛盾，后者强调要用英雄主义、理想主义教育人、鼓舞人。

二、单项选择题

《胡风反马克思主义的文艺思想》一文的作者是(　　)。

A. 何其芳　　B. 林默涵　　C. 周扬　　D. 冯雪峰

【答案】B

【解析】《胡风的反马克思主义的文艺思想》最早发表于1953年第2期的《文艺报》，其作者是林默涵，文章主要针对胡风的文艺思想进行了批判。

三、概念题

1. 三十万言书[南开大学2017年研]

答：三十万言书是指胡风在1954年向中共中央递交的约28万字的《关于解放以来的文艺实践情况的报告》。对于1949年以来中宣部等有关党组织对他的批判，胡风以此报告做出申辩，被称为“三十万言书”。该报告共分四部分，即几年来的经过简况、关于几个理论性问题的说明材料、事实举例和关于党性、作为参考的建议。前面附有给党中央毛泽东、刘少奇、周恩来等领导同志的信。胡风在“报告”中为自己及许多来自国统区的作家受到的不公正待遇鸣不平，为所有受到不公正对待的作家鸣不平，对建国以来糟糕的文艺创作现状表示深切担忧，并猛烈抨击了以周扬为首的文艺界的宗派主义统治作风。该报告较集中地反映了作者的文艺思想和主张，是研究胡风的重要资料。

2. “双百”方针[北京大学2025年研；复旦大学2023年研；浙江大学2022年研；华中师范大学2014年研；首都师范大学2011年研]

答：“双百”方针，即百花齐放和百家争鸣的文艺政策，是发展、繁荣中国社会主义科学、文化、艺术事业的基本方针，由毛泽东在1957年《关于正确处理人民内部矛盾的问题》一文中提出。“百花齐放是一种发展艺术的方法，百家争鸣是一种发展科学的方法”，其主要内容是在坚持政治标准的前提下，艺术上不同的形式和风格流派可以自由发展，科学上不同的学派可以自由讨论，艺术和科学中的是非问题，应当通过自由讨论和实践去解决，而不应当采取简单的方式去解决。

3. 《再批判》[南开大学2011年研]

答：《再批判》是指刊登于1958年1月26日出版的《文艺报》第二期上的特辑。它批判了王实味的《野百合花》，丁玲的《三八节有感》《在医院中》，萧军的《论同志之“爱”与“耐”》，罗烽的《还是杂文时代》，艾青的《了解作家，尊重作家》等作品，并指出丁玲、萧军、艾青等“右派”早在延安就“勾结在一起，从事反党活动”，是“以革命者的姿态写反革命的文章”。这场“再批判”还波及对秦兆阳、钱谷融、刘宾雁、王蒙、刘绍棠等的理论和创作的批判。《再批判》的批判采取形而上学的教条主义方法，从历史和现实两个角度严重压制了文艺创作的独创性和积极性，是1957年反右斗争的延续和发展。

四、论述题

“百花时代”文学出现了新的气象，请对这一现象加以分析。[首都师范大学2016年研]

答：(1)“百花时代”的内涵

“百花时代”是指1956年到1957年上半年文学出现全方位繁荣现象的历史时期。这一现象的出现得益于双百方针的提出。双百方针是毛泽东提出的，具体来说就是指在艺术上要“百花齐放”，在学术上要“百家争鸣”。这一时期出现的文学，通常称为“百花文学”。

(2)“百花时代”的文学新气象的表现

①对规范的质疑

“百花时代”提出了两个口号：一是“写真实”，即作家要真实地进行书写；二是“干预生活”，也就是说作家描写的内容需与现实生活相关，从而揭露矛盾。不仅如此，这一时期的作家还高举“创作自由”的旗帜，认为作家不仅有艺术创作上的自主性，还应该有自由的创作环境。

②诗歌变革

“百花时代”在诗歌上的变革表现在对诗歌观念和写作上单一、狭窄的总趋势的改变，但因1957年夏天的反右派运动很快遭到扼杀。

③小说变革

在这一时期，文艺界开始重新探讨“通俗文学”。批评者们指出通俗文学不是毫无意义的，它拓宽了小说的创作边界，也在一定程度上映射了现实。张恨水的小说就在这一时期得到了一定程度的肯定。

第 4 章　隐失的诗人和诗派

4.1　复习笔记

一、诗歌道路的选择

新中国的成立使得诗人必须在道路上做出选择。而诗歌道路的选择意味着诗人需要在两个方面做出新的论断：一是需要确立新的诗歌规范；二是需要重新梳理新诗的历史并且给出评价。

1. 为当代新诗确立思想艺术规范

(1)新诗的产生背景

当代的“政治抒情诗”在思想艺术方面，强调诗的社会“功能”，以及写作者“立场”和思想情感的性质。当代诗歌理念强调诗歌的政治性、现实性、人民性，也就是说诗歌必须要为政治服务，并且必须反映现实生活，并且需要与人民相结合。新诗是直接呼应现实政治运动要求的产物。

(2)新诗的思想倾向

中国的古典诗歌有着悠久的历史和辉煌的曾经。新诗面对这些古典诗歌时总会显得“底气不足”。所以，在 50 年代初，许多诗人都对新诗的创作来源、结构形式等问题进行了探讨，希望新诗突破传统的束缚，寻求变革。

2. 对新诗历史的整理、评价

(1)确立新诗中的典范，即解放区诗歌(如李季的《王贵与李香香》)和反映时代变化的“革命诗歌”。

(2)指出诗歌存在未能真正与群众结合、基本上还是用革命知识分子的思想感情和语言来歌唱的缺陷。

(3)将三十年以来的诗人区分为两个互相对立的诗歌阵线：

①郭沫若、蒋光慈、殷夫、臧克家等是新诗的“革命传统”的代表。

②从胡适的《尝试集》开始，包括新月派的徐志摩，现代派的戴望舒等，是“和当时革命文学对立”的、资产阶级的派别。

③需要注意的是，1958 年以后，对诗歌主流的认定进一步“窄化”。和革命文学对立的不仅仅是之前所提到的诗歌流派，还加入了七月派，因为这些诗歌依然没有与现实生活和人民群众相结合。

【名师点拨】须知在 40 年代后期，“新诗现代化”是诗人的普遍意识。诗歌的主流在内容上需要更加贴近人民大众，必须直接反映现实生活；而在艺术方式上则与传统的古典诗歌割裂开，寻找更现代的表达方式。

二、普遍的艺术困境

1. 产生困境的原因

“五四”以来的诗人在进入 50 年代之后，有相当一部分“老诗人”从诗界消失，造成这种情况有以下两种原因：

(1)对新诗“传统”的选择使诗歌“主流‘窄化’”，将一批诗人排除在诗界之外。

(2)某些诗人的创作个性、艺术经验，与此时确立的写作规范发生冲突，导致他们陷入创作的困境。

2. 避免困境的诗人

(1)郭沫若

①创作理念

郭沫若的诗歌创作与社会、政治活动联系紧密。他认为诗歌就是要以群众为出发点，写作的内容应与人民有关，写作的语言要用人民在用的语言。

②创作成就

1958 年，为了阐释“百花齐放”的方针，宣扬“大跃进运动”的成绩，他用了 10 天的时间，写了共 101 首的组诗《百花齐放》。这组诗歌不仅在内容上紧跟时政，而且创作的内容与方式也与人民紧密相关，其创作的速度也很快，十分符合时代精神。

(2)臧克家

①创作理念

他在 40 年代就表现了急迫地向现实政治迫近的姿态。他认为在内容上，诗歌应该反映现实中的革命斗争；在形式上，应该做到通俗化，让人民群众也能读懂。

②创作风格

臧克家前期的诗歌风格可以概括为“深沉含蓄”四字，尽管他在 40 年代末写了一些明朗犀利的讽刺诗，但也不像其他诗人那样热烈而直露。而他建国后的诗作演变为“热烈率直”，诗人对新生活迸发了热情的歌唱。

(3)冯至

①创作理念

冯至早期的诗歌创作方向是“诗是情感”，主张用诗歌来表达自己。接触里尔克后，其观念变为了“诗是经验”，主张节制感情，最大限度浓缩素材，将主观情感理智化和实体化，使诗歌呈现出雕塑的风格。进入 50 年代，冯至对自身的创作进行了反省。

②创作风格

建国后，冯至试图延续 40 年代哲理思辨式的创作风格，创作具有感叹和探索存在、生命与人生奥秘新主题的诗歌。不过，多数作品并没能获得成功。

③主要作品

其建国后的作品主要是《西郊集》(1958)和《十年诗抄》(1959)。这两部作品包含了冯至对事物的个人观察。

(4)何其芳

①创作理念

这一时期的何其芳内心有着复杂的矛盾与纠结，他发现在自身的创作过程中他没有办法避免各种各样的冲突，例如个人和社会之间的冲突、理想和现实之间的冲突、艺术和政治之间的冲突。他认为诗歌应与社会相联系，但是他又难以割舍那样的感情个性和表达方式。

②主要作品

50、60 年代，何其芳的创作主要集中在文学批评上。代表作品是《关于现实主义》(1950)、《西苑集》(1952)、《关于写诗和读诗》(1956)、《诗歌欣赏》(1962)。

③典型意义

何其芳虽然在思想上认清了诗歌的方向，但在写作上却止步不前，诗歌的想象力也随之委顿了。他身上的变化，比较典型地反映出新中国成立后一大批诗人“思想进步，创作退步”的矛盾情形。

(5)田间

①创作风格

以六言作为基本句式，在此基础上寻求变化，并广泛运用象征等方法，扩大诗的想象空间，以现成的政治概念和流行的社会观点，来取代诗人对社会生活和心灵世界的独特感知和发现。

②主要作品

田间的代表作品是叙事长诗《赶车传》。这一作品原创于解放区，建国后有所拓展。田间对此倾注了大量心血，并寄予很高期望，想使其成为一个时代的“史诗”。

(6)艾青

①在新中国诞生的前夕，艾青唱出了自己献给祖国的颂歌《国旗》。

②此后，为了更好地配合新的时代格调，诗人不仅写下了大量反映“新生活”的诗作，广泛地涉及政治斗争、农村生活、土地改革和国际友好往来等题材，而且开始尝试用民歌体写作长篇叙事诗。

③1956 年，艾青的诗歌创作受到责难。来自文学界高层的批评者，提出艾青“能不能为社会主义歌唱”的严重问题。艾青也承认他“前进的道路上存在着危机”。他从 1950 年到 1957 年，出版了 5 部诗集，但大都是肤浅的颂歌。

④比较而言，《海岬上》是此时期最值得重视的集子，显示了艾青在艺术个性的修复、重建上所做的努力，显示了他对诗性的敏感和对诗歌处理的细致。

三、穆旦等诗人的命运

1. 九叶诗派

九叶诗派(中国新诗派)是抗战后期和解放战争时期一个具有现代主义倾向的诗歌流派。主要成员有辛笛、穆旦、陈敬容、杜运燮等九人。

(1)诗歌主张：寻求诗与现实的多重平衡。

①他们认为诗要扎根于现实，但又不能拘泥于现实。

②他们认为诚挚的诗人应该融合社会意识与个人情感。

③他们认为艺术有自身的价值。

(2)艺术风格：接受了新诗的现实主义传统，采用欧美现代派的表现技巧，刻画了经过战争大动乱之后的社会现象。

2. 九叶诗人在40、50年代的命运

(1)他们不承认诗歌与政治之间的从属关系，坚持诗歌的独立品格，被看作是批评和抗衡革命文学路线。

(2)作为一个现代主义诗歌流派，他们的艺术倾向不符合当时的文学规范。

(3)在50年代后，虽然有个别诗人仍然在发表与其相符的诗歌，但是从数量与内在联系来看，“九叶诗派”作为一个群体性的诗歌流派已经不复存在。

(4)这些诗人没有出现在新的文学史书写中。当时新写的文学史专著与相关的诗歌选集都较少地涉及这些诗人。

四、“七月派”诗人的遭遇

抗日战争爆发后，胡风长期担任“中华全国文艺界抗敌协会”的领导工作，他先后主编《七月》《希望》杂志和《七月诗丛》《七月文丛》等，推出和评价了大量国统区进步青年作家和解放区作家的作品，在他的带动下形成了著名的文学流派“七月派”。

1. “七月派”背景

(1)“七月派”是抗战时期形成的一个以小说和诗歌创作为主体的文学流派，是以胡风为核心的一个有影响、有贡献的流派。其诗歌主要被收入1981年出版的诗集《白色花》。代表诗人有：阿垅、曾卓、绿原、牛汉等人。

(2)艾青、胡风等诗人，出于非艺术的原因虽未被归入“七月派”诗人群中，但是其作品却更能代表这一流派的早期风格。进入50年代后，由于文艺界对胡风思想展开了全面的批判，“七月派”的创作也受到了影响，创作逐渐减少。

2. 主要成就

(1)最主要的例子是胡风总题为《时间开始了》的“英雄史诗五部曲”，分为《欢乐颂》《光荣赞》《青春颂》《安魂曲》《胜利颂》。但是这些作品在出版不久后就受到了批判，因为批评家们认为这些作品反映了“主观唯心主义”。

(2)其他如阿垅关于诗的见解：《人与诗》《诗与现实》《诗是什么》等论著，因被纳入对胡风文艺思想批判的组成部分而遭到完全否定。

4.2 考研真题与典型题详解

一、填空题

1949年底至1951年上半年，胡风创作政治抒情长诗《时间开始了》，第一部为《欢乐颂》，第二部为《光荣颂》，第三部为《青春曲》，第四部为《______》，第五部为《欢乐颂》。［中山大学2017年研］

【答案】英雄谱(或安魂曲)

【解析】《时间开始了》是胡风于1949年底到1951年初创作的大型交响乐式长诗，长诗由四千六百余行的“英雄史诗五部曲”组成，分为《欢乐颂》《光荣赞》《青春曲》《英雄谱》(初名《安魂曲》)、《胜利颂》(初名《第二欢乐颂》)。长诗热烈地赞颂了解放区、毛泽东和新中国的诞生。该诗开创了新中国当代长篇政治抒情诗的先河。

二、简答题

九叶派诗歌的贡献。［中国人民大学2025年研］

相关试题：九叶诗派艺术特色。［江南大学2025年研］

答：九叶派诗歌是中国现代诗歌史上的重要流派，以辛笛、穆旦、郑敏等九位诗人为代表，他们将西方现代主义诗歌技巧与中国现实相结合，在中国诗歌的现代化进程、艺术创新、审美拓展等方面都有重要贡献，具体如下：

(1)推动中国诗歌的现代化进程

①引入现代主义元素

九叶派诗人深受西方现代主义诗歌的影响，将象征、隐喻、意识流等现代主义表现手法引入中国诗歌创作。如穆旦的《赞美》，通过大量的象征和隐喻，表达了对土地和人民的深沉热爱以及对时代苦难的深刻洞察，使诗歌摆脱了传统诗歌直白的表达方式，增加了诗歌的含蓄性和多义性，为中国诗歌的现代化注入了新的活力。

②探索现代诗歌形式

在诗歌形式上，九叶派诗人进行了大胆的探索和创新。他们不拘泥于传统的格律和句式，而是根据表达的需要，灵活运用自由诗体，注重诗歌的内在节奏和韵律，使诗歌更符合现代语言的特点和现代人的审美需求。像辛笛的《航》，在自由的诗行中营造出一种独特的音乐感，展现了现代诗歌形式的多样性。

(2)丰富诗歌的艺术表现力

①深化诗歌主题内涵

九叶派诗人关注社会现实和人类的精神困境，将个人的情感体验与时代的命运紧密结合，使诗歌具有深刻的思想内涵和社会意义。他们既反映了战争给人们带来的痛苦和灾难，如陈敬容的《十月》，表达了对战争的控诉和对和平的渴望；又探讨了人类的存在、自由、尊严等哲学问题，如郑敏的《金黄的稻束》，通过对自然景象的描绘，引发了对人类历史和生命意义的思考，拓宽了诗歌的主题领域。

②创新诗歌意象体系

九叶派诗人创造了独特的意象体系，将传统意象与现代意象相融合，使诗歌的意象更加丰富多样。他们不仅运用了如“土地”“河流”等传统意象来表达对祖国的热爱，还引入了“机器”“城市”等现代意象来反映现代社会的特征和现代人的生活状态，如杜运燮的《井》，以“井”为意象，象征着一种坚韧、深沉的生命力量，同时也暗示了人类在现代社会中的生存困境，使诗歌具有更强的艺术感染力。

(3)拓展诗歌的审美空间

①营造独特审美氛围

九叶派诗歌以其独特的艺术风格，营造出一种既深沉又灵动、既凝重又清新的审美氛围。他们的诗歌既有对现实的冷峻审视，又有对理想的热烈追求，在矛盾与冲突中展现出一种独特的审美张力。如杭约赫的《复活的土地》，既有对土地荒芜的痛苦描绘，又有对土地复活的期待，使读者在阅读中感受到一种强烈的审美冲击。

②提升诗歌审美品质

九叶派诗人注重诗歌的审美品质，追求诗歌的艺术纯度和精致度。他们以细腻的笔触、敏锐的感知和深刻的思考，为读者带来了高品质的审美享受。如穆旦的《诗八首》以其独特的情感表达、理性思考与玄思交融而著称，在艺术手法上运用了现代派诗的象征、暗示、抽象与具体结合的技巧，让诗歌呈现出一种独特的扭结美感。

(4)促进诗歌理论的发展

①提出诗歌创作主张

九叶派诗人在创作实践的同时，也提出了一系列具有建设性的诗歌理论主张。他们强调诗歌要“忠实于时代的观察和感受”，同时也要“忠实于自己的情绪”，主张诗歌要在现实与艺术、主观与客观之间寻求平衡。这些理论主张为中国现代诗歌的创作提供了重要的指导原则，对后来的诗歌创作和理论研究产生了积极的影响。

②推动诗歌批评建设

九叶派诗人积极参与诗歌批评活动，以理性、客观的态度对当时的诗歌创作进行评价和分析。他们的诗歌批评不仅关注诗歌的艺术技巧，更注重诗歌的思想内涵和社会价值，为中国现代诗歌批评的建设和发展做出了贡献，促进了诗歌创作与批评的良性互动。

总的来说，九叶派诗歌的创作风格和艺术追求，提升了中国现代诗歌的整体审美水平；其将现代主义与现实主义相结合的创作手法、对诗歌形式和意象的创新探索等，为后来的朦胧诗派、先锋诗派等提供了重要的启示和借鉴，推动了中国诗歌在不同历史时期的发展和演变。

第5章　诗歌体式和诗歌事件

5.1　复习笔记

一、“写实”倾向和叙事诗潮流

1. “写实”倾向的确立

(1)写实倾向

这种诗重写实、叙事的现象，最早可以追溯到“五四”时期提倡新诗的“写实性”主张，到“左联”时期，这种见解得到进一步的强调。在延安的解放区诗歌中，采用民歌形式写叙事诗被认为是对《讲话》精神的实践而被视为诗歌创作领域的方向和榜样，因而受到大力倡导，并由此对当代诗歌产生了较大的影响，这种影响一直延续到“文革”结束。

(2)“解放区诗歌”存在着多种写作倾向和诗体样式。

①来自解放区的诗人，有的是作为知名诗人进入根据地和解放区的，如艾青、何其芳、田间、柯仲平等，有的是在投身革命后才逐渐走上文学道路的，这些诗人受新诗自由体诗的影响，集中在晋察冀边区，如某一阶段的田间，如邵子南、魏巍、远千里、蔡其矫等

②另一分支更多地借鉴民族民间文化，力求实现艺术风格上的“中国作风，中国气派”，最突出的有李季、阮章竞、张志民等。此外，还有严辰、公木、芦芒、贺敬之、郭小川、闻捷等。

(3)进入50后代以后，前者一些作家的创作路向因出现了转移而受到批评，如田间、蔡其矫。而后者的创作虽曾在解放区被确立为“方向”和榜样，但这一时期也因表现题材、方法与主流规范不同出现了危机。

2. 叙事诗与抒情诗的热潮

50、60年代诗歌注重写实的总趋势，一方面表现为叙事诗创作保持着异乎寻常的势头，涌现了近百部叙事诗；另一方面体现在诗歌创作的叙事倾向向抒情渗透，使抒情诗中增加了“写实”的叙说因子，即在一定的人物、场景和情节的描述基础上抒情。

(1)长篇叙事诗有了新的成绩。

①李季、闻捷、张志民等的创作，是当代“写实”诗体的主要代表。

②其他重要作品有田间的《长诗三首》《英雄战歌》《赶车传》，李冰的《赵巧儿》《刘胡兰》，臧克家的《李大钊》等。

③整理少数民族民间诗歌基础上创作的叙事诗有徐嘉瑞、公刘、徐迟、鲁凝分别创作的同名长诗《望夫云》，韦其麟《百鸟衣》，高平《紫丁香》等。

(2)建国以后，对少数民族叙事诗的收集、整理和改编工作取得了明显的成绩。

①发表了一批藏族、维吾尔族、蒙古族、傣族等的抒情短诗。

②整理了《嘎达梅林》(蒙古族)、《阿诗玛》(彝族)、《阿细的先基》(彝族)、《召树屯》(傣族)、《逃婚调》(傈僳族)等史诗和叙事诗。

③1957年《人民文学》选刊了藏族仓央嘉措的60余首汉译情诗。

3. 李季

李季在50年代被称作“诗与劳动人民相结合的榜样”。

(1)延安时期的《王贵与李香香》

《王贵与李香香》发表于1946年，采用陕北信天游形式以及比兴手法。

(2)建国后的创作

1952年冬，李季举家到甘肃玉门油矿“落户”，走上以石油工业、油矿劳动者为表现对象的创作道路，因此被称为“石油诗人”。

4. 阮章竞

(1)《漳河水》

《漳河水》是作者于1949年创作的长篇叙事诗，作品描述太行山区漳河边上三个劳动妇女在新旧社会中婚姻爱情生活的不同遭遇。作品在创造性地吸取民歌民谣的营养方面做了成功的尝试。

(2)解放后的作品

描写内蒙古钢铁基地建设和生活变迁的组诗《新塞外行》《乌兰察布》，形式上企图从民歌和唐代边塞诗中寻找境界和语言格式，但没有得到如《漳河水》的好评。

5. 张志民

(1)1947年参加农村土改运动，在《晋察冀日报》上发表长篇叙事诗《王九诉苦》和《死不着》，长诗采用民歌体式，充满了对旧社会的控诉和翻身农民的欣喜之情。

(2)解放后仍坚持以民歌体式表现北方农村生活，并在北方农村体验生活。他的诗集《社里的人物》《村风》展示出农村的新人新事新面貌，从侧面反映社会变革给农民精神和生活上带来的深刻变化。

(3)张志民于1963年发表诗集《西行剪影》。他的诗既有浓郁的生活气息，又饶有风趣；既有民歌的韵味，又具有古典诗词长短句的特点。在艺术风格上呈现出严整而又自由，明快而又清新，朴素而又自然的特色。

6. 闻捷

(1)闻捷50年代的一些重要诗歌在1956年结集为《天山牧歌》出版。《天山牧歌》以热烈欢快的歌声赞美了天山南北的新疆各族人民在经过伟大的历史性变革后的新生活。其中的佳作一般都具有叙事与抒情相结合的特点。这些抒情诗或将叙述切割成片段后作为引发抒情的契机，或把情节淡化为人物的背景或氛围，或以简单的故事作为建构意境的框架，或在生活场景的素描中涂抹上抒情的斑斓色彩。

(2)50年代末又发表叙事长诗《复仇的火焰》，用史诗性的笔法展现了新疆少数民族的生活。

(3)《天山牧歌》的抒情诗大都有简单的“情节”，如《苹果树下》《志愿》《猎人》等，作者把生活事件和画面提炼得单纯、和谐，诗歌富于形式美，结构完美。作者用优美的笔调描绘了聚居在天山脚下、和硕草原、吐鲁番盆地和博斯腾湖畔的哈萨克、维吾尔、蒙古等民族的生活情景，抒发对于新生活的浓烈情思。这些诗一经发表便受到大众的喜爱，其景物和生活给人以新鲜的感觉，呈现出柔和而又清新的抒情风格。

二、青年诗人的艺术道路

1. 青年诗人的涌现

青年诗人的涌现是40、50年代诗歌界的奇观。在此时期值得注意的青年诗人的作品有：

邵燕祥的《歌唱北京城》、李瑛的《野战诗集》、韩笑的《血泪的控诉》、公刘的《边地短歌》等。

(1)40、50 年代之交的社会“转折”吸引了一批知识青年从事诗歌创作。在翻天覆地的变化面前，诗歌作为上层建筑的一种意识形态，扮演了阶级斗争最敏感的神经器官之一的角色，加入了写诗的行列就是加入了革命的行列。但因为经验的短缺，他们的表现领域及方式也有一定限制。

(2)其中一批青年诗人在 80 年代曾被称为“西南边疆诗群”。他们用诗表现边疆自然景物和民族风情，并将民间诗歌丰富的比喻和表现方法运用到新诗创作中。成员有公刘、白桦、顾工、高平、傅仇、周良沛等。

2. 青年诗人中的代表性人物

(1)公刘

原名刘耿直，1949 年 10 月参加军队到了云南。

①公刘在 50 年代中期发表了描写边疆军人生活的三个组诗，《佧佤山组诗》《西双版纳组诗》《西盟的早晨》，获得权威诗人的赞赏。

②1957 年，他出版了《边地短歌》《神圣的岗位》《黎明的城》和《在北方》四部诗集。细致的感觉，奇丽的想象，清新的语言风格，是这些诗集的特色。

③他善于从一个极其平常的生活场面出发，由实到虚，由感性描绘升华为一种明晰的思想和社会意义，通过酣畅流利的笔触把生活实景升华为一种崇高的精神信仰，这和时代的诗歌观和审美观相符合。这种由现象描述到“哲思升华”的结构，演化为一种“诗体”模式，被广泛运用。

(2)邵燕祥

邵燕祥 40 年代后期在北平读中学时，开始发表诗、散文和小说。

①青年诗人邵燕祥以一名新闻工作者的政治敏感，到工厂、矿山和建设工地去挖掘诗情，他的诗集《到远方去》《给同志们》记录了建设者的英雄业绩，也歌唱了他们蔑视困难的满腔豪情。

②他还创作了批判官僚主义作风的叙事诗《贾桂香》和一些讽刺诗。他认为创作要加强对现实政治的“干预性”，更多负起揭发时弊、关切社会缺陷的责任。

(3)李瑛

①李瑛是一位跟随共和国的步伐，走过近半个世纪创作生涯的诗人。抒情主体由战士身份向诗人个体的转变、超越社会政治层面的历史的生命感与生命的历史感、形式结构从单一平面到多维空间的跃进等，都是李瑛诗歌创作取得重要突破的基因。

②李瑛诗歌的题材，多与军人的生活、情感有关。他开始通过炮火，后来通过战士和平时期的日常生活——站岗、巡逻、月夜潜听、戈壁行军、海岛演出——来表现祖国保卫者们的自豪和忠诚。值得指出的是，李瑛对于战士行动和心灵的探索，往往停留于流行的社会观念、社会情绪的展示，而未能将之置于人类历史、人类面临的生活处境这一背景上来体验、思考，因而缺乏广度和深度。

③他细致的感受力、较丰厚的艺术储备，增强了诗作的感性色彩和情感层次。李瑛的诗大都是蕴涵一定叙事因素的抒情短章。为了使短小的诗包容丰富而深刻的内容，他往往采用因小及大的手法。大处着眼，小处落笔，小中见大，从浩瀚的生活海洋中，选取一人、一事、一景，甚至一个细节来反映战士的风貌、时代的旋律。典型的人物、事件、场景、细节

经过诗人情感的酿造，化为优美诗境。这种以小见大、情景交融的抒情方式曾受到广泛的赞誉，但同时也造成了作者表现方式上的雷同。

④70 年代出版的《红花满山》《枣林村集》，运用浪漫化的、有新鲜感的意象和起承转合的结构方式来“诗化”那种僵硬的政治命题和单调的政治生活，产生了较大影响。

三、50 年代的诗歌事件

1. 百花时代及其受挫

毛泽东 1956 年 5 月 2 日在最高国务会议讲话中提出关于发展文化科学事业的“百花齐放、百家争鸣”的方针。同年 5 月 26 日，中宣部部长陆定一向北京学术、文化界人士作了《百花齐放、百家争鸣》的报告，传达和阐发了这一方针。这一方针的具体内容是：在学术领域内实行社会主义民主，提倡不同艺术形式和风格的自由发展竞争；允许不同学派并存，学术、文艺领域的是非问题，通过自由讨论和学术研究、文艺实践去解决，反对采用行政命令或简单粗暴的方法。1956 年中国共产党第八次全国代表大会把这一方针写入政治报告和决议之中，以此作为发展文化科学事业的长远的思想指导方针。“双百方针”是促进艺术发展和科学进步的方针，是促进我国社会文化繁荣的方针。

但是，由于“左”的思想的影响，从 1957 年反右斗争以后，双百方针的贯彻受到了干扰和损害，尤其是“文革”中，这一方针受到极为严重的破坏。这是继胡风事件之后，当代诗歌界的另一次重大挫折。

2. 新民歌运动

(1) 概述

新中国成立后出现的表达人民崭新的思想感情和社会生活巨大变化的民族运动。它的第一批作品产生在 1957 年冬和 1958 年春农村水利化运动中，当时中国民间文艺研究会所编《农村大跃进歌谣选》就是较早收集出版的一本全国性民歌选。此后，毛泽东多次倡导收集民歌，很快在全国兴起新民歌收集和创作运动。当时“大跃进”的浮夸风和共产风也影响到新民歌的内容，在某种程度上损害了新民歌的现实主义传统。

①1958 年 4 月，《人民日报》根据毛泽东同志关于要搜集点民歌的意见，发表了社论《大规模地收集全国民歌》，在全国范围内掀起了一个声势浩大的新民歌运动。这一运动既把收集、整理新民歌的工作提到了重要位置，又大大促进了新民歌的创作，使之呈现出空前繁荣的局面。

②郭沫若为此发表了《关于大规模收集民歌答＜民间文学＞编辑部问》。

③4 月 26 日，周扬在中国文联、中国作协和中国民间文艺研究会联合举行的民歌座谈会上发出了“采风大军总动员”的号召。

④毛泽东说：“中国诗的出路，第一条是民歌，第二条是古典。在这个基础上产生出新诗来。形式是民歌，内容应是现实主义和浪漫主义的对立的统一。太现实了就不能写诗了。”同年 6 月，《红旗》创刊号发表周扬《新民歌开拓了诗歌的新道路》一文，传达了毛泽东上述论点的精神，并将之概括为“革命的现实主义和革命的浪漫主义的结合”。

⑤出现了“人人唱歌，人人写诗，人人跳舞，人人绘画”和“村村要有李有才，社社要有王老九，县县要出一个郭沫若”之类的口号。《红旗》杂志、《诗刊》《人民文学》以及各省市的报纸杂志都开辟了“民歌选”“新国风”“采风录”之类刊登民歌的专栏。《人民日报》在 1958 年 7 月的一个月内就有 28 天刊登民歌，共达 200 多首。各地出版社都出版了民歌选本。其中最具代表性的是郭沫若、周扬主编并作序的《红旗歌谣》。

（2）新民歌被确立为“主流”的内涵

“新民歌”在当时被确定为“当前”和“今后”诗歌的“主流”，这意味着：

①“工农大众”将成为写作主体。

②在诗歌艺术上，民间歌诗谣谚将成为主要的借鉴“资源”。

③在写作方式和传播方式上，也有可能从书面发表、个人阅读、沙龙式交流，转向公众集体参与的方式。

四、当代的政治抒情诗

1. 政治抒情诗

（1）艺术渊源

“政治抒情诗”这一概念出现在50、60年代之交，从艺术渊源上讲，其接受的影响主要来自两个方面：

①从艺术渊源关系分析，30年代的“左联”革命诗歌，以及抗战时期大量涌现的鼓动性诗歌（如蒋光慈的《血祭》、殷夫的《别了，哥哥》、蒲风的《地心之火》、田间的《给战斗者》等），从创作思想、艺术方法上给当代政治抒情诗创作以启发和推动。

②西方19世纪浪漫派诗人（如拜伦、雪莱、裴多菲、密茨凯维支等），尤其是苏联革命诗人马雅可夫斯基的创作为当代政治抒情诗提供了可借鉴的样本。

（2）艺术特点

①政治抒情诗是当代政治与文学特殊关系的产物。诗作者以“阶级”（或“人民”）的社会集团的代言人身份出现。

②它肯定并加强了自20世纪30年代以来，一部分诗人关心社会人生，以诗人的情感去概括、表现时代大哲理的热情。

③在艺术形式上，往往表现为观念演绎、展开的结构方式。有关现实政治和社会问题的观点，成为统驭诗的各种因素的纲目。

④政治抒情诗大都是长诗，通常采用大量的排比句式进行渲染、铺陈，也讲求节奏分明、声韵铿锵，以增强政治动员的感染力量。

⑤政治抒情诗在某种意义上是一种“广场诗歌”。这一诗体十分重视思想观念的激情负载，重视诉之读者耳朵和心灵的、能直接产生情感效应的节奏与音韵，倚重容纳激情的形式因素——音乐感和形式感，使作品适于朗诵。这无疑是强调其战斗性和宣传鼓动作用的结果。

2. 代表诗人

（1）贺敬之

贺敬之的当代作品可分为两类：一类是相对而言格局较小，并更多从民歌和古典诗歌取得借鉴的《回延安》《桂林山水歌》《西去列车的窗口》；另一类则是“鸿篇巨制”，如《放声歌唱》《十年颂歌》《雷锋之歌》等，这类作品在当代“政治抒情诗”“体制”的建立上起到重要作用。

贺敬之极其重视诗歌的时代性，他的诗紧紧追随时代和社会政治生活的步履，以充沛饱满的政治热情和尽可能企及的思想高度表达对时代、历史和社会人生重大问题的思索和理解，并及时地、热烈地描绘赞颂了我国社会主义时期的建设成就与政治生活中的重大变革。但他的部分作品对时代特征和社会矛盾的理解，囿于某些既定的政治命题和流行观念，将诗作为演绎这些政治命题的手段，因而没能真实、深刻地反映和歌颂我们伟大的时代。

（2）郭小川

①创作历程

a. 50年代是第一个阶段。1955年，郭小川带着他的组诗《致青年公民》登上当代诗坛。此后创作的抒情诗《致大海》和《望星空》，以及《白雪的赞歌》《深深的山谷》《一个和八个》《严厉的爱》《将军三部曲》等五部以革命战争生活为题材的长篇叙事诗最能体现诗人这一阶段对诗歌思想创见的追求。诗人离开了单纯的“宣传鼓动员”的立场和方法，把生活矛盾、人的丰富的感情世界作为开掘的对象，努力表达自己对生活的“独到的见解”。

b. 60年代，郭小川很快回到了对现实斗争生活的热烈颂扬，这一时期的重要作品有《林区三唱》《甘蔗林－青纱帐》《厦门风姿》《昆仑行》等。

②艺术特色

a. 郭小川在诗歌创作中，自觉地追求着时代精神。他的诗，具有火一样的革命激情和强烈的政治倾向性。不过，郭小川观察和反映时代生活、表现时代风貌，有自己独特的视角和表现方式。他很少像贺敬之等诗人那样正面表现社会政治生活中的重大事件和重要人物，也不着重描述生活中的客观事物，而是通过自己的视角所注视的生活现象或人物，去发掘和揭示人的内心世界和精神面貌。诗人所关心的生活主题是一个战士，一个革命者，在不同的历史时代，面对不同的困难、问题和考验，应该如何生活，他的一生应该有什么样的人生理想、人生态度和人格操守，我们时代的精神面貌，正是从每一位革命者的精神风貌中体现出来的。这一独特的视角，形成了郭小川突出的艺术个性。

b. 郭小川的诗富有深邃的哲理，是革命激情和人生思考的结晶体。如果说，贺敬之的诗侧重于对我们民族精神和阶级精神的哲理抒发，郭小川的不少诗歌则力图在生活体验中用自己的眼睛和头脑去发现和把握关于人的真理，而不去重复地阐释“现成的流行的政治语言”。他要求自己的作品有足够的思想深度，能“引起长久的深思”而不是仅仅让读者产生一时的激动。

c. 郭小川的诗在艺术上长于采用“感物咏志”的象征手法，这也是体现他艺术个性的一个鲜明特征。他的大部分诗作，包括名篇《林区三唱》《厦门风姿》《甘蔗林—青纱帐》《团泊洼的秋天》等都是以感物咏志或借物抒怀的手法创作的。

d. 郭小川尝试过各种诗歌体裁。《致青年公民》用“楼梯式”写成；《白雪的赞歌》属于“半自由体”；《将军三部曲》等采用了散曲的短句形式；《林区三唱》等在自由体形式中糅合民歌特色；最具个人特色的是他在《甘蔗林—青纱帐》等作品中采用的“新辞赋体”。

【名师点拨】“政治抒情诗”是本章的重点内容，考生可结合具体诗人的作品（如贺敬之的《十年颂歌》和郭小川的《致大海》）加深对“政治抒情诗”的理解与记忆。

5.2　考研真题与典型题详解

一、填空题

一般把郭小川和______称为50～60年代“政治抒情诗”的代表诗人。

【答案】贺敬之

【解析】贺敬之、郭小川是20世纪50年代政治抒情诗的代表诗人。政治抒情诗往往通过一个插曲来强烈地触及时事，展示社会生活，深入开掘其中的历史内容和思想意义，把生活中人们普遍关心的问题，上升到一个充满诗情和哲理的艺术境界，具有强烈的激情，鲜明的政治色彩，将抒情性和政治性融为一体。格调高昂，气势奔放，音节响亮。通常使用长句、错落的短句或阶梯式的句子。

二、单项选择题

长篇叙述诗《复仇的火焰》的作者是(　　)。

A. 白桦　　B. 闻捷　　C. 公刘　　D. 邵燕祥

【答案】B

【解析】《复仇的火焰》是闻捷在20世纪50年代末发表的叙事长诗。按计划，长诗共三部。第一部《动荡的年代》和第二部《叛乱的草原》分别出版于1959年和1962年。第三部因十年动乱的冲击而未能完成。长诗以解放初期粉碎新疆东部巴里坤草原的叛乱为题材，写人民解放军贯彻中国共产党的民族政策，教育、团结受蒙蔽群众，孤立了哈萨克民族中的反动派，取得了平叛的胜利。长诗力图从较广阔的历史背景来表现这场复杂斗争，几条情节线索的并行与交错，社会各个阶层的众多人物的刻画，使长诗具有宏伟的史诗性质。

三、概念题

1. 郭小川[南开大学2023年研]

答：郭小川是新中国第一代杰出诗人。从1955年发表政治抒情诗《致青年公民》开始，诗人进入了旺盛的创作期。他先后写了《白雪的赞歌》《深深的山谷》《一个和八个》《将军三部曲》等叙事诗以及抒情诗《望星空》。其中《将军三部曲》《白雪的赞歌》《深深的山谷》是建国后长篇叙事诗的优秀作品。60年代，他创作了《厦门风姿》《乡村大道》《甘蔗林－青纱帐》《青纱帐－甘蔗林》《祝酒歌》等一批作品，形成了自己雄浑而深邃的艺术风格。文革期间，他创作的《团泊洼的秋天》《祝寿》《秋歌》，怀有隐忧，深沉而悲慨。郭小川诗作的总体特色是：善于从当前现实生活中发现美的人生和诗意，具有鲜明的时代光彩；善于通过丰富的联想生动地刻画形象，揭示深刻的思想和人生的哲理；善于吸收各种诗集所长，创造适应于自己个性的诗体，为自由诗的发展作出了贡献。

2. 政治抒情诗[浙江大学2013年研]

答：政治抒情诗是当代抒情诗的一种，是十七年时期政治与文学特殊关系的产物。诗歌的主题通常是一个普遍性的政治主题，诗歌的抒情主人公常常不是富有独特个性的诗人自己，而是阶级、人民代言人的抽象“大我”。政治抒情诗既有鲜明的时代色彩和政治色彩，又有抒情诗的特点。它以真实而强烈的感情，具体而鲜明的形象，生动而深刻的语言，直接地触及时事，表现重大社会问题。它是诗与政论的巧妙结合，是诗意与哲理的水乳交融。代表诗人及作品主要有郭小川的《致青年公民》、贺敬之的《放声歌唱》等。

3.《望星空》[首都师范大学2013年研]

答：《望星空》是当代著名诗人郭小川于1959年发表于《人民文学》的诗歌，是其代表作品之一。全诗共4章，230多行，以曲折、形象的艺术手法，歌颂了人定胜天的伟大力量，歌颂了人民在党的领导下迎难而上，去建设美好、幸福的人间天堂的时代主题。《望星空》是郭小川抒情诗篇中最富有艺术个性的力作之一，是诗人运用艺术上的抑与扬、虚与实的辩证关系，以取得出人意料、别开生面的抒情效果的成功尝试。

4. 新民歌运动[中国传媒大学2011年研]

答：新民歌运动是以“大跃进”为背景，由毛泽东提倡，各级党委政府组织、发动的一场诗歌运动。这是与“五四”新诗传统对立的诗歌发展的新道路，它真实反映了当时人民群众战天斗地的精神风貌，赛诗成为当时民众日常生活的重要组成部分，但由于受到“左”倾思潮的影响，新民歌的问题实质是政治对于诗歌的要求，背离生活、"浪漫"浮夸、粉饰生活的作品较多。代表诗人及作品有郭小川的"新辞赋体"《青纱帐－甘蔗林》和"新散曲体"的《祝酒歌》，贺敬之借用信天游形式创作的《桂林山水歌》。

5. 闻捷［武汉大学2010年研］

答：闻捷是我国当代著名诗人。原名赵文节，又名巫咸。抗战后曾在武汉参加演剧活动。1956年出版诗集《天山牧歌》，热情歌唱少数民族人民的爱情和劳动，充满新鲜、风趣的情调，是50年代最优秀的抒情歌集之一。1959年发表长篇叙事诗《复仇的火焰》第一部《动荡的年代》，1962年出版第二部《战斗的草原》。1961年后在作协上海分会专事创作。主要诗集还有《祖国，光辉的十月》《河西走廊行》等。

四、简答题

简述郭小川、贺敬之政治抒情诗的艺术特色。［武汉大学2016年研］

相关试题：简述贺敬之政治抒情诗的主要特征。［山东大学2011年研］

答：20世纪50年代的中国诗坛，郭小川、贺敬之的政治抒情诗显得夺目出众。虽然他们的诗作都被归为政治抒情诗一类中，确有着共同的艺术倾向性，但两者在艺术特色上却各有千秋：

（1）郭小川政治抒情诗的艺术特色

①以战士的形象代言时代精神

一方面，在一些诗中，抒情主人公是一个标准而鲜明的无产阶级战士的形象，作品的主题是对战斗精神的呼唤，格调显得慷慨激昂。另一方面，一些诗作展示了主人公因反抗反动统治投身革命的事迹，但孤傲的个性、个体人生价值的追求、知识分子的优越感和清高，使主人公一直在矛盾的思想旋涡中苦苦挣扎，也揭示了在走向革命的征途中，知识分子内心的痛苦与困惑。

②肯定个体精神、情感价值

在思想主题探索上最具挑战性的作品是《一个和八个》。表现革命队伍中因极"左"思潮造成冤假错案的主题，一直是新中国文学创作中的禁区。诗作歌颂了革命者忠贞的灵魂、人格的光辉，也探讨了人性善恶问题，客观上暴露了革命斗争的严酷和"左"倾思潮的危害。这种超前的探索，使得当时《人民文学》和《收获》两大刊物的编辑都无奈地先后把稿子退还诗人，而这首诗的正式发表，已是在22年之后的1979年。

③诗体形式方面的试验

以前，他曾用"楼梯式"写《致青年公民》组诗，以民歌体写《三户贫农的决心》，如今他融古典诗词、散曲和民歌为一炉，创作了如"林区三唱"一类诗行简短、节奏明快、音韵优美的"散曲体"。特别是借鉴辞赋的表现特点，以集短句为长句的"长廊"句式为主要特征，运用对偶、排比、反复咏唱造成两两对称，具有整齐、和谐之美和磅礴气势的"新辞赋体"，更是对新诗形式探索所做的一大特殊贡献，将新诗史上闻一多、徐志摩、卞之琳、何其芳等倡导的现代格律诗创作大大推进了一步。

（2）贺敬之政治抒情诗的艺术特色

①借鉴民歌和古典诗歌

抒情短诗格局较小，多借鉴民歌和古典诗歌。像《回延安》《三门峡—梳妆台》《桂林山水歌》《西去列车的窗口》《又回南泥湾》等；大多采用"信天游"形式或七言歌行体，意境清新，情感细腻，语言通俗上口，风格委婉深沉。

②大开大合、波澜壮阔的诗歌意境

鸿篇巨制，如《放声歌唱》《十年颂歌》《雷锋之歌》等，在当代政治抒情诗“体制”的建立上起到重要作用。跨度宏阔的叙事时间，充实的诗歌内容含量，现在和过去的对比，给人以强烈的艺术冲击。

由于贺敬之的诗作常常从重大政治命题中去寻觅和表现诗情，因而其诗作视野宽广，结构呈现出大开大合、波澜壮阔之势。在宏大的视野和结构里，诗人驾起想象的翅膀，纵横驰骋，充分调动时空的张力创造意境。

③“小我”与“大我”统一的抒情主人公形象

抒情诗创造的是抒情主人公形象，贺敬之的抒情主人公在诗中往往以字面上的“我”为艺术符号，这也是其抒情方式和艺术风格的独特之处。以“我”的身份和眼光来感受生活和抒写激情，更便于展示自己的个性，因而为古今中外的诗人们所常用；然而贺敬之的“我”与郭小川的“我”一样，是“大我”，或者说，是“小我”与“大我”的统一体。

总之，贺敬之的政治抒情诗之所以有着巨大的艺术感染力，是因为他能够赋予抽象的政治性命题以具体生动的形象，以政治的“虚”来贯串、带动形象的“实”，又以形象的“实”使政治的“虚”变成可观可感的东西，从而造成了既动人心弦又给人美感的诗的境界。

第6章　小说的题材和形态

6.1　复习笔记

一、“现代”小说家的当代境况

1. 概述

部分在40年代表现活跃的“现代”小说作家在进入50年代之后，写作情况发生了变化，他们因各种原因或停止创作，或移居境外。

(1)茅盾：50年代虽有过撰写长篇的计划，却最终没有试图去实现。

(2)沈从文：文学生涯遇到重大挫折。

(3)张爱玲：1952年离开大陆到香港，后移居美国。

(4)钱钟书：从事“毛选”英译、古代文学研究，极少发表作品

(5)废名：(冯文炳)作为小说作家，也几乎被“忘却”。

2. 巴金

原名李尧棠，另有笔名有佩竿、极乐、黑浪、春风等。

(1)30、40年代中长篇小说

上海开明书店出版的《灭亡》《家》《春》《秋》，上海良友图书公司出版的《雾》《雨》《电》等。

(2)30、40年代短篇小说集

《复仇集》《光明集》《电椅集》等。

(3)50～70年代的创作情况

巴金深入抗美援朝前线，创作了从不同侧面反映抗美援朝战争风貌的短篇小说集。《英雄的故事》由平明社于1953年9月出版。该书收小说4篇和散文1篇。作者用热情的文笔描写志愿军战士的英雄形象，以及他们对祖国人民和朝鲜人民的热爱。《李大海》由作家出版社于1961年12月出版。该书收入了作者1960年8月到1961年8月所写的7个短篇小说，其内容都与中国人民志愿军有关。书中生动地塑造了一系列志愿军战士形象，表达了作者倾慕英雄的思想感情。

3. 张天翼

(1)相对于张天翼解放前的创作，50年代前期，那个以精练、喜剧式的文字刻画社会各阶层的讽刺小说家已不复存在。

(2)50年代中期有一批儿童话剧和童话剧也值得注意，作品有《蓉生在家里》、童话剧《大灰狼》。

(3)“反右运动”“大跃进”“文革”期间张天翼的小说创作始终与新的文学规范处于“紧张的，难以融合、协调的状态”，他创作有关知识分子道路的长篇小说的计划也未能实现。

4. 艾芜

(1)30、40年代的创作

艾芜是最早把西南边疆地区下层社会的风貌带进现代文学创作中来的作家之一。传奇性

的故事，绮丽的地方色彩，使他的作品具有鲜明的抒情风格和浪漫情调。

(2)50 年代的创作

艾芜 1952 年到东北的鞍山钢铁厂“体验生活”，写出长篇小说《百炼成钢》和短篇集《夜归》。但读者对于艾芜记忆最深的应该是 30 年代的《南行记》。

(3)《南行记续篇》

1961 年，艾芜重返云南故地写了《南行记续篇》。作品的“主旨”，被纳入“新旧生活对比”这个单一观念的框架之中，在很大程度上失去了《南行记》社会游离者对生活、对生命的发现。

5. 沙汀

(1)30、40 年代的创作

沙汀的作品主要以四川乡镇为故事背景，采用冷峻、客观、暴露、讽刺手法和含蓄深沉的艺术气质描写现实社会。

(2)50、60 年代的创作

沙汀并未完全放弃原先的风格和方法，保持朴素的写实风格，受到跨出的步伐不够大的批评。1960 年发表《你追我赶》，转而追求明朗热烈的基调，作品浮泛和空疏的取向，却为当时的批评界所赞赏。

二、题材的分类和等级

1. 题材决定论

认为题材本身对作品的价值起有决定性作用，甚至认为选择什么题材是由作者的阶级立场决定的。

当代关于“题材”的概念，主要有两种不同的解释：

(1)“题材”是指作家选取其充分熟悉和了解，并认为有价值、有意义的东西，作为其加工提炼的对象。

(2)“题材”是指可以作为材料的社会生活、社会现象的某些方面。

在“当代”论及题材，一般是指后一种解释。

周扬曾表示：工农兵群众在作品中如在社会中一样取得了真正主人公的地位。脱离广大人民群众，书写自我情绪、自我世界、自我价值的题材是毫无价值与意义的。

何其芳表示：中国的一般文艺作品必然要逐渐改变为以写工农兵及其干部为主的文艺作品，不可能只以小资产阶级的人物或其他非工农阶级的人物为主角。

2. 题材的分类和等级

这一时期，作家、评论家对“题材”的定义虽然有所不同，但在具体问题、具体文学作品的处理与实践上做法大致相同。

(1)题材被严格分类

以社会群体的政治生活而非“个人日常生活”为分类依据，有群体活动的空间：革命、工厂、农村、军事的分类，有历史题材、现实问题等依据时间的分类。

(2)不同的题材类别，被赋予不同的价值等级

即指认它们之间的优劣、主次、高低的区分。类别的严格区分，与等级上的清楚排列紧密关联。以主要/次要，重大/非重大题材作为评判类型。

(3)当代特有的题材分类

从第一次文代会开始，有了按照社会生活领域和当时开展的政治运动、中心事件，来分

别“检阅”小说创作成绩和问题批评的“成规”。

①革命历史题材

主要叙说中国共产党领导的革命斗争所经历的艰难曲折以及如何走向最终胜利的历程。代表作品《红岩》。

②农村题材

以农村生活为题材，强调表现“现实斗争”，表现农村进行的政治运动和中心事件。代表作品《暴风骤雨》。

③工业题材

建国以来表现工业战线、反映工人生活的作品。代表作品《铁水奔流》。

④军事题材

以共产党领导的军事斗争为题材的作品，着重于刻画共产党领导的革命军队的英雄伟大和日本侵略者或国民党军队的丑恶与腐朽。代表作品《林海雪原》。

三、当代的小说样式

50、60年代小说的体裁(样式)，表现出重视“两极”的取向，即重视长篇与短篇，轻视中篇。

1. 短篇小说创作方法的讨论

(1)概况

在当代中国的文学发展中，从50年代开始，关于短篇小说的基本定义讨论，也是众说纷纭的。

(2)主要观点

①茅盾沿用“五四”以来的说法：“短篇小说取材于生活的片段，而这一片段不但提出了一个普遍性的问题，并且使读者由此一片段联想到其他的生活问题，引起了反复的深思。”

②侯金镜同意这种说法，但他把侧重点落在人物性格上：“短篇的特点就是剪裁和描写性格的横断面(而且是从主人公丰富的性格中选取一两点)和与此相应的生活的横断面。”

③魏金枝却认为“横截面”的提法失之含糊，因为长篇小说也只能于无限时空中取有限的一部分：“我们只能说，现实生活中的关系是非常复杂的，而且往往束缠在一起，……往往自成为一个纽结。而这个纽结，也就是一个单位或个体，对作者来说，取用那个大的纽结就是一部长篇，取用那个小的纽结，就成为一个短篇，这里并没有什么横断面和整株树干等等的分别存在。”可是大小纽结的区别何在，他并未谈得分明。

④孙犁除了强调篇幅应尽量短小之外，对别的定义一概存疑：“关于短篇小说，曾有很多定义，什么生活的横断面呀，采取最精彩的一瞬间呀，掐头去尾呀，故事性强呀，只可参考，不可全信。因为有的短篇小说，写纵断面也很好。中国流传下来的短篇小说，大都有头有尾。契诃夫的很多小说，故事性并不强，但都是好的短篇小说。”他断言：“短篇小说是文学作品里的一种形式，它的基本规律和其他文学形式完全相同。”

(3)短篇小说创作讨论的实质

①承继“五四”传统、接受西方小说观念影响的作家希望以短篇小说的讨论推动小说技法、形式、观念的更新，走出模式化、单一化的困境。

②试图扭转40年代以来，延安文学在小说艺术上更偏重“民间传统”，重视通俗化和故事性的倾向。

2. 长篇小说重要作品

柳青《铜墙铁壁》、孙犁《风云初记》、杜鹏程《保卫延安》、赵树理《三里湾》、高云览《小城春秋》、曲波《林海雪原》等。

3. 中篇小说主要作品

(1)《在和平的日子》

作者杜鹏程。小说着力表现革命战争时期的团级干部阎兴和梁建在改变祖国"一穷二白"面貌的过程中在铁路建设方面的英雄业绩。

(2)《来访者》

作者方纪。小说讲述了青年知识者康敏夫因无力承受与一位女艺人情感的聚合离散而自虐自戕的故事。《剑桥中华人民共和国史》称《来访者》"很明显是干部文学，是为知识分子写的而不是为工农兵大众服务的"。

(3)《水滴石穿》

作者康濯。小说以作者熟悉的河北、山西交界地带的农村为背景，围绕中年妇女申玉枝在恋爱、婚姻、入党问题上所遇到的重重阻力，描写了人们像滴水穿石一样不断克服封建意识残余，与某些蜕化变质现象进行斗争的过程。

四、类型单一化趋向

1. 单一化趋向形成的原因

(1)以市民为主要阅读对象的通俗小说，以及表现"都市市民日常生活"的作品，其存在的合理性受到质疑，失去了生长的根基。

(2)揭露、批判，或幽默、嘲讽性质的作品，其价值、地位一直含糊不清。

(3)讽刺、幽默的小说，此时也不能有继续的推进。

(4)左翼文艺建构了简明的理论体系，其绝对化、浓厚的意识形态色彩，反复的批判、规训，造成了狭隘、封闭、单一的审美观念，单纯、直露、粗糙的艺术手法，单一化、类型化的人物形象。

2. 单一化的类型要求

(1)小说要体现对"最积极"的生活现象(英雄人物、先进事迹)的正面评价。

(2)小说要写矛盾斗争，写重大社会问题、事件，并在波澜起伏的矛盾斗争中塑造"典型人物"。

(3)侧重表现心理活动，尤其是复杂心理矛盾的作品被认为是不健康的。

(4)在作品风格上，冷静的、"观照式"的"写实"风格不被认可，热烈、宏大的叙事被大加以提倡。

3. 克服单一化的努力

(1)茹志鹃与《百合花》

茹志鹃曾用笔名阿如、初旭。其创作以短篇小说见长，笔调清新、俊逸，代表作品为《百合花》。

(2)关于茹志鹃小说的讨论

讨论得出"不能因为反对把英雄人物和普通人物对立起来的观点和对英雄人物概念的狭隘理解，而走向另一个极端"的结果。

【名师点拨】记忆本章内容时需注意勿将长、中、短篇小说的代表作家作品混淆，尤其是知名作品，如长篇小说中杜鹏程的《保卫延安》，中篇小说中孙犁的《铁木前传》，短篇小说中茹志鹃的《百合花》。

6.2 考研真题与典型题详解

一、概念题

“干预生活”[中国传媒大学2011年研]

答：“干预生活”是1956年在中国作协第二次理事会扩大会议上提出的、具有很强现实针对性的创作主张。当时的文艺创作虽然取得了不小的成绩，但仍存在着公式化、概念化的问题和回避生活中重大矛盾的现象。“干预生活”的倡导者认为：作家不能也难以无视生活中的矛盾冲突和阴暗面。“干预生活”就是要研究生活，思索和解释生活，对生活有所行动。即作家应该以主人翁的姿态，勇敢地去探索现实生活里的问题，把它们揭示出来，给腐朽、落后的事物以狠狠鞭打，并且呼唤、鼓舞人民与种种阻碍人类事业前进的丑恶现象做斗争，以推动历史前进。

二、论述题

结合十七年文艺作品，分析其中体现的“深入生活”这一核心原则。[中央民族大学2024年研]

答：十七年文艺作品，特别是那些产生于1949年至1966年间的经典之作，鲜明地体现了“深入生活”这一核心原则。这一原则在文艺创作中占据着举足轻重的地位，它要求文学家和艺术家必须深入实际、深入群众、深入生活，从丰富多彩的生活中汲取灵感，创作出真实、生动、深刻的文艺作品。

(1)从内容上看，十七年文艺作品紧密围绕现实生活展开，通过对社会各个层面的描绘和反映，展现了当时社会的风貌和人民的精神面貌。这些作品往往以现实生活为蓝本，通过塑造一系列鲜活的人物形象，讲述了他们的悲欢离合、喜怒哀乐，从而引发了读者的共鸣和思考。这种对现实生活的深入挖掘和呈现，正是“深入生活”原则在文艺创作中的具体体现。举例来说，柳青在《创业史》中不仅塑造了正面“新人”梁生宝，还刻画了“中间人物”梁三老汉，如他在分得十来亩稻田之后，“他每天东跑西颠，用手掌帮助耳轮，这里听听，那里听听。他拄着棍子，在到处插了写着字的木橛子的稻地里，这里看看，那里看看。”细节描写很真实，一个活生生的中国北方老农的形象也就凸显出来了，评论界对这一形象评价甚高。

(2)从艺术手法上看，十七年文艺作品注重通过细腻的描写和生动的刻画来展现生活的真实面貌。这些作品往往运用丰富的艺术手法，如比喻、象征、夸张等，来增强作品的表现力和感染力；同时，它们还善于运用朴实的语言，以平实的叙述方式来呈现生活的细节和人物的情感，使读者能够身临其境地感受到作品所描绘的生活场景。举例来说，赵树理在《三里湾》中用其拿手的幽默、夸张等描写方式来刻画人物，如给人物起绰号(“糊涂涂”“能不够”“常有理”“铁算盘”等)，对一些落后、自私分子给予漫画化的白描，这些手法使整个作品充满强烈的喜剧色彩。

(3)从创作态度上看，十七年文艺作品的作者们秉持着深入生活的原则，以严肃认真的态度对待自己的创作。他们深入基层、深入群众，与人民同呼吸、共命运，从人民的生活中汲取创作的灵感和素材。这种深入生活的创作态度，使得他们的作品能够真实地反映人民的生活和情感，具有深厚的群众基础和社会价值。举例来说，创作出《艳阳天》的浩然，以“深入一辈子农村，写一辈子农民，给农民当一辈子忠实代言人”为宗旨，在冀东和北京郊区农村做了50年艰辛的生活积蓄和艺术耕耘，其作品因反映农村现实生活和农民精神面貌而风行一时。

综上所述，十七年文艺作品通过深入生活、反映现实、刻画人物等方式，充分体现了“深入生活”这一核心原则。这些作品不仅在当时受到了广大读者的喜爱和欢迎，而且至今仍然具有很高的艺术价值和历史意义。它们为我们提供了宝贵的文化遗产和精神财富，也为我们今后的文艺创作提供了重要的借鉴和启示。

第 7 章　农村题材小说

7.1　复习笔记

一、农村小说的当代形态

1. 农村小说创作概况

在 50、60 年代，小说创作的主流是农村生活题材的小说，其作家与作品的数量都超越了其他题材的小说创作。因为：

(1)中国现代性的民族国家想象从土地革命这里展开，中国革命的主体是农民，社会主义文化的根基是农民文化。

(2)社会主义革命文学从延安解放区发展而来这一事实，不仅使它有了一个革命文学的队伍，更重要的是它找到了自己的精神起源，即扎根于农村大地。

2. 农村题材小说的特点

(1)强调表现激烈的农村斗争，或是强调表现引起农村生活深刻变化的运动。作家需要对现实予以时时刻刻的关注。

(2)农村的风俗习惯与日常生活成为作品次要描写的方面，通常是对现实斗争、重大运动描写的补充或佐证。

(3)作家需要站在农民的立场上进行描写，只有这样，作品才能符合当时“深入核心”的写作要求。

3. 农村题材小说的主要作家

(1)南方农村作家：周立波、沙汀、刘澍德、谢璞、陈残云等。

(2)山西作家：赵树理、马烽等。

(3)陕西作家：柳青、王汶石等。

4. 李准的小说创作

李准(1928～2000)，蒙古族，本姓木华梨，后简化成李，原名李铁生，河南洛阳人。

(1)《不能走那条路》

①主要内容

小说描写农村合作化运动中农民转变观念和立场的故事。宋老定作为一个翻身农民，却时刻想着发家致富，他起早贪黑，目的是把家搞得像过去的富农那样。后来他意识到“不能走那条路”，从而放弃了过去发家致富的梦想。

②评价

小说发表于农村合作化运动开始时，非常及时地反映了农村中存在的普遍问题，说明了农村实行社会主义改造的重要性。

(2)其他创作

《李双双小传》描写一个农村妇女在“大跃进”中如何积极踊跃“办食堂”，通过妇女的崭新精神面貌来歌颂“大跃进”。

5. 周立波的小说创作

周立波，原名周绍义，字凤翔，又名周奉悟。湖南益阳人。主要著作有《暴风骤雨》《铁水奔流》《山乡巨变》等。

(1)《暴风骤雨》

《暴风骤雨》是周立波的代表作，也是“土改文学”的代表作。因和《太阳照在桑干河上》《白毛女》一起，在50年代初被苏联授予“斯大林文艺奖”而享有很高的声誉。

①主要内容

整部小说以广阔的画卷反映了解放区土改运动的全面进程，描写了以赵玉林为代表的极端贫困的农民的阶级仇恨与斗争精神，展开了阶级斗争的描写。小说最早书写了公审大会的经典性场面。

②人物形象

a. 郭全海是作者笔下的理想农民形象，小说把他塑造为有理想有抱负且品质高贵的人物。

b. 以韩老六为代表的地主阶级则被当作历史的败类、注定要灭亡的形象加以表现。

c. 老孙头等农民身上有缺点，带点江湖气，但是仍然属于积极的农民形象。

③艺术特点

a. 小说结构恢宏，叙事富有气势，语言简洁明快。

b. 小说描写场景富有戏剧性，可看出受到了中国古典小说的影响。

c. 小说涉及的人物过多，导致第二部分显得有些凌乱，这与小说试图通过郭全海这样的理想化的农民形象来展开故事情节有关。

d. 小说的叙述经验在中国革命文学中还属首创，明显受到苏俄文学的影响。

(2)《山乡巨变》

①创作背景

这部作品描写的时代背景是1955至1956年间，当时正值邓子恢要收缩农业合作社，被毛泽东批评为“右倾机会主义”。作品在一定程度上迎合了当时政治的需要，反映合作化运动给农村带来的新生机。

②主要内容

《山乡巨变》以集体化是农村小生产者的“必由之路”为主旨。

③艺术特点

a. 作家将作品的背景设置在湖南省清溪乡这样一个具体的农村，通过对其生活的描写来反映“集体化”这样一个“规格化”的主题。

b. 作家对于体现在不同阶层农民身上的“道路”分歧、冲突，持一种较为宽厚、同情的态度。

c. 作品的语言有着大量对方言土语的使用，并伴有一种幽默而质朴的语调。

d. 作品中有不少对农村风俗习惯、人情世故、自然景色方面的描写，有一定的美感。

二、赵树理和山西作家

1. “山药蛋派”

(1)流派的建立

“山药蛋派”是在20世纪40年代，于中国共产党领导的抗日根据地及解放区，以赵树理为中心，以马烽、西戎、束为等为代表，在《在延安文艺座谈会上的讲话》所确立的“为工农兵服务”精神指引下，在大众化、民族化旗帜下产生的作家流派。

与以往文学流派的形成方式不同，“山药蛋派”的形成完全是赵树理创作在根据地产生巨大影响后，一批革命知识分子受到《讲话》的感召自觉向赵树理创作风格靠拢，并在共同的地域文化、政治生态背景与艺术追求影响下形成的流派。

（2）流派的特征

①地域上，赵树理、马烽等长期生活、工作在山西，当地乡村的民情风俗影响了他们小说的构成。

②写作上，主张作家在生活中“不作旁观者”，写作内容直接反映农村实际工作。

③风格上，体现按照生活的“本来面貌”来写的“写实”风格。

④叙事上，重视故事性和语言的通俗。

⑤艺术上，更多借鉴来自古典小说、说书、民间故事、地方戏曲的传统。

2. 马烽

（1）概况

马烽于战争年代在晋绥边区报纸、出版社从事编辑工作。1945 年，与西戎合著长篇章回体小说《吕梁英雄传》。

（2）《吕梁英雄传》

《吕梁英雄传》以吕梁山区的一个普通山村康家寨为叙事切入点，讲述了康家寨村民在中国共产党领导下打击日本侵略者的精彩故事。

3. 西戎

（1）概况

西戎出版有短篇小说集《姑娘的秘密》《丰产记》。他写于 1961 年后的《丰产记》《灯芯绒》《赖大嫂》等小说语言质朴流畅，富有北方农村的生活情趣。

（2）《赖大嫂》

《赖大嫂》是西戎的代表作。这篇作品描写了赖大嫂三次养猪的故事，对生活琐事进行了深入挖掘，塑造了十分个性的人物形象，语言朴实，充满喜剧气氛。这篇作品先是被支持“现实主义深化”的批评家肯定，而后却因此成为批评的对象。

4. 赵树理

（1）简介

赵树理，原名赵树礼，曾用笔名野小、吴戴等，山西沁水人。

（2）创作概况

赵树理于 1943 年发表成名作《小二黑结婚》。中篇《李有才板话》被誉为“反映农村斗争的最杰出的作品，也是解放区文艺的代表之作”（周扬《新的人民的文艺》）。此后，又发表了长篇《李家庄的变迁》，短篇《“锻炼锻炼”》等。

赵树理的创作是具有典型意义的。他没有以旁观者的态度，或高高在上的态度来观察描写农民，而是以农民直接的感觉、印象和判断为基础。

（3）代表作品

①《小二黑结婚》

1943 年 9 月，赵树理的《小二黑结婚》由华北新华书店出版，在解放区迅速传播，在国统区也引起强烈反响。小说讲述了解放区一对青年男女小二黑和小芹争取婚姻自由，克服封建阻力，最终成就良缘的故事。小说散发着浓郁的乡土气息，使人们看到了民族风格的真实体现。

②《李有才板话》

作品再次显示了赵树理小说的那种朴实明白、流畅生动的风格。

③《登记》

小说讲述两对农村青年登记结婚遇到波折，最终在新婚姻法颁布后获得成功的故事，揭示了包办婚姻给中国女人带来的世代冤屈。

④《三里湾》

小说是建国后第一部反映合作化运动的作品，通过秋收、扩社、整社、开渠等事件，描写了合作社在波折中顽强前进的历程。作品人物刻画生动形象：老中农马多寿设想走个人发家致富的道路，村长范登高利用职权谋私利，支部书记王金生被塑造成优秀的共产党员形象。

(4)50~60年代赵树理小说创作的变化

①在小说观念上，突出了从传统戏曲等相承的“教诲”的功能观。

②自然地表现社会风习、伦理的变革在农民心理、家庭关系、公私关系上留下的波痕和冲突。

③与40年代的创作相比，赵树理此时期的小说，特别是60年代的短篇显得“迟缓、拘束、严密、慎重”。

④对建立在劳动之上的传统美德的维护和发掘，成为后期创作的主题。

⑤回到现代作家经常触及的“永恒与流变”的主题上。

【名师点拨】重点掌握以赵树理为代表的“山药蛋派”作家群体的文学创作，此部分内容经常以简答、论述形式出现。需重点阅读相关代表作品，在深入分析文本的基础上，掌握这一派别作家的创作特色与文学建树。

三、赵树理的“评价史”

1. 40年代：“赵树理方向”和经典化

(1)1946年，周扬所写的《论赵树理的创作》系统论述了赵树理的写作，并对他的小说创作予以高度肯定。

(2)1947年8月，晋冀鲁豫边区文艺座谈会召开，会议对赵树理的创作给予肯定，并倡导将“赵树理方向”作为小说创作的旗帜。

(3)在此前后，“解放区”的出版社，编印了多种赵树理创作的评论集，收入周扬、茅盾、郭沫若等人的文章。

(4)1949~1951年出版的带有总结与前瞻性的两套大型文学丛书中，赵树理的创作入选展示“解放区”文学实绩的《中国人民文艺丛书》。

(5)1956年，中国作协第二次理事扩大会议召开。会议评选了中国现代文学中的“语言艺术大师”，赵树理与茅盾、曹禺、郭沫若一起当选。

2. 50年代：犹豫和质疑

(1)《三里湾》发表后，在受到肯定的同时，“典型化”程度不够的问题被着重提出。

(2)批评家提出了赵树理“善于表现落后的一面，不善于表现前进的一面”的问题。

(3)50年代后期，质疑开始深化，赵树理在“反右倾机会主义”的中国作协整风中受到批判。

3. 60 年代："重新发掘"和大连会议

(1)60 年代初，赵树理的文学价值重新显现出来了，不少文艺工作者都发现其小说创作中有着"现实主义深化"与"人物多样化"的特点。

(2)1962 年夏天，中国作协在大连召开的农村题材短篇小说创作座谈会上，邵荃麟等认为要为赵树理翻案，称"这是现实主义的胜利"。

4. 新时期：重评赵树理

"新时期文学"对文学史进行了重构，并对所谓的"文学经典"进行了重新评判。随着中国"左翼文学"地位的下降，赵树理也淡出人们的视线。

在 90 年代对"新时期"现代性视野的反省中，赵树理的重要性又被发现。一些研究者致力于阐释赵树理文学独特的现代性内涵，他的文学经验得到一些人的重新重视。

【**名师点拨**】赵树理及其创作与评价是本章的重点内容，需阅读他的主要作品，将文本内容与具体的客观环境相结合，以发展的眼光来理解和评价赵树理的文学创作。

四、柳青的《创业史》

1. 柳青的主要作品

短篇小说集《地雷》，中篇小说《狠透铁》，长篇小说《种谷记》《铜墙铁壁》《创业史》。

2.《创业史》的主要内容

《创业史》是一部全面反映农业合作化运动的长篇小说。小说深入地描写了梁生宝父子在旧时代生存创业的艰辛与惨败，通过他们新旧时代的生活对比，说明只有共产党创建的新社会才会给贫苦农民指明一条生路。小说揭示了农村开展互助合作运动的必要性和紧迫性，表明中国农村走社会主义道路的必要性与可能性。

3. 人物塑造

(1)梁生宝

梁生宝被作为一个社会主义新人形象来塑造。他身上汇集了中国传统农民的所有美德，也概括了新时代农民成长的全部进步因素。批评界一致认为《创业史》最主要的成就就在于塑造了梁生宝这样一个社会主义新人形象。

(2)梁三老汉

梁三老汉是勤劳耿直而又被旧有习惯支配的老一代农民。在当时，梁三老汉的形象被作为"中间人物"来理解。

(3)关于梁生宝和梁三老汉的讨论

①邵荃麟评价《创业史》中梁三老汉比梁生宝写得成功，认为梁三老汉是很高的典型人物。

②严家炎也表达了相近的观点，他立论的根据一是美学的标准，二是题材的价值问题。

4. 艺术成就

(1)以开阔的视野突出显示了现实主义全知全能的叙述视角。

(2)人物行为描写的生动性与心理刻画的细致性。小说在人物行为描写方面精炼而准确，显得很有生活的质感。

(3)在叙事上显示了一种丰富性的力量，到现在为止，柳青的《创业史》依然代表着社会主义现实主义文学的最高峰。

7.2 考研真题与典型题详解

一、概念题

1.《创业史》[清华大学2025年研]

答：《创业史》是中国作家柳青创作的长篇小说，该作品共两部，第一部于1959年在《延河》上连载，1960年由中国青年出版社出版；第二部于1977年出版。作品以20世纪50年代初期中国农村的社会主义改造为背景，以梁生宝互助组的发展为线索，表现了中国农业社会主义改造进程中的历史风貌和农民思想情感的转变；成功地塑造了众多性格鲜明、具有典型意义的人物形象，如梁生宝的朴实、坚定、无私，郭世富的精明、狡黠、保守，姚士杰的阴险、狠毒等；小说语言具有浓郁的地方特色和生活气息，采用了大量的陕西方言和农村俗语，使小说更加贴近生活，真实地反映了农民的语言习惯和思维方式。

2."中间人物"论[北京大学2024年研]

答："中间人物"论是20世纪60年代文艺批评家邵荃麟针对柳青《创业史》中梁三老汉这一形象提出的艺术观点。他认为梁三老汉是《创业史》中最为成功的艺术形象。这个人物形象有着充满矛盾的双重性格：他先是反对互助组，接着对自己迷恋的旧道路产生了怀疑，最后终于承认了自己儿子的道路是对的，站到了合作化运动的一边。梁三老汉这样曾经动摇于两条道路之间的艺术形象，虽然并不是《创业史》里所独有的，但是能够把一个农民在告别私有制时思想性格的转变及其心灵上经历的艰巨的、痛苦的斗争过程表现得如此完整、细腻、入木三分和震撼人心，这部作品的处理是最成功的，可以说，梁三老汉是当代文学人物画廊里一个不可多得的艺术典型。基于此，邵荃麟指出先进的、落后的群众数量始终是少数，中间群众占大多数，创作文艺作品时描写英雄人物是应该的，但两头小，中间大；中间人物是大多数，而反映中间状态人物的作品比较少，要更多地反映大多数中间人物。这一见解后来被称为"中间人物论"。

3.《三里湾》[北京大学2023年研]

答：《三里湾》是现代作家赵树理创作的一部长篇小说，是我国第一部反映农业合作化运动的作品，出版于1955年。小说围绕三里湾农业合作社秋收、扩社、整党、开渠四项工作展开描写，叙述了模范村三里湾在农村合作化进程中所遇到的问题以及解决这些问题的过程，反映了农村中先进与落后力量的冲突，展现了处于社会大变革时期农村生活的风貌。小说将农村的社会改革和日常的家庭矛盾、爱恨纠葛结合在一起进行描绘，善于选取最能表现人物性格的语言和行动来对人物进行刻画，结构上继承了中国古典小说的传统手法，情节连贯，语言生动。

二、简答题

十七年农村题材小说的特点。[中国人民大学2010年研]

答：十七年农村题材小说以赵树理的小说创作为代表。赵树理小说在艺术的民族化、大众化方面，取得了卓越成就，这主要表现在人物描写、结构安排、语言运用等方面。

(1)在斗争的发展中来展现人物形象

在人物描写上，赵树理不是在静止的状态下消极地描写人物，而是在斗争的发展中来展现人物的性格。例如《李有才板话》中老杨的性格，就是在阎家山两个阶级激烈搏战的斗争环境中得到充分表现的。

（2）善于通过人物言行显示人物的性格

赵树理总是通过人物自己的行动和语言来显示他们的性格，表现他们的思想情绪。对二诸葛、三仙姑这两位“神仙”性格的刻画，就是采用这种方法最成功的例证。

（3）结构上继承与创新并举

在结构上，赵树理小说继承古典小说、评话说书的结构方法，大多采用单线发展的写法，但又适应时代要求，摈弃了传统的章回体形式，接受了“五四”以来新小说的形式，并且融会贯通，进行艺术冶炼，使小说的结构形成了鲜明而新颖的民族特色。故事完整，有头有尾；情节连贯，曲折多变；疏密相间，脉络清晰。

（4）小说语言颇具民族特色

赵树理小说运用的语言完全是活在人民群众口头上的语言，生动活泼，通俗易懂，形象鲜明，风趣幽默，富有浓厚的生活气息。具体地说，就是有着口语化、形象化、个性化和独特的民族风格特色。

三、论述题

谈谈赵树理及其“山药蛋派”创作的历史贡献和时代局限。［浙江大学2011年研］

答：“山药蛋派”是以赵树理为代表，部分艺术风格、审美追求相互接近的山西作家所构成的一个以写农村题材小说为主的文学流派。除赵树理外，主要成员还有马烽、西戎、束为、孙谦、胡正等。代表作品有《小二黑结婚》《李有才板话》《三里湾》（赵树理）、《我的第一个上级》（马烽）、《宋老大进城》（西戎）、《奇异的离婚故事》（孙谦）、《七月的庙会》（胡正）等。

（1）历史贡献

以赵树理为代表的“山药蛋派”对中国新文学的发展做出了重大贡献，表现为：

①“山药蛋派”的文学创作是半个世纪以来中国农村社会变迁和中国农民生存状态的一面镜子。他们的作品描述了中国农村历史变迁的尖锐性、复杂性和曲折性，也反映了中国农民的生存状况，塑造了一批真正的农民形象。这些形象从思想、情感、习性、气质到思维表达形式、生存方式都具有地道的农民特质。

②体现了“为农民服务”的“人本主义”文学思想。在中国新文学史上，“山药蛋派”是一个从始到终全心全意为农民服务的文学流派，这在新文学史上绝无仅有。他们从文学描写的客体对象，到创作塑造的审美形象，直至阅读者都是以农民为对象。

③复兴民间话语，弘扬民间文艺，提升民间文艺的品位，使民间文艺登上文学的大雅之堂，是“山药蛋派”的又一突出贡献。以赵树理为代表的“山药蛋派”为中国新文学继承传统文学，特别是继承和弘扬民间文艺方面做出重大贡献。他们一方面创造性地利用民间文艺样式，创造了新文学的新品种“评书体小说”“新章回体小说”等；另一方面扩大、改造民间曲艺和地方戏剧促使其登上大雅之堂；同时他们还学习借鉴西洋的文学样式，同民间文艺相融合，创造了农民式的话剧和电影。

（2）时代局限

由于时代和个人等方面的原因，使得他们的作品中存在着一定的局限和不足：

①他们虽然身处农村翻天覆地的大变革时代，但其作品反映农村的生活面不够广阔，作品容量不够深厚，缺少气壮山河的画幅和史诗的气度。

②他们虽然塑造了许多个性鲜明的艺术形象，但从总体看，仍存在着重事轻人的倾向，很少塑造出像阿Q、朱老忠、梁三老汉这样性格丰富、立体感强、高度典型化的艺术形象。

③他们过分强调写“问题小说”，或者为了配合中心任务，使得部分作品有就事论事、

图解政策、概念化的毛病，缺乏艺术感染力。

④在重视向中国古典文学和民间文学优良传统学习的同时，他们一定程度上忽视了对外国文学创作经验的借鉴。

⑤由于重视共同的美学追求，致使“山药蛋派”的模式化创作日益明显，作家的个性风格被逐渐淹没。

总之，赵树理及其“山药蛋派”对中国新文学的发展做出了一定的历史贡献，他们秉承革命现实主义的创作原则，围绕正在发生变革的农村生活和变革中所出现的新人物、新思想、新问题来展开叙事，刻画了不少性格鲜明的新时代的农民形象。同时，也应看到他们在创作上的某些局限性，以更加全面客观的眼光去评价这一文学群体的创作活动。

第8章　对历史的叙述

8.1　复习笔记

一、革命历史小说

1. 概述

通常在50至70年代的语境下，“现代中国的历史”这一概念约等于“革命历史”，而其中的“革命”这一概念也约等于“中国共产党领导的革命”。因此“历史”具有“既定”的性质，是“在既定的意识形态的规限内，讲述既定的历史题材，以达成既定的意识形态目的”。所以，“革命历史小说”主要描写的就是由中国共产党领导的革命斗争的起因、经过、结果，其中有对革命曲折过程的描写，但其结果一定是走向胜利的。

2. 主要作品

(1)长篇

《腹地》(王林)、《战斗到明天》(白刃)、《铜墙铁壁》(柳青)、《风云初记》(孙犁)、《保卫延安》(杜鹏程)、《铁道游击队》(知侠)、《小城春秋》(高云览)、《红日》(吴强)、《林海雪原》(曲波)、《红旗谱》(梁斌)、《青春之歌》(杨沫)、《战斗的青春》(雪克)、《烈火金刚》(刘流)、《敌后武工队》(冯志)、《苦菜花》(冯德英)、《三家巷》(欧阳山)、《红岩》(罗广斌、杨益言)等。

(2)短篇

《山地回忆》(孙犁)、《百合花》(茹志鹃)、《黎明的河边》(峻青)、《党费》(王愿坚)、《三月雪》(萧平)、《英雄的乐章》(刘真)、《万妞》(菡子)等。

3. 作者特征

作者大多数参与了真实的革命斗争，是斗争的亲身经历者。

4. 革命历史题材的意义

(1)以对历史“本质”的规范化叙述，为新的社会、新的政权的真理性做出证明，以具象的方式，推动对历史既定叙述的合法化。

(2)为处于社会转折期的民众，提供生活、思想的意识形态规范。

二、“史诗性”的追求

1. “史诗性”的表现

“史诗性”在当代长篇小说中主要表现为：

(1)揭示“历史本质”的目标。

(2)在结构上的宏阔时空跨度与规模。

(3)重大历史事实对艺术虚构的加入。

(4)英雄“典型”的创造和英雄主义的基调。

2. 杜鹏程的《保卫延安》

(1)作者简介

杜鹏程，陕西韩城人，原名杜红喜，曾用笔名司马君，著有长篇小说《保卫延安》、中篇小说《在和平的日子里》，短篇小说作品有《年青的朋友》《速写集》《杜鹏程小说选》等。

(2)主要情节

小说以某部一连连长周大勇为主要人物形象，描写一大批解放军指战员经过艰苦卓绝的战斗，终于取得全面胜利的故事。

(3)艺术特点

①情节跌宕起伏，紧张而富有戏剧性。

②在紧急的战争氛围中刻画人物形象。

③对暴力的纪实性呈现。

④将有影响的历史人物作为艺术形象加以正面刻画，这在此前的中国现代小说中并不多见。

(4)局限性

单一的意识形态视角和缺乏变化的叙事方法，使作品无法注意具体战争场面之外的生活情景。

3. 吴强的《红日》

(1)作者简介

吴强，原名汪大同，江苏省涟水县高沟镇人。1933 年在上海参加左翼作家联盟，抗战爆发后投笔从戎，1938 年参加新四军，1939 年参加中国共产党。解放后曾任上海市文联副主席、中国作协上海分会副主席，上海小说家联谊会会长等职。著有长篇小说《红日》《堡垒》(上部)、散文集《心潮集》等。

(2)主要内容

小说描写我军与国民党王牌主力 74 师多次激战的经过。我军在国民党主力 74 师的第二次进攻之下，被迫退出了涟水县城，主力团团长兼政委阵亡，但我军士气依然高昂，以勇敢与智慧战胜了强大而装备精良的敌人，使敌 74 师师长张灵甫一败涂地，全军覆灭。

(3)艺术特点

①与《保卫延安》相比，小说表现的战争生活范围比较开阔；把军队和百姓、前线和后方、指战员的战争行为与日常生活加以联结，具有“横向拓展”的艺术构思。

②在人物创造上，作家意识到人物性格“丰富性”的重要，在维护性格“阶级特征”的前提下，加重了思想情感、心理活动的笔墨。

③在坚持“正面人物”与“反面人物”的对立结构的基础上，小说对“反面形象”(张灵甫等)尽可能避免漫画化刻画。

4. 梁斌的《红旗谱》

(1)作者简介

梁斌，原名梁维周，1933 年加入北方左翼作家联盟，开始写杂文、散文和小说。1948 年秋天，梁斌随军南下，历任湖北省襄樊地委宣传部长、《湖北日报》社长等职。

(2)主要内容

叙述在大革命失败前后的历史背景下，冀中平原两家农民三代人和一家地主两代人的尖锐矛盾与斗争，以“反割头税”和“二师学潮”为中心事件，展示了当时农村和城市阶级斗争与革命运动的整体过程。

(3)艺术特点

①作家寻找阶级斗争观念、主题和乡村风俗、传统文本的联结。

②运用方言、歇后语、俗语等具有地方特色的语言，使得小说更加真实，也对宏大主题造成的紧张感有所缓和。

(4)作品评价

①胡苏评价《红旗谱》以令人信服的真实的艺术形象，描述了党和劳动人民直可追溯至远祖的血缘谱系。

②邵荃麟评价此小说比较全面地概括了整个民主革命时期的中国农民生活与斗争。

三、《红岩》的写作方式

1. 概述

《红岩》的署名作者是罗广斌、杨益言。他们是书中事件的亲历者，后凭借记忆进行加工想象，形成了“革命回忆录”《在烈火中永生》。后在相关组织和人物的指导下，前后历时约十年，最终以小说形式出版。

2. 主要内容

小说叙述的故事发生在1948至1949年解放前夕的重庆，国民党反动派以最后的疯狂穷凶极恶地破坏共产党的地下组织。共产党人在监狱中经受着种种非人的磨难，却坚强不屈，与敌人进行殊死的斗争。小说写的是黎明前的黑暗，是革命历史在历史化的文学叙事中最为悲怆与壮丽的篇章。

3. 创作影响

《红岩》是文学“组织生产”的成功之作，从准备到成书，前后跨越了十年的时间，经历三次彻底返工和五六次大改。这种“组织生产”的方式在后来的“文革”期间，几乎成为重要作品的主要生产方式。其特点有：

(1)创作动机充分政治化。

(2)作者从权威论著、从对意识形态更为了解的其他人处，获取对原始材料进行提炼、加工的依据。

(3)放弃“个人”的不适宜的体验，而代之以新的理解和艺术方式。

其作者具有一致性，他们拥有同样的意识形态与创作目的，他们聚集在一起完成了《红岩》的创作。

4. 艺术特点

(1)人物的英雄化

①许云峰成熟稳健，在任何艰难困苦的情形下都冷静沉着。

②成岗威武不屈的形象，影响了中国几代青少年的成长。

③江姐是《红岩》中塑造得最成功的中国女性革命家的理想化典型形象。

(2)信仰的绝对化

英雄人物具有如此坚强的意志，原因在于他们抱定了共产主义信念。

(3)情节的传奇化

《红岩》之所以大受欢迎，一是因为它契合了主流意识形态的需要而得到全面推动，二是因为它具备艺术创作上的特点：①情节曲折惊险；②小说场景奇异；③对酷刑暴力有全面展示。

四、革命的“另类”记忆

1. 峻青的小说创作

（1）他参加过抗日战争、解放战争。20 世纪 40 年代开始发表作品，代表作有《黎明的河边》《老水牛爷爷》《党员登记表》等。

（2）其小说着力渲染战争年代生活环境的险恶、残酷。他小说中的人物总是会连续不断地遇到各种困难，但总会凭借着自身超人般的意志度过危机。通过这种情节的设置来塑造小说人物的英雄形象，其作品充满“浪漫主义”的素质，因此在“浪漫主义”高涨的年代得到追捧。

2. 王愿坚的小说创作

（1）他在 40 年代加入八路军，参加革命工作。50 年代开始文学创作，其代表作有描写革命根据地斗争的《党费》和《粮食的故事》，以及书写红军长征故事的《七根火柴》《三人行》。

（2）其小说清晰、简练；从某种意义上讲，王愿坚的短篇更接近于“故事”的形态。

3. 孙犁和《铁木前传》

孙犁在延安发表《荷花淀》《芦花荡》等短篇小说，被誉为“荷花淀派”创始人。解放后，出版长篇小说《风云初记》，中篇小说《铁木前传》，文学评论集《文学短评》。孙犁解放前及解放初期的创作结集为《白洋淀纪事》，最负盛名。

（1）《铁木前传》主要内容

讲述铁匠傅老刚和木匠黎老东随着生活地位的变化而发生的情感变化。他们早年曾经患难与共，互相支持。黎老东走向富裕后，两个家庭之间的关系也发生了裂痕。此作品真正的价值在于写出新社会到来之际，旧有的乡村人伦关系面临深刻冲击的状况。

（2）孙犁小说的艺术特点

①不同的战争革命书写：孙犁的小说将“战争”与“革命”背景化，使得人民的朴实良善与对未来的信心得到充分展现。

②不同的想象书写：孙犁小说中的想象总是情感化的，这使得人物的生命形式与人物之间的关系在农村背景中更加极致。

③不同的行文方式：孙犁的小说并不像其他小说那样拥有强烈的故事性，而是更接近于情感化的散文书写。这种书写并没有过于感伤，而是恰到好处。

4. 茹志鹃

（1）茹志鹃 50、60 年代的短篇，收在《高高的白杨树》《静静的产院》两个集子中。这些作品的取材，一类是 50 年代上海里弄及近郊农村的生活，如《如愿》《春暖时节》《里程》《静静的产院》等；另一类是写 40 年代的战争生活，如《关大妈》《澄河边上》《三走严庄》。

（2）最负盛名的是发表于 1958 年的《百合花》。作品注重构思和剪裁，故事发展与人物刻画密切结合，结构细致严密且富于节奏感，通篇一气贯穿、前后呼应。

5. 其他作家作品

除上述作家之外，50 年代还有一部分作家进行了“另类”书写。他们对革命历史的书写具有强烈的抒情性，代表作品有刘真的《核桃的秘密》《英雄的乐章》以及萧平的《三月雪》等。在《英雄的乐章》中，刘真借鉴了她个人的情感与生活经历。文中，叙述者描绘了一位八路军指挥员阵亡的英勇事迹，并讲述了自身与他之间的爱情故事，叙述语调十分伤感。

五、《青春之歌》及其讨论

《青春之歌》描写了知识分子在革命中的“成长史”。在当代，类似长篇还有高云览的《小城春秋》。中国作家协会副主席冯牧曾这样评价两部作品：“一南一北，互相辉映。”但是，因为《小城春秋》在情节的安排上有些牵强、对革命领导者的塑造也不太成功，所以《青春之歌》比《小城春秋》具有更大的影响力。

1. 作者简介

杨沫原名杨成业，笔名杨君默、杨默。1934 年开始发表作品，抗战爆发后到冀中参加中国共产党领导的游击战争，做妇女、宣传工作。1943 年起任《黎明报》《晋察冀日报》等报纸的编辑、副刊主编。1958 年杨沫出版《青春之歌》产生了广泛影响。其作品还有长篇小说《东方欲晓》《芳菲之歌》《英华之歌》，长篇报告文学《不是日记的日记》等。

2.《青春之歌》

(1) 主要内容

《青春之歌》是杨沫以自己 30 年代的亲身经历为素材而写作的具有自传性质的长篇小说。全书以主人公林道静的遭遇为线索，描写了 1931 年的“九一八”事变到 1935 年的“一二九”运动之间的社会政治风云和事变。

(2) 对“知识分子”人物的处理

小说在否定戴愉、余永泽、白莉萍等的选择的同时，通过林道静的“成长”来指认知识分子唯一的出路：在无产阶级政党的引领下，经历艰苦的思想改造，从个人主义到达集体主义，从个人英雄式的幻想，到达参加阶级解放的集体斗争。

(3) 评价与修改

①先开始，这部作品获得了好评。这部分批评家认为《青春之歌》成功地塑造了林道静这一知识分子，对她成长的描写指出了知识分子的唯一出路。这在知识分子改造问题层出不穷的 50、60 年代，是十分有开拓性与现实性的。

②小说出版一年后，《中国青年》和《文艺报》刊登了批评《青春之歌》的文章，认为作者站在小资产阶级立场上，把自己的作品当作小资产阶级的自我表现来进行创作。

③批评《青春之歌》的人认为林道静并没有完全得到改造，因为她在接受教育后依然拥有小资产阶级式的情感。而文学创作需要表现的“阶级本质”与“历史本质”必须是完美的。

④杨沫针对批评家给出的建议，在 1960 年对《青春之歌》进行了修改。具体来说，为了“历史表现”的完美，杨沫将林道静不应出现的小资产阶级情感予以删除，为了凸显林道静改造的彻底性，又增加了八章工农结合与三章学生运动的情节。

【名师点拨】《青春之歌》是本章的重点，对其叙事策略、人物形象和话语关系的理解记忆，有助于应对历史革命叙事作品方面的考题。

3. 姚雪垠的《李自成》

(1) 概述

从严格意义上来讲，《李自成》并不是一部“革命历史小说”。但是在创作理念与小说叙事方面，《李自成》又与革命历史小说有诸多相似。《李自成》以“历史唯物主义和辩证唯物主义”的立场来“解剖”封建社会，参与了对现代历史本质的揭示。

(2) 艺术特征

①小说人物众多，结构宏大。小说的展开视角是全景式的，阅读时宛如阅读一部“明清之际的历史百科全书”。

②小说特别注意表现这个时期各种社会力量的关系，表现复杂矛盾的社会阶级根源。

③小说采取了突出主要矛盾的写作手法。《李自成》描写了矛盾产生的社会根源，这些根源十分复杂，但是小说选取了其中最为主要的“封建势力与农民起义军之间的矛盾”加以重点叙述。这是由历史唯物主义观点决定的。

(3)评价

对《李自成》的评价有着不统一性。批评界对一、二卷的评价较高，对后几卷并没有过多的讨论。80年代以后，批评界对这部小说的褒贬发生过争论。对其进行批评的人认为《李自成》这部小说对李自成的塑造并没有大量参考当时的历史，而主要是根据井冈山的农民武装斗争来予以塑造的，这种做法过于“现代化”。

8.2 考研真题与典型题详解

一、填空题

1. 《铁木前传》作者是______。

【答案】孙犁

【解析】孙犁，著名小说家、散文家，“荷花淀派”的创始人，代表作有《风云初记》《白洋淀纪事》《铁木前传》《荷花淀》等。其中，《铁木前传》以农业合作化运动为背景，描述了两位老人(铁匠傅老刚和木匠黎老东)和两个青年(九儿和六儿)在解放前后不同的时代背景下的交好与交恶，揭示了20世纪50年代初期北方农村的生活风貌和农业合作化运动给予农村社会的深刻影响。

2. 知名革命英雄传奇《林海雪原》的作者是______。

【答案】曲波

【解析】《林海雪原》是作家曲波根据自己的经历创作的长篇小说。主要讲述了1946年冬天，东北民主联军一支小分队，在团参谋长少剑波的率领下，深入林海雪原执行剿匪任务的过程。着重描写侦察英雄杨子荣与威虎山座山雕匪帮斗智斗勇的传奇故事。

二、概念题

1. “三红一创”[浙江大学2023年研]

答：“三红一创”是十七年文学中长篇小说的代表性作品，主要是指吴强的《红日》、罗广斌、杨益言的《红岩》、梁斌的《红旗谱》、柳青的《创业史》。这些作品在整体风格上呈现出史诗性的追求，内容上多为描写党领导的历史上的革命战争和现实生活中的农村改革，在文本的想象中建构起共和国的历史和党史，歌颂党的伟大。艺术上采用现实主义的创作手法，语言质朴简单，大众化、口语化的倾向明显，因此表现出浓郁的地方特色。这些作品在当时产生了极大的影响，受到广泛的肯定。但是随着文学研究视域的不断拓展和对文学史认识的深入，我们不能否认其巨大的社会文化价值(特别是政治文化的价值)和文学史价值，但也不能不对这部作品因时代和个人的局限而感到巨大的遗憾。

2. 《青春之歌》[北京大学2019年研；北京师范大学2014年研]

答：《青春之歌》是作家杨沫创作的我国当代文学史上第一部描写学生运动、反映知识分子成长道路的优秀长篇小说。1958年初出版，作品以“九一八”事变到“一二九”学生运动这一动荡时代为背景，以党领导的学生爱国运动为主线，描写了在阶级矛盾、民族矛盾日益尖锐的年代，知识分子的精神面貌以及他们的觉醒和分化，深刻揭示了那个时代革命知识分子成长的历史道路，从而表现了极其深刻的思想主题：一切追求光明和进步的知识分子，只有把个人前途和国家民族的命运，同人民的革命事业结合在一起，勇敢地投入到时代革命斗争的洪流中去，才会有真正值得歌颂的美丽的青春。小说成功地塑造了林道静、卢嘉川、余永泽等各种不同类型的人物形象。但作品在思想传达上不可避免地存在着某种用观念组装生活的痕迹，后来增加的林道静在农村的第九章，使情节游离了主要线索，暴露出理念化的痕迹。

3. 革命历史小说［华东师范大学2025年研；华中师范大学2012年研］

答：革命历史小说是20世纪50、60年代出现的小说创作潮流。它以近代以来的革命历史为线索，用艺术形式再现中国共产党领导的必然性与正确性，普及和宣传中国共产党的历史知识和基本观念。特别指毛泽东《延安文艺座谈会上的讲话》发表后产生的作品，代表作有“三红一创，青山保林”，即《红岩》《红日》《红旗谱》《创业史》和《青春之歌》《山乡巨变》《保卫延安》《林海雪原》。

三、简答题

1. 简述孙犁小说的风格特征。［华中师范大学2013年研］

答：孙犁小说着重于挖掘农民的灵魂美和人情美，艺术上追求诗的抒情性和风俗化的描写，带有浪漫主义的艺术气质。孙犁小说的风格特征主要表现为：

(1)用诗情画意的笔致表现抗战生活

孙犁的小说基本以他的家乡冀中平原农村为背景，具体生动地描写了抗日战争和解放战争中，冀中地区人民的斗争与生活。他把战争年代人民群众为保家卫国而进行的可歌可泣的斗争，交织在白洋淀水乡如诗如画的背景上，用充满诗情画意的笔致加以表现。他的小说，并没有很强的故事性，也缺乏生活细节的精致描绘，往往抓取个别的生活片段、场景，渲染上或浓或淡的主观情感色彩。他的小说在创作上虽以现实主义为主，但带有较强的浪漫主义气息。这种艺术上的追求，使其小说往往充满诗情画意。

(2)表现主人公的诗意人生

孙犁的小说侧重于从人的心灵、情感和生活诗意的层面上来表现人物性格的丰富与优美。他努力表现普通劳动者在民族解放斗争中明大义、识大体、顾大局的宽阔胸襟和在艰苦环境中乐观、健康、纯洁的品性，着力描画翻身农民在艰苦斗争生活中所孕育的诗意人生，揭示他们平凡而又丰富的内心世界。孙犁小说的一个显著特征是它着意刻画和赞美的主人公都是妇女，如《荷花淀》与《嘱咐》中的水生嫂等。这些年轻妇女各具神采，却都表现出高尚的情操、刚毅的性格以及革命的激情、欢乐的精神，可以说这是孙犁塑造的独特的人物体系。

(3)中和之美的创作原则

孙犁小说的传统性、民间性比较内在，即他在含蓄地追求一种中和之美的创作原则。孙犁小说以其美的特质与独特的艺术风格在解放区小说中占据着特殊的位置。

(4)注重挖掘生活中的美和人性的光辉

孙犁以散文的笔法来写小说，虽以抗战生活为题材，却不以金戈铁马的厮杀、尖锐激烈的冲突、曲折惊险的情节取胜，而是以一条简单的情节线索串联起几个重要场景，用饱含诗情而又灵巧轻捷的笔触加以精细雕琢，将写景叙事、抒情写人融于一体，从中发掘出生活的诗意和人情美的光华。

(5)语言清新自然，高度个性化和口语化

孙犁小说的语言清新自然，优美动人，人物语言达到了高度的个性化和口语化。小说具有散文的韵味，充溢着既深沉又明丽的诗的情调。后来有一批作家如刘绍棠、从维熙等，追随孙犁的创作风格，以其为首，在50、60年代形成了被称为“荷花淀派”的小说流派。

2.《青春之歌》的艺术特点。［厦门大学2011年研］

答：《青春之歌》是作家杨沫以自己30年代的亲身经历为素材而写作的具有自传性质的优秀长篇小说，在艺术表现上有如下特点：

（1）丰富宽广的题材

以林道静为中心，组织情节结构，贯穿众多的人物、复杂的事件和纷繁的生活场景，从而概括大量的社会内容。小说把人物置于“九一八”事变到“一二九”运动之间的北京，既展示了30年代初期、中期尖锐激烈的民族矛盾以及复杂的社会关系，又展现了以北平青年学生为中心的抗日救亡运动的历史背景。

（2）人物形象鲜明

通过简笔勾勒形形色色的知识分子形象，揭示了时代对人物性格和命运的深刻影响。其中，有曾经徘徊犹豫，最终觉醒的王晓燕、许宁等；有追逐名利、庸俗卑琐的余永泽；有纵欲虚荣、沉沦堕落的白丽萍、陈蔚如等。他们分别代表了当时知识分子的各种类型。这些人物的出现与存在，无不与林道静发生关系，并通过他们来突出林道静的形象。

（3）浓郁的抒情笔调

无论描写社会环境、自然环境还是叙写事件、渲染气氛，作者总是笔墨含情，情景交融，尤其是表现人物的心理活动和感情世界时，笔锋颇为细腻，满贮诗情。如文中对林道静与余永泽、江华的关系描写，作者笔锋细腻，虽稚拙盲目，但也显示了杨沫作为女作家所特有的阴柔情愫。

总之，《青春之歌》规模庞大，但繁而不乱，所有广阔的现实生活，众多的人物，复杂的事件，时空的变迁全都通过林道静一人的经历贯穿起来，使得文章内容丰富而线索鲜明，具有感人的艺术魅力。

四、论述题

1. 试论中国当代文学“前十七年”出现的“革命历史叙事”作品的叙事特征。［北京师范大学2014年研］

答：“革命历史叙事”是十七年文学中取得了最大创作实绩的领域。这一领域作品的叙事特征主要表现为：

（1）具有宏大场景的最靠近意识形态本身的“类史诗叙事”

类史诗叙事注重宏大场景和英雄人物的刻画，叙述格局开阔恢宏，历史线索具有系统性，时间跨度大。例如，《红旗谱》就是一部完全按照“党史模式”来构建故事与情节发展进程的小说，它按照毛泽东的土地改革与“农村包围城市”的革命理论，对中国现代革命做了系统而完整的叙述。

（2）带有传统或者民间叙事趣味的“类传奇叙事”

类传奇叙事是指在“全新”的革命文学的红色意识形态主题下，仍包藏了中国古代文学传统中的多种要素。诸如中国古代的“奇书”叙事传统、夸张的类型化人物、对情节戏剧化的追求，乃至章回体的形式，都在大量的革命小说中有所保留。类传奇叙事的代表作是曲波的《林海雪原》，它采用典型的传奇式结构与叙述方式：人物性格定型无“成长”；情节大同小异，只有具体内容的变化；叙述方式和套路则是一定的；结局总是可以预知，尽管始终处在惊险和紧张之中，但胜利永远属于主人公；每段传奇故事都可以相对独立，但总体上又很容易统一起来。在人物刻画上，革命历史叙事通常都会在正面人物与反面人物之间，设置一个泾渭分明的道德分界线。

(3)以个人成长为叙述线索的“类成长叙事”

类成长叙事在叙事时，叙述主人公的成长过程，由最初的幼稚状态、自发反抗旧势力到最终接受党的领导、在革命实践中锻炼成长为组织当中坚定成熟的一分子。历史的发展是人物成长的推动力，而历史的发展是由党来组织和代表的。只有描写两者“不可分割地联系在一起”，才能符合主流意识形态在政治上的要求。杨沫的《青春之歌》便是典型的类成长叙事。

(4)具有别样视角与抒情意味的“类抒情叙事”

在红色历史题材的处理上，只有少数作家能够在意识形态的主题之下，自觉地寻找诗意的叙述。王愿坚、峻青、孙犁、茹志鹃等人各具特色地记录了战争年代的人情与人性，以及生命的美好与牺牲。例如，茹志鹃的小说多选取一个典型片段展开叙述，短小精致的结构与细腻温婉的情感互相交融，把平凡的事件处理得枝叶扶疏，粲然可观。

2. 举出一两部十七年时期的革命文学作品，试对其“潜叙事”进行分析，并且说明更有效和更富有深度地研究这些作品的方法与路径。[北京师范大学2013年研]

答：(1)《青春之歌》的“潜叙事”分析

在十七年革命文学作品中，如果要选择一部最具有“多解性”的文本，无疑要推杨沫的《青春之歌》。《青春之歌》之所以是一部有吸引力和可读性的小说，是因为它在革命政治的叙事外衣下，依然“无意识”地借助了中国传统小说叙事中“才子佳人”和“英雄美人”两种模式，而小说中隐含的女性主义与仿男权叙事，则是作品另一个值得称道的地方。

杨沫在《青春之歌》中为知识女性设计了一条通向自由解放的大道：女性要想获得自由解放，就要把个人的幸福与社会解放运动事业结合起来。在十七年的女性文学中，《青春之歌》在情感表达的方式上与十七年的主流相吻合。不过，《青春之歌》中的“革命”之歌往往以“爱情”之歌的形式表现出来并得以完成，这又跟十七年的主流存在差异。在这一叙事模式的背后，人们总是能从中发现一个潜文本。在显文本中“革命”与“爱情”这两条线索的融合，总是被潜文本中“革命”与“爱情”两条线索的分离所拆解，使作者的意识形态言说努力付之东流。显文本中卢嘉川只能成为革命叙事递增序列中的一个环节，最终不可避免地被江华所取代，所以，虽然作者无数次地表达过自己对卢嘉川这一角色的喜爱之情，但却不能不在小说的中前部就安排卢嘉川在狱中牺牲，而在潜文本中，卢嘉川与林道静那段未及言说便消逝的爱情成为小说中爱情叙述的高潮，卢嘉川这一人物形象在爱情叙事这条线索上得到了升华与深化。

此外，由于作品中知识分子主体的复杂性，导致了《青春之歌》文本的复杂性，表现为：它本是一个革命知识分子的叙事，但又包含了一个“五四”式的“娜拉叙事”；一个十分形似“公主被后母或巫婆控制”的童话叙事；一个“女性主义叙事”；一个“小资”女人的个人叙事；一个类似“教育小说”或“成长小说”的青春叙事；一个“历险记结构”式的古老叙事。

十七年时期的小说中，没有哪一部小说能够像《青春之歌》这样有如此多的解读角度与阐释的可能性。虽然迄今为止对它的研究与分析已足够多，但是对于其文本内部复杂而丰富的“潜结构”与“潜文本”的分析仍有必要进行，因为它不仅可以使读者有更多的理由来阐释和认可这部小说本身的“文学性”，而且对于整体上认知红色叙事的复杂性与文学性含量，也是一个启示和范例。

（2）研究十七年革命文学作品的方法与路径

研究十七年文学的革命历史作品，要在研究过程中真正深入文本，发现作家在文学上的创造性，并在文学史中寻找参照，从而加深对十七年文学的理解，而并非做出简单化的价值判断。

①在十七年文学研究中，一些学者在认识上存在一个根本性的误区，即用二元对立的方式看待新文学中两个传统——“五四”传统和延安传统，并将其对立起来，将文学史中的延安文学和十七年文学看成是新文学启蒙精神的断裂。我们固然可以将“五四”文学到十七年文学描述为一个由个体走向集体的过程，但也应认识到，十七年文学中集体话语的介入从某种意义上是对“五四”启蒙的一种补充和延续，而不是断裂。

②研究十七年文学必须将落脚点置于历史的情境中，在观照历史的情境下进行研究，既不能因为当时特定的历史情境而否定当时文学的价值，也不能以当下的审美标准简单地批判当时文学的意义，要警惕历史情境中的意识形态陷阱。

③将十七年文学纳入现当代文学史视野，使其与其他时期的文学获得一种照应，从而带来互文性的阐释，这样的研究可以使人们对于作品的认识不仅仅是一种横向的比较，还有一种纵向的参照；不仅可以分析意识形态对于一部作品产生的影响，还可以发现不同时期意识形态的变化如何影响了不同时期的作家叙述同一事件；不仅可以看到一部作品在当时的影响，还可以深入地分析其话语资源对后来同类文学写作范式的影响，从而更深入地认识一部作品的意义和价值。

④十七年文学研究要避免断章取义的文本分析和“批评化”所带来的片面的评价机制。研究只有更加深入地回到文学层面和历史层面，才能给这一时期的文学以更为客观的文学定位，并更为公正地认识到其文学价值和文学史意义。

3. 林道静形象体现的革命话语和爱情话语存在怎样的关系？［南开大学 2013 年研］

答：“革命的罗曼蒂克”早在 1928 到 1930 年就已成为当时普罗文学的主要特征，其精髓为蒋光慈提出的“革命 + 恋爱”创作模式。《青春之歌》着力塑造了林道静这一女性形象，展现了一名个人主义知识分子变成无产阶级革命战士的过程。作品通过林道静在三段爱情中的话语，即“林道静以革命名义离开余永泽的爱情话语”“林道静和卢嘉川的革命话语改造爱情话语”“林道静和江华的革命话语取代爱情话语”来表现革命话语和爱情话语间的关系。

（1）林道静和余永泽：爱情话语向革命靠近

茅盾曾在 1935 年发表的《“革命”与“恋爱”的公式》中将“革命 + 恋爱”创作模式概括为：“作者借主人公的‘现身说法’，指出了‘恋爱’妨碍‘革命’，于是归结为‘为了革命而牺牲恋爱’的公式。”在《青春之歌》中，表现为林道静和余永泽的爱情。林道静受到余永泽西方浪漫主义思潮的影响，他们的爱情话语表现为大量的诗化词语、副词的重叠使用以及各种修辞的运用，通过爱情话语来抒发他们的爱情。后来林道静受革命者感染而离开了余永泽，加上了革命的名义。

（2）林道静和卢嘉川：革命话语改造爱情话语

茅盾在《“革命”与“恋爱”的公式》中还提到“稍后，这‘公式’被修改了一些……‘恋爱’与‘革命’相辅相成了，这通常表现为几个男性追逐一个女性，而女性挑中了那最‘革命’的男性”，即“革命决定了爱情”。在《青春之歌》中，表现为林道静在余永泽和卢嘉川中的选择。林道静受卢嘉川思想革命的影响，爱情话语欲语还休，开始与卢嘉川的革命话语进行争夺，并最终被革命话语所改造，他们之间的话语特征主要表现为：用省略号代替爱情话语、革命话语对爱情话语的置换，他们的爱情表达终究被埋没在革命话语里。

(3)林道静和江华：革命话语取代爱情话语

“革命＋恋爱”创作模式在被继续修改后，出现了第三类“革命＋恋爱”小说，即“干同样的工作且同样努力的一对男女”怎样自然成了恋人，称为“革命产生了恋爱”。在《青春之歌》中，表现为林道静与江华的爱情。林道静与江华的爱情故事在发展上与革命有着密不可分的联系，其爱情的推动完全依附于革命的书写。在这场话语权的争夺战中，林道静最终放弃了爱情话语，变成了像江华一样操纵成熟革命话语的战士，她的身份也由“女人”变成了革命者，实现了最终的成熟。

综上所述，可以发现林道静形象体现的爱情话语与革命话语与“革命＋恋爱”的创作模式相吻合。在林道静形象塑造中，爱情话语与革命话语的关系发生了改变，爱情话语先是被革命话语所改造，后是被革命话语所取代。

第9章　当代的“通俗小说”

9.1　复习笔记

一、被压抑的小说

1. 通俗小说的定义

通俗小说在20世纪中国小说界，与“纯文学”或“严肃文学”意义的那类小说并存，属于近现代都市的文化产物，具有消遣、娱乐的“消费性”。

2. 通俗小说在30～40年代的命运

(1)被新文学作家排除在“新文学史”的写作之外。

(2)作为一种文学事实，通俗小说的写作和阅读仍在继续。

(3)通俗小说在这一时期的发展相对独立，但也受到了“雅”文学的影响；与此同时，通俗小说也对“雅”文学的创作产生了影响。两者互相渗透。

3. 通俗小说在50～70年代的境遇

(1)50年代之后，“通俗小说”基本上受到拒斥的对待。

(2)“通俗小说”取材、艺术形式具有难以取代的特征，存在广泛的读者群。

(3)在50年代中期的文学“百花时代”，张恨水等“通俗文艺家”为他们及其作品的现实处境，为他们的文学史地位做了辩护和争取。

(4)50年代文学界对张恨水等的“通俗小说”，作了有保留的重新肯定。

(5)50年代，北京等地专事出版通俗文艺作品的出版社(通俗文艺出版社、宝文堂书店、上海文化出版社等)，很少再出版新创作的“通俗小说”。

总之，由于创作环境的变化，50至70年代之间几乎没有大量的成规模的通俗小说发行，这一文学样式可以说“消亡”了。

二、寻求新的替代

赵树理等作者的宣讲式小说与张恨水等的“通俗小说”虽属不同流派，但同样重视通俗性，以及对传统、民间形式的继承和改造，他们采用“旧小说”的章回体形式，运用接近日常用语的叙述语言，具有很强的行动性、故事性和传奇色彩。

1. 知侠与《铁道游击队》

(1)知侠简介

知侠，原名刘兆麟，在模范大会上结识了铁道游击队的英雄们，被他们的战斗事迹所感动，决定把这些英雄事迹写成文学作品。

(2)《铁道游击队》的艺术特点

①通俗生动。

②广泛吸取中国传统文学叙事方法。

③采用“极端效果”的美学表达方式。

2. 冯志与《敌后武工队》

(1)作者简介

冯志，原名冯禄祥，个人作品著有长篇小说《敌后武工队》，中篇小说《保定外围神八路》，短篇文章《表里的生物》等。

(2)《敌后武工队》

《敌后武工队》反映燕赵儿女深入敌后，浴血奋战的真实故事。

3. 刘流与《烈火金刚》

(1)作者简介

刘流，原名刘其庚，著有长篇小说《烈火金刚》、长篇评书《红芽》等。

(2)《烈火金刚》的艺术特点

①采用章回体的评书形式。

②夹叙夹议的叙述方式。

③在故事构成上，将若干回目组织成一个故事的"大段子"，在段子与段子之间"挽上扣子"，以增强悬念感。

4. 李英儒与《野火春风斗古城》

(1)作者简介

李英儒，河北保定清苑人，战争年代曾创作出许多短篇小说。

(2)《野火春风斗古城》

①主要内容

《野火春风斗古城》描写团政委杨晓冬深入敌后，在华北日伪军的指挥中心保定展开内线斗争的经历，富有传奇色彩。

②艺术特点

a. 充满传奇色彩和神秘感。

b. 富于地域空间感的变化。

c. 塑造了一个具有书卷气的共产党人形象。

d. 感情描写细腻。

5. 曲波与《林海雪原》

(1)作者简介

曲波，山东省黄县人，抗战时期，他在山东地区作战，1945 年抗日战争胜利后，转战东北战场。

(2)《林海雪原》

①主要内容

《林海雪原》讲述 1946 年冬天，牡丹江地区的国民党军队被解放军打垮后，残存的敌人藏匿于深山老林，对人民群众和新生的政权进行凶残的报复。为了有效打击敌人，我军派出了一支由团参谋长少剑波、侦察英雄杨子荣等三十多人组成的小分队，深入山中侦察作战。结果，小分队深入到匪首座山雕的老巢，里应外合，全歼敌人。

②艺术上的独创性

a. 艺术方法方面具有"民族特色"。

b. 夸张、神奇化赋予故事、人物的"传奇性"。

c. 叙事虽服从"当代"整体的历史哲学的框架，但小说在对既往的"绿林传奇"的"收编和征服"中，"绿林传奇"的那套话语仍具有魅力。

③评价

a. 50、60年代，批评家在某种程度上认识到了“传奇小说”是一种不同于其他文学类型的小说样式，但是却没有为“传奇小说”下一个准确的定义，没有为其确立书写的标准。

b. 权威批评家一定程度上认可了这类小说的“价值”。

c. 批评家也指出这类小说的“弱点”：“思想性的深刻程度尚不足，人物的性格有些单薄、不成熟。”

d. 批评家对“传奇小说”中的传奇色彩表示担忧，认为这种描写会对作品的思想表达产生障碍。

【名师点拨】批评家对“传奇小说”的这些评价，一方面反映出了“传奇小说”本身创作上的欠缺，一方面也反映了文学界对这种特殊的文学类型的尴尬态度。

三、“都市小说”与工业题材小说

1. 都市小说的受挫和断裂

(1)30、40年代的“都市小说”通常存在于海派小说的创作中。在这些小说中，作者对都市生活的特殊体验进行书写，不同于其他题材的小说创作。在30年代，“新感觉派”是其中的代表，其作者包括刘呐鸥、穆时英、施蛰存，他们着重描写的是半殖民地大都市的生活百态，捕捉新奇的感觉、印象。在40年代，张爱玲是描写都市生活的代表作家。

(2)“海派”小说在30、40年代受到“左翼”文学界的批评。进入50年代以后，失去存在的合法性。一方面，在文化价值观上，近代都市被看作是“罪恶的渊薮”。另一方面，都市文化(文学)本身具有消费、娱乐的“腐蚀性”特征。由于这些原因，进入新中国时期的海派小说必然会受到文学界的批评与攻击，从而使得都市文学创作受挫。

2. 当代的“都市文学”创作

(1)创作概况

①对城市的书写在“当代”也十分重要，因为“城市”在“当代”语境下是工人阶级的生活场所。所以，当代的“都市文学”创作更多是对工人阶级的生活以及对工业建设中的矛盾进行描写。

②这一文学题材被严格限定为“工业题材”创作。

③虽然说“城市”书写十分重要，但是从实际的创作情况来说，其数量与质量都没有过高的成就。

(2)主要作品

十七年工业题材的小说作品主要有长篇小说《铁水奔流》(周立波)、《五月的矿山》(萧军)、《百炼成钢》(艾芜)等。另外有杜鹏程、陆文夫、胡万春、唐克新、万国儒、费礼文等的中短篇小说。

3. 周立波的《铁水奔流》

小说在人物刻画上需注意的方面：周立波在《铁水奔流》中塑造李大贵这一形象时，将其处理为“群众所向往的理想人物”，并未有意识地忽略他的一些不重要的缺点。

4. 萧军与《五月的矿山》

萧军，原名刘鸿霖，他与萧红是“东北作家群”的著名代表。萧军被下放到抚顺矿务局去体验生活后，写出了我国第一部反映矿工生活的长篇小说《五月的矿山》。

5. 艾芜与《百炼成钢》

《百炼成钢》是艾芜1952年到东北鞍山“深入生活”的成果。

(1)《百炼成钢》创作的成功因素

①得益于作家确立的“炼钢又炼人”的主题。

②情节的丰富和人物性格的展示使这部作品具有较强的可读性。

③展示的生活面较为开阔。

(2)《百炼成钢》的模式和局限性

①模式之一是“书记重政治，厂长重生产”的冲突模式。

②模式之二是“阶级敌人搞破坏，干部群众大觉悟”。

6. 草明的《乘风破浪》

草明长时期致力于描写工人生活。

(1)《乘风破浪》的创作成就

①恢宏的气势和全景性观照。

②描写生动具体，构成50年代中后期政治生活、经济生活、日常生活的生动写照。

③塑造出中国当代文学中一个具有现代气质的企业家形象。

(2)《乘风破浪》创造的当代工业小说模式

《乘风破浪》几乎集纳了同类小说中各种情节模式和基本冲突：

①主要情节模式

劳动竞赛模式、技术革新模式、争创高产模式；到60年代又加进了阶级斗争模式。

②基本冲突

群众路线和官僚主义的冲突、革新精神和保守主义的冲突、共产主义协作精神和本位主义的冲突、社会主义和资本主义工业路线的冲突。

7. 周而复的《上海的早晨》

《上海的早晨》是当代中国文学中第一部反映资本主义工商业社会主义改造的多卷本长篇小说。其艺术成就主要表现为：

(1)展示了丰富而广阔的社会历史。

(2)采用了多线并行，交错发展的方法。

(3)小说生动地写出了在历史潮流冲击下，人物内心激起的巨大波澜。

(4)通过资产阶级圈内的社交活动描绘了资本家形象。

8. 其他工业题材作品

(1)杜鹏程的中篇《在和平的日子里》，短篇《延安人》《工地之夜》《第一天》等。

(2)“工业题材”小说中，较突出的还有陆文夫的短篇。他在60年代创作了《葛师傅》《介绍》《二遇周泰》等小说。

四、《三家巷》及其评价

1. 作家作品介绍

(1)欧阳山40年代的作品有长篇《高干大》，60年代初的一些短篇，由于题材的新颖和写法的特别而受到注意。这个时间他最重要的创作，是总题为“一代风流”的五卷本长篇《三家巷》《苦斗》《柳暗花明》《圣地》《万年春》。

(2)作品主要描写“一个叫周炳的打铁出身的知识分子的半生经历”。这部作品以20年代的广州为背景，将个人的成长道路、家族的兴衰沉浮和历史的风云变幻融为一体，通过与广州直接有关的“省港大罢工”(包括这期间发生的“沙基惨案”)、国民革命军北伐和广州起义等重大事件，表现了20年代的工人运动从幼稚到成熟的发展过程，以及第一次国共两党从合作到分裂的全过程，描绘出中国革命初期既轰轰烈烈又错综复杂的时代画卷。

2. 《三家巷》的艺术特点

(1)《三家巷》的叙事是从《子夜》模式发展而来的，书中每个人物都是某种阶级的典型。

(2)小说是对革命前源的叙说，选择对重大的历史事变进行侧面描述，侧重日常生活情景和亲友、恋人之间纠葛的描述等。作者通过这种方式切入历史，反映革命运动，别出心裁地塑造了一个远离斗争漩涡、并不具备革命者成长要素的“典型环境”——三家巷，作为当时广州社会甚至20年代中国社会的缩影。

(3)小说精心编织出一个以血缘关系、婚姻关系和社会关系为主的人物关系网，通过周、陈、何三家以及他们的各种社会关系，表现革命运动对他们的影响以及他们对革命运动的态度，并通过革命运动的深化使各种阶级力量分化，打破了阶级关系简单化、庸俗化的思维定式。

(4)在人物创造上，创作出了周炳、区桃、陈文雄、陈文婷等性格复杂的人物。

3. 对《三家巷》的评价

(1)对《三家巷》的评价涉及“革命小说”与旧“言情小说”的关系问题。从晚清到现代，“革命”与“恋爱”已经是小说的基本模式之一。但进入“当代”文学语境，作者对小说中恋爱的书写慎之又慎，这是受到革命书写不断纯洁化要求的影响。

(2)部分批评者认为《三家巷》中的恋爱书写有着传统“才子佳人”小说的影子，在叙述语调与语言风格上有诸多的相似，充满着不合时宜的美学情调，这说明欧阳山并没有与旧文学决裂，这与当时的文学要求严重不符。

【名师点拨】对《三家巷》的评价，还应注意：作品因侧重日常生活情景和亲友、恋人之间纠葛的描述，在当时小说的批评者看来，是以生活风俗画冲淡了革命气氛，粉饰了残酷激烈的阶级斗争现实。

9.2 考研真题与典型题详解

一、填空题

周而复《上海的早晨》中着重塑造的民族资本家形象是______。

【答案】徐义德

【解析】《上海的早晨》以解放初期的上海为背景，形象地描绘了改造民族资产阶级这一重大历史过程，深刻地指出了中国民族资产阶级从“子夜”走向黎明后唯一的一条光明前途：接受改造、弃旧图新，走为人民服务的社会主义道路。这是作品的意义之所在。作品成功地塑造了一组民族资产阶级人物形象，其中犹以全书的中心人物徐义德刻画得最为出色。

二、论述题

以《林海雪原》为例子分析革命英雄传奇小说艺术特点。[四川师范大学2018年研]

答：革命英雄传奇是指十七年时期以战争生活为创作背景，以通俗写法为叙述手段，以传奇为写作特色的一种小说形式。革命英雄传奇小说最早的呈现形式是40年代解放区文学《洋铁桶的故事》《吕梁英雄传》《新儿女英雄传》等作品，建国后，此类小说的创作达到高潮，出现了《林海雪原》《铁道游击队》《烈火金刚》《野火春风斗古城》等一大批小说。革命英雄传奇吸收了我国民间传统中的侠义精神，对古代侠义小说艺术经验进行了借鉴、改造和转换，将抽象的现代阶级理论转化为普通民众喜闻乐见的文学形象和叙事方式，以此唤起广泛的阶级共性和共识，不仅深受读者大众的欢迎，而且在一定程度上获得了主流意识形态的认同。下面以《林海雪原》为例子分析革命英雄传奇小说的艺术特点：

(1)汲取传统英雄传奇的艺术表现元素，在结构方式、叙述模式、叙述节奏、叙述视角等方面都体现出中国传统英雄传奇的风采。

《林海雪原》以消灭许大马棒、座山雕、九彪和马希山四个匪帮为贯穿全书的主要故事，构成小说叙述的主要线索。在四个主要故事和与之相对应的战争方式(奇袭、设圈套、将计就计和周旋)的叙述之外，又适当地插入了捕获一撮毛、巧遇蘑菇老人、少剑波和白茹的恋爱、夹皮沟发动群众、智斗河神庙道人等，以及多种日常生活场景的故事。这明显地体现出传统小说注重故事性、传奇性，以及以情节为中心的叙述方式和“大故事套小故事”的结构方式特征。全书的故事是一个波澜追逐又一个波澜，奇峰凸起，变化万端。几个主要故事中间交错着许多小故事。

此外，在情节、叙述节奏、大量“巧合”以及全知全能的叙事视角等方面也都呈现出传统章回小说的艺术表现因素。作品这种节外生枝，险象环生的故事处理方法，与民间说书艺术有异曲同工之妙，使故事大起大落，情节大开大合，人物大忠大奸，情绪大悲大喜，把艺术各种要素都推向极致，产生了引人入胜的魅力。

特别值得注意的是，《林海雪原》还体现出对传统侠义小说的继承。关于侠义小说的叙事模式，在不同的理论家的归纳中有不同的形式，然而无论在何种形式中，都不会缺少血债与报恩这些基本的元素。无论是传统还是现代的经典侠义小说，主人公所遭遇的杀父或灭门的“血债”往往是故事的起点，他们大都带着深仇大恨踏上漫漫复仇之路，并最终以报仇雪恨的结局完成故事。在《林海雪原》剿匪故事的开端，作者叙述了少剑波率领小分队急驰增援被土匪袭击的杉岚站的故事。当少剑波和小分队赶到杉岚站时，看到的是包括姐姐在内的“六男三女，都用刺刀剖开了肚子，肝肠坠地，没有了一只耳朵，只留下被刺刀割掉的痕迹”的惨烈场景。此时的少剑波，“眼睛顿时什么也看不见了，失去了视觉；头像炸开，昏昏沉沉，失去了知觉，就要倒将下来”，耳边“所有一切的声音似乎都在说：‘小波！别流泪！杀敌！报仇！’”就《林海雪原》整个故事而言，剿匪是党赋予的革命任务，是以革命伦理为前提的。但是，开篇的“血债”叙事，明显带有传统侠义小说主人公复仇故事的个体伦理道德色彩。“血债”不仅一下子把读者带进了他们所熟悉的传统侠义小说的文化氛围中，引领读者与主人公一同进入正义的复仇之旅，而且“从此以后的全部剿匪故事都可以视为这一逻辑的展现，小说中所有的主要正面人物——无论是杨子荣这样的小分队战士还是普通的百姓都有亲人被杀害的痛苦经历，为亲人成为他们最为内在的冲动，也成为叙事的动力与方向。通过这样的叙事策略，《林海雪原》将政治使命转述为一个道德化的中国故事。‘革命’穿上了‘传统’的外衣”。这种用传统侠义小说的故事模式表现现代的革命内容的形式，足以显现出作者受传统小说话语影响之深刻程度。

(2)传统小说英雄形象给革命英雄形象塑造以深刻的影响。

尽管《林海雪原》在英雄形象塑造上，革命英雄形象处于价值优先地位，但传统小说英雄形象还是挣脱其约束，参与了革命英雄形象的塑造。在传统英雄传奇中，英雄人物大致可分为草莽型和儒雅智慧型两类，前者如张飞、武松、李逵等，而后者则以诸葛亮、周瑜等为代表。草莽英雄大都外表粗犷，武艺超强，性格直率、鲁莽，讲义气，敢作敢为，往往路见不平，拔刀相助。而智慧型英雄则表现为外形俊朗，行为举止潇洒，不以武功见长而以智慧取胜。在《林海雪原》的英雄谱中，刘勋苍等小分队战士属于前一类。在刘勋苍力擒刁占一、袭击虎狼窝、生擒许大马棒等情节中，作家突出表现了他的勇猛；长腿孙达得耐力超群，能日行数百里；攀山能手栾超家能够穿山越岭，飞越绝壁，所有这些无不显示了他们的非凡技艺。在这类英雄形象中，我们不难发现《水浒传》梁山好汉的某些影子。“在侦察兵‘坦克’刘勋苍这里，可以参悟到鲁智深力撼山岳的情景；从‘长腿’孙达得身上，不由想到那个日行数百里的‘神行太保’戴宗；由高波联想到智勇双全的‘小李广’花荣。”

少剑波作为全书的主人公，是作者着力塑造的一个英雄人物。虽然受革命英雄话语的影响，作家充分挖掘他身上的阶级性、革命性和人民性内涵，但是，由于传统小说英雄话语的影响，少剑波这一英雄形象也体现出传统智慧型英雄的英雄质素。对少剑波这一英雄形象的塑造，作家主要突出他“多智”的性格侧面。少剑波是位“精悍俏爽，健美英俊”的“少帅”，虽然他只有22岁，但却文武双全，上知天文，下知地理，而且不乏文学才华。在天真稚嫩的白茹眼中，他“智慧那么多，胆魄那么大，却又那么谦虚”；杨子荣对少剑波更是佩服有加。他是这样评价自己年轻有为的首长的：“就像你，二零三首长，由于你身经百战，所以你指挥千军万马，就像挥动你自己的两只拳头一样，这一点，我无论如何办不到……”；在全体小分队战士的眼中，“我们的二零三首长真是文武双全”；夹皮沟的老百姓简直把少剑波看作神话中的人物。如果说这是以虚写的手法表现少剑波的多智，那么，作家还在剿匪战斗中以实写的笔法表现、描绘少剑波在战略、战术等方面的智慧，以及指挥才能。例如，在消灭许大马棒的战斗中奇袭战术的运用，面对威虎山易守难攻的险峻地形，以智取的战术谋略，消灭座山雕匪部等战斗叙事，充分表现出少剑波的足智多谋和高超的指挥艺术。对于少剑波英雄形象的主要性格内涵，有论者指出，“少剑波既有宋江的将帅之风，也有‘智多星’吴用的老谋深算”。

此外，就传统小说话语对《林海雪原》的影响而言，有论者还深刻地论述了中国古代神魔小说神、魔对立的叙事模式对《林海雪原》的影响，尤其是神魔小说将反面人物妖魔化的修辞策略对《林海雪原》中反面人物形象塑造的影响。

总之，受时代文化氛围和作家艺术修养等因素的影响，《林海雪原》在革命话语的总体框架内讲述现代革命故事时，由于作家借鉴、吸收传统小说话语的艺术资源和艺术手法而使文本叙事体现出浪漫传奇色彩，也使小说具有一定的通俗性和娱乐性色度，这一切极大地增强了小说的艺术观赏性，为广大读者所青睐。

第10章　在主流之外

10.1　复习笔记

一、“非主流文学”

1. “非主流文学”的概念

(1)起初文学史是根据作家、作品的处境，也即受冷落和批判的状况认定“非主流”文学的。

(2)非主流文学是指在建构革命文学话语秩序的过程中，产生的一些有意或无意地疏离或是与主流话语规范相左的异质的文艺主张与实践，它们在不同时间阶段受到了不同程度的批判。

(3)非主流文学在当代较多出现在以下三个不同的时期：

①双百方针之后，以《人民文学》为主发表的一系列干预生活、写真实、写人情的文学作品。

②在60年代初文学与政治关系相对放缓的情况下出现的历史文学创作小高潮。

③在“文革”期间各种处于秘密、半秘密的创作。

(4)作为作家最青睐的抒情文体之一，部分散文作品也被划入非主流文学的范围内。

2. “非主流文学”的境况与性质

(1)在20世纪50~70年代，文学写作与评价始终存在一种紧张的关系，不少作品在发表后受到批评，许多甚至受到严厉的批判。另一些作家顾及意识形态禁忌，因而只在一种“秘密”的状态下进行写作和作品传播。判定作家、文本的政治立场、意识形态属性，是此时文学界最主要的工作。

(2)较之左翼文学当时在文坛的主流性与权威性，“非主流文学”受到集中批判，不仅“自由主义文学”失去了表现自我的舞台，“五四”以来“为人生”的文学也被压抑，借鉴20世纪西方现代文学所做的“先锋性”探索，也被视为非法。

(3)非主流文学相较于主流文学具有鲜明的个人性、民间性以及隐秘性，表达出对主流话语或疏离或反抗的姿态。

【名师点拨】文学主张和文学创作的统一性是50到70年代文学的总体面貌，对本时期的那些偏离或悖逆主流文学规范的主张和创作，洪子诚先生在《中国当代文学史》一书中用了“非主流”一语来表示，需注意不同时代的区分。

二、最初的“异端”

50年代初，萧也牧的《我们夫妇之间》、路翎的《洼地上的战役》以及胡风、碧野、白刃的一些作品都陆陆续续受到批判。

1. 萧也牧《我们夫妇之间》

(1)小说内容

知识分子出身的丈夫和贫农出身的妻子在革命胜利后作为“进城干部”一起来到北京。

受到新环境的影响，丈夫的思想有了微妙的变化，开始嫌弃妻子“土”、保守固执，在“变”与“不变”的矛盾纠葛中夫妻二人之间有了嫌隙。最终丈夫认识到妻子才是正确的，自己身上依然保留着浓厚的小资产阶级气，二人而和好如初。

(2)批判

作品很快受到批判，成为50年代初文学界的重要事件之一。批评文章认为萧也牧进城后的文艺创作在思想上存在着一种“脱离生活，或者是依据小资产阶级的观念、趣味来观察生活、表现生活”的“不健康倾向”，将知识分子与工农干部之间的两种思想斗争庸俗化了；歪曲了革命知识分子形象、丑化了工农干部。单一政治眼光作为审美标准的批评严重忽视了萧也牧《我们夫妇之间》这部小说的深刻性，这也使得这部小说成为建国初期未能“贯彻工农兵文艺方向”的第一个牺牲品。

2. 路翎《洼地上的“战役”》

路翎被看作是“胡风集团”的中坚成员，他的创作表现了某些“异端”因素。因而，50年代初报刊便陆续有批评文章，如对小说《洼地上的“战役”》的批判。

(1)小说内容

《洼地上的“战役”》写朝鲜房东的女儿金圣姬，对给他们挑水、劈柴、做好事的志愿军战士王应洪产生了微妙而又纯洁的爱情。王应洪记取班长的话，知道在军队的严格纪律和严酷的战斗任务面前，这种爱情是断不能容许的。他和侦察班到敌阵的前沿去捉“活舌头”，发现金圣姬在给自己洗的衣服里放进了一条绣有两人名字的手帕。他抓获了敌人的军官，但是俘虏的狂叫引来了敌军凶猛的反扑。为了掩护战友转移，他和班长机智地与敌军周旋在洼地丛林中，最后鲜血染红了那条绣花手帕。

(2)艺术特色

小说以抗美援朝为背景，通过写实的手法描写志愿军战士日常的训练生活和惊心动魄的抓俘虏战斗，又用含蓄笔触点染志愿军战士王应洪与朝鲜姑娘金圣姬之间的爱情故事，塑造了志愿军战士王应洪的可爱形象。

(3)批判

①有着严重的缺点和错误，对部队的政治生活作了歪曲的描写。

②这篇作品实际上在某些读者的心灵深处也形成了一个战役，在那里攻击了工人阶级的集体主义，支援了个人温情主义，并且使后者抬起头来。

③还没有彻底抛弃错误思想和错误的创作方法。

三、“百花文学”

回应毛泽东“双百”方针的感召，文坛出现了一批旨在纠正主流文学的僵化状态，恢复优良文学传统，实现文学自由发展的文学作品，学界将其称为“百花文学”。

1. “百花文学”的特征

(1)在取材方面，“百花文学”将表现生活的范围从追踪“重大题材”拓展到写普通人在家庭、婚姻、情爱方面的困惑以及面对新时代所做出的积极健康的选择。

(2)在主题方面，对主题进行深挖，不断开拓主题表达的新意。

(3)一些作品敢于尖锐地揭露矛盾、针砭时弊、抨击丑恶，尤其是不同程度地触及政治方面的官僚主义作风，增强对现实政治的“干预性”。

(4)被现实政治培养出高昂政治理想和热情的青年作者是这一时期文学创作的主力军，他们身上和笔尖洋溢着充沛的激情与热情，在文学创作方面具有一定的创新精神。

(5) 由于“双百方针”维持的时间较短，这一时期的作品大多为短篇。

2. “百花文学”的主要作品

1956 年至 1957 年间悄然出现了一批令人耳目一新的文学作品，例如王蒙的小说《组织部新来的年轻人》、刘绍棠的《田野落霞》、李国文的《改选》、李准的《灰色的篷帆》、秦兆阳的《沉默》、宗璞的《红豆》、邓友梅的《在悬崖上》、陆文夫的《小巷深处》以及流沙河的《草木篇》。

3. 刘宾雁和王蒙

(1) 刘宾雁的特写《在桥梁工地上》以及其后的特写《本报内部消息》及续篇，因“尖锐地提出了问题”，产生了很大的影响。

(2) 王蒙的短篇小说《组织部新来的青年人》及其他“干预生活”的作品，不仅针对现实状况提出问题，而且表达了对不能确定的前景的忧虑，和他们的“英雄”孤立无援的“悲剧”。

4. 宗璞

短篇《红豆》属于 20 世纪现当代文学中革命与爱情的传统主题。小说通过个人的生活道路与“历史”的抉择，来表现正确的人生方向。小说诗意化的意境表达和散文化的笔法形成了一种独特的文人韵味。

(1) 小说内容

作品通过大学生江玫与齐虹由于生活态度和政治立场的分歧而导致的爱情悲剧，讲述了一个在时代巨变面前知识分子选择自己人生道路的故事。

(2) 艺术特色

①在人物塑造上，摆脱了公式化的影响和概念化的俗套，大胆深入人物的内心世界，细致入微地刻画人物的内心变化。

②诗意化的意境和散文化的笔法，形成了作品独有的艺术风格。

③倒叙手法的巧妙运用。

④温馨浪漫的情调、浓郁含蓄的人情味、温情脉脉的“感伤美”构成了作品独特的文人韵味。

(3) 文学意义

《红豆》以较小的篇幅可贵地表达了知识分子自己的叙事视角，隐晦地表现出知识分子在大痛苦与大欢乐交织在一起的时代洪流中所面对的人生选择和人生矛盾，包含了深刻的思想内涵与艺术激情，远远超过了一般意义上的爱情小说。

5. 作品的评定

随着反右斗争扩大化，这些青年作家都受到严厉的批判，作品也被彻底否定，被冠以“反党反社会主义的大毒草”之名。直至 1979 年，文坛环境发生重大改变，上海文艺出版社将这些遭到批判的青年作家作品进行整合编辑出版，命名为《重放的鲜花》。

四、象征性的叙述

1. 象征性叙述(“影射性”的叙述)的产生

(1)20 世纪 60 年代初，国家被迫实行全面的“退却”式的“调整”，对社会生活和文化领域的控制也有所放松。在这种情势下，文学多样化的要求被重新提出。这次创作上的“试验”，主要由一些“老作家”承担。例如孟超、田汉、冯至、吴晗、邓拓、廖沫沙等人。

(2) 在 1957 年至 1958 年“反右”运动和 1959 年至 1960 年“反右倾”批判的影响下，60 年代初的作家不会再以 50 年代那种直接干预现实生活及政治的方式进行文学书写，而是以较为迂回、曲折或隐晦的方式书写时代，正是这种表达的多义性及含糊性令后来的批判者读出了种种“影射性”意味。

2. 邓拓

邓拓曾建立“燕山夜话”的随笔、杂感专栏，并同吴晗、廖沫沙一起，以“吴南星”的共用笔名，在《前线》上开辟“三家村札记”的专栏。“三家村”杂文旨在发扬实事求是的作风，采用以古论今的办法纵谈读书治学、人生修养、历史文物、民俗风情，其中也不乏针砭时弊、捍卫真理的浩然正气。

3. 历史小说和历史剧的重要作品

十七年期间，对传统剧作的挖掘与改编成为重要任务，中国剧协等单位多次召开历史剧座谈会，并展开关于历史剧问题的讨论，促进了新编历史剧的发展，出现了《海瑞罢官》《谢瑶环》《海瑞上疏》等优秀剧作。

4. “影射作品”的特点

(1)小说、戏剧作品中常流露出传统文人的忧国忧民的情绪。

(2)批判者主要攻击这些作品“微言暗讽，影射现实”。

(3)作家写作历史剧、历史小说的意图是借“历史”以评说现实。

五、位置的置换

1. 位置置换的作品

纵观文学史，不难发现一个事实，非主流文学很可能成为下一个时代主流文学的源泉和动力，这是一个不断更替的过程，很多作品的地位在“文革”前后发生了置换。如《保卫延安》《刘志丹》和赵树理的小说，及《红日》《红旗谱》《青春之歌》《红岩》《山乡巨变》《三家巷》《上海的早晨》等长篇小说。

2. 位置置换的原因

(1)政治和文艺的“革命”是不断的，是向着未来更为“纯粹”的目标行进的。

(2)革命每前进一步，斗争目标都发生变化，关于未来的景观亦随之移易，根据未来对历史的整理和叙写也面临调整。

10.2　考研真题与典型题详解

一、填空题

1956 年 9 月，《人民文学》刊载王蒙的短篇小说______，之后引发了很多争议。[中山大学 2017 年研]

【答案】《组织部新来的青年人》

【解析】1956 年 9 月，《人民文学》刊登了王蒙的短篇小说《组织部新来的青年人》。小说“用清新的文字，讲述了一个对革命抱着单纯而真诚的信仰的青年，来到中共北京某区委工作的情形”，这是第一篇正面描写和揭露党中央所在地北京一区党委组织部门官僚主义作风的小说，发表后不久引发了热烈讨论。

二、概念题

1. 《三家村札记》[东北师范大学 2022 年研]

相关试题：“三家村”杂文[南开大学 2014 年研]

答：《三家村札记》是 1961 年 9 月中共北京市委机关刊物《前线》杂志为“丰富刊物内容”

"活跃气氛""提高质量"而开辟的一个专栏。"三家村"取自苏轼诗《用旧韵送鲁元翰知洺州》，本意为偏僻的小山村。《三家村札记》邀请邓拓、吴晗、廖沫沙合写，笔名合称"吴南星"。《三家村札记》介绍古人读书治学、做事做人、从政打仗等方面的历史知识，以针砭时弊，揭露现实生活中的弊病，对当时一些"左"的错误和不良作风有所批评和讽刺。《三家村札记》文章短小精悍，深入浅出，富有启迪性。

2. 百花文学［东北师范大学2023年研；河北大学2017研］

答：百花文学是指在1956年"百花齐放，百家争鸣"方针和文艺观念的新探索的指导下文艺界出现的一批干预社会现实、描写人情人性的作品。由于"双百方针"维持的时间较短，这一时期的作品大多为短篇。在取材方面，"百花文学"将表现生活的范围从追踪"重大题材"拓展到写普通人在家庭、婚姻、情爱方面的困惑以及面对新时代所做出的积极健康的选择。在主题方面，对主题进行深挖、不断开拓主题表达的新意。一些作品敢于尖锐地揭露矛盾、针砭时弊、抨击丑恶，尤其是不同程度地触及政治方面的官僚主义作风，增强对现实政治的"干预性"。在这一时期，被现实政治培养出高昂政治理想和热情的青年作者成为文学创作的主力军，他们身上和笔尖洋溢着充沛的激情与热情，在文学创作方面具有一定的创新精神。在1956年至1957年间悄然出现的这一批令人耳目一新的文学作品，例如王蒙的小说《组织部新来的年轻人》、刘绍棠的《田野落霞》、李国文的《改选》、李准的《灰色的篷帆》、秦兆阳的《沉默》、宗璞的《红豆》、邓友梅的《在悬崖上》、陆文夫的《小巷深处》以及流沙河的《草木篇》，被学界统称为"百花文学"。

3. 非主流文学［中国传媒大学2016年研］

答：非主流文学是指在建构革命文学话语秩序的过程中，产生的一些有意或无意地疏离或是与主流话语规范相左的异质的文艺主张与实践，它们在不同时间阶段受到了不同程度的批判。起初文学史是根据作家、作品的处境，也即受冷落和批判的状况认定"非主流"文学的。非主流文学在当代较多出现在以下三个不同的时期：其一是双百方针之后，以《人民文学》为主发表的一系列干预生活、写真实、写人情的文学作品。其二是在60年代初文学与政治关系相对放缓的情况下出现的历史文学创作小高潮。其三是在"文革"期间各种处于秘密、半秘密的创作。作为作家最青睐的抒情文体之一，部分散文作品也被划入非主流文学的范围内。

三、简答题

1. 结合作品论述路翎在现代心理小说探索方面的得失。［中国传媒大学2014年研］

答：(1)路翎在现代心理小说探索方面的所得

以路翎1944年发表的《饥饿的郭素娥》为例，其心理小说的核心因素是对人的自由与尊严的维护。路翎的心理描绘与一般心理研究全然不同，前者以人流动的心理变化为对象，其最大特点是高度活的对话性；后者则研究人心理的静止规律，再以许多横切面组成人心理的发展线索，是对人心理死的理论整合。

路翎的小说以对人的精神世界包括无意识世界进行开掘为特色，在揭示灵魂的复杂、丰富性方面别具价值。他运用错综的表现人物心理广度的写法，在掌握大起大落的心理节奏，处理人物心理感应的波澜方面，显现出一种陀思妥耶夫斯基的气质，使得中国的现实主义小说在他手中与世界文学的潮流更接近。路翎对现代心理小说的探索，丰富了新文学的观察视角与表现手法。

(2)路翎在现代心理小说探索方面的所失

路翎在1953年至1954年间发表的以朝鲜战争为题材的短篇小说，如《战士的心》《初雪》和《洼地上的“战役”》，都表现了更关心人的心理现实的倾向。通过人物的心理活动，将现实情景与往日的生活经历、体验加以连接、对比。这些条理化的心理叙述有时显得冗长、缺少变化。

路翎在现代心理小说探索中实践着胡风的理论，用主观精神的“扩张”，“拥入”客观世界，因而使得他的作品主观色调强烈。他对人的理解在某些方面带有现代派的观念，即社会烙印与人性兽性的混合，认为人的本性往往被社会的表象所掩盖，人的生命是痛苦、高贵而孤独的，其晚年小说创作的艺术水准与之前相比较大幅下降。

2. 萧也牧《我们夫妇之间》受到批判的原因。［吉林大学2013年研］

答：(1)简介

知识分子出身的丈夫和贫农出身的妻子在革命胜利后作为“进城干部”一起来到北京。受到新环境的影响，丈夫的思想有了微妙的变化，开始嫌弃妻子“土”，“变”与“不变”的矛盾纠葛使夫妻二人有了嫌隙。最终丈夫认识到妻子才是正确的，自己身上依然保留着浓厚的小资产阶级气，二人而和好如初。

(2)受到批判的原因

①点破了建国初期人们思想意识上的矛盾

《我们夫妇之间》点破了建国初期知识分子与普通劳动者，以及代表普通劳动者的人民干部之间的思想意识矛盾。

a. 萧也牧发表此文的时间是1950年，按照作者本人的说法，这篇小说“已酝酿了一二年，构思达数月”，可见是写作在1949年前后。而在那个时代，革命刚刚胜利，由于领导干部们的地位提升，对妻子的各方面也不再满意，纷纷把自己的革命妻子换成胜利太太，制造了建国以来第一次“换妻”高潮。

b. 领导干部们多出身工农，而胜利太太多是出身于大户的知识分子。所以夫妻之间在思想意识上的断层和不对等，导致在日常生活中产生矛盾的情形时有发生。这些矛盾在一定程度上影响夫妻关系甚至导致婚姻破裂。作为作家，萧也牧敏感地捕捉到矛盾以及矛盾产生的关键，创作了这篇小说。

②创作方法与写作动机被视为“扭曲”

批评者认为《我们夫妇之间》一文表现了“离开政治斗争，强调生活细节”的那种创作方法，其写作动机是为了迎合“小市民的低级趣味”。

a. 批评者跳出文章本身，直接对小说意识形态进行批判：对于李克这一人物形象的塑造，使得“人们会以为这就是我们干部中间普遍存在的现象，客观上是歪曲了现实的”。他们责难作者“依据小资产阶级观点、趣味来观察生活，表现生活”，其对工农干部的描写，表现了“玩弄人物”的态度。

b. 有的文章不仅把它作为一种表现小资产阶级趣味的作品，而且将它作为一种与“工农兵方向”对立的错误倾向的代表、作为知识分子需要长期进行思想改造的一个典型例证，从而把文学批评作为一种严肃的政治告诫。

总之，对萧也牧《我们夫妇之间》的这一批评，被赋予了“保卫人民的文艺，现实主义的文艺”的严重意义，透露了这一文学的“保卫者”紧张、脆弱的畸形心态。

第11章 散 文

11.1 复习笔记

一、当代的散文概念

1. 散文的狭义和广义概念

一种内容现实性强，表现形式自由灵活，篇幅短小精悍的文体。

(1)在我国古代，除韵文、骈文外，都称为散文，包括小说、论文、史传在内。

(2)现代散文，指的是与小说、戏剧、诗歌并列的一种文学体裁，其特点是：通过某些片段的生活事件的描述，表达作者的思想感情，并揭示其社会意义；篇幅一般不长，形式自由，不一定具有完整的故事；语言不受韵律的拘束；可以抒情，可以叙事，也可以发表议论，甚或三者兼有。散文本身按其内容和形式的不同，又可分为杂文、小品、随笔、报告文学等。

(3)有人也把那种艺术性很高的散文称为美文，对美文可做如此定义："美文有广义与狭义二说，广义者泛指一切文字优美之文章，狭义者则专指小品散文。后者特点为短小隽永，深入浅出，叙事、抒情、议论相结合，语言清丽优雅，形式自由活泼，给人以一种独有的美感。按内容不同可分为讽刺小品、时事小品、历史小品、科学小品等。"

2. 散文概念在20世纪中国文学中的演变

散文概念的变化牵连到两个方面，一是散文指涉的对象，一是散文中各种样式、成分的关系。变化的趋向，则与一个时期的社会思潮、文学观念的状况有关。

(1)1921年6月8日，周作人在《晨报副镌》发表一篇名为《美文》的500字短文，首次提出"美文"的概念，这几乎已经成为公认的事实。周作人在这篇短文中，给"美文"一个语焉不详的定义："一批评的，是学术的。二记述的，是艺术性的，又称作美文，这里边又可以分为叙事和抒情，但也很多两者夹杂的。"其后，鲁迅还将美文称作"小品文"，并写了著名的《小品文的危机》。在该文中，鲁迅首次提出后来为大众所熟知的"投枪和匕首"的概念："生存的小品文，必须是匕首，是投枪，能和读者一同杀出一条生存的血路的东西；但自然，它也能给人愉快和休息，然而这并不是'小摆设'，更不是抚慰和麻痹，它给人的愉快和休息是休养，是劳作和战斗之前的准备。"这是鲁迅和林语堂、周作人等的分歧，鲁迅要用美文战斗，而周作人等要用小品文"闲适"

(2)在30年代，议论性为主的"杂文"在一段时间内几乎成为散文中的"主流"。

(3)抗战至50年代，散文作为"从新闻报道和纪实散文中生成并独立出来的一种新闻与文学结合的体裁"更多被应用为"一种以文学手法及时反映和评论现实生活中的真人真事的新闻文体"，具有及时性、纪实性、文学性的特征，也就是报告文学的倾向。纪实性的通讯、报告、特写在散文创作中占有绝对的分量。

散文从"美文"始开始泛化，成为一种现实性强、即时性高、广泛发表个人议论参与社会讨论的文体。

3. 纪实性散文创作的兴盛

1956～1957 年，由《人民日报》开始，许多报纸纷纷恢复或开办副刊，出现了散文创作的第一次高潮。此期的报告文学等纪实性散文得到了空前的发展，一是迅速及时地反映社会主义建设和祖国新面貌的作品，如柳青的《一九五五年秋天在皇甫村》、秦兆阳的《王永淮》，描绘的是农村经过社会主义变革之后的气象和初期合作化运动中干部群众的精神面貌；二是反映抗美援朝战争的作品，如巴金的《生活在英雄们的中间》、魏巍的《谁是最可爱的人》、刘白羽的《朝鲜在战火中前进》等作家个人专集以及专业文艺工作者和志愿军指战员的合集。

(1)以大规模的建设景象为题材

主要作品有：靳以写佛子岭水库工地的劳动，柳青、秦兆阳有关50 年代农村合作化的特写。

(2)以朝鲜战争为题材

在描写朝鲜战争的通讯报告中，魏巍的创作最为著名。其作品以《谁是最可爱的人》为名结集出版。这些通讯报告真实生动地叙写了中国人民志愿军英勇抗击美国侵略者的战斗场面，讴歌了黄继光式的战斗英雄。

二、散文的“复兴”

1. “百花时期”的散文复兴

与中华人民共和国成立之初注重特写类散文不同，“复兴散文”除了继续发扬抒情格调的话语表述，还把革新的触角伸向杂文和美文，“强调要继承‘五四’以来散文随笔的优秀传统”，“要提倡美文”。这次短暂的散文复兴之路与 1956 年 5 月展开的“百花齐放，百家争鸣”文艺方针有着密切关系，作家创作观念的解放带来了散文文体的革新，一批作家开创了当代文学体现个人抒情与个性表述的先河。杂文创作颇具规模，并被当成一种散文典型，深受欢迎。在较为宽松的文艺政策下，报刊为散文的复兴起到了推波助澜的作用。

(1)1956 年 7 月 1 日，《人民日报》文艺副刊登载“稿约”《副刊需要哪些稿件?》，呼吁“散文的春天”，引起文艺界的强烈反响，作家情绪高涨，散文创作获得很大成功。

(2)这一时期的作品有老舍的《养花》，丰子恺的《南颖访问记》《庐山面目》，许钦文的《鉴湖风景如画》，方令孺的《在山阴道上》，叶圣陶的《游了三个湖》，秦牧的《社稷坛抒情》，杨朔的《香山红叶》，魏巍的《我的老师》，端木蕻良的《传说》，川岛的《记重印游仙窟》等。

这些散文大都短小精悍，以千字为多，以个性化的语言表述和个体性的情感表意为主，实为自然流露，而非造作之词。不过，随着 1957 年“反右运动”和 1958 年“大跃进运动”的到来，散文的复兴之路遭到打击，并很快被反映“战斗的号角”和“生活的洪流”的纪念碑式的特写取而代之。

2. 60 年代初的散文复兴

(1)主要过程

①60 年代初期，中央执行调整政策，针对文艺创作中存在的问题，1962 年初制定了《关于当前文艺工作的意见》(《文艺八条》)，批评文艺工作中“左”的思想，鼓励发扬艺术民主，遵循艺术创作规律，散文创作出现了第二次高潮，1961 年被称为“散文年”。

②以杨朔、刘白羽、秦牧为代表的一批散文作家的创作，推动散文走向繁荣。当时出版的散文集很多，如杨朔的《海市》《东风第一枝》，秦牧的《花城》《潮汐和船》，刘白羽的《红玛瑙集》及峻青的《秋色赋》等。在创作繁荣的同时，散文理论的讨论也十分活跃。

③从 1961 年 1 月起，《人民日报》开辟了“笔谈散文”的专栏，发表了老舍的《散文重要》、李健吾的《竹简精神》、萧云儒的《形散神不散》、师陀的《散文忌散》、柯灵的《散文——文学轻骑队》、菡子的《诗意和风格》等文章，诸如散文是“文学的轻骑队”“形散而神不散”等观念被广泛接受并在创作实践中运用。《文艺报》《文汇报》等多种报刊，刊发了提倡、议论散文创作的文章。

(2)主要成绩

①“散文作家”成为实体性的概念，形成了以此为“专业”的作家群。当时被称为“散文作家”的有杨朔、刘白羽、袁鹰、秦牧等。同时，冰心、巴金、李健吾、李广田、徐迟、曹靖华等现代名家宝刀不老，加入了散文书写的新时代。

②报刊发表了一批相当有创作水准的作品，一批有影响力的散文集也在此时出现。

③这个时期的散文写作取材有了进一步拓展。

(3)艺术特点

①普遍重视从我国古典散文和“五四”散文小品的艺术经验中取得借鉴。与第一阶段相比，此时抒情散文的题材更为广泛，艺术更为精湛，作品的数量更多，出现了风格日臻成熟的作家和艺术趋于圆熟的作品。

②作家在情感、观念上仍难以有超越意识形态规范的可能。固定格式的写作倾向的蔓延，便是必然的后果。一些作家希望散文传达出社会效果的急迫要求，本身无可厚非，但他们却并非依赖于对艺术的自觉呈现，反而屈尊俯就表明了对权威的期待与回应，他们在艺术上情景交融、布局谋篇、语言锤炼的追求无不直接指向时代要求和构建的主旋律核心。

三、主要散文作家

1. 杨朔

杨朔从发表《香山红叶》起开始转入散文创作。《雪浪花》《荔枝蜜》《茶花赋》等，都被认为是当代散文名篇。杨朔散文的特点有：

(1)杨朔追求散文的“诗意”，在谋篇布局、锤字炼句以及“诗的意境”的营造上都十分用心，因此他的散文语言优美，描写精细，感受具体。

(2)强调抒情性，强调诗画结合的叙述方式。优美的刻画以及油然而生的抒情结合得恰到好处，有一种清新俊逸的韵味。

(3)注重“从一些东鳞西爪的侧影，烘托出当前人类历史的特征”的思维和感情方式，运用“象征化”手法，将“个人性”特征的取材与古典散文建立起联系。

(4)80 年代中期以后，杨朔散文日渐显现出“开头设悬念，卒章显其志”的结构模式，转而为人们所诟病。

【名师点拨】杨朔散文比较重要的特点为：通过寄寓或从中发现日常事物和日常生活的宏大意义来彰显其抒写价值。

2. 刘白羽

包括《日出》《灯火》《长江三日》《樱花漫记》等的《红玛瑙集》是刘白羽 60 年代初最具特色的散文作品集。刘白羽这样理解散文与时代的关系：“我们的散文，应该充分地反映我们伟大时代的风貌与光辉。”刘白羽自觉遵循了这一散文创作的艺术规律，时代精神成为一根红线贯穿始终。在作家看来，实现社会变革和散文观念更新是时代主旋律的重要体现，两者并驾齐驱，他把“创作我们时代的最美的新散文”作为毕生追求的目标。

刘白羽的散文具有气势磅礴、雄健洒脱的特点。他经常采用现实生活场景和战争年代记忆相交织的构思模式，最主要是要宣泄激越的感情。

3. 秦牧

秦牧著有散文集《星下集》《贝壳集》《花城》《潮汐和船》，文艺随笔《艺海拾贝》。秦牧的散文语言平实，讲究理趣，表现了重视“知识性”的特点。在语言、叙述方式上，可见到杂感与随笔的调和。

秦牧的文章用历史记载、见闻、传说等材料支撑清晰的观念框架和论证的逻辑线索，同时融入情感，使材料组织显示出联想的丰富和从容。代表作如《古战场春晓》《社稷坛抒情》《土地》《花城》等。

4. 曹靖华

代表作有《花》《飞花集》等。曹靖华的叙事散文基本上是对往事的漫忆，歌颂了革命者伟大崇高的斗争精神和同志间深厚的情谊。在《飞花集》中，作者以“往事漫忆”为总标题，写了“怀周恩来同志”“梅园断想”“风雨六十年”“‘电工’鲁迅”等十篇文章。《望断南飞雁》以“望断南飞雁”的思绪为经，以鲁迅先生逝世的噩耗传来后的悲痛为纬，回忆自己与鲁迅的书信交往，生动感人且有史料价值，深受读者的喜爱。而《忆当年，穿着细事且莫等闲看》写自己过去的几件穿着细事，或蓝大褂或洋马褂，或新或旧，及因之引发的遭遇，抒发了“穿着也不能等闲视之”的感慨，行文舒缓幽默。

5. 吴伯箫

吴伯箫的早期作品收在《羽书》中。《北极星》是吴伯箫在20世纪60年代初出版的散文集，其中关于延安生活的一组叙事散文如《北极星》《记一辆纺车》《菜园小记》《延安》等是代表作。这组散文回忆与反思延安生活，礼赞延安精神和革命传统，不仅有浓郁的生活气息，还有美好的情思和文采。这组散文创作于“三年困难时期”，作者以延安革命精神与传统激励全国人民战胜困难，具有重要的思想教育意义。作者不说教，不拿架子，不唱高调，还原延安人衣、食、住等日常生活图景，质朴地叙述延安精神，具有切近读者的审美效应。

这一时间国家出现经济困难，对于延安、战争记忆的发掘也是主线战略。

6. 柯蓝和郭风

柯蓝出版有散文诗集《早霞短笛》。郭风50、60年代的散文集有《叶笛集》《山溪和海岛》等。他们的散文多取材于福建家乡地区，意象、情趣兼备，开拓了诗化散文的路径。

四、杂文的命运

在散文的大家庭中，杂文是最能直接反映作者思想观点、又最容易触及作者政治立场的一种文体。中国现代杂文经由鲁迅的开创和其他作家的运用，已经发展成能谈古论今、针砭时弊的一种成熟的文体。但在20世纪30年代杂文的第一个发展高潮之后，因为复杂的时局变化，40年代至建国初期的杂文创作一直处于低潮。

1. 1956～1957年的杂文复兴

（1）转换时期的第一次杂文复兴是在1956～1957年间，文学界提出发展文艺的各种形式和风格，容许甚至提倡对“人民内部”的缺点和社会生活的“黑暗面”进行揭露和批评。依托报纸副刊这块阵地，很多杂文是以专栏形式出现。茅盾、夏衍、巴金、叶圣陶、舒芜、秦似、蓝翎、邵燕祥等，都加入杂文的写作行列。

（2）一批写作杂文的作家如夏衍、唐弢、巴人、严秀（曾彦修）、秉丞（叶圣陶）、玄珠（茅盾）、卜无忌（邓拓）、秦似等受到关注。

（3）其中，徐懋庸对这次杂文的复兴贡献最大，他不仅以弗为、回春等笔名发表了上百篇杂文，而且仿照鲁迅《小品文的危机》在《小品文的新危机》中总结了妨碍杂文写作的七大矛盾，他的观点引起了有关杂文在当代命运的讨论。他还提出了杂文应该多样化，“可以歌颂光明，也可以揭露黑暗”，“杂文作家要养成对黑暗的敏感”。只可惜，这次杂文的复兴，随着反右派运动的开始而结束。

2. 1961～1962 年杂文的活跃

(1)1962 年 5 月，《人民日报》在副刊版开辟“长短录”专栏。“燕山夜话”“三家村札记”“长短录”等专栏群星荟萃，引人注目。

(2)“燕山夜话”和“三家村札记”栏目中的杂文，以“丰富知识、开阔眼界、振奋精神”为宗旨，在广泛介绍科学文化知识和历史知识、歌颂共产党和新风尚的同时，揭露和批判现实中的某些不良作风和倾向。可以说，这两个专栏达到了当时杂文的最高成就：①具有敢于讲真话的勇气，通过犀利的哲思，对事物进行鞭辟入里的分析；②引经据典，融知识性与趣味性于一体，凸显了新文学创造的杂文文体灵活自如的个性；③力图摆脱陈言现话八股腔，作家以平等态度和读者娓娓谈心，传播知识交流思想，有助于破除单调沉闷的文化氛围，推动了百花齐放、百家争鸣的局面。

(3)受“三家村札记”的影响，《人民日报》1962 年 5 月开辟“长短录”专栏，以“表彰先进、匡正时弊、活跃思想、增加知识”为宗旨，由杂文作家陈笑雨主持，夏衍、吴晗、廖沫沙、孟超、唐弢等为特约撰稿人。此外，山东《大众日报》开设《历下漫话》，《云南日报》设置《滇云漫谈》，《重庆日报》开辟《巴山漫话》，中央广播电台也增设了《历史故事》栏目，等等。一时间，这种“短、平、快”兼具知识性、针对性和趣味性的杂文文体活跃文坛。但这时的杂文也存在明显的时代精神烙印，尖锐地直逼主旨的少，平易委婉规劝的多。

遗憾的是，这次复兴好景不长。1966 年 5 月 8 日，在江青授意下《北京日报》刊发《关于〈三家村〉和〈燕山夜话〉的批判材料》，紧接着姚文元在 1966 年 5 月 10 日《文汇报》和《解放军报》同时发表《评“三家村”——〈燕山夜话〉〈三家村札记〉的反动本质》，无端指责邓拓等人是“经过精心策划的、有目的、有计划、有组织的一场利用杂文反党反社会主义的大进攻”。5 月 16 日中央“五一六通知”号召向反党反社会主义的黑线猛烈开火，自此“文革”的风暴席卷全国。各级地方文化组织纷纷仿效揪斗所谓的“三家村”分子。于是“三家村”这一原本为《前线》杂志杂文专栏“三家村札记”中的用语（此语出于苏轼的《用旧韵送鲁元翰知洺州》：“永谢十年旧，老死三家村。”），经过姚文元别有用心地挪用，成为“文革”中对作家进行政治迫害的恶称。从 1961 年 3 月“燕山夜话”专栏的设置至 1964 年 7 月“三家村札记”专栏取消，不过三年时间。在这短短的时间内发表一些敢于独立思考和讲真话的文章，却成为引发一场“文化大革命”的导火线。邓拓、吴晗先后被迫害致死，廖沫沙在受难中作诗：“岂有文章惊海内，漫劳倾国动干戈。三家竖子成何物，高唱南无阿弥陀。”

【名师点拨】邓拓、吴晗、廖沫沙三人以“吴南星”为笔名（吴，吴晗；南，马南邨；星，繁星，廖沫沙写杂文用的笔名）

五、回忆录和史传文学

1. 概述

回忆录和史传性散文在 50 年代受到特别提倡，它们与“革命历史小说”一起，成为以具象手段来确立现代中国历史的权威叙述。在民众之中，其影响甚至超出“正史”。回忆录和史传性散文有着虚构小说难以替代的直接性，其参与者也不局限于文学界。

2. 创作概况

(1)50 年代前期，回忆录和史传文学侧重于革命英雄人物故事。在叙事散文中，革命英雄传记和回忆录大行其道，有高玉宝的《高玉宝》、吴运铎的《把一切献给党》、柯蓝的《不死的王孝和》以及新中国成立后第一部有组织的集体创作作品《志愿军英雄传》等。

(2)随后不久，回忆录和史传文学成为有计划有组织的写作活动。代表作有《志愿军英雄梦》《星火燎原》《红旗飘飘》等。

(3)除丛刊收入的作品外，这一时期的回忆录和史传文学还有着惊人的出版。代表作有《毛泽东的青少年时代》(萧三)，《跟随毛主席长征》(陈昌奉)，《方志敏战斗的一生》(缪敏)，《艰难的岁月》(杨尚奎)，《在大革命洪流中》(朱道南)等。

(4)回忆录和史传文学创作还有不被纳入“正统”的另外一支，其出版常使用“内部发行”的方式，在阅读范围上也有明确限制。如由中华书局出版的《文史资料选辑》，爱新觉罗·溥仪的回忆录《我的前半生》。

11.2　考研真题与典型题详解

一、填空题

吴晗、邓拓、廖沫沙开设三家村札记专栏时合用的笔名是______。［南开大学 2015 年研］

【答案】吴南星

【解析】邓拓、吴晗、廖沫沙三人以“吴南星”为笔名(吴，吴晗；南，马南邨；星，繁星，廖沫沙写杂文用的笔名)。

二、概念题

杨朔模式

答：杨朔模式是指当代作家杨朔创造的一种散文写作模式，它通常构建起“物——人——理”的精巧结构，用借景抒情或托物言志的手法，来抒写社会主义的“时代侧影”或即时性地阐释党的路线、政策在社会生活中所产生的积极影响；如在《荔枝蜜》里，开篇先描写荔枝树的繁茂，引出对荔枝蜜的品尝，进而细致刻画蜜蜂辛勤酿蜜的场景，此为“物”的层面，接着，笔锋一转，讲述养蜂人的故事，将蜜蜂的勤劳与养蜂人的默默奉献相联系，完成从“物”到“人”的过渡，最后，由蜜蜂和养蜂人的奉献精神升华到对广大劳动人民为建设祖国无私奉献精神的歌颂，点明“理”；这种结构以小见大，借平凡事物与人物，升华至对时代精神、人生哲理的感悟，使散文层次清晰且富有深度；《茶花赋》《雪浪花》等文也同样是遵循这一模式而创作的；这一模式也有让人诟病之处，即在痛楚的现实面前，作家过分追求乌托邦式的诗意，造成了所抒之“情”本质上的“假”；而在艺术上刻意的象征比附，则有图解概念的斧迹。

第12章 话 剧

12.1 复习笔记

一、话剧创作概况

1. 对戏剧的关注

戏剧是指以语言、动作、舞蹈、音乐、木偶等形式达到叙事目的的舞台表演艺术的总称。常见的包括话剧、歌剧、舞剧、音乐剧、木偶戏、皮影戏。这种表演形式在左翼文学中受到特别关注。

(1)戏剧等拥有各阶层的大量观众。

(2)戏剧不仅是一种交流“工具”，它本身就是交流。

(3)戏剧等非常适合强调文艺对政治的配合和文艺的教诲宣传效用。

2. 30～40年代的戏剧创作概况

(1)30年代，左翼文艺界对电影戏剧相当重视。

(2)40年代的延安文艺运动，戏剧同样是备受关注的部门，表现为：

①秧歌剧《兄妹开荒》、歌剧《白毛女》等，是代表性成果。

②延安进行旧戏改编运动，掀起了旧剧改革的热潮。其间最具代表性的就是现代京剧《逼上梁山》。1944年1月9日，毛泽东连夜致信杨绍萱、齐燕铭，肯定和高度赞扬了他们的工作，把《逼上梁山》誉为“旧剧革命的划时期的开端”。

③剧团、文工团是常设的文艺组织，负责宣传工作。

3. 50年代以后的戏剧创作概况

50年代以后，重视戏剧、电影的传统得到延续。相继成立了各种机构，以领导、组织戏剧、电影的创作和演出，并建立不同范围的戏剧演出“观摩”或“会演”的制度，以加强对创作和演出的规范和引导。

从1949年到1965年，举行多次的全国性(或大区)的戏曲、话剧会演、观摩演出，以加强对创作和演出的规范和引导。话剧改制也将引导剧场向市场化、职业化的方向发展。

4. 50～60年代话剧创作

(1)创作主体

①一部分是“五四”以来已有建树的剧作家，如曹禺、郭沫若、老舍、田汉、夏衍、阳翰笙等。

②另一部分是参加革命、战争的戏剧工作者和50年代的青年作家，如胡可、陈其通、王炼、史超、所云平、马吉星、沈西蒙、杜宣、黄悌等。

(2)创作题材

①主要表现现实政治运动、工厂农村的斗争，或者表现“革命历史”。

a. 表现“工业建设和工人斗争”的有《在新事物的面前》《不是蝉》《考验》《幸福》《刘莲英》。

b. 写“农村的生活和斗争”的有《春风吹到诺敏河》《春暖花开》《妇女代表》。

c. 表现“革命历史”和朝鲜战争的有《战斗里成长》《战线南移》《万水千山》《钢铁运输兵》。

d. 还有反映知识分子思想改造的《明朗的天》(曹禺)。

②在1956~1957年间，出现了一些在题材和风格上有所开拓的剧作。

在“双百”方针的鼓励下，在一直作为中国文学榜样的苏联文学的新动向的示范下，中国的剧作家们得以按照自己的观察和认识、自己的意愿和风格创作剧本，它们和前几年的作品大不相同，后被称为“第四种剧本”，即超越工农兵剧本的剧本。代表作是《洞箫横吹》(海默)、《布谷鸟又叫了》(杨履芳)，描写资本家在社会主义制度下生活的《上海滩上的春天》(熊佛西)，还有《西望长安》(老舍)、《新局长到来之前》(何求)等暴露讽刺当代官场丑态的讽刺剧，不仅真实可信，讽刺犀利，而且因稀少而珍贵。

(3)在1958年开始的“大跃进”中，和工业、农业、教育等各行各业的跃进一起，戏剧也上演了“大跃进”运动，那就是追求足以惊人的创作数量和速度，多写快写，放文艺卫星。这时提出了“领导出思想，群众出生活，作家出技巧”的“三结合”的口号，而且号召“歌颂大跃进”“写中心，演中心，唱中心”。由于要快速配合政治形势，所以创作上就搞突击和集体创作，速度是50个小时就写一个剧本，排一部戏。在这种情况下，作品的数量空前飙升，而略有真情实感和合乎常识的作品都极为罕见，连一些知名作家也加入了这一或被迫或自愿的集体呓语，为“大跃进”鼓噪欢呼，火上浇油，作品自然也都逃不脱失败的命运，成为历史的笑柄。

(4)历史剧繁盛的另一重要的社会原因是，经过1957年的反右运动的教训，作家们认识到，写现实题材是很不安全和容易招祸的，弄不好就人剧俱毁，而创作水平很高的老作家对现实把握起来本来就有不能得心应手之处，所以面对复杂的历史境遇，特别是老作家们，都纷纷拿起了笔，进入历史题材剧的创作，表达着中国人民和正直文人恒定的正面的价值观念和作家们曲折难言的心境。于是，一批当代戏剧文学史上的杰出历史剧相继出现，田汉、老舍、郭沫若、曹禺等都有创作，到1962已经蔚为壮观，尽管成就互有差异。

(5)延安文学强调的是文学的政治宣传功能，文学是一种政治的工具，戏剧又是直接诉诸观众的有广大接受面的、且相比之下更接近工兵的文艺形式，因此戏剧在新中国也就受到党和政府更高的关注：建立了空前的各级研究机构，组织了庞大的国有创作队伍和演出系统。戏剧紧跟各个时期的政治任务和社会政策形势，创作和演出了大量的作品。戏剧成为这一时期文艺样式的“中心”。

二、老舍的《茶馆》

1. 写在《茶馆》之前的《龙须沟》

(1)《龙须沟》这出三幕话剧，表现了作者一贯的对社会下层小人物命运的关切。

(2)《龙须沟》在当时受到推崇，首要理由是一位“老作家”对新社会热情的歌颂，称这“表现了一个艺术家的最可宝贵的政治热情”。

(3)《龙须沟》写北京天桥附近下层百姓的聚居区。“旧社会”统治当局对危及民众生命安全的污水沟，不仅不加整治反以修沟为名，摊派捐税、敲诈勒索；新中国成立后，政府便开始了整治工程，从而表现了“新政府的真正人民的性质”的主题。老舍也因勤奋的创作和突出的艺术成就，获得了“人民艺术家”光荣称号。

2.《茶馆》

(1)作品简介

写于1957年的三幕话剧《茶馆》，无疑是老舍在当代的杰作，借北京城里一名为裕泰的茶馆在三个时期（清末1898年初秋；袁世凯死后军阀混战的民国初年；1945年抗战结束，内战爆发前夕）的变化，来表现19世纪末以后半个世纪中国的历史变迁。《茶馆》在与时代“共名”契合的同时，充分调动了丰富的生活资源，展现出了一副旧北平的浮世绘。当代作家普遍热衷这种具有时间跨度的“历史概括”。

（2）艺术特色

①立足茶馆的特殊性，以小说的笔法侧面勾勒社会人生世相，点面结合，从中透露时代的风云变幻。茶馆是一个三教九流、各色人等聚集的绝佳场所。

②独具匠心的三幕剧形式。老舍采用被称为“图卷戏”或“三组风俗画”的创新形式，将众多的人物放置在显现不同时代风貌的场景中。

③人物塑造方面，常四爷、王利发和秦仲义贯穿全剧。三位主要人物分别走了三条道路：秦仲义的实业救国、常四爷的个人反抗、王掌柜的逆来顺受。到后来，三条道路在那个黑暗的世道里都难以走通。而子承父业的反面人物，变本加厉，越发无耻，却过得比他们的父辈更为“风光”。《茶馆》中这些富于对比色彩的“人像展览”，生动地揭示出旧中国腐朽、罪恶、吃人的本质。

④这些人物的活动所构成的风俗画自然而然、举重若轻地展现了中国现代社会的发展进程，揭示了现代中国的历史本质。剧本中描写的近五十年的历史总体上是越来越黑暗，越来越混乱，坏人当道，民不聊生，正直的人无法生存，救国者的愿望不得实现，社会已经不可救药，一个新的社会正呼之欲出。老舍用生动具体的描写实现了他用三幕戏“葬送三个时代”的创作意图。新旧社会对比既是其结构作品的方法，也是他的历史观。

⑤《茶馆》将人物个性刻画、民生状况的描写和历史趋向的揭示完美地融为一体，阔大深刻的主题和丰满有趣的形象相得益彰。剧本的历史具体感和人物行为、心理的地道真切又和老舍对语言的高超运用密不可分。

⑥《茶馆》的语言简洁、俗白，具有地方化、个性化特点，动作性强，又富于潜台词和幽默感。他的人物一开口就带着动作和表情，也带着个性和人物自身的逻辑，炉火纯青，不露痕迹，为汉语话剧语言的典范。

【名师点拨】《茶馆》是我国当代话剧创作史上的一部经典之作，本章需重点掌握老舍的话剧创作，并结合当时的历史环境和后人的评价，比较研究《茶馆》与《龙须沟》两部作品，这一部分内容经常以论述题形式出现。

三、历史剧和历史剧讨论

1. 郭沫若的历史剧创作

郭沫若（1892～1978），中国现代新诗的奠基人，同时也是著名的历史剧作家，他在建国前就写出了《棠棣之花》（1942）、《虎符》（1942）、《屈原》（1942）、《高渐离》《孔雀胆》（1943）、《南冠草》（1944）等剧作。建国以后，郭沫若成为我国文艺界的组织者、领导者。公务之余，创作了著名的历史剧《蔡文姬》和《武则天》，这两个剧本的写作动机与为历史人物“翻案”有关。

（1）《武则天》

郭沫若的历史剧《武则天》为颇有争议性的历史人物武则天给予“定型”，从而使得她从饱受非议和嘲讽的反面人物转向值得称赞和歌颂的正面人物。武则天与太子贤、裴炎、徐敬业等反对派之间的斗争在剧中以平息“叛乱”的面目出现，这为她的形象定了基调，此间她处处以兵法谋略和斗争艺术取胜，更重要的地方在于她热爱百姓，宽厚仁慈，知人善用，以崇高的道德感召力量获得了广泛拥戴。

(2)《蔡文姬》

《蔡文姬》是对传统戏曲、小说中曹操形象的“改写”。更多地从人文主义出发，将蔡文姬置于反封建礼教、争取女性解放的背景框架内，她不再是受辱者，而是主动离家，肩负重任，成为民族团结与和睦相处，彰显爱国主义精神的化身与象征，而这个美好的人物形象的刻画又与另一个重要人物形象曹操息息相关。《蔡文姬》中的曹操也因此成为促进民族文化发展的功臣，而不再是罹乱天下的“奸臣”。

(3)艺术特色

郭沫若在解放后历史剧创作的主要特色是：首先，作者渊博的历史知识和独到的历史眼光常常可以使他在错综复杂的历史现象中提炼出卓尔不群、耐人寻味的见解，作为历史剧创作的思想基础；其次，充满强烈的浪漫主义气息，他的历史剧是在历史真实与艺术真实相统一的基础上驰骋想象，在充分尊重历史精神的基础上大胆进行虚构；再次，浓郁的诗的意境营造也是他历史剧创作的一个显著特色，作者的自我意识与情感体验也融入了作品创作中，国家、社会责任与个人情感的冲突在此得以重现。

2. 田汉的历史剧创作

田汉(1898～1968)，中国现代话剧的奠基者之一，既是创作力旺盛的剧作家，也是现代话剧运动的积极组织者，为现代话剧文学做出了开拓性贡献。话剧代表作有《获虎之夜》(1924)、《名优之死》(1929)、《回春之曲》(1935)、《丽人行》(1955)等。建国后，他历任文化部戏曲改革局局长、中国戏剧家协会主席、中国文联副主席等职。作为中国戏剧界的最高领导人，他同时在创作上勤耕不辍，创作了《关汉卿》《文成公主》《白蛇传》《谢瑶环》等十部话剧、戏曲。尤其是《关汉卿》(《剧本》1958年第5期)，成为建国后田汉戏剧创作的巅峰之作。

(1)《十三陵水库畅想曲》

真实和虚构的人物，现代人和古人，眼前的情景和对20年后共产主义实现的想象被拼凑在一起，暴露了文学界在精神领域和艺术思想上存在的深刻矛盾，体现了“大跃进”的时代特点。

(2)《关汉卿》

①创作意图

田汉的《关汉卿》是为纪念关汉卿诞辰700周年而作。田汉在把关汉卿塑造为一个人民的代言人、一个社会良心的代表的同时，还特意设计了一个反面的知识者形象——叶和甫。他是一个“猥琐的文人，交通官府而与杂剧界混得很熟，他也以此为资本向官府讨好”，在剧中充当的是统治阶级帮凶的角色，“威胁利诱，双管齐下”来劝降关汉卿。与关汉卿坚持理想、伸张正义的立场相反，叶和甫所持的是现实立场。作为对照，叶和甫的卑劣进一步反衬出关汉卿的伟岸品质，两人的决裂反映了知识分子在社会现实面前的分化，高低自现。这其实展示的是现代中国左翼文艺家的“身份认同”。

②艺术特点

a. 寄托了田汉对知识分子人格的理想化理解，蕴涵了他早年“精神至上”“艺术神圣”的理念。

b. 表现出了在史料依据与艺术想象关系上的浪漫主义处理方式，将史料记载重新组合，并加以虚构性的扩展，形成了细节有所据，而整体构架则建立在想象基础上的这一格局。

c. 关汉卿的形象过多地寄寓着田汉的理想，以及时代的政治观念，因此还相对欠缺人性的丰富。

3. 曹禺的历史剧创作

这一时期的创作有《明朗的天》《胆剑篇》，作者运用历史的、唯物的观点再现二千四百多年前的历史生活。曹禺在1978年还完成了另一部历史剧《王昭君》。

这一时期的代表作《胆剑篇》，以春秋时代吴越交战的故事为素材，写吴国入侵、勾践被俘，获释后的勾践和百姓一起发愤图强、准备复国，最终取得胜利的故事。本剧作为描写两个国家兴衰成败历史过程的大型历史剧，对于鼓舞处于三年困难灾害时期的中国人民的斗志起到了一定的积极作用。

4. 关于历史剧问题的讨论

作为一种与历史、现实以及人们的观念意识、价值取向等方面都有密切关系的文学行动，戏剧面临的传统资源如何抉择、如何重新定位以及在新的社会形势下又会呈现怎样的发展特点等问题，是无法回避的。在这些讨论里，无论意见如何相左，关于"历史真实"的讨论是其共同旨归。

四、话剧的"高潮"

1958年至"文革"前夕是"革命教育"话剧发展的第二阶段，这一时期的作品除了继续挖掘战争年代的生活矿藏，同时还将笔触伸向和平时期的生活万象，数量之多、影响之大前所未有。其中《年青的一代》《霓虹灯下的哨兵》《千万不要忘记》等受到当时评论界的极高推崇。

1. 话剧创作的特点

(1)这一时期的话剧创作，在"大写十三年"的创作口号影响之下，大都取材于50年代以来的社会主义时期的生活。

(2)还有以广大亚非拉弱小民族为题材的作品如《刚果风雷》《赤道战鼓》等，号召民众重新推翻新的殖民主义统治。面对黑暗的统治，刚果(利)人民重新走向丛林，燃起了反抗美帝、争取独立自由的燎原烈火。

(3)阶级斗争无一例外地是这一时期所有作品的主题。

2. "高潮时期"剧作的思想特点

(1)话剧所讨论和试图解决的，是"革命传统"的延续问题。但是由于过度依赖"阶级斗争"的理念来推动情节和解决问题，丧失了直视生活本质的可能，当人们普通的日常生活都被戴上了政治意识形态的紧箍咒时，对青年的教育也注定在充满焦虑感的氛围下进行。耐人寻味的是，这些"革命教育"剧如火如荼地展开与"大写十三年"的创作指导口号是分不开的，一旦跌入"阶级斗争"主题的范畴，它们注定沦为建立在共识基础之上的简单的演化编年史。

(2)城市被表现为可疑的，与庸俗、腐败相联系的生存处所，可以作为与此对抗的，则来自30、40年代中共在乡村开展的斗争，和乡村的生活经验的传统。

(3)这些剧作还尖锐地意识到组织个人的"日常生活"的重要性，表达了政治激进派的意图：规范社会生活的观念方式和行为方式，提升"日常生活"的政治含义，因而实现把个体的一切(生活行为，以至情感心理空间)都加以组织、规范的设想。

12.2　考研真题与典型题详解

一、填空题

老舍的三幕话剧《茶馆》写于______年。[中山大学 2017 年研]

【答案】1957

【解析】写于 1957 年的三幕话剧《茶馆》，是老舍在当代的最重要作品。作品借北京城里一家名为裕泰的茶馆在三个时期的变化，来表现 19 世纪末以后半个世纪中国的历史变迁。把抽象的时代风云变幻集中到一个具象的茶馆兴衰中加以展示，以小茶馆表现大社会。开放的茶馆中活动着各色人物，老舍设计了掌柜王利发、满怀抱负的民族资本家秦仲义、由旗人沦为普通劳动者的常四爷等三位主要人物，由他们贯穿全剧，若干次要人物子承父业（如老小刘麻子、唐铁嘴、二德子等），加上其他的人物，《茶馆》出场的各行各业人物有几十位，无数张人物速写组成时代的剪影，形成一个个戏剧片段，在舞台上拉开了一幅老北京多姿多彩的人情世态的"浮世绘"。

二、单项选择题

为老舍赢得"人民艺术家"称号的作品是（　　）。

A.《骆驼祥子》　　B.《四世同堂》　　C.《龙须沟》　　D.《茶馆》

【答案】C

【解析】《龙须沟》是老舍于 1950 创作的一部三幕话剧，写北京天桥附近下层百姓的聚居区。"旧社会"统治当局对危及民众生命安全的污水沟，不仅不加整治反以修沟为名，摊派捐税、敲诈勒索；新中国成立后，政府便开始了整治工程，从而表现了"新政府的真正人民的性质"的主题。这三幕话剧，表现了作者一贯的对社会下层的小人物的关切。1951 年 12 月，北京市政府授予老舍"人民艺术家"的称号。

三、概念题

1. "第四种剧本"[东北师范大学 2022 年研；首都师范大学 2010 年研；南开大学 2011 年研]

答："第四种剧本"是剧作家刘川对 1956 年前后出现在中国剧坛的一批戏剧的概括。这些剧本突破了当时剧坛所流行的公式化、概念化的框框，显示出某些特色。被称作"第四种剧本"的，主要有杨履方的《布谷鸟又叫了》、岳野的《同甘共苦》、海默的《洞箫横吹》、鲁彦周的《归来》、何求的《新局长来到之前》、王少燕的《葡萄烂了》、李超的《开会忙》等剧作。与其他作品相比，"第四种剧本"最突出的特点是写人，按照"人"应该有的思想、感情、意识塑造形象，另一个突出特点就是对生活的"干预"。

2.《关汉卿》[首都师范大学 2013 年研]

答：《关汉卿》是中国现代剧作家田汉写于 1958 年的一部话剧。最初刊于《剧本》1958 年第 5 期，同年由北京人民艺术剧院首演。剧本以《窦娥冤》的写作和上演为线索来展开矛盾冲突，塑造了元代戏剧家关汉卿的艺术形象。在描写主要人物关汉卿宁折不弯的精神之外，剧本还描写了嫉恶如仇的朱帘秀、诙谐风趣的王和卿、侠肝义胆的王著等人物来映衬主要人物，也写了投机取巧、见风使舵的歹人叶和甫来做对照。剧本体现了田汉炽热的诗情、执着的正义感和震撼人心的道德力量。

四、论述题

以《龙须沟》和《茶馆》为例，论述老舍十七年文学的得失。［南开大学 2013 年研］

答：老舍是中国现代文学史上一位大师级的人物，早在20世纪30年代便以其独具韵味的京味特色小说享誉文坛。之后，老舍又迎来了他的第二个创作高峰——戏剧创作。然而，回顾老舍解放后的戏剧创作道路，除了以《茶馆》为代表的极少数作品获得成功外，其余戏剧创作或多或少有一些遗憾。以《龙须沟》和《茶馆》为例，老舍十七年文学的得失主要表现为：

(1)《茶馆》标志着老舍十七年文学的成功

①平面展开的历史画卷：老北京的风习画

这部剧作的时间跨度大，人物众多，可以说是那个时代的众生相，三教九流、各个阶层的人都登台表演，走马灯一样，寥寥数语，但句句藏锋。茶馆本身就是人生的舞台，是历史生活的画卷。茶馆里一系列人物形象展现的生活画卷，具有浓厚的北京风味，人物的身份、经历、性格、心理和言语行为，一举一动都显示出北京生活的味道，重现了动荡不安又生生不息的历史现实。

②独特的戏剧结构：人物与时代的冲突

这部剧作如果从一般戏剧理论来看，明显违背戏剧冲突的结构和原则。既没有主导情节，也没有主要矛盾，人物之间并没有直接的戏剧性冲突。人物的活动只是在三个时代的横断面自在地展开，直接承受着历史给予的困境，他们在历史特定的困境中挣扎。

③语言艺术：北京特色的风格

老舍的语言贴近人物身份，寥寥数语，人物的身份、性格和心理便暴露无遗。语言风格幽默、讽刺、诙谐，老舍善于以极精练的笔墨，运用经过提炼了的北京话赋予人物以生命。他始终把眼睛盯在人物性格与生活上，以期开口就响，闻其声知其人，三言两语就勾勒出一个人物形象的轮廓来。

(2)《龙须沟》标志着老舍十七年文学的不足

①强烈的“歌德”精神使老舍失去了正常的创作心态

老舍是情感先行的作家，目睹着新中国翻天覆地的变化，老舍难以抑制内心的狂喜，带着满腔的热忱投入戏剧创作中，《龙须沟》就在这种心态下产生。《龙须沟》在结构上处理得不尽人意，有时流于松散，戏剧冲突也不够激烈。虽然老舍是语言大师，往往能用语言和描写人物的优势掩盖这一缺陷，但这确实是他戏剧创作的硬伤。

②强烈的社会责任感使老舍不惜牺牲艺术家的独特气质与创作个性

新中国成立以后，老舍强烈的社会责任感深深攫住了他。但就老舍自身的气质而言，他是一个性格内敛的人，温柔敦厚却又深沉冷峻。解放后除了《茶馆》《正红旗下》以外，老舍写的都是反映新时期的轻喜剧，实际上不符合他的性格内涵。在本时期失败的作品中，几乎看不到他从文化伦理的角度生发的对传统和现代性的冲突所做的思考。

第13章 走向“文革文学”

13.1 复习笔记

一、1958年的文艺运动

1. 走向“文革”的重要步骤

“大跃进”时期文艺政策与“文革”文学有着逻辑上的相关性，是走向“文革”的重要步骤。

2. “大跃进”时期文艺政策

(1)1958年2月28日，周扬在《人民日报》发表《文艺战线上的一场大辩论》，作为此次文艺界反右斗争的总结。毛泽东审阅时做了修改，将反右运动称为“一次最彻底的思想战线上和政治战线上的社会主义大革命”“替无产阶级文学艺术开辟了一条广泛发展的道路”。

(2)1958年，毛泽东发表了一系列有关文艺的主张。一是“两结合”的创作方法即“革命的浪漫主义和革命的现实主义的统一”，二是搜集民歌，提倡以“新民歌”为代表的群众性的文艺创作活动。这为一种新的文艺的构建，提供了理论、方法的基本依据。

(3)“两结合”创作方法问世后引起热烈的反响，全国性的讨论持续两年之久，文艺界许多著名人士竞相发表文章，从文学理论、文学史等角度论述“两结合”方法的正确性和科学性。1960年7月周扬在全国第三次文代会上做了题为《我国社会主义文学艺术的道路》的报告，其中专列一个部分从理论上阐释“两结合”的创作方法。茅盾说得更清楚：“现实主义结合着革命的浪漫主义的创作方法。”

(4)当时文学界的领导者(周扬、郭沫若、茅盾、邵荃麟等)也倡导和推动了此次文学思潮：

①提出“文艺也要大跃进”，制订“文艺工作大跃进32条(草案)”。

②开展“开一代诗风”的“新民歌运动”，编辑出版仿照“诗三百”体例的《红旗歌谣》。

③发动对“两结合”创作方法的讨论，提倡“歌颂大跃进，回忆革命史”的创作题材和主题等等。

3. 60年代文艺路线的调整

(1)背景

60年代初，党在着手纠正“大跃进”中的浮夸风、共产风等“左”的错误时，也提出解决几年来在执行知识分子政策和文化、教育、科技、艺术政策等方面的“左”的错误问题。1961年6月中旬，文化部在北京召开了文艺工作者座谈会和故事片创作会议，即北京会议，检查总结几年来的文艺工作及其存在的问题，研究调整文艺政策。

周恩来参加了会议。6月19日，周恩来就纠正文艺工作中的“左”的倾向发表谈话，他指出，几年来民主作风不够，束缚人们的思想，强调要发扬艺术民主，尊重文艺规律，创造出更多更好的作品来；并指出，要形成一种民主风气，允许大家思考、讨论、批判、否定、肯定，那种“五子登科”的风气(即套框子、抓辫子、挖根子、戴帽子、打棍子)是错误的。不能因为有阶级斗争就忽略统一战线，对资产阶级没有分析，在处理人民内部问题上有所动摇或偏颇。要区别政治问题和思想、工作问题，不能不分清问题性质就事事斗争。1956年关于知识分子的那些问题还要讲，那些原则仍然适用。周恩来还强调要从改变领导干部的作风做起，改变文艺界的作风，发扬民主，贯彻“百花齐放，百家争鸣”的方针。周恩来的讲话阐述了艺术民主、解放思想、物质生产与精神生产、阶级斗争与统一战线、为谁服务、文艺规律、遗产创造以及文艺领导等问题，阐明了党的文艺工作方针。

(2)文学与政治的关系

①文学服务工农兵扩大为服务“最广大的人民群众”，扩大阶级范围，缓和阶级对立。

②批评文学对政治的简单依附，适度维护文学“特质”，防止政治对文学的完全取代。

(3)“真实性”的重提

重提多重创作方法，表现历史真实，突破“两结合”“三突出”的单一创作手法。

二、文学激进思潮和《纪要》

1. “文革”前的文学激进思潮

在1962年秋天召开的中共八届十中全会上，毛泽东号召全党和全国人民千万不要忘记阶级斗争。至此，以“阶级斗争为纲”的“左”的错误理论占据了全党指导思想的中心地位。从次年开始，在思想文化界开展了持续多年的、范围广泛的批判运动。两个“批示”的激荡风波、《海瑞罢官》变成严重现实政治问题、江青等人的不甘寂寞，这一切都为《纪要》的出台作了逐渐加温的铺垫。

(1)在1963年12月的“批示”中，毛泽东认为“许多共产党人热心提倡封建主义和资本主义的艺术，却不热心提倡社会主义的艺术”。

(2)在1964年6月的另一次“批示”中，批评全国文联和所属各协会，以及“他们所掌握的刊物的大多数”。

(3)在“文革”发生前的三年多里，涉及文艺的批判有：

①理论方面有主要针对邵荃麟的“写中间人物”论，以及“写真实”“现实主义深化”等主张。1963年5月6日、7日《文汇报》发表署名梁璧辉的文章《“有鬼无害”论》，批判《李慧娘》和繁星的文章，说是意识形态领域内阶级斗争的重要表现。从此，全国戏剧界开始大批“鬼戏”。

②创作方面，最初从批判电影《北国江南》开始，扩展至《林家铺子》《兵临城下》《抓壮丁》《逆风千里》《早春二月》等。批判的核心问题之一，是对中共领导的革命的“歪曲”叙述。

③1963年到1965年，阴谋家们直接插手文艺界，以整人为目的，先后策划了对孟超的昆曲《李慧娘》以及田汉改编的京剧《谢瑶环》的批判。

④对《海瑞罢官》的批判，最终成为发动“文化大革命”的导火索。

2. 激进派主导地位的确立

《纪要》的出世标志着江青集团开始真正地掌控中国文艺，它使江青的政治身份合法化，随后“四人帮”等人便以《纪要》为理论依据，导致中国文学走向极“左”，“新文学”发展受到巨大的挫折。文化革命激进派在文艺界主导地位确立的标志是“部队文艺工作座谈会”的召开和座谈会纪要的制订。《纪要》的出台、贯彻和执行，不仅给中国文学带来了深重的灾难，而且影响了整个文化领域。“革命新文艺”具体表现在：

(1)题材上“要努力塑造工农兵的英雄人物，这是社会主义文艺的根本任务”。

(2)艺术方法则“要采取革命现实主义和革命浪漫主义相结合的方法”。

(3)在依靠什么人的问题上，提出“重新组织文艺队伍”，包括“工农兵”的加入。

中国文学的组织机构发生翻天覆地的变化，中国文学自“五四”以来所建立的“自由”机制遭到了彻底的破坏。《纪要》公布以后，中宣部、文化部与文艺有关的领导大部分被打倒，中国文联、中国作协等组织机构也被强行解散；大多数作家也受到冲击，他们不但不可以自由从事写作，甚至成为被批斗迫害的对象。文学刊物除了《解放军文艺》外，其他全部被迫停刊。文艺不能再独立创作，作家不再具有独立性。“文革”文学走向了政治化、一体化的极端。

1967 年初，经毛泽东审阅，姚文元署名的文章《评反革命两面派周扬》发表，周扬、胡风、冯雪峰、丁玲、艾青等被作为“文艺黑线人物”和“资产阶级反动权威”点名。

三、文学的存在方式

1. 政治转化

“文革”中政治的直接“美学化”的文学观念，导致文学创作出现观念论证式的结构。这一观念将文学创作活动与政治行动进一步紧密地联系起来，现代“左翼文学”信奉的现实主义，用来调整政治与艺术之间关系的真实性在观念论证式结构中已不复存在。

2. 严格控制

作品的接受行为，更明确地被赋予政治的意义。即文本的生产、传播、批评，就是一种“政治行为”。众多作家则被边缘化。这种具有鲜明意识形态和浓重政治色彩的划分，不仅加剧了文艺界的内部矛盾，也对很多作家造成严重的精神损害与创作阻碍。“文革”期间，作品发表受到严格控制，从 1966 年 7 月开始，全国的文学刊物相继停刊。

3. 写作小组

特指“文化大革命”期间为宣传极“左”路线，贩卖“文化大革命”理论而组织起来的专门写大批判文章的一伙人。“四人帮”的御用写作班子，署名通常是“初澜”或“江天”。

4. 集体创作

集体创作作为一种方向得到鼓励和提倡，尤其是大型的戏剧、长篇小说等体裁。1958 年，“集体创作”就作为一项显示“共产主义思想”的事物加以提倡。集体创作的方式有多样，其中的一种是“三结合”创作小组。

5. 停顿状态

“文革”开始一段时间，与域外的文化交流，几乎处于停顿状态。少量的文化交流，主要出于政治意识形态的考虑。

6. 内部发行

图书只向机关单位内部征订、发行，不公开宣传、出售。这类图书在版本记录页或其他部位都印有“内部发行”“限国内发行”等字样。它的供应范围有一定限制，对供应对象有明确要求，并一律凭单位介绍信购买。有的仅限国内发行，不售给外国人，所以在开放城市不能在门市部公开陈列出售。

四、“文革文学”的特征

1. 定义

关于“文革文学”研究有个逐步深入的过程。初始阶段的认识比较情绪化，关注的多是政治运动、极“左”思潮，也就认为和其紧密联系的“文革文学”没多少价值。随着反思的深入，人们逐渐注意到“文革文学”的复杂情况。如起初有“八个样板戏一部小说”（小说指《金光大道》）和“文学沙漠”说，其实“文革”中出版了近百部长篇小说。除风行一时的《金光大道》和《虹南作战史》《牛田洋》之类，像《激战无名川》《桐柏英雄》《征途》《大刀记》《万山红遍》和《剑》等作品也拥有很多读者。

这固然因“文革”书禁森严（外国文学经典很难读到，有些作品又属“内部读物”，即使本土红色经典也多人“另册”），但也反映出当时的审美取向。而当时的一些秘密创作（“地下写作”），也随着研究的深入而浮出水面。此外，关于“革命样板戏”的评价，人们的研究也逐步深入。比如由于集文学、音乐、美术、舞台表演等易为大众接受的传播方式，“革命样板戏”除政治原因，其传播方式和艺术创新问题也值得关注。当年“革命样板戏”的家喻户晓以及新时期以后仍然不断出现，显然和这些原因也有关。

2. 特征

很多研究者都论述过“文革文学”与十七年文学的联系，基本认为它是50年代“左”倾激进文学的发展。如王尧《关于“文革文学”的释义与研究》就认为：文学与政治的关系是“文革文学”的基本问题；两个阶级、两条道路、两条路线斗争的“基本路线”是“文革文学”的出发点；“塑造无产阶级英雄典型形象”是根本任务；“三突出”是创作原则；“革命的浪漫主义和革命的现实主义相结合”是根本创作方法。这些观点比较确切地归纳了“文革文学”的基本特征。这些特征在十七年时期已经存在，“文革文学”主流只是变本加厉而已。

（1）政治的直接“美学化”

①在“真实性”问题上，要求认定“应该怎样”（政治意识形态要求），不容置疑。

②“文革”中政治的直接“美学化”的文学观念，导致文学创作出现观念论证式的结构。这些几乎形成了一种固定的表达公式：从对生活的具象描述出发，循着理性思维逻辑的发展，由实到虚，概括由感性向“哲理”的升华。这种构思方式对后来的当代文坛产生了相当的影响。

（2）“革命浪漫主义”的强调

在修辞方式上，表现为象征方法的广泛运用。特定时代的创作理念阻止了作家去正视这样的偏差和缺陷，将它们排斥在作家的艺术表现范围之外，转而从“本质论”“典型化”立场出发，扬弃生活中的所谓“非本质”方面，去选择更符合政策规范的材料作为自己的创作素材。这就使得该作具有相当明晰的“二元对立”思维特征，即地主与农民的矛盾成为唯一的矛盾，斗争双方壁垒分明，好人坏人一望而知，整个作品所描绘的生活似乎处处符合政策规范，在某种程度上成了一时政策的注解。

（3）根本任务的提出

《纪要》提出了不少豪言壮语，如要创造“开创人类历史新纪元的、最光辉灿烂的新文艺”，要“搞出好样板”，“要努力塑造工农兵的英雄人物”，“要采取革命现实主义和革命浪漫主义相结合的方法”。其中，在批判“黑八论”之后，取而代之的是“根本任务论”，《纪要》规定努力塑造工农兵的英雄人物，这是社会主义文艺的根本任务。

“根本任务论”是《纪要》明确提出来的。在《纪要》的第五条意见中有这样的话：“文化革命要有破有立，领导要亲自抓，搞出好的样板。资产阶级有反动的所谓的‘创作独白’，我们要标新立异，我们的标新立异是标社会主义之新，立无产阶级之异。要努力塑造工农兵的英雄人物，这是社会主义文艺的根本任务。”

①所有的作品必须主要表现英雄人物，英雄人物在作品中又必须居于中心的、绝对支配的地位。

②塑造的英雄人物必须高大完美，不允许有思想性格上的弱点。

③姚文元将“三突出”改得更为扼要：“在所有人物中突出正面人物；在正面人物中突出英雄人物；在英雄人物中突出中心人物。”由此，又发展出所谓“三陪衬”，即“以反面人物陪衬正面人物，以正面人物陪衬英雄人物，以英雄人物陪衬主要英雄人物”。

(4)以戏剧为“样板”

“文革”期间，戏剧在文艺诸样式中，居于中心地位。

①之所以选择戏剧作为文艺的突破口，主要是因为在各种文艺题材中，戏剧很容易接近群众并且深入群众。在意识形态各领域，会比其他的艺术形式更容易起作用。

②处于“中心”的戏剧对文学其他样式产生重要的影响。主要表现为诗、小说、散文在结构上的“场景化”。按照戏剧的发展方式结构文章，公式化、模板化、人物单一化，以开端、发展、高潮、结尾展开故事，安排正面人物、反面人物，最后升华主题，人物对白戏剧化等。

③文学样式向戏剧的这种靠拢，使文学文本可以传达出这样的世界观：世界可以截然划分为对立的两极，并且需要通过开展对立的斗争来解决其中的矛盾，改变或巩固以“意识形态”作为划分标准的社会结构。

13.2　考研真题与典型题详解

一、填空题

郭沫若、周扬编选的“大跃进”诗歌选集的名字叫______。[南开大学 2015 年研]

【答案】《红旗歌谣》

【解析】《红旗歌谣》由郭沫若、周扬主编，收集了 300 首民歌，其中还配有水印木刻等插图若干。《红旗歌谣》共分四部：①党的颂歌；②农业“大跃进”之歌；③工业“大跃进”之歌；④保卫祖国之歌。该民歌选集是我国劳动人民在 1958 年以排山倒海之势，在各个战线上做出惊人奇迹的最好体现和见证。劳动人民的这股干劲，在他们所创作的歌谣中也得到了最真切、最生动的反映。编者以精选为原则，要求的标准是：既要有新颖的思想内容，又要有优美的艺术形式，并具有形象鲜明、语言生动、音调和谐和形式活泼等特点，还要既是现实主义的，又是浪漫主义的。

二、概念题

1. 《纪要》[吉林大学 2013 年研]

答：《纪要》是指部队文艺工作座谈会纪要政治文件。1966 年 2 月林彪“委托”江青在上海召开“部队文艺工作座谈会”，参加者有张春桥与部队文化部门的几人，会后整理出《纪要》。《纪要》不仅认为“文化战线上存在着尖锐的阶级斗争”，而且新中国成立以来的文艺界“被一条与毛泽东思想相对立的反党反社会主义的黑线”“专了政”，“这条黑线就是资产阶级的文艺思想、现代修正主义的文艺思想和所谓 30 年代文艺的结合”。《纪要》列举文艺界的“黑八论”。1979 年 5 月 3 日，中共中央撤销了《纪要》。

2. 新编历史剧[山东大学 2011 年研]

答：新编历史剧是戏剧的一种类型，又称新编历史题材剧目。它是指建国后剧作家编写的反映历史人物和历史事件的戏曲剧目。题材范围包括上古时期直到“五四”运动以前的历史，还包括采用民间传说、历史演义、说唱故事和神话寓言等编写的历史故事剧。新编历史剧其特点是剧作者必须具有科学的历史观，对占有的大量历史资料和丰富的素材，运用辩证唯物主义和历史唯物主义观点进行分析、鉴别以把握历史发展。《评新编历史剧<海瑞罢官>》一文发表于1965年11月的上海《文汇报》，作者姚文元，文章发表后，得到了毛泽东的支持，成为“文化大革命”的导火线。

三、简答题

简述“文革文学”的特征。［中国人民大学2011年研］

答：王尧《关于“文革文学”的释义与研究》就认为：文学与政治的关系是“文革文学”的基本问题；两个阶级、两条道路、两条路线斗争的“基本路线”是“文革文学”的出发点；“塑造无产阶级英雄典型形象”是根本任务；“三突出”是创作原则；“革命的浪漫主义和革命的现实主义相结合”是根本创作方法。这些观点比较确切地归纳了“文革文学”的基本特征。这些特征在十七年时期已经存在，“文革文学”主流只是变本加厉而已。文本的生产、发表、阅读、批评，就是一种“政治行为”。这种存在方式决定了“文革文学”具有如下特征：

(1)结构的典型化

“文革”中政治的直接“美学化”的文学观念，导致文学创作出现观念论证式的结构。这些几乎形成了一种文学的表达公式：从对生活的具象描述出发，循着理性思维逻辑的发展，由实到虚，概括由感性向“哲理”的升华。这种构思方式对后来的当代文坛产生了相当的影响。

(2)题材人物的“三突出”

“三突出”提法最早出现在于会泳的《让文艺界永远成为宣传毛泽东思想的阵地》中，文章说道：“我们根据江青同志的指示精神，归纳为‘三个突出’作为塑造人物的重要原则，即在所有人物中突出正面人物；在正面人物中突出英雄人物，在主要英雄人物中突出最重要的即中心人物。江青同志的指示精神，是创作社会主义文艺的极其重要的经验，也是以毛泽东思想为武器，对文学艺术创作规律的科学总结。”后来，姚文元将“三突出”改得更为扼要：“在所有人物中突出正面人物；在正面人物中突出英雄人物；在英雄人物中突出中心人物。”由此，又发展出所谓“三陪衬”，即“以反面人物陪衬正面人物，以正面人物陪衬英雄人物，以英雄人物陪衬主要英雄人物”。

(3)文学形式的戏剧化

“文革”期间，戏剧在文艺诸样式中，居于中心地位。之所以选择戏剧作为文艺的突破口，主要是因为在各种文艺题材中，戏剧很容易接近群众并且深入群众。在意识形态各领域，会比其他的艺术形式更容易起作用。处于“中心”的戏剧对文学其他样式产生重要的影响。主要表现为诗、小说、散文在结构上的“场景化”。按照戏剧的发展方式结构文章，公式化、模板化、人物单一化，以开端、发展、高潮、结尾展开故事，安排正面人物、反面人物，最后升华主题，人物对白戏剧化等。

第14章 重新构造“经典”

14.1 复习笔记

一、创造“样板”的实验

文化激进派在大规模颠覆文学“经典”后，使用了“样板”这一富于“大众化”意味的词，来替代诸如“经典”“范本”等概念。

1. “样板戏”的形成

(1)样板剧的前身是20世纪50年代末60年代初现代戏热潮中涌现出来并已创演成型的优秀剧目。1963年，根据江青的要求，文化部、中国京剧院与北京京剧团对沪剧《红灯记》《芦荡火种》进行移植与改编。

(2)1964年6月，全国的京剧现代戏观摩演出大会在北京举行，演出了38台“现代戏”(指表现现代生活的戏曲剧目)。

(3)1967年5月10日，在为纪念毛泽东《在延安文艺座谈会上的讲话》发表25周年而举行的盛大演出前夕，《红旗》杂志社论《欢呼京剧革命的伟大胜利》第一次正式使用了“样板戏”这一称呼，并将三年前对京剧现代戏的观摩界定为“京剧革命”。

(4)而后，《人民日报》社论《革命文艺的优秀样板》也正式册封了八个“革命样板戏”，包括五部京剧现代戏《智取威虎山》《红灯记》《奇袭白虎团》《海港》《沙家浜》；两部革命芭蕾舞剧《红色娘子军》《白毛女》，一部交响乐《沙家浜》。“样板戏”从此成为激进文化的旗帜和国家的形象工程。

(5)1972年前后，又有一批剧目被列入“革命样板戏”的名单之中，它们是钢琴伴唱《红灯记》，钢琴协奏曲《黄河》，京剧《龙江颂》《红色娘子军》《平原作战》《杜鹃山》，舞剧《沂蒙颂》《草原儿女》，交响音乐《智取威虎山》。但新的“样板”的质量有所下降，“样板”制作的标准化、模式化问题更加尖锐地显露出来。

2. “样板戏”的普及

1970年前后，“样板戏”演出达到了高潮，并开展了普及“样板戏”的运动。具体措施包括：

(1)组织“样板团”到外省巡回演出。

(2)组织各地剧团来北京学习“革命样板戏”。

(3)利用电影的手段，以忠实的“复制”来达到“普及”的目的。

(4)为了各地在演出“样板戏”时能够做到忠实，与“样板戏”有关的大量书刊被出版。

(5)在文艺创作中广泛推广“样板戏”的创作经验，使小说、诗歌、绘画都向“样板戏”看齐。

3. “样板戏”的危机与局限

在“京剧革命”而后的十年间，除了第一批的八个“样板戏”之外，样板戏还出现了第二批与第三批。但是到1974年这一年，“样板戏”的危机出现了。一方面，人民群众对样板戏的热情有所减退，另一方面，“样板戏”在创作上也难以继续。“样板戏”的局限性主要体现在：

(1)其创造权与解释权被“革命激进派”垄断，并影响了其他文艺作品的创造与阐释。“样板戏”的典范地位是通过国家的政治权力确定的，而这也就意味着“革命激进派”地位的增强。

(2)“样板戏”的创作规律与相关经验成为文艺创作的唯一标准，能称得上优秀的文艺创作不得违背这一标准。这是主流政治意识形态对知识分子文化传统和民间文化传统的摧毁、压制、改造和利用在文艺领域中的典型体现。

二、“革命样板戏”

1.“决裂”与“移植”

在十年“文革”期间，“样板戏”被视为新文艺的典范之作，因为它有着与旧文艺不同的创作标准，意味着与“旧文艺”的决裂。

(1)在题材上，大多数“样板戏”都来源于20世纪50年代末60年代初现代戏热潮中涌现出来并已创演成型的优秀剧目。“样板戏”在它们的基础上进行一定的修改。

(2)在创作者上，“样板戏”的所有参与者(包括演员、歌唱家、舞美、编剧等)都是各领域的佼佼者。他们都是经过大量训练，有着丰富经验的艺术工作者。这使得“样板戏”在艺术呈现方面与传统有着紧密联系。

(3)在创作过程中，样板戏不拒绝对传统艺术的吸取和利用，并化用了西方的一些戏剧资源，如芭蕾舞、交响乐。

(4)在创作和排练的过程中，江青等让在“文革”中被“打倒”的老艺术家为“样板戏”的演员示范，以提高无产阶级文艺“样板”的质量。

2.“样板戏”的新特征

(1)“样板戏”最主要的特征是文化生产与政治权力的关系。文艺被作为政治权力机构实施社会变革、建立新的意义体系的重要手段，在“样板戏”时期表现得更为直接和严密。

(2)“样板戏”使得个性化的表达被抛弃。文艺创作中势必包含着创作者的个人情感与审美倾向，但“样板戏”的生产模式使得这一特点无法显现。

(3)“样板戏”的艺术形式具有大众性，而意义结构具有政治乌托邦色彩。

(4)“样板戏”是在优秀现代戏剧目的基础上改编而来的，这些剧目已经十分出名并且广为流传。“样板戏”一方面修改其中不符合当时政治理论观念的部分，另一方面利用京剧、舞剧这种传统文艺的形式特征，通过固定的设计表达将观念变为符号。这主要体现在：

①文艺观念上的“根本任务论”，即“文艺为政治服务，文艺为工农兵服务”。

②表现形式上的“三突出”，即塑造“高、大、全”式的英雄人物。

③创作方法上的“三结合”，即“领导出思想，群众出生活，作家出技巧”。

3.“样板戏”的含混

“样板戏”文化构成的复杂性，使作品的意义和艺术形态呈现多层、含混的状况，而文化人在创作中的重要地位，对民间文艺形式的借鉴，以及从“宣传效果”上考虑的对传奇性、观赏性的追求，都使文艺革命激进派的“纯洁性”的企求难以彻底实现。这承续了激进派所要否定的文化传统，使某些“革命样板戏”在构成上具有“含混暧昧”的特征，让这些剧目在政治意识形态发生变化的时空下仍能获得某种“审美魅力”。

三、小说“样板”的难题

与戏剧等艺术形式相比，小说和诗歌的创作有极大的不同。首先，小说与诗歌会更多含有作者的个性化表达；其次，从观众的接受来说，小说与诗歌的接受也更加个体化。这使确立“样板”的工作难以奏效。

1. 金敬迈的《欧阳海之歌》

《欧阳海之歌》是金敬迈发表于《收获》的长篇纪实小说，曾在“文革”前夕被视为文学典范。“文革”初期，对这部小说的肯定得到延续，但不久作者就受到迫害。由此可见，激进力量并不认可这部不是由自己培育的“样板”。就作品本身而言，在表现阶级、路线问题上，在英雄形象塑造规则上，也并不完全符合激进派确立的规范。

2. 政治化的小说创作

“文革”期间，按照激进的政治、文学思潮组织编写的一些小说，如长篇《虹南作战史》（上海县《虹南作战史》写作组），《牛田洋》（南哨）等，就连对它们做出很高评价的评论家，也不能不承认其明显的缺陷，这包括“描写阶级斗争方面”的，以及“以作者的议论，来代替艺术上对人物的塑造”“全书只有一种语言”等艺术问题。

3. 浩然的“重新发现”

浩然的小说曾在“文革”期间受到一度好评，被视为文学创作的标准。但在1974前后，情况发生转变，有不少人对他创作的政治、现实价值提出怀疑。这种质疑显然与当时上层考虑推出“样板”小说有关。

（1）《艳阳天》

①艺术特征

a. 60年代激进力量有关社会结构的描述在这部小说中得到体现。

b. 所描写的乡土生活韵味和生活细节准确且生动。

c. 写出了农村社会主义革命时期国家政治对家庭伦理的深刻冲击。

d. 小说叙事属于共时性结构。

②作品评价

浩然的《艳阳天》以农村生活为题材，被认为深刻且生动地反映了农村在社会主义道路上所爆发的阶级斗争，描绘了农村各阶层人物，特别是塑造了社会主义建设中的领头人。与此同时，赵树理的《三里湾》却受到了一系列的批判。

（2）《金光大道》

相对《艳阳天》，在《金光大道》中浩然更自觉运用“三突出”的原则来塑造“高大光辉”的英雄形象，弥补了《艳阳天》“只关注基层”的“缺陷”，将矛盾斗争写到了“县一级领导干部”。作品中具有个人化特点的叙述都有所减少，取而代之的是“文革”说要求的统一化的历史叙述。

四、“经典”重构的宿命

在十年“文革”期间，文学激进派进行了多次“样板”实验，他们声称实验十分成功。但从实际的作品来看，他们的创作陷入了困境。

1. 创作主体的困境

（1）文学激进派试图将工农大众培养为作家，但是由于各种原因，由他们主要创作“无产阶级文艺”的计划效果甚微。

（2）文艺创作是一项十分复杂的活动。而“无产阶级”普遍没有较高的文化素养，这使得他们难以完成无产阶级文艺任务。

（3）无产阶级文艺创作要求与旧文艺决裂，而作为创作主体的“工农兵”却与传统有着千丝万缕的联系。

2. 作品的困境

(1)敌视以精神探索和艺术独创作为主要特征的“精英文化”。

(2)政治观念与文艺作品有着复杂的关系。一方面，政治观念需要通过文艺作品来得到形象化的呈现；另一方面，文艺作品的审美娱乐性可能会消解政治观念。

(3)文艺作品本身具有意义缝隙，而这一缝隙使得文艺作品拥有“颠覆”的力量，从而对确定的政治观念产生威胁。

【名师点拨】本章的重点是“样板戏”和“三突出”，需要考生了解记忆相关知识。此外，“经典”重构的困境这一部分内容可从“创作主体的困境”和“作品的困境”两方面去加以分析理解。

14.2 考研真题与典型题详解

一、概念题

1. 浩然[北京大学2024年研]

答：浩然，当代作家，本名梁金广，中共党员，生于1932年，2008年去世。他从1954年开始从事新闻工作，并在1959年加入中国作家协会。他的创作生涯丰富，以“写农民，为农民写”为创作宗旨。一生出版过70余种著作，包括短篇小说集《喜鹊登枝》和长篇小说《艳阳天》《金光大道》《西沙儿女》《苍生》等。20世纪60～70年代，其作品风行一时，几乎影响了整整一代人。20世纪80年代以来，人们对他作品的评价出现较大争议，一部分人认为他的小说以磅礴恢宏的气势，集中概括了新中国成立以来从互助组、合作化到人民公社的发展历程，表现了新一代农民的精神风貌和他们热爱土地，热爱集体，热爱国家的满腔热情；更多的人则认为他是一个迎合政治、为政治歌功颂德的作家，与意识形态靠得太近，缺少一个作家应有的独立精神。

2. “三突出”[南京大学2014年研；中国传媒大学2010年研]

答：“三突出”是“文革”期间的文艺指导理论之一。最早由于会泳在《让文艺界永远成为宣传毛泽东思想的阵地》一文中提出，受到江青等人的赞同和推广，被称为“文艺创作塑造无产阶级英雄人物必须遵循的一条原则”。具体来说，“三突出”指的是正面人物突出于所有人物；英雄人物突出于正面人物；主要英雄人物突出于英雄人物。其具体实践是在文艺创作中把正面人物放在画面或舞台的中央，打正光，而反面人物要在角落打底光或背光等。“三突初”的创作原则，有着复杂的意义：它既是人物塑造方式，也是故事叙事模式，更是政治观念在艺术上的体现。这种脱离实际、主观杜撰的标准，对文学创作危害极大。一方面它扼杀了真正的文学创作生机，另一方面深受“三突出”影响的作品，不同程度地宣传了错误观点，背离了生活规律，缺乏艺术感染力。

3. 《白毛女》[首都师范大学2013年研]

答：《白毛女》是由延安鲁迅艺术文学院集体创作，贺敬之、丁毅执笔的中国第一部民族歌剧，也是由中国共产党指导创作完成的宣扬红色文化的第一部歌剧。它是中国共产党红色文化的开山之作、代表之作，是中国革命文艺的奠基石，开创了中国新歌剧的里程碑，在中国民族歌剧发展史上具划时代的意义。

4. 革命样板戏[中国传媒大学2012年研；中国人民大学2010年研]

相关试题：样板戏[首都师范大学2012年研；中国传媒大学2012年研；北京大学2010

年研］

答：革命样板戏是“文革”时期以戏剧为主的二十几个舞台艺术作品的俗称。其代表性的作品有京剧《智取威虎山》《红灯记》《沙家浜》和芭蕾舞剧《红色娘子军》《白毛女》等剧目。由于这些作品描写的都是中国人民在中国共产党领导下进行武装斗争和经济建设的现代生活，被赋予了更积极的政治意义。它们被纳入了与帝王将相、才子佳人占领舞台相对立的革命文艺路线，被当作批判刘少奇、周扬修正主义文艺黑线的论据和武器，被奉为工农兵占领文艺舞台、实行文化革命的典范。

二、简答题

以“三红一创”为例，谈谈你对红色经典的看法。［华中师范大学2015年研］

答：红色经典可谓50、60年代革命历史小说的代名词，最著名的作品莫过于“三红一创，青山保林”，其中，“三红一创”是指《红日》《红旗谱》《红岩》和《创业史》（第一部）。

（1）“三红一创”在1950、1960年代对国人所起到的精神作用不可小觑。它承担了“革命历史”经典化功能，讲述革命的起源神话、英雄传奇和终极承诺，以此维系当代国人的大希望与大恐惧，证明当代现实的合理性，通过全国范围内的讲述与阅读实践建构国人在革命所建立的新秩序中的主体意识。

（2）新的历史观的形成，使研究者为当代文学的发展寻找到了新的起点和坐标。对“红色经典”的研究和重新审视在学界引起了广泛的关注。宋炳辉的《“柳青现象”的启示——重评长篇小说〈创业史〉》是最先开始重评的文章。文章指出《创业史》存在着较多的矛盾：“作品被夸大了的理论体系笼罩着全篇……‘合理地’完成主题的实现……这种理论体系的自我封闭性又钳制了生活的真正丰富多样性，……妨碍作家对现实生活本质的不断追求和艺术表现。”这样的评论，集中了1980年代的新启蒙思想资源与审美主义的艺术资源，实现了对狭隘政治视角以及庸俗社会学评论的颠覆。

（3）“审美标准”是“重写文学史”的倡导者打出的一面旗帜。进入90年代，对“红色经典”作家作品的重评也采用了审美的标准。早在1994年，田中阳就指出“《创业史》和《红旗谱》被认为是体现‘民族风格’的典范”，而民族风格主要表现为一种阶级风格。

（4）有学者曾从叙事习惯的排斥性和叙述态度的暧昧性入手，分别对“三红”做了分析，以揭示其创作策略。同时以“叙事规则”的确立过程、叙事倾向、全知全能的叙事方式进一步论述了红色经典等文本是文学叙事与政治期待的结合，这不仅加强了对文学组织和生产的进一步控制，而且建立了对读者、观众的阅读和审美趣味的引导系统。

总之，历经风雨坎坷，“红色经典”文本从诞生至今，学者们的研究大都是从文本着手重读作品，而“红色经典”的完形过程尚无人问津，其实这是一个很有意义的研究角度，期待在广大研究者的积极参与和推动下，“红色经典”研究将突破研究方法和视角的局限向纵深发展。

第 15 章 分裂的文学世界

15.1 复习笔记

一、公开的诗界

“文革”期间的文学，实际上分裂为不同的部分。一个部分是公开的，是这一时期文学的主流；另一部分则是隐在的、隐秘的、分散的，是当时文学的“异质”力量。它们后来成为文学变革的准备和先声。

1. 公开诗界的特征

(1)公开诗界的创作主体主要是“红卫兵”和“工农兵”，创作的目的也是配合当时的政治运动。这一类诗歌的代表作是《文化革命颂》《批林批孔战歌》。

(2)公开诗界的诗歌形式受到50、60年代的“政治抒情诗”影响，结合了政论式叙说与革命情感宣泄。诗歌的创作内容与题材也主要来自“文革”期间的政治运动。

(3)这一时期的诗歌，具有其它时期所没有的直截了当的、极端的修辞方式，以直接配合政治运动，其代表是“小靳庄诗歌”——一种用快板、顺口溜形式写的政治宣传韵文。

(4)这种情况下，诗歌创作已与个体体验表达无关。诗人无法用诗歌传达个体化的语言，在诗歌想象上也受到了限制，取而代之的是僵硬的政治化言语。例如，张永枚的长诗《西沙之战》，其写作动机、表达的观点，以及艺术形式，被完全纳入政治权力运作的轨道。

(5)个体的“理想”被组织进国家意识形态的方式和轨迹。诗歌成为国家意识的文学化表达，其中的代表作品有：郭小川所写的《投入火热的斗争》、贺敬之所写的《雷锋之歌》和《西去列车的窗口》等。这些作品都描写了青年在人生道路上高歌理想的积极状态，属于“政治抒情诗”。

2. 李瑛的诗歌创作

一部分在之前被禁止写作的诗人在1972年以后开始重新发表诗歌，李瑛就是其中的代表之一。他的诗歌摒弃了当时诗歌中粗糙的语言描写与普遍化的情感抒发，转而使用敏感且富有色彩的语言表述，并在叙述方式上加入了清丽温和的元素，对青年诗人产生了一定的影响。

二、小说创作情况

1. 短篇小说创作

短篇小说在“文革”期间有着与以往一样的要求：快速地反映现实生活，特别是政治活动。“文化大革命”“夺权斗争”“革命样板戏”“两条路线斗争”“知识青年”上山下乡、反“走资派”，以及1976年的天安门“反革命事件”，都写进其中。

2. 长篇小说创作

(1)创作概况

①1972年到1976年出版的长篇小说约一百余部。写当代现实生活的占绝大部分，其余为“革命历史题材”。

②也有部分专业作家参与了这一时期长篇小说的创作。其中还有近二十部小说标明是“集体”创作。

(2)创作特点

①从情节、人物设置到叙事方式，都表现了符码化、模式化倾向。

②人物的塑造遵循“三突出”原则。这些长篇小说一般会塑造一个“主要的英雄人物”，他十分完美且高大，他不仅突出于所有人物，还突出于正面人物，更突出于所有英雄人物。

③作为英雄人物对立面的，通常是“阶级敌对力量”。

④大多数长篇小说会塑造多个“问题人物”。这些人物并不完全是“正面人物”的对立面，而处于两者之间。这一类人物或许是受到反面人物的哄骗与蒙蔽，或许是在没有较高的政治觉悟等等。

⑤读者听到的是凌驾于人物、故事之上的意识形态权威的“粗暴”声音。

三、“地下”的文学创作

在“文革”期间，由于文学创作标准统一化，不少不符合这一标准的文学创作就被认定为“异端”。这些作品没有取得合法地位，不能公开发表，只能秘密地进行传播。作品常见的传播方式，是以手抄本形式在一定范围传播。这种文学现象，“文革”后有研究者使用了“地下文学”的概念。

1.“地下诗歌”

诗是负载具有“异端”性质的情感和艺术经验的“先锋性”样式。

(1)在“文革”期间受到迫害、失去写作权利的诗人，曾用诗写下他们当时的体验，如蔡其矫、公刘、流沙河等。需要注意的是，虽然他们的创作过程是在“文革”期间发生的，但是其作品的公开发表与传播却是在20世纪80年代。

(2)“地下诗歌”的又一写作群体是当时参与“上山下乡”活动中的“知青”。他们本以为自身是革命的参与者，但是却在活动中对革命感到失望，从而渴求真实的情感表达、试图探求精神价值。这些诉求都被显示在他们的诗歌表达中。

代表诗人有舒婷、北岛、顾城、江河。他们在“文革”期间开始创作，后来成为“朦胧诗”创作的主力军。其中最重要的诗歌写作“群体”，是后来被称为“白洋淀诗群”的诗歌群落，如根子、多多、芒克、方含、林莽、宋海泉等。

2.“手抄本小说”

除“地下诗歌”外，“地下文学”还有小说方面的创作。张扬的《第二次握手》就是其中的代表。这种小说以“手抄本”的形式进行传播，所以有人又称其为“手抄本小说”。

(1)《第二次握手》

小说写丁洁琼、苏冠兰等老一代科学家的事业和爱情，小说对于中国现代历史和知识分子道路的描写，并没有偏离十七年主流文学所确立的叙述框架。“文革”特定的社会政治环境赋予了其强烈的魅力，但当这些因素淡化后，小说的魅力也随之减弱。

(2)其他“手抄本小说”

《波动》《公开的情书》《晚霞消失的时候》等中篇小说的思想、艺术，具有不同程度的超越因素，显示了对“社会主义现实主义”轨道的偏离。

需要指出的是，“手抄本小说”在“文革”后公开发表时，都经过了作者修改，严格上说已失去作为“手抄本小说”的重要理据。

四、“天安门诗歌”

1. 天安门事件

1976年1月，周恩来总理逝世，执政党内部各派力量的斗争直接激发了2、3月间在北京、上海等城市的大规模政治抗议行动。其中，诗歌被广泛运用，作为抗议的重要手段。不久，天安门广场发生的事件，被当时的掌权者宣布为“反革命政治事件”，写作和传抄诗歌者也被定罪、迫害。

2. “天安门诗歌”的特征

在1976年底，江青等“四人帮”被逮捕之后，童怀周征集散失作品，并编成《天安门诗抄》出版。

(1)在形式上，“天安门诗歌”多采用旧体诗形式。这是因为旧有诗词中有大量比喻、典故的运用，这些资源可以较为隐晦地表达某种情绪或政治观点。许多70年代政治抗争的参与者通过旧体诗找到了许多对忠臣与奸臣的类似表达，他们利用这些语句来表达他们对现实与政治的情感与评价。

(2)“天安门诗歌”主要是一种政治表达。它与政治有着密不可分的联系。不论是“天安门诗歌”的创作过程，还是其发表与传播过程，甚至其评价、搜集整理等过程都包含着政治因素。这是“文革”期间美学“日常生活化”和诗歌政治化的另一典型体现，在恶劣、严酷的环境中，写作者的真诚态度、独立的思想和写作方式的坚持，对当代诗人具有重要的启示意义。

【名师点拨】本章的重点是“地下文学”和“天安门诗歌”，经常以名词解释的形式出现在考研真题中，需重点掌握和记忆。

15.2 考研真题与典型题详解

一、填空题

知青诗歌《这是四点零八分的北京》的作者是______。[首都师范大学2023年研；中山大学2011年研]

相关试题：______的诗歌《相信未来》和《这是四点零八分的北京》，曾在文革期间启发北岛等诗人的写作。[四川大学2022年研]

【答案】食指

【解析】食指是知青诗歌《四点零八分的北京》的作者。这是一首表现百万知识青年上山下乡，离开家园，奔赴乡野边陲的离别诗。作为上山下乡知青队伍中的一员，在即将离开故乡北京的一刹那，作者的心灵突然受到强烈的触动，这种触动包括对故乡、母亲、文明的眷恋，还包括对不可知的未来的恐惧。

二、概念题

1. “文革”手抄本小说[中国传媒大学2014研]

答：“文革”手抄本小说是“文革”时期出现的一种特殊文学现象。当时，只有少量书籍允许出版，但有一批以侦破和反特故事为主的手抄本文学在地下流传，集中于1974～1975年。流传最广的作品是张扬的《第二次握手》。手抄本小说一方面受热烈欢迎，广泛流传，另一方面因其对于爱国的知识分子、科学界的权威肯定，对周恩来等政治人物的歌颂性叙述，被当时的政权看作是流毒全国的反动小说。手抄本小说在“文革”后公开发表，都经过修改或重写，无论是其内容还是发表形式，事实上都已失去了本来面貌。手抄本的出现，实际上是对“四人帮”文化专制的一种叛逆行为。除了阅读所带来的欢愉，它更是一种群体劳动，一种自由的文学创作，一种精神上突破禁忌的地下探索。

2.《天安门诗抄》[北京大学2010年研]

答：《天安门诗抄》是童怀周编选，由人民文学出版社于1978年出版的诗文集。《天安门诗抄》共分三辑：第一辑收录诗、词、曲、挽联二百九十五首；第二辑收录新体诗五十九首；第三辑收录悼词、祭词、誓词、散文诗等五十篇。这些诗文均出现于1976年清明节前后北京天安门等处。诗文表达了人民群众对周恩来的怀念和对江青反革命集团的声讨，反映了作者对祖国命运的关切。诗文具有情感真挚悲壮，语言犀利和强烈的战斗性等特点。

3.“文革”潜流文学[南京大学2010年研]

答：“文革”潜流文学是“文革”期间作家采用隐蔽的方式进行创作和流通的文学样貌。它是与“文革”文学创作规范相疏离，甚至对立的文学。“文革”潜流文学主要有诗歌和小说创作。如七月派诗人曾卓、牛汉、绿原等在这一时期的创作，强化了生命意识，超越了他们在40年代的作品中强烈的社会功利意识，转而思考在重压之下的生命、死亡与背叛等主题。

第16章　文学“新时期”的想象

16.1　复习笔记

一、“转折”与文学“新时期”

1. 政治与文学的转折

“文化大革命”的结束以1976年10月“四人帮”（包括王洪文、张春桥、江青、姚文元）的粉碎为标志。这一说法来源于1977年8月召开的中国共产党第十一次代表大会。这次会议把“文革”结束后的中国社会，称为社会主义革命和建设的“新时期”；“文革”被广泛地称作是“十年动乱”“十年浩劫”和“梦魇时代”。

知识界和文学界普遍使用“第二次解放”来强调“文革”结束对于民族、个人，对于社会生活、文化所具有的历史性意义。文学界也十分重视“文革”结束这一历史事件对人的解放作用，称这之后的文学为“新时期文学”，其对20世纪的中国文学来说是一次重大的转折。这种“转折”体现在：

（1）文艺激进派依靠政治体制“暴力”所开展的“文化革命”被中断。

（2）“文革”中被损毁、破坏的“当代”文学体制得到修复。“拨乱反正”和“正本清源”是当时文学活动的主流，这些活动对“文化大革命”进行否定，并得到了当时政治文学体制的支持。

（3）为在“文革”（以及十七年）中被批判、攻击的文学观念和作家作品“正名”“辩诬”。

2. “新时期文学”的期待

由于对“文革”施行的文化专制与思想禁锢的憎恶，对一种“自由创造”的宽容的环境的期盼，“五四”的“多元共生”和“精神解放”，成为文学界创造“新时期文学”的知识、想象的重要资源。在基本的“共识”之中，有关“新时期文学”的含义，和对“文学复兴”的想象，一开始也包含分歧，这与对中国20世纪文学的历史记忆相关。

（1）一部分人要求恢复十七年文学的“主流”状况，即坚持毛泽东所开启的“人民文学”（工农兵文学）。

（2）另一部分人，则主张复活十七年中受到压抑的“非主流文学”线索，建立与“五四”“人的解放”的启蒙文学的关联，并强烈地表现出离弃现代中国“左翼”文学、毛泽东的“工农兵文学”的倾向。

“新时期”出现的“转折”，主要体现为不同思潮、派别、力量地位的错动和关系的重组，这也是80年代文学界种种争执、冲突的根源。这表明“新的人民文学”已失去它的绝对地位，“一体化”的文学格局开始解体，尽管这一过程会延续相当长的时间。

二、体制的修复和重建

“新时期文学”的首要任务与目标就是要修复在“文化大革命”中被严重损毁的文学体制，

并重新构建新的文学体制。

1. 体制的重建

(1)重建体制的第一对象就是艺术表演团体。1978年初，经华主席、党中央批准，文化部恢复了它们原来的建制与名称，例如中国京剧团恢复为中国京剧院等。

(2)同年5月，中国文联、中国作协和其他协会宣布恢复工作。

(3)1979年10月，全国第四次文艺工作者代表大学召开，选举了新的文学工作的领导小组。

(4)1979年和1985年，中国作协两次改选理事会，选举主席、副主席。机构的组织方式和人员构成，基本延续“文革”发生前的格局。

2. 政策的调整

(1)文艺与政治的关系依然是政策调整的重点。政策对文艺的规范性与作家的自主性的关系、对文艺的政治功能都做出了调整。

(2)抛弃原有的“文艺为工农兵、政治服务”的口号，转而使用“文艺为人民服务”“文艺为社会主义服务”的方针。

(3)建构自由的文学环境。这一方面是希望这一政策能够抹平十七年文学运动与斗争以及“文化大革命”带给人们的沉重伤痛，另一方面也是希望这一政策能够激励知识分子进行创新性的文学创作。

(4)承接50年代毛泽东裁决“香花”“毒草”的“六条标准”的，是“四项基本原则”的提出，即坚持社会主义道路，坚持人民民主专政，坚持中国共产党领导，坚持马克思列宁主义、毛泽东思想。

3. 出版机构

80年代，文学，特别是“纯”文学，在社会生活中有着重要的作用。作者利用文学创作来表达自身的政治看法以及抒发自身的情感，这种真实的写作吸引了大量的读者。在此背景下，出版机构进行了一系列调整：

(1)十七年中原有的刊物先后复刊。

(2)普通日报和各种专业报纸，都辟专栏刊发文学创作、评论的稿件。

在这一出版背景下，刊物成为编辑部成员思想的表现之地。所以，有些刊物被打上了十分明显的群体烙印，甚至有些刊物成为先锋文学的集中表达场地。

三、文学规范制度的调整

1. 对“越界”的观点、创作的批评、惩戒

1979年3月，邓小平在理论工作务虚会上发表了名为《坚持四项基本原则》的讲话。这一讲话划定了思想解放的限度，规定了文学创新不能触碰的方向。如对小说《飞天》《在社会的档案里》和剧本《假如我是真的》(又名《骗子》)的批判，对“资产阶级自由化”倾向的作品的批判，禁止北岛、芒克等主持的“民办”刊物《今天》的出版等。

2. 对合乎规范的作家作品加以褒奖

“新时期”开始重视奖励制度的设立，这也是实现其“文化领导权”的组成部分。如举办全国优秀短篇小说评选、茅盾文学奖、鲁迅文学奖的设立等。但是其评选的标准总是不统一，呈现出混杂的局面：有些得奖作品并没有十分优秀，反而遗漏了优秀作品；或是得奖作品过多，从而使得作品的含金量降低。这种局面的产生有着复杂的原因：或是由于评奖者本身的复杂性，或是由于对作品意识形态方面的考虑，或是由于对不同文学集团利益的顾及。

四、80年代的作家构成

1. 概述

(1)“文革”后，由于创作环境较之前更为自由，许多作家就开始解放自身的创作，他们对未来的文艺创作充满信心。所以，有许多作家认为当时的文艺界可以用“盛况空前”“五世同堂”等词语来描述。

(2)出于文学界中心地位的作家发生了变化。在十七年文学期间被文艺界推举的作家无法在“新时期文学”的创作中占据主导地位。

【名师点拨】由于社会政治环境的变化，文学在这时迎来了一次重要转折。在这一转折中，作家群体也因为年龄、文学观念、自身选择的不同而被进一步分化并重组。

2. 80年代作家的“主体”组成

(1)在50年代因政治或艺术原因受挫者

①这些作家在80年代被称为“复出作家”(或“归来作家”)。这些作家有：艾青、汪曾祺、蔡其矫、牛汉、绿原、郑敏、王蒙、张贤亮、从维熙等。他们在50年代提出、实践的文学观念和艺术方法(写真实、干预生活、人道主义、题材扩大和方法的探索等)，正是80年代所要挖掘，用以建构“新时期文学”的历史“财产”。

②“复出”作家在“文革”时期被边缘化的重要原因是对当时主流话语的冲突，多是“文革”时期激进文化路线的受害者。因此进入“新时期”后，就意味着回归中心“轨道”，回到“目的地”，并获得“文化英雄”的荣耀身份。

(2)“知青”的一群

①在80年代，曾被看作“知青”作家的，有韩少功、张承志、史铁生、贾平凹、王安忆、郑义、梁晓声、铁凝、李晓等。知青在“文革”中从“革命主力”到“接受再教育”的身份上的急遽改变，以及他们在“文革”结束后返城的处境，对“知青”作家创作的影响显而易见。

②与“复出”作家进入“新时期”后所享有的“文化英雄”的身份不同，“知青”作家的身份、生活位置含糊不明而需要寻求和证明。所以，两者在“伤痕文学”上有不同的文学表达：“复出”作家的文学书写会更加封闭与完满；而“知青”作家的文学书写则充满着躁动与焦虑。

(3)“文革”后期活跃的作家

除了以上的两个作家群体之外，也有一批作家是在“文革”后才开始频繁地进行文学创作的，他们的文学创作也是“新时期文学”的重要组成部分。他们有张洁、冯骥才、古华、戴厚英、刘心武、高行健。这一作家群体还包括八十年涌现的一批女性作家，她们的创作是这一时期文学中不可忽视的力量，被认为是“五四”以来女性创作的第二次高潮。

3. 80年代中后期的作家主体

(1)80年代中期后，创作原本活跃的“复出”作家与“知青”作家的创作激情与活力大大减退，取而代之的是更为年轻的文学创作群体。他们有更为先锋的艺术表达，并且也有开拓探索精神，莫言、余华、刘索拉、残雪、马原、苏童就是其中的代表。

(2)“第三代”(或“新生代”)的诗歌写作也开始浮现。他们的诗歌反崇高与理性，强调理论的建设，并在语言上做出突破，海子、韩东、西川、欧阳江河、张枣等人就是其中的代表。80年代后起的一些作家，倾向于将文学理解为“个体”对人的存在状况，以及人与世界复杂关系的探索。

五、文学著译的出版

“文革”文化封锁的“开禁”，首先从被禁锢的革命文艺开始。接着，中外文学名著的翻译出版也逐渐放开。

1. 中外文学名著的翻译出版

(1)“翻译热潮”出现于70年代末。这一时期，有大量的西方现代文学作品被翻译到中国，西方的思想文学也被介绍到国内。这对“新时期文学”产生了直接的影响。

(2)大量的古典文学作品与文论被重印出版，这些作品大多在50、60年代就已经出版过。

(3)在80年代，文化界的译介重点转移到20世纪的西方文论和文学创作。当时中国语境中所称的“现代派文学”，成为关注的重点，并引发了从1978年到1982年针对“现代派”文学的论争。

2. 中国现代作家作品的重评和出版

在80年代，中国现代作家作品的重评和出版，对“新时期”的文学理论和创作，也产生重要的影响。那些在十七年文学与“文革”期间被忽视或被批斗的文学创作重见天日，被大规模地印刷出版。

这些作品十分丰富。在诗歌方面，李金发、徐志摩、戴望舒、七月派、九叶派的诗歌都得到了重评与出版；在小说方面，“新感觉派”小说、路翎的小说得到了重新的肯定；在理论批评方面，胡风、朱光潜、李健吾的著作被重新拉回到文艺界；在散文方面，周作人、梁实秋、林语堂等人的散文书写有了不一样的解释。除此之外，老舍、萧乾、废名的创作中被忽略的部分也被重新发觉。

16.2 考研真题与典型题详解

一、简答题

简述第四次文代会对新时期文学的影响。[浙江大学2013年研]

答：1979年10月30日至11月16日，第四次全国文学工作者代表大会召开，标志着文艺界的全面“解冻”。其影响具体表现为：

(1)文代会提出了新的文艺指导思想，即“为社会主义服务，为人民服务”，这为新时期文学在恢复期里大步走向繁荣起了积极的推动作用。

(2)第四次全国文代会召开期间，执政党提出了“文艺民主”的问题，并宣布“收回”毛泽东“文革”前夕的关于文艺工作的“两个批示”，宣布十七年的文艺路线“基本正确”，并选举了全国文联新的领导机构。

(3)关于新时期文学的历史起点，有四种代表性的学术观点，即分别以“四五运动”、“四人帮”倒台和“文革”结束、十一届三中全会、第四次文代会为新时期文学的开端。要深入揭示从“文革”文学向新时期文学过渡的复杂性与矛盾性，第四次文代会是无法回避的重大事件。

总之，第四次文代会标志着当代文学史的“重大转折”，在中国当代文学史上“构成了一个界线分明的历史阶段”。新时期文学由政治型向社会型转变，是文学的一次大的解放，表明作家获得了独立的地位，文学开始向人学回归。

二、论述题

试阐述新时期的“文革”叙述。[复旦大学2012年研]

相关试题：20世纪80年代的“文革”叙事有哪些类型？试做论析。[南京大学2010年研]

答：新时期小说摆脱了“文革”中文学依附于政治的局面而回到文学本身，开始按照自身的规律和特点来发展，内容上回归到展现人性的主题。新时期的文革叙述类型主要呈现以下几个阶段：

(1)伤痕小说的创作

“文革”后，一批旨在批判、揭露“文革”以及极“左”路线的罪恶性，揭示文革给人们带来巨大身心创伤的作品出现，被称为伤痕文学。这些作品的共同主题体现在对“文革”的批判及揭露“文革”对人们造成的精神戕害，在艺术上都采用了能明确剖析社会问题的现实主义手法。代表作品有刘心武的《班主任》、卢新华的《伤痕》等。

(2)反思小说的创作

这类小说所反映的是受到极“左”思潮压迫的社会生活，揭露出了“文化大革命”等文化政治斗争带给人们的精神创伤。通过各种文学表达，反思小说从不同的角度反思了党的文化建设受到如此重创的原因，予以人们启示。反思文学具有较为深邃的历史纵深感和较大的思想容量，揭露和批判极“左”路线、反对官僚主义，揭示社会和历史悲剧，呈现和剖析悲剧人物的命运遭际，刻画悲剧人物性格是它们具有的共同特色。代表作品有高晓声的《李顺大造屋》、茹志鹃的《剪辑错了的故事》、王蒙的《布礼》、谌容的《人到中年》等。

(3)改革小说的创作

随着改革开放的展开，出现了一批关注改革中出现的问题的小说。这些小说的特点是具有强烈的时代意识和现实关注，着力塑造典型的改革人物形象，表达了对改革中出现的问题的担忧，以及改革必行的坚定信心；艺术上风格粗犷刚健、充满激情，表现出阳刚之美。代表作品有蒋子龙的《乔厂长上任记》《开拓者》《燕赵悲歌》、张洁的《沉重的翅膀》等。

(4)寻根小说的创作

在拉美文学大爆炸后，中国文坛的创作出现了寻根热。这些作品以现代意识观照现实与历史，反思传统文化，重铸民族灵魂，探寻中国文化重建的可能性。作品题材和文化反思对象呈现鲜明的地域特点，在表现手段上既有中国传统文学的手法，又运用现代派的象征、暗示、抽象等手法，丰富和加深了作品的文化意蕴。代表作品有韩少功的《爸爸爸》、阿城的《棋王》、王安忆的《小鲍庄》、李杭育的《最后一个渔佬儿》、张承志的《黑骏马》等。

(5)新写实小说的创作

20世纪80年代中期，出现了一批作品，特别注重现实生活原生形态的还原，真诚直面现实、直面人生。它对含有强烈政治权力色彩的创作原则给予拒绝和背弃，努力还原生活本相，表现生活的纯态事实，追求“零度情感”的叙述态度，力求复原出一个未经权力观念解释、加工、处理过的生活的本来面貌。刘震云的《一地鸡毛》就是其代表，小说深刻且细致地描写了小林在单位和家庭的生活，十分真实。除此之外，池莉的《烦恼人生》、刘恒的《狗日的粮食》也是其中的优秀作品。

(6)先锋小说的创作

20世纪80年代中期，文坛上一批作家开始以前卫的姿态探索存在的可能性以及与之相关的艺术的可能性。他们的作品打破了传统小说的拟真性，公开暴露小说的虚构本质；取消情节之间的因果联系；让幻觉、幻想和现实混在一起，真假难辨。这些实验小说概括了一种创作倾向，也有人称之为先锋小说，先锋小说的创作探索在叙事革命、语言实验、生存状态三个层面上同时进行。这些作家有马原、莫言、残雪、格非等。代表作有马原的《冈底斯的诱惑》《虚构》《拉萨河的女人》、余华的《十八岁出门远行》《四月三日事件》《现实一种》、残雪的《山上的小屋》、格非的《迷舟》等。

（7）新生代小说的创作

进入90年代，一批60、70年代出生的作家创作了大量的作品。他们在边缘处写作和叙述，最大限度地发挥自己的想象力，以一种平和、同情、超越的心态来观照生活。他们承继了先锋小说对于叙事的重视，同时也开始修复先锋小说那种与生活的分离状态，避免了凌空高蹈的空洞叙述。代表作品有毕飞宇的《青衣》、陈染的《私人生活》、林白的《一个人的战争》等。

第 17 章　80 年代文学概况

17.1　复习笔记

一、80 年代文学过程

1. 概述

(1)“文革”结束，社会处于转型时期，巨大的断裂虽然产生，但一些文化形式及文化心理仍然延续下来。写作者的文学观念、取材和艺术方法，仍是“文革文学”的沿袭。

(2)“文革”模式的明显脱离始于 1979 年。在此之前，已有一些作品预示了这种“转变”的发生。1977 年底，当时还是北京一所中学语文教师的刘心武，在《人民文学》上发表了引起巨大反响的短篇小说《班主任》。小说把批判的矛头直接指向了“文革”的文化专制主义。继刘心武的《班主任》之后，1978 年 8 月，正在复旦大学中文系念书的卢新华创作的小说《伤痕》，经过周折后在《文汇报》上得以发表。这些伤痕小说在思想取向上体现出浓厚的人道主义色彩，以呼唤人性、肯定人的价值、维护人的尊严为主旨。从审美取向上看，伤痕小说以其强烈的批判性、暴露性及悲剧性开启了“新时期”现实主义复归的潮流。

2. 阶段划分

以 1985 年前后为界，80 年代文学可以分为两个阶段：

(1)80 年代前期

从事文学创作的许多作家都自觉地探索艺术手法方面的创新与突破，人道主义的启蒙精神、“现代派”文学等是集中的关注点，往往具有反思历史、反思文化的用意。具体表现为：

①小说方面，出现了“伤痕小说”和“反思小说”的潮流。

②诗歌成就体现在得名于艾青诗集《归来的歌》的诗群“归来者”；当代诗歌史中第一个产生较大影响的民间刊物《今天》，作为“朦胧诗”的先声，它开启了“一代诗风”；还有“青年诗人”群体的诗歌创作。

③新时期最初的一段出现了一批揭露和控诉“四人帮”、展示“文革”灾难以及歌颂与“四人帮”做斗争的英雄的话剧剧目。

④艺术观念和方法上更为深入的变革尚未受到关注。

(2)80 年代中期

文学界革新能量开始得到释放，创作、理论批评的创新出现“高潮”。20 世纪 80 年代中期的中国文坛处于一种开放的状态，思想观念更迭活跃，作家们像海绵似的吸收来自世界各地的文学资源，并渴望着将中国文学推向新的发展方向。这具体表现在：

①“寻根文学”潮流在这样的语境中酝酿而出。另外则是“现代派”文学的出现。

②小说上，出现了一批与“伤痕”“反思”小说在艺术形态上不同的作品，如《冈底斯的诱惑》《你别无选择》《透明的红萝卜》。

③诗歌上，“朦胧诗”已经“式微”。与此同时，出现了自称“第三代”(或“新生代”)的“朦胧诗”反叛者，他们进行各种先锋性的实验，改变了 80 年代前期的诗歌面貌。

④1985 年文学方法论兴起，也被称为文艺学的“方法年”。

（3）80年代中后期

“回到文学自身”和“文学自觉”是热门话题。具体表现为：

①清理文学承担的过多的社会责任，重新重视文学的“本体”“形式”问题；注重社会政治问题的“传统”出现了分裂；“日常生活”的“世俗”关注进入作家的视野。

②“文学自觉”进一步发展；诗歌有了“诗到语言为止”的说法；“先锋小说”出现并探索语言和叙述的可能性；“日常生活写作”“个人写作”在各类文体中涌现。

③理论批评在80年代中后期也实行着“转换”。形式主义是文学本体论建构中又一主要倾向，表现为由作品本体论或形式本体论向语言本体论的流贯。其思想文化资源来自西方现代形式主义文论、结构主义诗学及索绪尔的语言学、卡西尔的文化符号学等。它既反映着当下作家普遍表现出的对语言、文体、意象、叙述等形式构成的关注，也显示着文学研究从“人本”转向“文本”之势。作品本体论强调“回到文学作品本身”，并视作品为一个“独立的自足体”。形式本体论则强调文学作品形式所具有的本体论意味，视形式结构为内容的构成，可谓“有机形式主义”。这两种本体论都对文学的语言构成高度重视，并向语言本体论汇聚。语言本体论强调，作为语言艺术的文学，不仅以其语言性为深层动因，也必然以此作为自身的最直接目的。形式主义的文学本体论，有力地反拨了此前在文学观念上占主导地位的“内容决定形式”的独断论，但也包含着离弃现实文化语境的另一极端化倾向。

在80年代后期，文学开始失去它在80年代初的显赫地位。“文学失去了轰动效应”逐渐“边缘化”，在商业化浪潮的冲击下，快餐式的消费文化开始横行90年代。

二、“新时期文学”的话语资源

1. 对“五四”的承续

80年代，从“文革”中走出的人普遍认同“文革”是“封建主义”的“全面复辟”。就中国而言，“五四”时期是现代意义的个体诞生的重要时期。所谓新文化启蒙运动，是中国社会现代化进程的重要组成部分；就思想而言，所谓“独立之思想，自由之精神”，是在倡导和推动“天赋人权、生而平等”的现代个体的诞生；就文学而言，文学创作及文学理论中“个性话语”的建构是个体在文学中诞生的标志。文学界认为“五四”开启的启蒙的历史任务，由于民族危机、革命战争受到“挤压”，始终是未竟之业，要将“反封建”作为“新时期”的“总任务”。就其思想观念来说主要表现为人道主义精神的复活，就其创作观念来说主要表现为向现实主义道路的复归。

2. 人道主义思潮

（1）在“当代”，人道主义曾一度被列为禁区。人道主义思潮的兴起，一是因为巨大历史灾难过后痛定思痛的情感趋向，二是对建国以来的文艺方针政策没有把“人”放在重要位置，导致漠视人情、抹杀人性表现的反感反拨。

（2）人道主义思潮首先表现在“伤痕文学”的创作，以及相关的评论文章中。

（3）朱光潜的《关于人性、人道主义、人情味和共同美问题》（《文艺研究》，1979年第3期）最先开始关于人性的讨论。由于这种思想武器所发挥的批判力量和除旧布新的激情，人道主义及其支持者，在当时的文学界、知识界获得了更多的同情和支持。

（4）在人道主义论争中，“异化”是其中最为敏感的问题。这个问题最先由王若水、周扬提出。1983年初周扬发表的《关于马克思主义的几个问题的探讨》，由胡乔木在《关于人道主义和异化问题》一文中进行了系统批评。

（5）1983～1984年间开展了抵制和清除“精神污染”的运动。人道主义问题的讨论因为这一批判运动，在1984年告一段落。在文学理论方面，人本主义的文学本体论，以主体论、诗化哲学的反响最大。

(6)从70年代末到80年代初，人道主义的思潮在中国勃然兴起。它是这一时期整个中国思想意识领域中的一个基本主题，并成为新时期之初文学潮流涌动的起点和发展的方向。

三、文学历史的“重写”

1. 概述

(1)“重写文学史”的讨论，是“方法热”和“观念热”在文学史研究领域中的延伸。

(2)文学史研究界对“新时期文学”开始进行“翻转”式改写。新的历史图式出现：新文学经历了“五四”的辉煌和蓬勃生机，之后不断下降，到“当代”跌入低谷，只是到了“新时期”才得以复兴。“现代文学”远胜于与“社会主义实践”相联系的“当代文学”。

2. “重写”

(1)关联到对整个中国现当代文学的总体评价。当时不断发生的“作品重读”和“经典重估”，终于串联起来，形成文学史叙述所采取的另一种方式。

(2)更多地从政治观念和阶级意识去构造作品的作家受到了冷落；而注重从人性、诗性及至“日常性”去进行创作的作家，在文学史上地位上升。

(3)50年代至70年代遭排斥或被湮没的钱钟书、沈从文、张爱玲被重新发现和看好，成了文学生命力的证明。

(4)针对50年代到70年代文学与政治关系过于紧密这一历史状况，分析造成现当代文学史上有代表性的作家创造力的衰退以及创作陷入矛盾与困境的原因。

(5)“茅盾的矛盾”“曹禺现象”“柳青现象”“赵树理现象”等成了创作“滑坡”的代名词。这些，与文学创作的趋向构成互动关系。

(6)80年代中后期，文学史“重写”活动因得到了具有文学史形态的理论表述(“新文学整体观”“20世纪中国文学”等命题的提出)而获得凝聚和加强，并以“走向世界文学”“文学现代化”和“回到文学自身”(“纯文学”)等作为它的目标和尺度。

①中国正在开展的“现代化”运动，直接成为支持“现代派”文学的依据。

②现代主义思潮中存在着对西方现代文学的模仿借鉴，展现出对自身传统的“解构”与“重构”的双重倾向，这既体现在意义层面，也体现在形式层面。

(7)改变关于文学史的观念，提出重写文学史的构想，照原“专栏主持人”陈思和与王晓明的话，目标之一是改变中国现代文学史这门学科原有的性质，使之从从属于整个革命史传统教育的状态下摆脱出来，成为一门独立的、审美的文学史学科。由此扩展开去的问题，不仅涉及打破单一的政治治史模式及与之相应的思维模式，还关联到对整个中国现当代文学的总体评价。

【名师点拨】“新时期文学”对于“新时期”有着积极的介入和参与，对于“新时期”的创造与诠释发挥了重要作用。“新时期文学”被建构为“五四”的“回归”，被视为“反封建”和“人的解放”这样一些“五四”主题在新的历史条件下的重述，而“文化大革命”成了“新时期文学”最根本的创伤性记忆。针对“文革”的批判、控诉与反思构成了这一时期文学的主潮，这样的话语实践指导在1982年之后才渐趋式微。1976～1984年间这一转折时代的文学实践，称为“新时期文学”。

四、文学诸样式概况

1. “新时期”的文学诸样式

(1)诗歌

尽管诗歌80、90年代在文学观念、方法方面的更新、探索常常走在文学其他样式的前面，但这并不能改变它的“边缘”地位。这不仅是现代消费社会的必然趋势，同时也与新诗的合法性、诗人的“分裂”、诗歌活动的圈子化等因素有关。

20世纪80年代的诗歌是热烈而又多元的，堪称诗人的“黄金时代”。一些新兴的诗歌力量潮流涌动。首先是“朦胧诗”的崛起，其后，就在“朦胧诗”方兴未艾之时，有一批年轻的诗人喊着“北岛PASS”的口号，组建了一个又一个的诗歌社团，大胆地表达诗歌主张并自主创办发行一本本的诗歌刊物。这些诗派主张虽有不同，但都体现了强烈的诗歌变革意识，表达了新的诗歌创作主张，进行了诗歌语言的革命，我们将其称为“第三代”诗歌或“新生代”诗歌。若从整个80年代诗歌流变史来看，占据80年代诗坛的主要诗歌流派有：“归来者”的诗歌、“朦胧诗”以及“新生代”诗歌。

(2)小说

①面对60年代以来小说“戏剧化”的倾向，40年代“京派”小说家倡导的“散文化”，“现代派”中象征、意识流、变形等方法，以及明清白话小说传统，成为80年代小说艺术创新的重要依据。

②“典型人物”“典型环境”等现实主义的规范意义下降，小说的“虚构”权利得到承认。

③对小说与现实世界的关系，以及对“叙事”性质的重新思考。

从创作情况来看，70年代末开始，中篇小说数量猛增，质量也有很大提高。这与中篇小说对现实问题反应的速度，和作品的容量有很大关系。

(3)“戏剧危机”的讨论

戏剧存在的种种问题，引发了戏剧界“戏剧危机”的讨论。涉及的问题主要是两个方面：

①80年代初期戏剧表面的繁荣也很快暴露出了危机，人们越来越意识到各种反映社会问题、关注政治主题的戏剧，大多只是对“文革”政治不满情绪的宣泄，并没有达到艺术发展的高度。同时，随着80年代借鉴西方现代派艺术手法的浪潮席卷而至，话剧在主题以及表现手法上都在积极寻找新的支点，像贾鸿源的《屋外有热流》(1980)、高行健的《车站》(1983)等作品，以不同于传统现实主义的手法，展现了新的充满哲理意味的主题。面对戏剧的发展现状，人们开始思索中国戏剧的危机以及西方戏剧的影响力等问题，意识到了变革的重要性及必要性，因此在戏剧界引发了对“戏剧观”问题的大讨论。

②从戏剧发展的历史来看，这次大讨论是60年代初期那次夭折的讨论的延续。随着讨论的展开，人们对戏剧创作多样性的追求也变得越来越明确。1984年、1985年的《戏剧艺术》中，大量文章涉及了“戏剧幻觉”“第四面墙”“表演”“戏剧悲剧精神”“戏剧喜剧精神”“话剧本性”“多样性”等问题的讨论。总体看来，80年代的这场讨论是戏剧发展史上艺术追求自觉化的体现，讨论的结果趋向于对传统工具论的突破，并且，讨论进一步带动和强化了西方艺术表现手法对中国戏剧创作的影响。在此期间产生的大量“实验戏剧”堪称实践者，也正是在此基础上，80年代中后期，随着创作实践的展开，人们又对论争本身产生了思索，推动了整个80年代中国戏剧创作的发展。

在短短的几年间，中国戏剧舞台上产生了大量有影响力的剧本，主要包括：高行健的《绝对信号》(与刘会远合作)(1982)、《车站》(与林兆华合作，1983)、《野人》(1984)，刘树纲的《十五桩离婚案的调查剖析》(1983)、《一个死者对生者的访问》(1984)，陶骏和陈亮等人编的《魔方》(1985)，王贵等人编的《WM(我们)》(1985)，吴保和等人编的《山祭》(1985)，锦云的《狗儿爷涅槃》(1986)，陈子度等人的《桑树坪纪事》(1988)，沙叶新的《耶稣，孔子，披头士列侬》(1988)等。这些作品无论在艺术展示形式还是内涵的传达上，都极具创新意识，成为代表80年代中国戏剧发展成就的重要作品。

(4)散文

散文一方面要求从"戏剧化"模式中解放，另一方面也存在着散文概念"窄化"的趋势，即缩小"散文"的外延，把报告文学、回忆录等纯叙事文体和杂文等纯议论性文体与艺术散文或抒情散文分离开来。相比较而言，这个阶段报告文学获得了极大的发展空间。

(5)报告文学

报告文学在80年代曾有两次"高潮"。一次是"文革"结束后不久，另一次是80年代末。进入80年代，报告文学的题材日见广泛。报告文学作家既叙写改革开放时代发生的重大事件和涌现的各式人物，也披露现实生活中各种令人关注的社会问题；既注重国内题材的报告，也以域外人事为其题材；既立足于现实生活取材，又把视线投向茫茫史海。理由的《中年颂》、柯岩的《船长》、黄宗英的《大雁情》等作品是其代表。

2. 80年代文学的特征

(1)沉重与紧张

即使是强调"纯文学"的作家，也摆脱不了时势关切和责任承担。沉重、紧张是一种经常在作品中遭遇的基调。作家的心态影响了作品的创作，沉重与紧张，既指在情感上，也指在结构形态上。

(2)探索与创新

探索、创新的强烈意识，是80年代文学的另一特征。开放的环境提供的文学比较使作家产生中国当代文学"滞后"和"边缘"的尖锐感觉，他们普遍期望通过未曾涉猎的题材、未曾使用过的美学风格、新的艺术方法，发掘从前的"禁区"，偏移、颠覆当代文学"正统"的历史叙述，创造一批有思想深度和艺术独创性的作品。这既表明文学界的激情、活力和目标感，也体现了因个人和整体面临的压力而过分焦躁的状态。

(3)潮流化

推动文学"现代化"进程的作家经常采取组织运动、掀起潮流、发表宣言的方法，以推动其目标加速实现；批评家也热衷于归纳、命名文学现象的某些类同点，有意识地组织文学派别。他们力图打破文学的惯例以及"前辈们"造成的"影响的焦虑"，极力彰显其"反叛"的姿态，以一种散乱又集群式的方式向文坛发出声音。

80年代末出现对"潮流化"的反拨。新生代作家对于现实的责任感与使命感更为淡化，甚至"历史与传统、社会与道德已经失去了主流的位置，以至变形虚化，而自我经验及纯个人化的独语则成为首要的特征"。他们强调独立人格、自由精神、心灵自由、话语自由，追求袒露写作个体的真性情。虽然这样的艺术追求会使作家的个性与主体意识得到进一步的发展与张扬，但过分消解深度与内涵，也会削弱作品的力度与深度，甚至出现反崇高、反文化的不良倾向。而这本身也成为一种"潮流"。

17.2 考研真题与典型题详解

一、概念题

1. 现代派的“四只小风筝”［北京大学2024年研］

答：现代派的“四只小风筝”是指20世纪80年代初冯骥才、李陀、刘心武和王蒙这四位作家对现代派文学进行讨论的文学现象。1981年，高行健的《现代小说技巧初探》由花城出版社出版，引起文坛极大的关注。1982年8月，《上海文学》第8期发布了“关于‘现代派’的通信”专栏，发表冯骥才、李陀与刘心武的三篇评论文章，王蒙也参与讨论，后来文学史上将此称为“现代派的‘四只小风筝’”。他们的文学探索和实践引领和推动了现代派文学在中国的发展，为后来的文学创作提供了宝贵的经验和启示。

2. 《狗儿爷涅槃》［南开大学2023年研］

答：《狗儿爷涅槃》是刘锦云创作的戏剧，发表于《剧本》1986年第6期。《狗儿爷涅槃》同年被改编成戏剧上演后引起强烈反响，被推许为当代剧坛最成熟的剧作之一，也是历来把农民刻画得最成功的作品。《狗儿爷涅槃》在现实主义的基础上广泛吸收现代戏剧技巧，突破了传统剧体，开掘了戏剧新的表现力。作品以独特的艺术视角成功地描绘了农民陈贺祥（即狗儿爷）一生饱经忧患的坎坷历程，清晰地勾勒出了他所经历的那个时代的历史印辙。狗儿爷的一生在广阔的历史背景中展开，他的命运实际上是我们回家曲折历史的一个缩影，他的遭遇也反映了我国农村的沧桑变迁。作者既表达了对狗儿爷的深深同情，又表现了当时社会改革过程中的严重矛盾，目光犀利，发人深省。

3. “重写文学史”［湖南师范大学2018年研；中国人民大学2008年研］

答：“重写文学史”的讨论在1980年代出现了两次高潮，即以1985年与1988年两个核心时段为中心的高潮时期。80年代初在王瑶等有关文学史的讨论基础上，1985年黄子平、陈平原、钱理群提出关于“20世纪中国文学”的基本设想，企图替代政治朝代更迭主宰文学分期的做法，设想厘清文学与政治的正常关系，这一概念的提出，给“重写文学史”以启发。1985年，唐弢、王瑶等文学史家与王晓明、陈思和等人展开的论争掀起讨论高潮。这场讨论为1988年《上海文论》开设“重写文学史”专栏提供了学术的氛围。赞同者认为从新的理论视角提出对新文学历史的个人创见；反对论者认为其实质是违背历史主义，跟随西方资产阶级学者的思想观念，力图否定和贬低这些革命作家。

4. 80年代文学［北京师范大学2013年研］

答：80年代文学即“新时期文学”，是我国当代文学发展过程中的一个重要阶段。主要是指1976年以后我国文学家的创作活动，以及人们对“文革”后正在展开的文学的命名。1976年粉碎江青反革命集团以后，尤其是从1978年12月中国共产党十一届三中全会起，开始全面纠正“文化大革命”中及以前的“左”倾错误，进而做出把工作重点转移到社会主义现代化建设上来的战略决策，中国的社会主义建设进入新的历史时期。中国文学也发生了历史性的转折变化，从此被称为“社会主义新时期文学”。其特点是大众化与多样化、民族化和现代化、激昂与悲凉交织。

5. 高行健［南开大学2010年研］

答：高行健，法籍华裔剧作家、小说家、翻译家、画家、导演、评论家。祖籍江苏泰州。2000年因其作品的普遍价值，刻骨铭心的洞察力和丰富机智的语言，为中文小说和艺术戏剧开辟了新的道路，并获得诺贝尔文学奖。著有剧本《绝对信号》《车站》《野人》《彼岸》，小说集《有只鸽子叫红唇儿》，论著《现代小说技巧初探》，译著《秃头歌女》。

二、简答题

1. 简述新时期“实验话剧”的成就及不足。［武汉大学 2015 年研］

答：新时期以来，我国各项事业获得突飞猛进的发展，文学作为其中的一部分，也取得了令人骄傲的成就。实验话剧是指有别于传统的、在艺术上有创新的话剧。作为新时期戏剧的文学样式之一，实验话剧踩着时代的步伐进行探索和发展。

（1）新时期“实验话剧”的成就

新时期的实验话剧受西方现代主义和后现代主义的影响十分明显，其成就主要体现在形式创新方面。形式并非孤立的存在，它总是要指向它所表现的内容与意义，要艺术地表达这些内容与意义就需要进行形式的创新。话剧作为一种叙事性的艺术，表现形式就是它独特的“叙述语汇”，形式与内容之间形成了一种“叙述”与“被叙述”的关系。戏剧以叙述事件为主，从总体上看是一种运用各种舞台形式与手段来展现一个“完整的、有一定长度的动作”的叙事艺术。

从广义的叙事出发，新时期话剧的形式创新也就是叙事方式、叙事话语与策略的改变，运用叙事学的原理，通过考察这些形式的表述功能、目的、方式与它们实际达到的效果，新时期话剧的成败得失也会一目了然。

（2）新时期“实验话剧”的不足

随着后现代主义文化的广泛介绍，深度模式逐渐消除，文学趋向边缘化、平民化，创作主旨也出现了模糊性，二元对立的思维已不再盛行。这时期实验话剧剧本中的主题表现不再存在于文本之中。文本提供的仅是一种话语本身，读者阅读到的仅是这个文本的能指。新时期实验话剧在主题表达上所发生的变化，出现了主题的模糊、多义性和不确定性等，从而很难发现那种崇高而具有理性思考的主旨。

2. 试析高行健“探索戏剧”的主要艺术特征。［北京师范大学 2014 年研］

答：（1）对陌生化效果的运用

在高行健的创作里出现了一种脱离角色的演员自白，这是高行健对陌生化效果运用的一个新方向。比如在《车站》的末尾，所有扮演角色的演员，各自说出或与剧情有关，或纯属戏外的话。作者在这里使演员跳出自己的角色，以扮演者的身份直接与观众交流，这有利于观众跳出戏剧，在一定距离之外观照戏剧，从而得到更理性的思考。另一方面，这种表演方法使戏剧的主旨部分以一种陌生化的形式表现出来，这一部分与戏剧别的部分便截然不同，这起到突出并强调主旨的作用。

（2）对舞台艺术的综合运用

高行健希望创造一种“完全的戏剧”，因此，他采用的是一种大范围的综合。高行健曾说：“戏剧需要捡回它近一个多世纪丧失了的许多艺术手段。本剧是现代戏剧回复到戏曲的传统观念上来的一种尝试，也就是说，不只以台词的语言的艺术取胜，戏曲中所主张的唱、念、做、打这些表演手段，本剧都企图充分运用上。这也可以说是一种完整的戏剧。”在其剧作中，可以看到多种表演形式，如音乐、舞蹈、诗歌、影画、朗诵等，而这些艺术的综合，有极好的美术效果及感染力。

（3）对舞台语言新形式的利用

高行健经常用一些似乎刻板、无聊、缺乏表现力的语言。这给看惯传统戏剧的观众带来解读上的困难，有人认为高行健语言的“无聊”是他的一大败笔。然而细心感悟，可以感受到这种新形式的语言很有表现力。

①对话语式语言在新形式上的探索

高行健在《车站》的演出说明中说：“人物的语言，有时语意分明。有时又语焉不详或词不达意，为说话而说话，正如为等车而忘其所以。这也就是这些人物身上的喜剧性。而人物的后一种语言，处理上就不去求其语意分明。”由此可看出作者运用这些语言的意图。

②对非话语式语言在新形式上的运用

在戏剧里，身体动作、道具、服饰等具有表现力的舞台元素都可以称为语言。在《车站》里，沉默的人一直没有与其他角色讲话，但却有同其他人交流。沉默的人不是传统的性格人物，而是符号化的象征性人物，因此，不需要用话语来体现他的性格与心态，身体语言对他的“沉默”形象更有帮助。

3. 20 世纪 80 年代的文学新变，都表现在哪些方面？［复旦大学 2013 年研］

答：探索、创新，是 80 年代文学界普遍的强烈意识。80 年代的中国文坛，在文学思想、写作题材、创作手法、文学史观上都发生了新变。

(1) 文学思想上，出现“新启蒙主义思潮”。文学自觉兴起，注重人的主体性，尊重作家的创作个性，允许多种创作价值观念的存在。“哲学”、世界观的层面上的新探索是新时期对文学最为重要的探索，比如西方现代派文学中“孤独”“异化”“焦虑”思想在 80 年代的中国成了张扬人的个性、培养独立精神、寻找失落的“自我意识”的手段，因此对解放思想、“拨乱反正”有积极意义。

(2) 写作题材上，80 年代的作家发掘以前曾被禁止、或很少涉猎的题材，创造很难用“正面”“反面”“伟大”“渺小”的标准加以划分、在道德判断上暧昧含糊的人物形象，内容上有了很大突破。比如刘索拉的《你别无选择》、徐星的《无主题变奏》、残雪的《黄泥街》等作品中的大学生生活、“文革”记忆、城市边缘化人群的生存、小街的风俗等等，都不过是故事的材料，尽管没有“波澜壮阔的历史画卷”的效果，但充分肯定了叙事主体在创作中的核心地位。

(3) 创作手法上，受到西方现代派影响，80 年代的作家争相尝试运用新的艺术方法，如意识流、开放性结构、多层视角、纪实与虚构互相渗透等。如马原的《虚构》深受法国“新小说”陌生化风格与“元叙事”结构技巧的启示，借鉴拉美作家博尔赫斯“迷宫叙事”的策略，制造出了一种“马原式”的特有的“叙述圈套”。

(4) 文学史观上，掀起了一股“重写文学史”的潮流。这期间的“重写”，是以“走向世界文学”“文学现代化”和“回到文学自身”（“纯文学”）等作为它的目标和尺度的。例如 1988 年，《上海文论》开辟了一个由陈思和、王晓明主持的“重写文学史”的专栏，以有别于传统教科书的价值体系和审美标准对中国现当代文学史上已有定评的一些作家作品和文学现象，提出了某些质疑性的探询和多元化的阐释，涉及丁玲、柳青、赵树理、郭小川、何其芳等作家的创作倾向。

4. 简述拉美魔幻现实主义对中国当代文学的影响。［北京大学 2012 年研］

答：魔幻现实主义与中国当代文学的关系，集中体现在它与新时期以来的中国文学的关系上。从新时期以来的文学潮流、小说样态和作家群体来看，中国当代文学中受魔幻现实主义影响最为明显的是寻根文学、西藏作家群与新笔记小说三者的创作。

(1) 拉美魔幻现实主义对寻根文学的影响

①对寻根文学的全方位影响

魔幻现实主义对中国当代文学，尤其是“寻根文学”的影响，主要体现在：

a. 不仅使中国作家以前所未有的热情关注自身的文化传统，还让他们开始注重中国人自己的思维向度、文化品位和精神意向。

b. 为中国作家提供了丰富的写作经验与写作技巧。

在魔幻现实主义的影响下，中国文学开始由“写什么”转向“怎么写”。

②寻根文学的实践

寻根文学思潮的兴起与拉美魔幻现实主义的刺激有关。魔幻现实主义还对寻根作家的小说创作产生直接的影响，一些寻根文学的代表性作品如《爸爸爸》《异乡异闻》《商州世事》等也都带有魔幻现实主义的印记。“寻根热”消退后，魔幻现实主义的影响在寻根作家的作品中仍不时可以见到，如韩少功的《马桥词典》，贾平凹的《怀念狼》等小说都或多或少带有“魔幻”色彩。

(2)对西藏作家群的影响

魔幻现实主义进入中国后所开出的最艳丽的花朵，就是西藏魔幻小说。西藏新时期以来的小说创作成就尤其是魔幻小说的创作成就不容忽视。

①西藏作家群的创作概况

《西藏文学》在1985年第6期以“魔幻小说特辑”为名推出了一批魔幻小说，包括：扎西达娃的《西藏，隐秘岁月》、色波的《幻鸣》、刘伟的《没上油彩的画布》、金志国的《水绿色衣袖》、李启达的《巴戈的传说》。这是西藏作家在魔幻小说创作方面的第一次集体性实力展示。这些小说的问世，在文坛引起一阵骚动与喧哗，也震动了文坛，人们开始用“魔幻现实主义”来称呼它，甚至将其视为拉美魔幻现实主义在中国的典型代表。

②西藏作家群创作的得失

由于西藏作家群中不乏借鉴的稚嫩与浮躁，有的作家在魔幻这条道路上并未行走太远。在这一群体的作家中，只有扎西达娃沿着这条道路成功地闯出了一片天地。在80年代末，扎西达娃又创作了由三个短篇小说构成的“虚幻三部曲”——《风马之耀》《世纪之邀》《悬崖之光》。这几个短篇除了情节的匪夷所思外，在魔幻形式的设计方面更是用心着力，甚至不惜牺牲作品的意义，成为西藏魔幻小说创作中最有收获的一位作家。

(3)对新笔记小说的影响

①“魔幻”注入新质

新笔记小说是在拉美魔幻现实主义小说的促动之下问世的。新时期作家写作新笔记小说并不单单是受传统审美趣味的驱使，有的还受到魔幻现实主义的启发和影响。

汪曾祺之所以通过改写古人作品的方式来写作新笔记小说，就与拉美魔幻现实主义的启发有关。在改写的过程中，作者不仅保持了原作的魔幻特色，而且为古老的题材内容注入了新的生命。在新笔记小说中，也不乏魔幻现实主义手法的运用，这在贾平凹的新笔记小说中表现尤其突出。

②从“魔幻”出发，指向现实

新笔记小说的作者们深谙魔幻现实主义用“魔幻”来反映现实的道理，他们所写的东西无论多么怪异，最终都指向现实。汪曾祺的《陆判》里的换头故事就并非单纯的奇闻逸事，这个荒诞魔幻的故事对现实生活中那种喜新厌旧的心理现象显然是有所影射和讽刺的。

三、论述题

1. 有学者认为“80年代文学”是“文学回到自身”的过程，也有学者认为80年代对文学

的规训无处不在。请结合你的文学史知识，结合 80 年代的具体文本，谈谈你的看法。［中山大学 2014 年研］

答：80 年代文学是新时期的文学，对于这一时期文学的特点，学界产生了分歧，有学者认为 80 年代是“文学回到自身”的过程，也有学者认为 80 年代对文学的规训无处不在，二者都有其合理性。

（1）“80 年代文学”是“文学回到自身”的过程

“回到文学自身”和“文学自觉”是 80 年代文学的突出特征。新时期文学在经历了 20 世纪 80 年代初期的“人道主义”问题大讨论之后，文学的反省由最初的政治层面的批判转向了文化层次的反思，将文学视野转向了民族历史文化的深处。韩少功认为，文学之根应深植于民族传统文化的土壤里。因此，对民族传统文化的追寻是“回到文学自身”的要求。例如，阿城的《棋王》是对鲁迅有关民族“固有之血脉”精神的追寻。王一生在颠簸、困顿、精神和物质生活极度匮乏的知青生活中，魂系象棋，与世无争，被人称为棋呆子，最终借象棋实现了自己的人生价值。从王一生身上，我们看到了老庄思想影响下的一种文化人格，既顺乎自然，又自强不息；既淡泊自守，又不言放弃。

寻根小说之后，随着 1985 年以后新潮小说的崛起，中国新时期文学开始进入了真正意义上的自觉写作阶段。对文学承担过多的社会责任的清理，对文学只关注社会政治层面问题的反省，对文学的“本体”“形式”问题的重视成为潮流，出现了一批特别注重现实生活原生形态，还原探索语言和叙述的可能性的“先锋小说”，小说追求“零度情感”的叙述态度，力求复原出一个未经权力观念解释、加工、处理过的生活的本来面貌。代表作品有刘震云的《一地鸡毛》、方方的《风景》、池莉的《烦恼人生》、刘恒的《狗日的粮食》等。可见，“80 年代文学”是“文学回到自身”的过程。

（2）80 年代对文学的规训无处不在

“百花齐放，百家争鸣”方针再次被着重强调，虽然在新的历史情景下得到相应的调整，写作、批评的“自由度”有了增加，但与那种“价值多元”和理想化的“创作自由”的要求相反，“双百方针”的政治意识形态前提、原则再次得到坚定的强调。在 80 年代，尽管“文学自觉”曾是激动人心的口号，不过，即使是强调“纯文学”的作家，也摆脱不了时势关切和责任承担。面临着具体境遇中的“历史”提问，使有关“历史”清算和记忆的书写，几乎成为 80 年代作家有意无意的选择。这不仅是“题材”意义上的，而且是视域和精神意向上的。80 年代前期，文学的取材和主题，主要指向社会－政治层面，并大多具有社会－政治干预的性质。例如，路遥的小说《平凡的世界》全景式地反映从“文革”后期到改革开放初期中国城乡的社会生活，引起了巨大反响，其文学性不可谓不强，但其中对政治、经济的富有倾向化的描写无疑是受到了鲜明的意识形态影响。

“新时期”政治、文学体制对文学生产的控制、规范方式，与 50～70 年代并没有很大的不同。一方面是对“越界”的观点、创作的批评、惩戒，另一方面则是对合乎规范的作家作品加以褒奖，意识形态按照自己的意图，以权威的形式对文学艺术进行引导与召唤。例如，1981 年，对白桦等的电影文学剧本《苦恋》和根据《苦恋》拍摄尚未公演的影片《太阳与人》展开的批判。1983 年开始的“清除精神污染”运动，对周扬、王元化、王若水等在“人道主义”“异化”等问题上的观点的批判，以及在诗歌上对“三个崛起”论的批判等。

总之，80 年代的文学实践是一种“去政治化的政治”。80 年代文学作为“文学回到自身”的过程常常是“自明”的，而“文学的规训无处不在”却以一种隐蔽的方式存在着，但这种内化的存在也是一种存在。80年代文学是一种“文化政治”或在“无意识”领域实践的政治，这无疑有助于打破文学与政治的二元对立框架，深刻地影响了后来的文学。

2. 试论述20世纪80年代文学的总体风格和作家姿态。［中国传媒大学2010年研］

答：“文革”后的20世纪80年代的文学，又被称为新时期文学，其总体风格和作家姿态主要表现为三个方面：

（1）对历史的清算和对历史的记忆，成为无可回避的主题

新时期文学在通过政治和文艺的拨乱反正之后，提倡文艺的自由，并且对文艺和政治的关系以及现实主义进行了激烈的论争。伤痕文学，直接起因于揭露“文革”的灾难，描述知青、知识分子和受迫害的官员在“文革”中的悲剧性遭遇。伤痕文学走出了“文革”的假大空颂歌模式，直面血泪人生。

（2）文学界普遍表现出探索、求新的强烈意识

80年代的作家普遍参与了激烈的文学论争，他们对文学中的人性、人情、人道主义的讨论，以及关于现代派的讨论，都显示出一种强烈的现代主义人文意识，其中包括人文主义、人道主义、女性主义等等。作家在作品的艺术表现手法上也积极吸收外国新思潮新文学理论的主张，在创作实践上大胆创新，呈现出异彩纷呈的创作格局。

（3）文学发展出现潮流化倾向

出现了一系列的文学潮流。从伤痕文学到后来的反思文学，都有着同样的文学书写倾向。反思文学是对伤痕文学的深化。

①反思文学把个人命运与社会历史道路的曲折过程联系起来，深刻地揭示了建国以来社会发展的经验和教训。

②改革文学的思想内容旨在呼唤和表现城市与乡村的改革。

③到了后期，出现了寻根文学，其特点是将目光投向民族文化，尝试以现代意识去观照民族文化传统以及民族文化心理深层的文化积淀。

④先锋小说致力于艺术创新，把现代主义文学的探索推向了极致。

⑤新写实小说主张还原现实生活的原生态，直面现实，直面人生，注重表现普通人的生活烦恼与欲望，追求客观冷静的叙述方式。

第 18 章 “归来者”的诗

18.1 复习笔记

一、“文革”后的诗歌变革

诗歌的变革力量也开始显露。早在 20 世纪 70 年代中后期，《今天》成为当代诗歌史中第一个产生较大影响的民间刊物，并在事实上成为“朦胧诗”的先声，开启了“一代诗风”。而后，民间诗刊发展更为迅猛，以《他们》《非非》《莽汉》等为代表。

1. 政治诗

以诗歌解释社会问题、迎合政治宣传。相比十七年，政治诗面貌出现一些调整：

(1)90 年代以前的新诗皆可视为意识形态写作。因为中国文学“文以载道”的传统规定所有的诗歌写作只能屈尊为一种意识形态的修辞和表达。现代诗歌和 50、60 年代的政治抒情诗自不待言，就是推崇个人、意欲重建“个人话语空间”的朦胧诗也没能逃脱意识形态写作的窠臼，它不过是把前代诗歌集权主义的政治意识形态转换成了人性人道主义的意识形态，公众性、社会性、启蒙性的“言志”主旨表明个人的言说还处于“集体无意识”的权力话语控制之下，个人只是一代人的思想情感代言者。

(2)在思想倾向上，强调对社会现实的“干预”和批判精神，又强调对个人体验的加入，以及对现实社会问题在处理上的“超越”的追求。

70 年代末 80 年代初，在开始摆脱图解政治概念和空洞政治说教的当代诗坛，涌现出了一批新进诗人，他们与艾青等“回归者”的创作一样受到普遍关注，这就是那些被称为“青年诗人”的创作群体。

虽然他们当中的一些诗人，像舒婷、顾城、梁小斌、傅天琳等，一开始就表现出对当代“主流”诗歌风格的偏离乃至“叛逆”的倾向，但这并不影响他们中的绝大多数仍然承继了政治抒情诗的表现传统，以巨大的政治热情和试图通过创作来影响、干预现实社会的责任感和使命感，去实现诗的社会价值。他们的许多作品，往往因其广泛而又热烈的社会反响，而成为一时间聚焦社会思想情绪的风向标。其中像雷抒雁的《小草在歌唱》、骆耕野的《不满》、张学梦的《现代化和我们自己》、叶文福的《将军，不能这样做》、杨牧的《我是青年》、曲有源的《关于入党动机》、李发模的《呼声》、北岛的《回答》、熊召政的《请举起森林般的手、制止》、舒婷的《祖国啊，我亲爱的祖国》。

这些作品大都发表在解放运动进入第二个年头的中国诗坛，这些大胆率真的表白，这些滚烫炽烈的语词，这些一针见血的激愤之情，就仿佛是一支支燃烧的火把。在 1979 年的中国诗坛，这些“青年诗人”成名作品的相继发表，在带给人们一次次惊喜的同时，也留给我们许多痛定思痛的觉悟和体验。无论是在打破思想禁锢，追求普通人性、正义和良知的精神主旨上，还是在摆脱以诗的形式来宣喻政治命题的表现方式中，这些“青年诗人”的作品大都以其坦诚、率真和炽热的抒情姿态，以不乏创意却又朴实无华的表达形式，共同构成了这一时期诗歌创作色彩鲜明、精神激越的时代交响曲。他们在赢得巨大的社会声誉的同时，亦为政治抒情诗创作增添了许多新的内涵。

2. 诗歌"力量"的分裂

在80年代，不同诗歌"力量"的分裂，是诗界的重要现象。这种分裂以"朦胧诗"的论争为发端。

(1)一场旷日持久的争论逐渐展开。论争双方迅速地被分为支持与反对两派。谢冕、孙绍振、徐敬亚、刘登翰、洪子诚等人支持"朦胧诗"，肯定其存在的价值，被称为"崛起派"。章明、周良沛、丁力、柯岩、程代熙、吕进、艾青等人则对"朦胧诗"持批评或反对态度。"崛起派"普遍建构了一种"朦胧诗"对抗了诗歌传统规范的合理性，而反对者或批评者们所持的观点主要有两类，一类认为诗歌"朦胧""晦涩""费解""难懂"，一类认为这些诗歌的诗风受到了西方某些不良主义的影响，应该引起警惕。双方的论争各执一词，都有着自己坚定的立场和话语逻辑出发点。批评者借助了诸多社会学层面的术语和力量，似乎在发言的声音上更加的响亮并且有更强大的理论支持，还在"清污运动"中取得了一定的优势。

(2)1983～1984年间"清除精神污染"运动兴起，中国作协、《诗刊》对"朦胧诗"和"崛起论"展开的批判，加剧了这一分裂。

(3)"中国诗坛1986现代诗群体大展"全景式地展现了中国新诗流派林立、百家蜂起的纷纭景观和前倾姿势。这是一次第三代诗人的盛典，以此为标志，第三代诗群以不可遏制的生机和漫山遍野的气势正式完成了对诗坛"圈地运动"式的占领。从此，"朦胧诗"被挤到了诗坛的一隅，而第三代诗歌成为主潮。

(4)一部分有先锋、探索意味的诗人和诗歌群体，也期待得到"主流诗界"的认可；拥有权力和丰厚"文化资本"的"主流诗界"，也希望能接纳新的诗歌元素。因此，"分裂"的边界也不总是非常清晰。

3. 诗歌环境的改善

诗歌理论家唐晓渡曾说："时过境迁回头看，再不怀旧的人大概都会认可，80年代是一个诗的黄金年代，也许是新诗最好的年代，一位老诗人曾经断言，迄今为止的新诗人，将来能站得住的恐怕也就三四十个，而80年代出来的会站到半数左右。在一个内心追求诗性的年代里，以诗歌的方式表达内在的情绪，已成为时代的一种流行方式。"

(1)中断了三十多年的"五四"新文学传统重见阳光，现代主义倾向作家被重评。

(2)"现代派"作为台湾光复后出现的第一个诗歌流派，同时也是诗社组织，推动新诗现代化迈出了重要的一步，并影响了后来各大诗社的发展。

(3)外国诗论和诗歌创作的大量译介，更是显要的事实。

(4)大多数文学刊物都有一定篇幅用于刊载诗歌，专门的诗刊、诗报数量也明显增多。

4. 80年代诗歌的特点

(1)20世纪80年代的诗歌是热烈而又多元的，堪称诗人的"黄金时代"。一些新兴的诗歌力量潮流涌动。首先是"朦胧诗"的崛起，其后，就在"朦胧诗"方兴未艾之时，便有一批年轻的诗人喊着"北岛PASS"的口号，组建了一个又一个的诗歌社团，大胆地表白诗歌主张并自主创办发行一本本的诗歌刊物。

(2)以归类的方式总结80年代的诗歌足以说明80年代诗歌的繁盛之景。

(3)在80年代，一个诗人无论以什么样的语言、什么样的方式发声，内容都充满了诗性的激情，这是一个值得怀念的诗情岁月。

二、"归来者"的诗

1. 概述

艾青把他复出后出版的第一部新诗集命名为《归来的歌》，流沙河和石天河有诗《归来》，梁南也写了《归来的时刻》，几乎所有复出的诗人，都有"归来"主题的歌唱。这种"归来意绪"，成为复出诗人们一段时间里的典型心态和诗情核心。被称为"归来"(或"复出")的诗人，主要有：

(1)50年代的"右派"诗人：艾青、公刘、白桦、邵燕祥、流沙河等。

(2)1955年"胡风集团"事件的罹难者：牛汉、绿原、曾卓等。

(3)因与政治有关的艺术观念，在50、60年代陆续从诗界"消失"的诗人：辛笛、陈敬容、郑敏等。

2. 归来诗人的诗歌特点

(1)凝聚着历史沧桑感的"归来"主题。诗人们把自己的复出看作是原有的生活和艺术位置的"归来"，创作常带有"自白""自叙传"的性质。

(2)以历史反思为核心的理性思辨倾向。历史的劫难使诗人们一度跌入生活的底层，他们对祖国"母亲"的"第一声爱还没落地，就凝成一颗苦涩的泪滴"。二十余年痛苦的历程，他们获得了对人民生活底层的更为真切的观察、体验和思考，因而变得深沉和诚挚，更富于理性色彩。

(3)感伤诗情。欢乐的主题在这一时期开始时曾经出现，那是意识形态持续制约的惯性运行的结果，但属于主潮的欢乐的命题，已是混沌历史的过去，人们对于自身以及社会思考的深入导向了悲怆主题的萌兴。

(4)对艺术个性和艺术独创性的重新肯定和追求，使诗歌开始呈现多样的风格和色彩。诗人们从各自人生经历中所获得的独特感受和体验，形成了他们迥异的艺术个性，艾青的淡泊、机智、富于哲理，绿原、牛汉、曾卓的冷峻与苦涩，昌耀、流沙河的浓重忧伤，公刘的火焰般的激情等等，无不闪耀着个性的炫目光彩。

3. 艾青"归来"后的诗歌创作

(1)艾青诗歌的特点

相比50年代前期，艾青80年代的创作取得显著进展：

①世道沧桑丰富了诗人的人生体验、情感和艺术创造力。

②显示了饱经忧患而洞察人情世态的意识，情感的表达为"哲思"所充实。

③语言、句式趋于简洁凝练。

(2)艾青诗歌的主要类型

艾青复出后的诗作大抵可分为四种类型。

①延续30、40年代的光明主题和关心社会时事政治的主题，如《光的赞歌》《在浪尖上》《清明时节雨纷纷》《古罗马的大斗技场》等。

②侧重抒写个人情感、体验和思悟，如《鱼化石》《失去的岁月》等。

③侧重对时代社会政治主题及社会公众性意绪、情态的传达。

④表达个人性的哲理情思体悟。另外还有一些是随意取材、以小见大而深入浅出、托物说理的小诗，如《关于眼睛》《盆景》《互相被发现》等。

(3)艾青"归来"诗歌的局限

艾青一部分作品的哲理体悟并非为情感体验所渗透，而是观念推论、演绎的结果，这不免使诗失去感性的光彩，形象失去质感、立体感。

【名师点拨】从时代特征、民族和人类命运的角度观察生活、处理题材，是诗人艺术个性的基本出发点。艾青自认为是对揭示时代的重负、斗争和出路负有重任的时代“代言人”，他的诗作中凝聚着对生活、时代、历史的思考。诗人复出后最先引起轰动的作品《在浪尖上》，是“天安门事件”平反后的急就章。诗人以激愤悲壮的笔触描绘了震惊中外的天安门诗歌运动，揭露了“四人帮”的专制统治，歌颂了觉醒的一代中国人惊天地泣鬼神的英勇斗争。从诗中我们看到归来后的艾青，依然是激情饱满的“代言人”。

4. 公刘“归来”后的诗歌创作

公刘坎坷的经历使其“归来”后的诗摒弃了50年代的清新明快和火一样的激情喷发。代表作品有《刑场》《为灵魂辩护》《竹问》等。他的诗歌特点有：

(1)大都直面现实和历史问题，表达对现代迷信的造神运动、民主与法制、诗与政治等社会思想问题的思考。

(2)复出后的公刘是一个有着丰富人生经验的沉思者，他的注意力集中于对现实和历史的深沉思考，诗歌表现出强烈的政治性和理性的思辨倾向。

(3)公刘诗歌炽热情感的一个基本元素是融注着辛辣的痛苦。这种元素常常诱发他诗歌的奇特联想与意象。

(4)70、80年代之交，公刘一些政治性强烈的作品曾获得热烈的社会反响，其诗歌好用强烈的设问与排比，但这些诗也暴露出与现实政治问题距离过近的缺陷，以及由情感宣泄造成的失控、直露的毛病。

(5)这些诗作都体现出诗人对历史教训的痛苦的深思和渴望改造现实积弊的一腔热忱，且带有50年代不可能有的辩证色彩。

5. 邵燕祥“归来”后的诗歌创作

邵燕祥复出后的最初一批作品延续了社会批判的立场、历史和现实问题的取材倾向、尖锐的论辩色彩等特征，代表作有《愤怒的蟋蟀》《中国又有了诗歌》《历史的耻辱柱》等。其诗歌特点有：

(1)他的诗有情感体验细致幽微的一面，常带有古典式的温婉。

(2)他的诗有着强烈的社会干预意识和不容折中的正义感，承续了50年代的青春的诗情，从中可以感受到他不苟且的正直秉性和为了维护思想情感独立性所做的努力。

(3)邵燕祥始终是一个社会责任感强烈的诗人，后期主要投入到个人色彩、参与社会更强的随笔与杂文写作上。他找到了更适合融入社会和人生的文字载体。

6. 流沙河“归来”后的诗歌创作

1957年，流沙河因写作散文诗《草木篇》和编辑诗刊《星星》而成为“右派”。流沙河复出后的诗篇，有着浓重的伤感，有着拂拭不掉的宝贵年华逝而不再的失落感。其诗歌特点有：

(1)一些作品写得委婉、细密、苦涩、凄清，如《情诗六首》《梦西安》《蝶》等，记录在“遇难”时得到的情感慰藉。

(2)诗人以日常生活的琐屑写历史的不幸，寄深沉的悲哀于强作欢颜的诙谐之中，再现了那个混乱社会中个人的哀痛与艰辛。

7. 蔡其矫“归来”后的诗歌创作

(1)诗歌创作的道路

蔡其矫是当代的重要诗人，从40年代开始创作以来，他的写作一直没有中断。

①40 年代写于解放区的一些诗(《兵车在急雨中前进》《张家口》)，可以见到惠特曼美国南北战争时期的自由体诗的影响，即以自由体诗的体式，表达诗人的感受和情绪。

②50 年代，他的诗作被冠以“唯美主义”(《南曲》《红豆》)和“反现实主义”(《川江号子》《雾中汉水》)的标签，多次受到批判。

③1962 年后，从事自由诗、民歌体和古典诗词研究。诗人受过惠特曼、聂鲁达的影响，也从祖国传统的诗歌以及民歌中吸收营养，接受中外诗歌的多种表现方法，注意题材和形式的多样化。其诗歌精神影响了几代诗人。

④蔡其矫非常鼓励青年诗人的探索活动，特别在 70 年代末 80 年代初期，舒婷、北岛等朦胧诗人都曾得到过他的声援和支持。

(2)诗歌创作的特点

①他强调诗人的创造应以“全人类的文化成果”作为背景。他处理的题材、诗歌想象方式和语言，更多接受西方浪漫派诗歌的影响。

②他认为诗“必须是从整个心灵、希望、记忆和感触的喷泉里射出来的”，和一些经历过革命、战争的诗人一样，他的作品具有强烈的社会感和政治意识。

③他以对大自然的挚爱和对人的关怀，受智利诗人聂鲁达的启发，以故乡福建的山水民俗为题材，系统地描写了福建的历史、自然和人文风俗，汇成《福建集》，这是中国诗人有意识创作的“乡土诗”。他常从自然中找到比喻和意象，并在对自然的描述中，贯注人的活泼的生命。

④人道主义是贯穿他诗歌的精神线索。对于他来说，“人道主义”既是一种社会理想，一种伦理准则，也是写作的动力。他坚持对人类未来的信心，认为诗人可能是一座桥梁，经过斗争，甚至是孤立的挣扎，来联结现实和梦想，将美和欢乐带给世界。

⑤在艺术方法上，蔡其矫称自己处在“传统和创新的中途”，他的任务是“过渡”：既不向“传统贴然就范，也不转向退出，而是在两者之间自立境界”。在“文革”期间和 80 年代，蔡其矫对一些青年诗人的艺术探索，曾给予许多支持和帮助。

8. 昌耀“归来”后的诗歌创作

90 年代后期，昌耀诗的价值开始得到诗歌界的重视。

(1)诗歌创作历程

①20 世纪 50 年代，著名诗人昌耀来青海的第一次“亮相”就是编辑整理出了青海民歌集《花儿与少年》。后因发表《林中试笛》获罪，成为“右派分子”。

②保存下来的写于 50 年代前期的诗篇(均在 80 年代才得以发表)，表现他对西北有着原始野性的荒漠以及“被这土地所雕刻”的民族的奇异感受。

③复出初期写就了“感恩”题材的《慈航》《山旅》等大诗，紧接着创作了为西部高原造型的纪传体史诗《青藏高原的形体》(六首)等，80 年代后期以来，昌耀把诗歌视线转而投向了形而上生命，完成了《哈拉库图》《冰湖坼裂》等著名诗篇，都贯串了张扬生命力这一总主题。《乡愁》《雪，土伯特女人和她的男人及三个孩子之歌》等作品都在某种程度上反映了作者自身的经历。

(2)诗歌创作的特点

①昌耀将个人坎坷的人生体验融入一个民族的历史生活之中，倾心于贯穿不同历史时代的古老而新鲜的命题：对爱和生命的审视和吟咏。

②昌耀诗歌中张扬着生命力的意象是他对生活的独特体验，读他的诗歌读者能感受其中

生命的律动。在《诗的礼赞》一文中他这样宣告：“我视生命为宇宙之诗，我视生命现象为宇宙原始诗意的冲动。”这位历经磨难的诗人以一个哲学家的眼光关照人生。

③昌耀冷峻、雄浑的诗行中，流贯着英雄的血脉，与这种体现伟力和“内在质感”的诗质相伴随的，是他诗中强烈的悲剧性的因素，表现为对生命的不幸，对或悲哀、或壮烈的死亡的深切不安与关切。

④昌耀的诗中有一种来自“心灵深处”的“形而上的孤独感”，并在后期愈发扩大、加深。

(3)诗歌的价值

昌耀对诗有一种“殉道者”“苦修者”的执着态度。昌耀在他的诗歌创作过程中，建立了自己独特的语言识别系统。他诗歌的语言资源主要是建立在对现代汉语、古代汉语与民间语言资源(包括方言，少数民族民间俚语、歌谣)的吸纳之上的。他的诗歌语言系统最大的特征之一就是古语化，这样的特征成就了昌耀诗歌语言的独特性，同时也导致了其诗歌语言的古奥与滞涩。

①为凸现质感和力度，他的语言是充分“散文化”的，他注重内在的节奏，常有意采用奇谲的语汇、句式，并将现代汉语与文言词语、句式相交错，形成突兀、冲撞、紧张的效果。

②昌耀诗歌中运用最广泛的就是高原这一意象，这一意象中所蕴含的意义对于诗人昌耀来说是无可比拟的，在他的诗中，这一意象本身就具有极为丰厚的内涵。

③昌耀的诗歌中出现宗教意象的地方不在多数，但宗教中集中体现的民间立场、神话情节是其诗歌的主要承载物。

三、诗歌流派的确认

绿原、牛汉、曾卓等七月派诗人，穆旦、唐湜等后来被追认的“九叶诗人”的重新发现，也是“重写文学史”的组成部分。

1. 七月诗派

1955 年，因“胡风反革命集团”受到牵连的七月派诗人中的一些人陆续重返诗界，七月诗派的名誉也得到恢复。1981 年，绿原、牛汉编选的七月诗派这一诗歌群体的诗合集《白色花》出版。

(1)代表人物

七月派诗人中，牛汉的诗集《温泉》《海上蝴蝶》《沉默的悬崖》都出版于 1986 年之前，这是牛汉归来后创作的高产期；曾卓的两部诗集《悬崖边的树》《老水手的歌》分别出版于 1981 年和 1983 年；绿原最有影响力的诗集主要是 1983 年的《人之诗》和《人之诗续编》以及 1985 年的《另一支歌》。特别是牛汉，写作持续不断，成为 80、90 年代的重要诗人之一。

(2)七月诗派诗歌创作的特点

①他们在苦难的年代写诗，又为诗蒙受苦难。

②七月诗派“复出”后，以人生的苦难体验作为基点把握历史的特征。

③复出之后，自由体诗重新占主要地位。他们融汇多种素养于自己的创作，使哲理与情感，思想与艺术，学识、才具与想象等，都在诗的境界中得到统一的表现。

2. 九叶诗派

(1)1981 年，江苏人民出版社出版了 20 世纪 40 年代以《中国新诗》和《诗创造》为中心形成的现代诗派中九位诗人的诗合集《九叶集》。这不仅完成了对九叶诗派的历史追认，而且激发了老诗人的创作热情。除穆旦早逝，杭约赫、袁可嘉兴趣转移不再写诗外，辛笛、郑敏、陈敬容、唐湜、唐祈、杜运燮等人在新时期都有新诗集问世，他们在保持原有艺术个性的同时寻求变化、突破，迎来了艺术生命的第二个春天。

(2)九叶流派的“确认”，和“文革”后当代诗歌的艺术取向有直接关联。但多数诗人的创作已难以和他们40年代的成果相比，只有郑敏最近二十多年的写作(包括诗歌理论研究)，在当代诗界产生了一定影响。

3. 曾卓

30年代到1944年，是曾卓诗歌创作的第一阶段。1955年因胡风集团案受到株连。1981后出版的诗集《悬崖边的树》赤裸裸地呈现自己的灵魂和内心独白，曾卓诗的这种透明的品质构成它独有的魅力。其诗歌特点有：

(1)表现出落寞而不甘沉沦，遭遗弃而不倦地重新确定位置，品尝孤独渴望被接纳的心态，虽有所怨恨但更多的是爱和信念。

(2)诗中期待着理解、友谊、爱情，将思绪情感寄托于自然“物象”。

(3)相比其他七月派诗人“复出”后的诗，曾卓有温煦的一面，其节奏与意象具有逼人的感染力，凄苦中带有一些甜蜜。

4. 绿原

(1)绿原的第一部诗集是由胡风出版的《童话》：在阴冷的背景中，仍保有纯真心灵，构撰梦幻般的境界。其后，诗转向直面现实、揭发时弊的风格。80年代绿原创作了《又一个哥伦布》《重读 < 圣经 >》等引人瞩目的诗歌，描写了与他命运相似的受难者，并对“文革”中各式人物进行刻画。

(2)他融汇多种素养于自己的创作，使哲理与情感，思想与艺术，学识、才具与想象等，都在诗的境界中得到统一的表现，这是绿原诗歌突出的艺术特色。抒写了诗人瑰奇的异国之思的组诗《西德拾穗录》，典型地体现出这一特色。

(3)长时期的隔离人世和文艺理论翻译经历，给绿原的诗思加入了相当的思辨气质。50年代初他曾有过像春天一样单纯天真的《小河醒了》，新时期的创作则较多《歌德二三事》《一点光明》《听诗人钱学森讲演》等探求真理与人生的理性篇章。绿原的诗风冷峻苦涩，语言却极平易近人，凭着亲切而丰富的表达呈现着自己的艺术魅力。

5. 牛汉

在“复出”的七月派诗人中，牛汉是成绩显著并对自身的局限做出不断调整的超越者。绿原在为牛汉的诗集《温泉》所写的序中说：“这些新诗大多写在一个最没有诗意的时期，一个最没有诗意的地点，当时当地，几乎人人都以为诗神咽了气，想不到牛汉竟然从没有停过笔。”

(1)“文革”时期

在严酷的环境下，诗人从没有停止过斗争，他用各种各样充满血泪的战斗方式，续写着自己精神抗争的历程。牛汉一直认为，他在“文革”时期创作的诗歌“在我迄今的作品中仍然是属于最好的”。诗人创作于“文革”时期的诗歌作品均收录于《牛汉诗文集》中。这一时期其诗歌创作的特点有：

①牛汉的“干校”诗作，主要可分为两类：一类是表现诗人坚韧的生命意志和不屈的抗争精神，诗人多借助自然界生长于艰苦环境下的刚毅的动植物形象来作为自我的灵魂象征，这主要以他的《半棵树》《华南虎》《鹰的诞生》等诗作为代表；一类表现对生命的重视与对摧残生命的暴行的谴责与批判，表达了诗人对人性复苏的渴望，对人的关注以及对人的拯救的

探索，这类诗歌以《悼念一棵枫树》《坠空》《麂子，不要朝这里奔跑》等诗作为代表。

②牛汉善于通过对"硬汉"式的自然景物的刻画，表达自己坚韧不屈的灵魂。诗人在表现自我坚强的内心和昂扬的斗志时，又借助于受难形象的逆境抗争来表达自己的生命体验，也有着重表现一种血淋淋的对生命的摧残和在惨无人道的迫害之下依旧保持的那份傲然自立与不屈反抗的高傲的情操，为读者展示了一个顽强不羁的灵魂所具有的高傲的自尊以及对陷于逆境的受难生命顽强不屈的精神的礼赞，更试图表现一个与生活抗争而不幸消逝的生命，赞颂它宁死不折的坚韧的生存信念。

③《悼念一棵枫树》作为这一主题最为典型的作品，以完全不同的感伤情调，表现诗人浓重的悲凄之情。诗人将自己的生命体验融入客观对象之中，抒发自我的真实情感，以另一种方式，呼吁对生命的重视，诗人一反《华南虎》那种昂扬乐观的斗争精神，以一种悲天悯人的伤感基调，表现被整个时代与社会抛弃的对生命的尊重与关爱。残酷的现实处境，使得诗人多愁善感，他一方面用诗歌表达浪漫主义的英雄气质，借助不屈的雄鹰与咆哮的华南虎来表现生命的顽强与永不妥协的抗争精神，另一方面又以一种温和的姿态关注作为个体的生命，借助对生命消逝的伤感与怀念，表达自我对社会的批判与鞭笞，呼吁对生命的关怀与拯救。这两方面相辅相成，共同构成了诗人复杂而又深邃的精神内涵。

(2)复出后

80年代后期，牛汉意识到"物我对应"的诗意构成模式已趋于"固化"，并可能成为束缚，他开始了对这一"模式"的挣脱和超越，由此出现了写作上的"裂变"。在80年代中后期和90年代，他的诗歌写作进入了一种自由无羁、辐射似的梦幻状态，其中的典型诗作有《梦游》《发生在胸腔内的奇迹》《空旷在远方》等。《梦游》以意识流动和时空交错的手法，似梦非梦地表达了自己痛苦的人生体验以及"从灾难和历史阴影中突围出来"的愿望，更多地表现了他的现实主义精神对现代主义艺术技巧和手法的吸取和借鉴。牛汉诗歌的创作在拥有确定、执着、坚韧的诗性品格的同时，也表现了对另一品格——流动扩展，谦虚，探询，随物赋形——的倾慕。

6. 穆旦

(1)诗歌创作历程

①《智慧之歌》是目前存留的穆旦1976年诗作中写作时间最早的诗，具有某种原型性的意义。诗歌将生命自审与历史考问引向灾难岁月，表现了现代知识分子令人痛苦的自觉性。他对于民族、历史的审察，常常深入到对内心的剖析中，如《控诉》。

②穆旦并没有亲历"新时期"的"复出"，1976年生命临近终点的最后半年多里，穆旦又创作了《演出》《冥想》《自己》《停电之后》《秋》《冬》等二十几首诗。这是走过曲折的生命之途，"歇脚"时的回望和沉思。

(2)晚年诗歌创作的特点

①1976年底，他写了《冬》一诗，在发出"多么快，人生已到严酷的冬天"的呼喊后两个月，就离开了这个世界。这些诗篇集中表现了诗人在生命晚期对社会历史的回顾和人生旅程的自我解剖："我冷眼向过去稍稍回顾，/只见它曲折灌溉的悲喜/都消失在一片亘古的荒漠，/这才知道我的全部努力/不过完成了普通的生活"(《冥想》)。《神的变形》是穆旦晚期的一首重要作品，诗人超越自己短暂而坎坷的生命审视着历史与现实、社会与政治，洞悉众多诱惑背后权力机制的一次次轮回，把数千年来人类社会兴衰治乱的潜在力量浓缩在一篇短短的诗剧之中，其剑锋又直指当时"文革"的社会现实。

②诗句中处处闪烁因“时间”积淀于心的睿智、怀疑、反讽的精神态度，奥登式的语言方式也随处可见。

7. 郑敏

(1)恢复写作的努力

①郑敏归来之初的诗作还带有50年代政治抒情诗的印迹，其中值得称道的是那些青年时代记忆的书写。80年代中期以后，诗人迎来了艺术生命的“第二个童年与海”，进入自由创造的境地。她参照西方诗歌的创新发展，深入反思新诗历史与个人诗歌写作的经验教训，“挖掘出自己长期被掩埋，被束缚，隐藏在深处的创作资源”。

②在创作实践上，一是与自然、与人的生活建立起一种身心参与的默契与亲切感；二是战胜观察、思考上的狭窄视角，从纷纭的现象中体会到平凡，又从平凡中探寻深奥，在事物面前保持虚心、坦率、探寻的态度。

③诗艺“修复”上所要建立的连接，除了自身的创作实践外，也包括运用熟悉的里尔克、冯至等的诗歌经验，形成抒情格调和冥想的哲理氛围。

(2)主要作品及艺术特色

组诗是郑敏常用的写作方式。她作品的诗性哲理观照，是建立在她自己独特的生命感受基础之上的，而决非哲理的直陈，真正实现了知性生命化的诗学追求。

①1986年的《心象》组诗，是郑敏“找到适合新的历史时期的自己的风格”的标志。她之后的诗作对历史、音乐、宗教等都有所表达，形式上运用“格律”手法，并以宗教式的虔诚对“死亡”这一不断涉及的主题进行处理，如《我从来没有见过你》。

②郑敏90年代最重要的组诗《诗人与死》，是受其诗友唐祈之死的触动写成的，是她对生死问题进行哲理思索的延续。诗篇通过唐祈的死来关注和思考当代知识分子的共同命运。后来的《诗与形组诗》，被作者称为“试验的诗”，是借用中国古典绝句写的短诗。

18.2　考研真题与典型题详解

一、填空题

1978年4月30日，《文汇报》刊出艾青复出后的第一首短诗______。

【答案】《红旗》

【解析】“文革”结束后，艾青复出写诗。1978年4月30日，《文汇报》刊出艾青复出后的第一首短诗《红旗》，立即引起全国的关注和反响。

二、单项选择题

九叶诗派的成员有(　　)。

A. 袁可嘉　　B. 艾青　　C. 绿原　　D. 田间

【答案】A

【解析】九叶诗派形成于40年代后半期，但直到1981年江苏人民出版社出版了他们40年代的诗选《九叶集》后，该派才得名九叶派。成员有辛笛、陈敬容、杜运燮、杭约赫、郑敏、唐祈、唐湜、袁可嘉、穆旦等九人。

三、概念题

九叶派诗人[北京语言大学2010年研]

答：九叶派诗人是指抗战后期和解放战争时期的一个具有现代主义倾向的诗歌流派九叶

派的成员。主要人物有杭约赫、辛笛、陈敬容、郑敏、唐祈、唐湜、杜运燮、穆旦和袁可嘉，得名于江苏人民出版社1981年为他们出版的诗选《九叶集》。九叶诗派在诗歌艺术表现手法上追求“新诗戏剧化”，主张“人的文学”“人民的文学”和“生命的文学”的综合，既反对逃避现实的唯艺术论，也反对扼杀艺术的唯功利论，企图在现实和艺术之间求得恰当的平衡。在诗歌艺术上，他们坚决反对浪漫主义诗风，致力于新诗的“现代化”建设和“感受力的革命”，旨在使诗成为现实、象征和玄学的融汇。

四、简答题

简述艾青“归来”后的诗歌的艺术特色。［浙江大学2011年研］

答：艾青归来后的诗歌，与他过去的诗歌有着明显的连贯性和延续性。他的诗歌贯穿着一个基本的主题，即关注民族和人民的命运，歌唱人类的理想和光明。其“归来”后诗歌的艺术特色主要有：

(1)善于从具体生活现象中把握一种超越现象本身的体验

艾青归来后的诗歌在取材和抒写方式上，规避描述具体的生活矛盾和场景，善于从具体生活现象中把握一种超越现象本身的体验，在具象化描述中将其推移到象征层次从而获得更深广的内涵。

《鱼化石》有诗人自传的性质，它提供了典型的意义。诗中鱼的遭遇正是诗人遭遇的某种象征。这不是一个关于一条鱼死亡的故事，而是一个不同的鱼拥有共同的不幸和悲剧命运的故事，作者由一条鱼“联想到众多的鱼变成了化石”。这首诗就是作者从具体生活现象中把握超越现象的体验的代表作品。

(2)运用富有启悟性、暗示性的口语传递情感

艾青归来后的诗歌在艺术表现上，善于从日常生活现象中捕捉具体鲜明的意象来表达思想和观念，运用富有启悟性、暗示性的口语来传递内在情感，在朴素明晰的形式结构中浓缩深厚的体验。

(3)追求一种朴素、单纯、集中、明快的风格

艾青归来后的诗歌扬弃了早年多少有些朦胧和晦涩的诗风，转而追求一种朴素、单纯、集中、明快的风格。

《鱼化石》中鱼在遇难之前富有朝气和活力，“动作多么活泼”，“精力多么旺盛”；它又是那样的无拘无束，自由自在，“在浪花里跳跃”，“在大海里浮沉”。鱼的这种健康、快乐和无所不能的生命情态，不禁让人联想到风华正茂的青年，这也是诗人追求朴素、单纯、明快诗歌风格的体现。

五、作品分析题

1. 试析短诗《斯人》。［首都师范大学2011年研］

静极——谁的叹嘘？
密西西比河此刻风雨，在那边攀缘而走。
地球这壁，一人无语独坐。

答：这是昌耀在青海写的一首短诗。题目为《斯人》，暗用杜甫《梦李白》中的“冠盖满京华，斯人独憔悴”。这就暗示读者：抒情主人公或许就是诗人，是一个跟李白一样的被流放在荒凉边地的孤独、憔悴的人，题目本身就是诗的有机组成部分。

(1)协调、凝重的美感

昌耀的诗以张扬生命在深重困境中的亢奋见长，将感悟和激情融于凝重、壮美的意象之中，将饱经沧桑的情怀、古老开阔的西部人文背景、博大的生命意识融为一体，构成协调的整体。这首短短三行的小诗，即蕴含着无限的美感和深情。

①具有一种天人合一造就的悲壮美

这首短诗，总结了一个思想者面对真理孤独的一生，道出了人类与生俱来的悲怆，表达了一种面对苍茫宇宙的孤独感。诗歌有一种陈子昂《登幽州台歌》“前不见古人，后不见来者，念天地之悠悠，独怆然而涕下”的黯然和悲怆，在天人合一的自然气氛里，在静默的喧嚣中迸射出震撼人心的力量。

②体现了一波三折的跌宕美

诗人以《斯人》为题展开诗歌，“静极——谁的叹嘘?”承接诗题，展开诗卷，更有一个“谁”字，引出悬念；诗人却没有接着这个问题作答，一句“密西西比河此刻风雨，在那边攀缘而走”奇峰突起，把读者抛入了密西西比河的疾风骤雨；“地球这壁，一人无语独坐”，又猛地拽回思绪。短短三行间，一波三折，跌宕起伏，整首诗完成了一个“疑惑－惊叹－震撼－沉思”的心灵旅程。

③时空转换造就的空灵美

昌耀的这首微型诗作强调的是“此刻”，强调的是发生在同一时刻不同地域可能的事件，“事件”可以是一声叹息，一刻“风雨”。诗人通过“此时彼地”来修饰“此时此地”，让空旷的青海高原和喧嚣的密西西比河成为一体，从而写出了“此”(中国大西北)与“彼”(大洋彼岸)以及内心与世界交融的大宇宙。

④动静交错造就的壮阔美

这首诗仅仅三行，不仅节奏上长、短句结合，急促和舒缓并行，且动静交错，诗意宏阔。“静极——谁的叹嘘?”只此一句，便由静而动，但一声轻轻的“叹嘘”，也只是静寂中的“微微一动”，而“密西西比河此刻风雨，在那边攀缘而走”，地球背后那密西西比河的风雨呼啸着骤然袭来，顿时陷入澎湃激越的喧嚣中，而后一句“地球这壁，一人无语独坐”复归宁静，完成了由动及静的转换。

(2)语言的文言特质

语言上，昌耀诗的语言特征中最重要的一点是文言特质，或者称古语特征。这首《斯人》小诗中，扑面而来的并非现代诗的前卫语言，而是古朴的语言和意境。即使像“密西西比河”这样的外来语汇，依旧被诗歌的整体环境同化，从而充满了中国画式的气息，简练而传神。古语的运用使诗歌结构紧凑，同时也放缓读者的阅读速度，从而使昌耀诗在感觉上先行一步表现出西部高原般苍凉浑厚的感觉。

2. 结合“归来的诗群”的总体风格分析曾卓诗歌《悬崖边的树》。［南开大学2011年研］

答：(1)“归来的诗群”的总体风格

“归来的诗群”是指由于政治及其相关的原因，50年代中期以后被迫完全终止创作或根本不能公开发表作品，到70年代末期又陆续回到诗坛的诗人群。主要有艾青、绿原、牛汉、曾卓、穆旦、流沙河等。其创作表现出许多共同的思想和情感内容：具有强烈的现实批判倾向和社会历史反思色彩；具有强烈的自身意识；“归来者”诗人在创作数量和艺术质量上都有新突破。

(2)《悬崖边的树》赏析

①蕴含强烈的批判和反思意识

经过长时期的政治迷狂和精神炼狱，诗人们在如何认识现实、如何对待诗歌的本质和诗人的职责、如何处理诗歌与现实政治关系等方面有了深刻的感悟，抛弃了50、60年代的“颂歌”模式，而代以严峻、沉郁的反思。例如《悬崖边的树》就是诗人自身的写照。那股从1950年一直刮到1975年的“奇异的风”将诗人吹到了命运的“悬岩上”。他被卷入了“胡风案件”的大风暴，这让他颤抖地立在草原的尽头、深谷的边上。伤痛、寂寞和爱唤醒了曾卓的诗性世界，命运的挑战更点起诗人灵魂的光芒，撼人心魄。于是当流逝的岁月在他身上打下深刻的烙印，留下风的形状时，当别人为他即将跌入深渊而担忧时，他却欲展翅飞翔。

②具有强烈的自身意识

经过20多年的风风雨雨，诗人失去了大量宝贵的创作岁月，却也获得了可贵的生命经验和理性之光。例如《悬崖边的树》中“它孤独地站在那里，显得寂寞而又倔强”，表达了诗人在“文革”中经历磨难的痛苦，同时表现了他在困境中的坚强与倔强。

③实现了艺术技巧的新突破

《悬崖边的树》是一篇看似平淡却十分清新、独特的佳作。诗人用通俗、简练的几句话很好地勾勒出一幅奇特的图景：空旷的草原尽头，一棵树独处悬崖边，似将跌进深谷，又像展翅飞翔。没有任何刻意的渲染，却能让读者眼前清晰地呈现出这道奇特的风景，体现了作者娴熟的艺术技巧。

综上所述，曾卓的诗歌《悬崖边的树》是“归来的诗群”的代表作，充分体现了该诗群的思想艺术风貌。跌进深谷和展翅飞翔是两个极端，然而作者却把它们糅合在一起，于矛盾中留给人无限的想象空间。

第19章　新诗潮

19.1　复习笔记

一、"朦胧诗"的发生

1979年后，随着思想解放运动的开展，诗歌逐渐冲破禁锢走向繁荣，一代青年脱颖而出，为诗坛增添了生机与活力。新诗潮是适应"文革"结束后社会政治、诗歌文化环境的变化，在目标上与"当代"前30年的诗歌主流"断裂"的诗歌思潮。由于新诗潮一时难以得到主流的认可，因此其诗歌大多采用"非正式"的发表方式：传抄，自办诗报、诗刊，自印诗集等。

1.《今天》

由北岛、芒克等人主编的《今天》在1978年以手抄本的形式在诗人间流传开来，并以蜡纸油印的形式出版，至1980年停刊共出了9期。著名诗人舒婷、顾城、江河等人也曾集聚于此，使其一度成为朦胧诗的中心园地。

(1)内容

朦胧诗善于通过一系列意象来表达对现实的不满与批判，并以一种独立的判断标准书写自己内心的真实感受。《今天》主要刊发舒婷、北岛、顾城、江河、杨炼、芒克、多多、梁小斌等人写于"文革"以及当时的作品，产生了很大的影响。

(2)主张

创刊号上署名"本刊编辑部"的《致读者》，在引用了马克思的论述来批判"文革"实行的"文化专制"之后，表达了这些革新者的"创世纪"式的激情和主张。

(3)《今天》诗人地位的确立

在对《今天》为代表的新诗潮的评价中，谢冕的《在新的崛起面前》、孙绍振的《新的美学原则在崛起》、徐敬亚的《崛起的诗群》对这一诗歌潮流给予热情支持，诗歌影响力很罕见地超越了小说，《人民文学》《诗刊》《上海文学》《青年文学》《萌芽》《鸭绿江》等杂志都给出了大量的版面。

2. 朦胧诗

(1)朦胧诗的诗学贡献

《今天》或朦胧诗不是传统意义上的诗歌流派，但其成员在诗歌精神和探索意向上具有共同点。

①在思想表达上，朦胧诗运用新的题材和艺术方法处理并开拓现实生活，对历史怀有冷静的批判与深切的反思，诗人们以鲜明的带有主体性和时代性的"自我"去感知世界，嘲弄限制幸福与个人生活的力量，以一种毫不妥协的斗争姿态，表现出恢复"五四"精神的积极态度，对过去虚假的、公式化的诗歌概念构成了挑战。

②在艺术形式上，朦胧诗将西方现代主义表现手法融入诗歌创作，用奇谲瑰丽的意象符号构筑自我诗歌意境。他们在独立探索的过程中，构建起了属于自己的诗歌理念，直接开启了新时期诗歌创作全面繁荣的局面，他们的创作是知青诗歌创作发展的最高艺术成就，引领

了新鲜的艺术潮流，推动了文学和审美的多样化发展。

(2)围绕朦胧诗展开的论争与启示

①论争：最早批判朦胧诗的是章明发表于《诗刊》的《令人气闷的“朦胧”》，“朦胧诗”一词也由此而生。批评者主要认为，朦胧诗有明显的反现实主义倾向，盲目照搬西方现代派的创作技法，对我国诗歌传统“数典忘祖”，过分突出“自我表现”，与抒人民之情在本质上是对立的。

②启示：

a. “五四”时期那种个人自由、个性解放的理念在 80 年代仍一时难以被人接受，一些论调仍具有半新半旧的过渡色彩。

b. 论争借助 1983 年清除精神污染运动的开展将文艺论争引入政治论争，削减了文艺论争对文学创作的实际贡献。

c. 朦胧诗在思想和艺术上存在粗糙和参差不齐的情况，这是文学发展必然经历的过程，论争在一定程度上对朦胧诗提高艺术水平，为读者客观认识朦胧诗、文学史客观评价朦胧诗提供了角度和空间。

二、新生代或“第三代诗”

1. 朦胧诗的退潮

随着《今天》的停刊，朦胧诗也逐渐走向退潮，其原因主要有：

(1)由于朦胧诗影响的扩大，北岛、舒婷、顾城等的诗作被诗歌爱好者竞相模仿，在大量的“复制”中，原来的那种真诚的生命体验已经消解，朦胧诗沦落为一种形式的、技巧的创作，引起对现代诗有执着追求的青年诗人的不满。

(2)大多数复出诗人的写作已经出现停滞的现象，他们普遍难以顺利解决甚至意识到诗艺上的矛盾与困境，并且朦胧诗作为一个群体，已经失散。

(3)过早被经典化的朦胧诗在诗歌表现和语言艺术方面仍有较大的提升空间。

(4)在政治变动带来的历史反省时期，朦胧诗承担了表达社会情绪的职责，随着中国社会走入正常轨道，读者审美品位提高，“朦胧诗”完成了“文学启蒙”的历史使命，其退潮具有历史必然性。

2. 新生代或“第三代诗”的产生

(1)新诗歌的“突围”

新生代诗人也称第三代诗人。他们以反北岛的姿态出现，对原有的诗歌观念进行全面的调整，作品呈现反文化、反理性、反抒情的色彩。1986 年，《诗歌报》和《深圳青年报》联合以“现代主义诗歌大展”的方式集中介绍了由 100 多名第三代诗人分别组成的 60 余家自称诗派及实验诗歌的代表作品，如南京的“他们”，上海的“海上诗群”，四川的“莽汉主义”“非非主义”“整体主义”和“新传统主义”等。

在创作方法上他们受朦胧诗人的影响而又更多地借鉴了欧美后现代主义。他们开始以“后文化实验诗”进行实验、反叛，之后确立了终极生命边缘实验诗歌的立场和态度。他们人物众多、流派纷呈、各种旗帜铺天盖地，其中代表诗人有于坚、李亚伟、韩东等。

第三代诗歌具有以下特征：呈现出反理性、反崇高、反英雄倾向，倡导小人物、平民意识；重视流派与理论建设；在创作上具有高度的语言意识，用口语化的语言拓展了当代新诗发展的空间。他们把诗从群体意识中解放出来，促使中国诗歌呈现出多元化、边缘化、个人化的趋向。

(2) 南京的他们文学社

①概况

他们文学社创立于1984年冬，成员有韩东、于坚、陆忆敏、丁当、朱文等人。《他们》为其代表刊物。据韩东称：《他们》仅是一本刊物，而非任何文学流派或者诗歌团体。

②创作主张

“回到诗歌本身”，“回到个人”，语言上重视“日常口语”。

a. 关心诗歌本身，即诗歌成其为诗歌的，由语言和语言的运动所产生美感的生命形式。

b. 关心作为个人深入到世界中去的感受、体会和经验。

c. 韩东提出了著名的“诗到语言为止”的命题，旨在反对朦胧诗人所扮演的“历史代言人”角色以及他们强烈的社会意识。

(3) 上海的“新生代”

①概况

主要人物有孟浪、刘漫流、王寅、陆忆敏等，其组织的诗社有“海上”“大陆”“撒娇”等。其中最重要的“诗群”是“海上”。“海上”的名称与“孤立无援”的诗人所感受到的“上海被推过来”经验有关，出版总共只有4期的《海上》诗刊。

②“海上”诗群

“海上”诗群的诗歌作品趋于表现个体生命与生存环境发生的冲撞和矛盾。诗人们的孤独感源自生活在上海这个东方大都市的无垠的、纷乱的状态所带来的个人精神焦虑，试图通过诗歌“恢复人的魅力”。在描写城市日常生活的荒诞与人的孤独的过程中，死亡是经常涉及的主题。

(4) 四川的“新生代”

在这次被称为新诗的实验运动的变革中，四川成为前卫的大本营。

①“现代史诗”的写作

四川的“新生代”最先引人注目的是“现代史诗”的写作。他们以“整体主义”“新传统主义”等不同的名称来概括艺术追求。其主要代表人物是廖亦武、欧阳江河、石光华等。他们倾向于从南方的远古习俗、神话传说取材，诗中密集着各种典故、传说，语言呈现出怪异、艰涩和复杂的特点。

②“莽汉”诗派

“莽汉”主要成员有万夏、马松、李亚伟等。其中李亚伟的《中文系》流传颇广。“莽汉”诗派的艺术特点主要有：

a. 以自我否定和自我嘲弄的方式反文化，关心人的现实存在状况，企图“捣乱，破坏以至炸毁封闭或假开放的文化心理结构”。

b. 认为诗就是“最天才的鬼想象，最武断的认为和最不要脸的夸张”。

c. 玩世不恭的调侃、嘲讽姿态，随意性、口语化的语调，是他们相近的风格。

③“非非”

作为中国新诗史上发行诗歌时间最久的诗歌流派，“非非”由蓝马、杨黎、周伦佑等人于1986年5月创立，其诗歌作品及诗学理论主要刊载于《非非》和《非非评论》上。所谓的“非非主义”是对既有文化的怀疑和否定，着意探讨人类的本源，颇具叛逆色彩，具有后现代主义特征，强调与文化、语言的断裂。他们的出版物中，理论文章占据重要部分。比起他们长篇累牍的理论文章，其诗歌创作显得逊色。

(5)“女性诗歌”

“女性诗歌”是指80年代中期后兴起的包括“女性作者”“女性意识”“性别特征”在内的诗歌写作，一般以翟永明、唐亚平等为其中的代表。这些诗歌进一步触动了80年代后期女性发出的对抗和消解男权意识的话语，使中国女性主义意识的表达进入了一个新的时期。唐亚平的主要作品有组诗《黑色沙漠》；伊蕾反响最大、争议最多的作品则是《独身女人的卧室》。

“女性诗歌”的艺术特征主要表现为：

①诗歌展示出的女性意识带有非理性、反崇高以及反优美的色彩。

②“自白”的叙述方式，也被看成是“女性诗歌”的要素。

③在主题意象的选取上，倾向于表达女性个体感性体验的意象，尤其是对于“黑色”意象的偏执。这一时期的女性诗歌通过彰显包括个体生命之于生活和生存的困惑、不安与玄秘等在内的私密体验将女性的个体生命探索推向了极致。

三、新诗潮主要诗人(一)

1. 食指

在“朦胧诗”潮流中，食指并未受到广泛注意。食指原名郭路生，主要诗作有《相信未来》《疯狗》《命运》和《这是四点零八分的北京》等。食指的抒情诗能够体现觉醒青年普遍的心声，因而在具有叛逆和异端色彩的知青诗歌写作中具有较大的影响力。

(1)食指早期诗歌特点

①《相信未来》《这是四点零八分的北京》为其代表作，诗中出现了有着深刻精神体验的“细节”，他的诗歌拒绝迎合主流话语，善于将个体经验升华为群体感受，从而表现自身的震惊与痛苦，彰显觉醒的一代青年对主流话语的叛逆与反抗。

②永不放弃“希望”是食指诗歌的核心精神之一。

③食指的诗歌非常注重客观化、真实化的内容，拒绝晦涩难懂的语言，主张将自我融入整个世界中。

(2)《这是四点零八分的北京》

①作品概述

《这是四点零八分的北京》是食指以百万知识青年上山下乡为背景创作的一首离别诗。表达了对故乡、母亲、文明的眷恋以及对不可知的未来的恐惧。

②艺术特色

a. 以真率朴素的态度，将个体真实而独特的经验彰显出来。

b. 幻觉意象与“蒙太奇”式的幻觉描写是这首诗的独特之处。

c. 对个人感受的强烈表现，其浪漫主义情感借用现代主义的象征手法得到了淋漓尽致的宣泄。

d. 在语言形式方面，他的诗几乎是四行一节，节奏逶迤回环，非常适合朗诵。

(3)《相信未来》

此诗的感人之处在于它向茫然无措的一代知青提供了一种精神上的抚慰和救助，体现出了普遍的人性价值，肯定了人的梦想。无论“蜘蛛网”“灰烬”“枯藤”，还是“轻蔑的微笑”“辛辣的嘲讽”，都无法扼杀由苦难喂养大的一代青年的信仰，都挫败不了千千万万颗向上的明亮的心灵。这正是当时知青们共同的思想感情。

(4)食指的后期诗歌

食指曾概括自己诗歌创作三个阶段的不同特征，早期的诗歌“比较忧郁和优美”；之后精神失常，诗歌作品较多反映“世态炎凉、人情冷暖”，情绪比较愤怒和火爆；进了福利院以后的诗歌创作“比较沉静，带有哲理性”。在食指后期创作中较有代表性的是《归宿》《热爱生命》《在精神病院》等。

2. 芒克

芒克是“白洋淀诗群”代表人物之一，是在白洋淀乡村居住时间最长、后来仍与它保持联系的诗人。芒克这一时期的诗歌特点为：

(1)作为一个“自然之子”，芒克总是通过诗歌带给别人安慰和关怀，通过表现对白洋淀自然环境的热爱，歌颂生命的自由和活力。也因此，“无论从诗歌行为还是语言文本上，都始终体现了一种可以称之为‘自然’的风格。”

(2)芒克早期的诗歌饱含愤世嫉俗的冲动情绪，他的许多诗篇都充满了绝望伤感、孤独寂寞的色彩，然而芒克又能以一种乐观的态度消解现实的苦难，实现灵魂的自我拯救。

(3)对希望的渴求是芒克诗歌的另一个重要特点，他在许多诗句中都表达了对希望的强烈渴望和向往。

(4)诗人并不直接对“历史”与“政治”发言，而是用感性的、清新质朴的语言，从大自然中捕捉影像来传达对生活哲理性的思索，其诗歌最明显的特点是大量运用象征手法，复杂而陌生的象征和隐喻组成的意象群落在诗中构成扑朔迷离的世界。

3. 多多

多多白洋淀时期的诗尚存40余首。著有诗集《行礼：诗38首》《里程》《阿姆斯特丹的河流》《多多诗选》等。多多的诗歌特点为：

(1)多多的诗在诗艺上着力于现代主义的探索，在思想上执着于对社会和人生的思索以及对荒谬现实的批判。

(2)对汉语尊严的忠诚守护，使他的诗歌很早就形成了显著的个人风格：意象简洁，节奏明快，语言准确、锐利而富有张力，对心灵细节有深切的敏感和痛苦的体认，对人类的精神困境有明确的艺术承担。

(3)多多诗歌中的意象是生僻、模糊的，情绪基调是灰暗、低沉、阴郁的，这些正是诗人痛苦、悲愤和忧伤内心世界的对应和投影。

4. 北岛

北岛在70年代初开始写诗。“文革”后期写过《波动》《幸福大街十三号》等中短篇小说。北岛的诗作以深沉、冷峻和凝重的独特风貌，表现出那一代人所特有的悲愤、沉思和执着，最鲜明、最突出地显示了朦胧诗冷峻而深沉的理性批判精神。

(1)70年代诗歌创作的特点

沉重、悲壮是北岛此时诗的主调。作为较早的觉醒者，北岛对长久的思想禁锢有着强烈的抗争意识，痛苦的黑暗体验在他心灵上打下了深深的烙印，因而他的诗作充满了历史沉重感和强烈的反叛精神。

北岛善于使用电影蒙太奇的手法，通过意象的撞击和迅速转换，来构成矛盾对立的情境，表达内心冲突和复杂的情感。

(2)《回答》

北岛作为第一批从黑暗里醒来的先觉者，对自己所处的时代摆出了拒绝的姿态，写下了警句般的诗句。这些诗句如晴空霹雳，振聋发聩，揭示了灾难年代对美好事物的戕害、对人的价值与尊严的践踏。北岛毫不妥协的斗士精神赋予其诗歌悲愤冷峻的格调，同时也营造出了一种孤独、凄苦的诗性意绪。

(3)80 年代的诗歌创作

①诗中明确的社会政治取向已趋于模糊。这其实是发展了前期诗中不被读者更多注意的部分。

②通过对社会、人生的弱点和缺陷的批判，希望能表现人类历史的普遍本质。

③语言、情感朝着简洁、内敛的方向发展。

5. 顾城

(1)诗歌的特点

①顾成早期的诗是一些片段句子，记录对纷乱的社会生活的反应，诗句中充满了理想的苦闷。

②之后顾城以一个“任性的孩子”的感觉，在诗中创造一个与城市、与世俗社会对立的“彼岸”世界，并用孩子的眼睛看世界，去寻找美、表现美，因此在 80 年代初，他被称为“童话诗人”。

③顾城孩子般的眼光善于找到新鲜的角度、意象并构想出巧妙的组合，使普遍的事物呈现出奇异的光彩。

④他在诗和生活中偏执地保持与现实的间隔，实行“自我放逐”。不过，与现实世界的紧张关系，使他为命运等问题所缠绕。“死亡”成为他后期诗歌的持续性主题，并越来越散发出神秘的悲剧意味。

⑤在表现主观感受时，选用单纯的色彩以构成鲜明的对比是顾城常用的表现方式，产生了一种特殊的艺术效果。然而意象的生僻和组合的奇异性，也增添了诗歌理解的难度。

(2)《一代人》

《一代人》是顾城于 1979 年创作的一首小诗。这首诗以一组单纯的意象构成了对过去“文革”岁月的隐喻，反映了“一代人”心灵史的缩影。全诗意象单纯、简约、自然，个人情感的表达中贯穿着社会情感的投射，富有激进色彩。

6. 舒婷

舒婷，原名龚佩瑜、龚舒婷，1979 年开始在公开刊物发表作品，是《今天》的撰稿者之一，代表诗集《双桅船》《会唱歌的鸢尾花》等。她的诗歌创作特点有：

(1)自我情感和心理过程的揭示，是舒婷诗歌的独特之处。她笔下的自我代表了一大批有追求却又痛苦的普通年轻人，她的诗歌抒发了十年浩劫在青年人心中留下的深刻烙印。舒婷的诗歌作品往往表现出“历史责任”所构成的精神压力，以及女性个体忧伤、需要呵护的愿望，如《祖国啊，我亲爱的祖国》《致橡树》等。

(2)舒婷诗歌充满了对人及其价值的关切，具有浓厚的人道主义精神，她呼唤爱、歌唱爱，呼唤人与人之间的沟通，呼唤人的价值与尊严，如《风暴过去之后——纪念渤海 2 号钻井船遇难的七十二名同志》《落叶》《土地情诗》。

(3)舒婷诗的意象，多来自她生活的地域的自然景物。她偏爱修饰性的词语，也大量使用假设、让步、转折等句式。这与她曲折的内心情感的表达相关。

(4)在所有朦胧诗创作中，舒婷的诗歌较为明白晓畅，展示出浓郁的情味和优美的意境，通过娓娓叙谈的深情倾诉使读者感到可亲、可近。

7. 杨炼和江河

(1)早期创作

江河与杨炼的早期作品有一定的相似之处：

①杨炼与江河的创作走出了痛苦的历史和人性、主观和客观、个人与社会的冲突困扰，努力在超越现实社会又超越个人命运的尽量客观的境界中获取一种全方位意识，以探寻民族文化心理结构及本源，走向人类自我空旷、孤独的内心，把对现实的强烈关注转化为对生命本体存在的体悟和感知。

②江河与杨炼以雄浑深厚的历史感和悲壮澎湃的忧患感创作了一组体现民族、历史凝重性的长诗。

③作品的“个性”特征相对模糊，感知和抒情方式在浑厚中透出内在的单薄。

(2)80 年代江河的创作

这一时期江河的主要作品是取材于中国古代神话传说的组诗《太阳和他的反光》。诗人以宏大的气魄将厚重的历史题材与现代朦胧诗的创作手法相结合，再现了中国远古神话，在一定程度上消解了传统英雄神话的寓意，又通过现代性的解读和转换实现了英雄主义的重构。

(3)80 年代杨炼的创作

离开了社会性主题之后，杨炼从古代神话传说、古迹和史书典籍取材，构建了一系列的“体系性”的长诗(《礼魂》《西藏》《逝者》《自在者说》《与死亡对称》等)，以表现对人类生存、人的存在与自然存在的关系的理解。结构的庞大繁复，诗歌意象的密集艰涩是主要特点。

80 年代后期杨炼的诗延续了冥想、哲思的风格，仍经常采用组诗的形式，“死亡”“鬼魂”也仍是诗歌写作的主题，但诗的展开方式与长诗不同，开始走向节制、简约。

8. 梁小斌

在 1980 年发表的《雪白的墙》和《中国，我的钥匙丢了》奠定了梁小斌在青年探索诗潮中的地位。诗歌以刚刚结束的“文革”历史作为心理背景，塑造了曾一度迷失但仍坚持追寻人生理想的少年“叙说者”形象，少年对开启“美好的一切”钥匙的惶惑，具有社会历史意义。梁小斌的诗在单纯中以小见大，在看似平静中有精神的激荡，呈现出一种特有的明朗、清新、拙朴而又深沉的风貌。

四、新诗潮主要诗人(二)

1. 韩东

韩东写诗之初曾受“朦胧诗”的影响，自《你见过大海》《山民》《有关大雁塔》后，诗风开始转变。其诗歌创作的特点有：

(1)在语言上，韩东的诗拥有一种懒散的放任，他有意用肌质松散、迂缓琐碎、沉闷乏味的散文句式将诗歌写得平淡无奇，从而展示出某种荒谬感，背离了“朦胧诗”所体现的社会、民族拯救者的激情冲动，具有向非社会、民族和非英雄的个人抒情转换的意义。诗歌语言拒绝装饰性，不追求华丽的辞藻，更不创造复杂的意象，是一种明白的口语，体现了“诗到语言为止”的特点。

(2)在部分诗歌作品中，明确说了的和没说出的既存在某种影射关系，又存在某种抵触、消解关系，这使得韩东诗歌的语义蕴涵有极强的发散力。

(3)韩东的诗总是以一种“冷抒情”的方式进行叙述，能够发现传统诗意中的空洞与平淡，并善于从日常碎屑庸常的生活中找到最温柔的诗意进行表达。

(4)他对固有经验有一定的警觉，重视生活中习见的隐微细节，并从中发现新鲜的体验。但对一些未明的复杂和陌生，有时也表现出犹疑的生涩。

2. 于坚

于坚的诗作可分为三个阶段：

(1)80 年代初以云南人文地理环境为背景的“高原诗”。

于坚的“高原诗”写故乡云南的自然山川，并在诗中流露出温情与敬畏，如《高原》《作品 57 号》。

(2)80 年代中期以日常生活为题材的口语化写作。

“拒绝隐喻”是于坚的主张之一，他的诗有回到“日常生活”的要求，形成了一种朴素、直接的口语写作，并形成重视“语感”的诗风。

(3)90 年代以来“更注重语言作为存在之现象”。

90 年代于坚有多种创新实验，如运用更为冷静、精细的解剖方式，并不断在诗歌体制、形式上进行修改、挑战，为诗歌写作的当代拓展注入活力。

3. 翟永明

翟永明的名字是和她的成名作《女人》及其序言《黑夜的意识》联系在一起的，这些诗歌一方面奠定了翟永明在诗歌界的地位，另一方面又标志着中国女性主义诗歌的诞生。翟永明从对自己的强烈关注出发，被称为“第三代诗歌”中“女性诗歌”的代言人。她的诗歌写作特征有：

(1)以一种平静而深邃的忧伤，以丰富而近于原初性的生命体验，洞穿了女性作为客体、长期受男性秩序压抑和遮蔽的生存真实，在二元对立思维基础上的“黑夜”以及在“黑夜”中的表达是其诗歌创作的主旋律。

(2)对于诗歌界将其写作归于“女性主义”的做法，她总是持警觉的态度。事实上，翟永明一开始就有别于舒婷等吟唱着启蒙主题的女诗人，在新诗史上，她发出了从未有过的、成熟的女性声音。

(3)受美国自白派女诗人西尔维娅·普拉斯的影响，翟永明在进行黑夜意识的讲述时不由自主地采用了一种简洁而阴森、坚硬而富穿凿力的迷狂式非理性表达，一方面展示着女性自我体认过程中遭遇的迷茫，另一方面也展示着“黑夜”中崛起的女性放任内心激情、欲望和幻想的诗意表达。

(4)80 年代后期，翟永明摆脱强烈自白性效果的迷狂基调，以受世俗限制的日常性视角和语气替换原先启示录式的俯视视角和语气。

4. 海子

1989 年 3 月 26 日，海子在山海关至龙家营之间的一段火车慢行道上卧轨自杀。在短暂的七年创作史上，留下了几万行诗，完整的有三百首抒情诗，三部长诗(《土地》《弥赛亚》《遗址》)，一幕诗剧(《太阳》)和一部幻想、仪式剧(《弑》)，另有大量的未及展开的断章、札记。

(1)海子的短诗

①海子的部分诗歌以幻想和超现实之物为对象进行书写，通过寓言、梦以及直觉寻找通向神性的途径，去窥探世界深处的某种神性意义，充满了神启式的灵悟意味。

②少年的乡村生活经验，在诗中构成一个质朴、诗化的幻象世界。麦子、村庄、月亮、天空、少女、桃花等带有“原型”意味的意象是基本元素。

③他越来越体验到无法逃避的悲剧命运，因此诗中还充满着一种绝望地、执着地认同死亡的情感，但这种绝望并不显得颓废，而是显得异常壮美。

(2)海子的“大诗”

海子以但丁、歌德、莎士比亚为榜样，写作“大诗”。为此，他收集家乡的故事、传说以提炼“大诗”所需的事件，锤炼了从谣曲、咒语到箴言、律令的多种诗歌语体的写作经验，并集中到对“真理”、对“永恒”的思索、追问的焦点上。

海子的长诗表达了一位年轻的天才诗人对历史、宇宙、生命与人心，以及神性、哲学与艺术的理解，他借鉴西方史诗的结构经验，以太阳、盲诗人、祭司、豹子、马、鹰、石头、血等意象为元素，为他的史诗“自创”出一套神话象征体系。海子坚持的是一种“反经验”的写作理想，依据现有的传统诗歌经验是难以完全解读他的。

(3)诗人之死

随着物质世界消费主义的横流以及人文精神的搁浅，诗人一连串的自杀行为成为90年代诗坛最引人注目的事件。海子最后的自杀，当然不排除有世俗意义上的精神痛苦，但更重要的是来自他伟大诗歌理想的内心幻象的驱策，惨烈的行为构成了他伟大诗歌创造理想的一个环节，这也是其行为和诗歌相互印证得出的较为合理的结论，同时他的“殉诗之死”也给90年代“轻飘的生”以巨大的反讽。

【名师点拨】朦胧诗是本章的重点，可结合代表人物舒婷的诗作理解这一诗派的艺术特征。另外，还应注意海子单纯、简洁、流畅、想象力充沛的短诗，以及他以但丁、歌德、莎士比亚为榜样，写作的“史诗”(或其所说的“大诗”)，把握其诗歌的思想价值。

19.2 考研真题与典型题详解

一、填空题

1. “黑夜给了我黑色的眼睛，我却用它来寻找光明”，出自顾城诗《______》。[中山大学2017年研]

【答案】一代人

【解析】《一代人》是顾城早期的朦胧诗代表作品之一，表达了一代人在经历了黑夜以后对光明的执着追求。

2. 1978年______的创刊，标志着潜藏于地下的，即被人们称为“朦胧诗派”的现代诗潮一次公开地集体亮相；这一诗歌群体刚在文坛出现，就引起了轩然大波。

【答案】《今天》

【解析】《今天》1978年12月创刊于北京，由北岛、芒克等主编，共出版9期。它发表了食指、芒克、北岛、方含、舒婷、顾城、江河、杨炼、严力等写于“文革”期间和写于当时的作品。不少作品后来被看作是朦胧诗的代表作。

二、概念题

1. “他们”诗派[南京大学2022年研]

答：“他们”诗派是中国当代围绕民刊《他们》而生成的诗歌群体。“他们”诗派的代表人物前期有韩东、于坚、丁当、小海、小俊、于小伟等人，后期加入了一批更年轻的诗人，包括朱文、刘立杆、吴晨骏、任辉等，代表作品有《有关大雁塔》《作品55号》《背时的爱情》等。《他们》1985年创刊于南京，1995年第九辑出刊之后停刊，2002年后转为《他们网刊》，其写作成员散布全国各地。“他们”诗派主要成员在诗歌品质的取向上有鲜明的一致性，即回到诗歌本身、回到个人、对日常生活的强调、对口语的重视等，主张“我们关心的是诗歌本身，是诗歌成其为诗歌，是这种由语言和语言的运动所产生美感的生命形式”，即使韩东等人一直否认他们是诗歌团体或诗歌流派，但他们的作品为诗派创立了诗学基础和实践路向。

2. 朦胧诗[南京大学2023年研；上海大学2023年研；复旦大学2021年研；中央民族大学2021年研；中国传媒大学2012、2010年研]

答：朦胧诗是20世纪70年代末到80年代初伴随着文学全面复苏而出现的一个新的诗歌艺术潮流，又称新诗潮诗歌。朦胧诗是新诗潮诗歌运动的产物，因其在艺术形式上多用总体象征的手法，具有不透明性和多义性，故得此名。代表诗人有食指、北岛、顾城、舒婷、梁小斌、江河、杨炼等。朦胧诗以“叛逆”的精神，打破了当时现实主义创作原则一统诗坛的局面，为诗歌注入了新的生命力，同时也给新时期文学带来了一次意义深远的变革。朦胧诗人在诗作中以现实意识思考人的本质，肯定人的自我价值和尊严，注重创作主体内心情感的抒发，在艺术上大量运用隐喻、暗示、通感等手法，丰富了诗的内涵，增强了诗歌的想象空间。

3. 翟永明的诗歌[中国传媒大学2017研]

答：翟永明的诗歌是指中国当代著名女诗人翟永明创作的诗歌。翟永明，四川成都人，曾旅居海外，1981年开始发表诗歌作品。1984年，囊括二十首抒情诗的大型组诗《女人》，以独特奇诡的语言与惊世骇俗的女性立场震撼了文坛；其后又发表组诗《静安庄》等作品。她的诗歌创作是当时“先锋诗歌”写作的一个重要事件，她也被认为是“第三代诗歌”中的“女性诗歌”的代言人。翟永明的诗歌以一种平静而深邃的忧伤，以丰富而近于原初性的生命体验，洞穿了女性作为客体、长期受男性秩序压抑和遮蔽的生存真实，在二元对立思维基础上的“黑夜”以及在“黑夜”中的表达是其诗歌创作的主旋律。对于诗歌界将其写作归于“女性主义”的做法，翟永明总是持警觉的态度。事实上，她一开始就有别于舒婷等吟唱着启蒙主题的女诗人，在新诗史上，她发出了从未有过的、成熟的女性声音。受美国自白派女诗人西尔维娅·普拉斯的影响，翟永明在进行黑夜意识的讲述时不由自主地采用了一种简洁而阴森、坚硬而富穿凿力的迷狂式非理性表达，一方面展示着女性自我体认过程中遭遇的迷茫，另一方面也展示着“黑夜”中崛起的女性放任内心激情、欲望和幻想的诗意表达。80年代后期，翟永明摆脱强烈自白性效果的迷狂基调，以受世俗限制的日常性视角和语气替换原先启示录式的俯视视角和语气。

4. 《大雁塔》[首都师范大学2016年研]

答：《大雁塔》是朦胧诗人杨炼的一篇诗歌。该诗以大雁塔的历史经历作为写作主线，以极为人性化的情感体验折射中国的传统历史和文化渊源。这首诗是五个诗组构成的长篇巨著，有浓郁的“史诗”意识。他的诗歌能从历史发展和民族斗争的角度来审视和重新体认现实，进而以自我的历史来归纳民族历史，这种感知角度和抒情方式使得他的诗有一种沉郁悲怆的英雄气质以及厚重的历史感。从价值观来看，诗歌具有强烈的社会意识，“通过民族为生存所做的斗争，和民族文化传统的审察，来思考现实社会问题”是他常采用的创作方法。从诗歌艺术上看，《大雁塔》运用了象征、比喻的表现手法，注重形象与意象的刻画。大雁塔在杨诗中是中华民族和历史文化的象征，诗人反复使用“太阳”“天空”“战士”等一系列意象为读者刻画了一位历史见证人的形象。在抒情基调上，《大雁塔》是沉郁悲壮的，抒发的是一股强烈的爱国之情。在语言方式上，杨诗使用的是能表达他沉重深情的书面语，读起来感情充沛而又强烈。

5. 白洋淀诗群［北京大学2025年研；湖南师范大学2022年研；辽宁大学2021年研；中山大学2011年研］

答：白洋淀诗群是指20世纪70年代末由一些下放到河北白洋淀地区的知青组成的诗人群体。代表诗人有芒克、多多、根子、林莽、方含等。他们自发地组织民间诗歌文学活动，逐渐形成了白洋淀诗群。他们的作品着重对现实社会秩序和暴力专制进行批判，表现生命中迷惑、孤独和痛苦的体验，摆脱了主流意识形态话语的束缚，回到自己的内心世界。他们的诗歌的这种现代主义特征，直接预示和影响了"文革"后诗歌领域的现代主义探索。

6. 第三代诗［首都师范大学2011年研］

相关试题：

（1）第三代诗人［南京大学2011年研］

（2）新生代诗［中国传媒大学2011年研］

答：第三代诗是指由"第三代"诗人所创作的诗歌。他们人物众多、流派纷呈、各种旗帜铺天盖地，其中代表诗人有于坚、李亚伟、韩东等。第三代诗歌具有以下特征：呈现出反理性、反崇高、反英雄倾向，倡导小人物、平民意识；重视流派与理论建设；在创作上具有高度的语言意识，用口语化的语言拓展了当代新诗发展的空间。他们把诗从群体意识中解放出来，促使中国诗歌呈现出多元化、边缘化、个人化的趋向。代表流派有非非主义、他们文学社、海上诗群等。

7. "女性诗歌"［首都师范大学2010年研］

答："女性诗歌"是指80年代中期后兴起的包括"女性作者""女性意识""性别特征"在内的诗歌写作，一般以翟永明、唐亚平等为其中的代表。这些诗歌进一步触动了80年代后期女性发出的对抗和消解男权意识的话语，使中国女性主义意识的表达进入了一个新的时期。

三、简答题

1. 简述第三代诗的后现代特征。［山东大学2018年研］

相关试题："新生代"诗歌的主要特征。［吉林大学2013年研］

答："第三代"诗歌，即"新生代"诗歌，是"第三代"诗人所创作的诗歌。主要代表人物有：韩东、于坚、丁当、小君等。"新生代"诗歌被看作中国当代诗歌的分水岭，其诗歌具有以下特征：

（1）呈现出反理性、反崇高、反英雄倾向，倡导小人物、平民意识

在个人经验的转变中以一种独特的姿态深刻体验现代人共有的内心世界，从人的生存状态考虑人的心理世界、内在本能意识，从而无限扩展真正属于自己的领地。

（2）重视流派与理论建设

代表流派有1986年创立于四川的非非主义、1984年创立于南京的他们文学社、1984年成立的海上诗群，此外还有莽汉主义、圆明园诗群、星期五诗群、地平线诗歌实验小组等。其中，"非非主义"是第三代诗歌流派中唯一有明确诗歌理论主张的诗派，表现为：

①在诗歌创作方面，倡导感觉还原、意识还原和语言还原。

②在诗歌语言方面，坚持"对语言施以三度程序的非非处理"——超越"是"与"非"的两值价值评价，使所用语言在非两值定向化的处置中，获得多值乃至无穷的开放性，赋予语言

新的更加丰富的表现力。

③在诗歌批评方面，推出创造批评法——其批评强调一切非创造因素的清除与否或者程度怎样，这一清除工作主要体现在感觉、意识和语言三个方面。

(3)在创作上高度的语言意识，用口语化的语言拓展了当代新诗发展的空间

主体意识的不断萌发，在其诗歌中具体表现为以反英雄平民的角色审视日常生活，语言演化为口语化，并通过这种独特的方式完成生命的体验。

(4)诗歌呈现多元化、边缘化、个人化的趋向

“新生代”诗歌继承了新诗潮主体觉醒的基本思想，把诗从群体意识中解放出来，促使中国诗歌呈现出多元化、边缘化、个人化的趋向。无论从文化的角度还是生命的视角都向主体意识的探求与审视迈进了一步，向个人意识的深层面展开迈进一步。

总之，“新生代”诗歌以反文化为特征，淡化社会历史意识，取消文化的意义，排除文化对人的束缚，回到生命本身。如四川的“非非主义”“莽汉主义”“他们文学社”“撒娇派”等在创作方面都倾向于后现代主义文化特征。

2. 简述舒婷与女性诗歌的关系。［首都师范大学2015年研］

答：1979年到1980年之交，舒婷的出现，像一只燕子，预示着女性诗歌春天的到来。

(1)由于女性的生理心理特征和多年来在以男性为中心的社会中形成的女性角色意识，女性诗歌有着不同于男性诗歌的独特风貌。男性诗人一般情况下不存在对性别的特殊强调。但女性诗人则不然，在男性中心的社会中，女性对自己的地位、处境、生存方式等最为敏感，因而女性诗歌在新时期首先以女性意识的强化面貌出现是很自然的。作为一位真诚而本色的女诗人，舒婷自然而然地显示了女性立场，她的诗歌也渗透着一种鲜明的女性意识。

(2)《赠》与《无题》充分显示了舒婷诗歌的女性风格。而真正对新时期女性诗歌造成开拓性影响的，当数她的名篇《致橡树》《神女峰》和《惠安女子》。真正女性诗歌所提供的都应是女性自身的和人类的双重信息，女性诗歌既是女性的，更是全人类的。可以毫不犹豫地说，舒婷的优秀诗篇做到了这点。

(3)舒婷的出现，带来了新时期女性写作的勃兴。自此，东西南北中，女性诗人不断涌现，她们摆脱了男性中心的话语模式，以性别意识鲜明的写作，传达了女性觉醒以及对妇女解放的呼唤与期待，引起了阵阵的喧哗与骚动，成为新时期诗坛的重要景观。

3. 简述当代女性诗歌中的黑夜意识。［南开大学2013年研］

答：当代女性诗歌产生于70年代末，繁荣于80年代中后期。在西方女权主义的影响下，这一时期中国的女性诗人群体更加关注女性自身的命运及生存空间。翟永明以《黑夜的意识》一诗昭示了女性的自觉，紧随其后，唐亚平又以11首组诗《黑色沙漠》展示了卸下伪装之后女性真实的生活状态及精神世界。这些诗歌都涉及“黑夜”，这种黑夜意识的特征主要体现在以下几个方面：

(1)呼唤被压抑的女性意识的觉醒

女性诗歌是女诗人基于女性意识的观照写作的诗歌作品，女性诗歌中的黑夜意识伴随着女性主体意识的觉醒而呈现出来。这是因为黑夜是一个私密的空间，是女性释放被压抑情绪的最好时刻，它往往还和性联系在一起，因此，女性对黑夜有独特的感受。在众多女性诗人当中，翟永明的诗最具黑夜意识，1983年，翟永明完成了《女人》组诗，一经发表便震惊了诗坛，在序文《黑夜的意识》中，翟永明说：“我更热衷于扩张我心灵中那些最朴素、最细微的感觉，亦即我认为的‘女性气质’，某些偏执使我过分关注内心。”她的诗通过比较自觉的

性别意识的观照，寻求女性身份的认同，敞开历史与现实的女性境遇，展开女性的深层意识的挖掘。她拨开男性主体，真正进入了女性的自然感觉世界和心灵世界。在《独白》一诗中她写到，女人生来就面对一个黑夜，与白昼对峙的黑夜，这是一种残酷的经验，而女性的压抑、紧张与种种矛盾痛苦是女性独特的经验和感受。

(2)把对生命的思考诉之于女性的生命体验

女性诗人有着天生的敏感气质，她们更容易去叩问女人与生俱来的命运，能够深深体会到女性被动的、客体的、沉默的现实处境，这种处境伴随着恐惧、焦虑、虚无与绝望，共同合成了女性命运的主旋律。在中国，女人的地位都是卑微的，白天给予女人的只有焦虑和压抑，只有黑夜能赐予女性自我释放的可能性，让她们去捕捉内心神秘的一瞥，去拷问生命，去怀疑爱情，去洞察我们的本质存在的意义。继翟永明之后出现的王小妮、陆忆敏、伊蕾、张真、海男等诗人，延续发扬翟永明的"黑夜意识"，一反传统，用大胆直白的语言，怪诞奇异的意象表达对女性性别身份的真实体认，反抗命运以及自身，在矛盾中撷取毁灭或者是收获一点慰藉。正如伊蕾的组诗《独身女人的卧室》中所写的那样，"在一堆破烂的稿纸旁/讨论艺术讨论哲学/第一，存在主义/第二，达达主义/第三，实证主义/第四，超现实主义/终于发现了人类的秘密/为活着而活着/活着有没有意义/什么是最高意义/我有无用之用/我的气息无所不在……"，伴随着女性意识的觉醒，女性开始思考自身生命的本真意义，不再接受现实的愚弄，也不再逆来顺受、自轻自贱。可以说，"女性诗歌"经验性的"黑夜意识"，不仅仅是对个人的自身的关注，也是对女性命运悲剧的哲学反思和整个人类的终极关怀。

4．朦胧诗的艺术特征。[华中师范大学2024年研；四川师范大学2018年研；吉林大学2012年研]

相关试题：简述朦胧诗的特点及代表人物。[中国传媒大学2011年研]

答：朦胧诗兴起于20世纪70年代末到80年代初，是伴随着文学全面复苏而出现的一个新的诗歌艺术潮流。朦胧诗的代表人物有：食指、北岛、舒婷、芒克、多多、顾城、江河、杨炼、林莽、梁小斌、王小妮等。其艺术特征具体如下：

(1)以现代意识思考人的本质，肯定人的自我价值和尊严，呼唤人道主义和人性的复归

在思想表达上，朦胧诗运用新的题材和艺术方法处理并开拓现实生活，对历史怀有冷静的批判与深切的反思，诗人们以鲜明的带有主体性和时代性的"自我"去感知世界，嘲弄限制幸福与个人生活的力量，以一种毫不妥协的斗争姿态，表现出恢复"五四"精神的积极态度，对过去虚假的、公式化的诗歌概念构成了挑战。

(2)注重诗的观念省略和诗的主题暗示，以象征手法为中心的艺术创作方法，意象化手法和意象层面的立体组合

大量运用隐喻、暗示、通感等艺术手法，在意象的凝聚组合和时空转换中，将多重情感寓于象征性意象当中，创造出繁复的意象群落和以象征为中心的表现模式。诗歌重视直觉意象，以情感逻辑代替事物的客观逻辑，以主观真实代替客观现实，极具现代主义色彩。如顾城的《黑眼睛》，对黑夜意象可以有不同的理解意义。

(3)注重跳跃性情绪节奏和自由化的内在结构与韵律

在朦胧诗诗人眼中，诗是诗人心灵的历史，是人类生命的强辐射，也是诗人情绪的扩张。一首诗重要的不是连贯的情节，而是诗人的心灵曲线。朦胧诗反映了一代人的心灵历程，是一代青年的集体塑像。

5．简述白洋淀诗歌的艺术个性及其文学史意义。［南开大学2011年研］

答：(1)艺术个性

①显著的现代主义诗歌色彩

“白洋淀诗歌”将关注点从现实世界转向内心世界，抒写个人内心生活。即使有现实反映，也是通过抽象或变形，转化为心理符码，来传达情感或思考。

②强烈的批判和反抗色彩

通过隐喻、象征和反讽等手法来揭示当时反常、暴力的社会现实，表达自己对这些现象的极端厌恶与否定。

③蕴含浓郁内省与孤独的诗歌品格

“白洋淀诗歌”在当代新诗史上不同于以往诗歌的是它内省的诗歌特征。“白洋淀诗歌”更多地沉入诗人内心，通过个性化的体验与感悟来传达一种缺乏明确出路的内省，更多呈现情绪化色彩。

④向西方现代诗歌靠拢，呈现出异域风情般的审美效果。

(2)文学史意义

“文革”语境中的白洋淀诗群是20世纪中国新诗不间断发展的重要环节，在中国当代新诗发展史上具有重要意义。

①重新确立了诗歌本体的独特存在，坚持了诗人的个体主体性。

②对传统的二元对立的修辞学和“圣词”进行了颠覆和消解，运用现代诗歌技巧，隐喻、反讽、悖论、意象叠加和重合，表现内心世界的荒诞意识和对理想的追寻与探索。

③在时间向度上，白洋淀诗群实现了对当代十七年诗歌和“文革”诗歌写作的背离和反驳，接续了20世纪上半叶优异而可贵的诗歌传统，并开启了此后包括朦胧诗在内的对人性和文学性双重关照的诗歌脉络。

总之，“文革”时期出现的白洋淀诗歌着重对现实社会秩序和暴力专制进行批判，表现生命中迷惑、孤独和痛苦的体验，摆脱了主流意识形态话语的束缚，回到了自己的内心世界。他们诗歌的这种纯粹的现代主义特征，直接预示和影响了“文革”后诗歌领域的现代主义探索。

四、论述题

1．你怎样评价海子诗歌的思想价值？［中国传媒大学2014年研］

答：海子是中国20世纪新文学史中一位全力冲击文学与生命极限的诗人，他用自己的创作回答了“诗人何为”。海子的诗歌思想具有重大价值，主要包括以下两个方面：

(1)民间理想的追求

民间理想主义是一种新的创作立场，海子是其中的杰出代表。他从非权力形态和非知识分子精英文化形态的文化视界和空间出发，从“共名”的宏大叙事模式中游离出来，深深地立足于民间社会生活。海子的诗歌常常与老百姓在日常生活中所表现出来的乐观主义和对苦难的深刻理解联系在一起，从中可以确认诗人理想的存在方式和价值取向。例如，在他的关于麦子的诗歌创作里，麦地成了诗人的“乌托邦”。《五月的麦地》和《麦地与诗人》中的麦地并不是完美的天堂，而是痛苦的圣地，但这正是诗人寄寓理想之所在。海子正处于诗歌领域充满喧嚣与躁动的时刻，当时的诗坛充满反叛，反叛崇高人格，反叛英雄神话，反叛一切与传统有关的文化遗产，急功近利的创新和狭隘琐碎的题材反映出理想失落后的个人性的脆弱，而海子则用来自民间的“麦地”“草原”“少女”“月光”“向日葵”“鹰”“马”等意象，在反叛中捍卫自己的“精神家园”。这种对民间理想的深切呼唤，是海子思想的突出价值。

(2)生命意识的超越

海子所受的哲学尤其是存在主义哲学的影响和对自身、人类与宇宙的思考，对诗歌使命的追问，对终极价值的探寻结合在一起，熔铸成生命的交响曲。渗透在他诗歌里的生命意识，超越了以个体为特征的生命存在，成为囊括宇宙万象，由大地、天空、诗人共同创造和拥有，并用心灵去感知和倾听的一种神启。他从生命元素和主体意志出发，对现代主义与后现代主义所体现的形式文明进行清算和扬弃。例如，《面朝大海，春暖花开》一诗中，诗人要给每一条河每一座山取个“温暖的名字”，显示了一种“走近”的姿态。在海子看来，由于现代文明的畸形，人们无论是在他们所处的时代还是在他们关乎历史记忆的情境中，都日益丧失了对生命作为一种奇迹的感受能力。所以，他认为自己有责任通过诗歌来帮助人们恢复对生命的感受力。海子的诗歌以独特的视角与细腻的笔触反映苦难与幸福、生存和死亡等关乎生命的命题，真正地体现了诗歌的内在价值和属性。

总之，海子在他短暂的诗歌生涯中响亮地喊出了民间的理想主义，他的诗歌思想与人类存在、苦难、生命、死亡等终极价值的探寻相连，因而在思想领域、诗歌创作领域、现实生活中都具有独特的价值。

2. 结合诗作论述“朦胧诗”对现实批判和对诗艺探索的贡献。[中国传媒大学 2011 年研]

答：(1)“朦胧诗”对现实批判的贡献

①朦胧诗一反传统的思维模式，追求友爱和谐的人际关系和真诚善良的人性回归。朦胧派诗人普遍具有现代意识，强调人的自我价值，主张表现自我。例如舒婷的《致橡树》，除却情爱，更表现出一种坚强、独立、绝不攀附、牺牲自我的现代女性爱情观。

②朦胧诗注重自我表现。它之所以给人“新”的感觉，是因为出现了具有现代青年特点的“自我”。朦胧诗开始注意到汉语的诗意特质，讲究精练、暗示、含蓄，讲究意象的经营。即使是理性的思考、观念的传达，也能借意象的运作来完成。

③追求社会的尊重和人的价值及社会权利。

a. 对人的价值的重新审视，对人道的强烈渴望，提供了对人的价值的新理解，促进了民族的历史性觉醒。

b. 对历史本质的新探索，使其创作超越了具体的事件而进入了对抽象内涵和事件本质的剖析。

④追求自我的物化和物化的自我。朦胧诗人对人与人、人与社会的关系做了反传统的全新剖示，在人与自然的关系上的反传统性表现得尤为深刻。他们对自然固有的属性和传统的约定俗成的内涵表示了疑义。

朦胧诗人普遍具有一种强烈的群体意识和忧患意识，对祖国民族有一种深沉的感情，往往通过诗歌比较自觉地把自己和民族的命运联系在一起。例如《祖国啊，我亲爱的祖国》，诗人所表达的并不是那种浮泛、虚假的“爱国豪情”，而是从自己与祖国同命运、共忧患的角度写出了个人和民族之间血肉相连、生死与共的关系。

(2)“朦胧诗”对诗艺探索的贡献

①以现代意识思考人的本质，肯定人的自我价值和尊严，呼唤人道主义和人性的复归。

在思想表达上，朦胧诗运用新的题材和艺术方法处理并开拓现实生活，对历史怀有冷静的批判与深切的反思，诗人们以鲜明的带有主体性和时代性的“自我”去感知世界，嘲弄限制幸福与个人生活的力量，以一种毫不妥协的斗争姿态，表现出恢复“五四”精神的积极态度，对过去虚假的、公式化的诗歌概念构成了挑战。

②注重诗的观念省略和诗的主题暗示，以象征手法为中心的艺术创作方法，意象化手法和意象层面的立体组合。

大量运用隐喻、暗示、通感等艺术手法，在意象的凝聚组合和时空转换中，将多重情感寓于象征性意象当中，创造出繁复的意象群落和以象征为中心的表现模式。诗歌重视直觉意象，以情感逻辑代替事物的客观逻辑，以主观真实代替客观现实，极具现代主义色彩。如顾城的《黑眼睛》，对黑夜意象可以有不同的理解意义。

③注重跳跃性情绪节奏和自由化的内在结构与韵律。

在朦胧诗诗人眼中，诗是诗人心灵的历史，是人类生命的强辐射，也是诗人情绪的扩张。一首诗重要的不是连贯的情节，而是诗人的心灵曲线。朦胧诗反映了一代人的心灵历程，是一代青年的集体塑像。

3. 试论舒婷的诗歌创作特点。［武汉大学 2011 年研］

答：舒婷崛起于 20 世纪 70 年代末的中国诗坛，她和同代人北岛、顾城、梁小斌等以迥异于前人的诗风，在中国诗坛上掀起了一股朦胧诗大潮。舒婷是朦胧诗派的代表人物，她的《致橡树》是朦胧诗潮的代表作之一。舒婷的诗歌创作特点表现为以下几点：

（1）通过诗歌把自己和民族的命运联系在一起

这种联系主要表现为对现实、土地、祖国理性而又执着的爱，对理想、未来的信念。在《祖国啊，我亲爱的祖国》一首诗中，诗人从自己与祖国同命运、共忧患的角度写下了个人和民族之间血肉相连、生死与共的关系。另外一些作品《献给我的同代人》《这也是一切》中，舒婷反复强调责任的重要和实现责任所需要的勇敢、坚强、心灵的力量乃至牺牲精神。

（2）对个性和自我价值的果断肯定与坚持

这里的“个性”是作为一个平民的“个性与自我价值”，这个自我是独立、自尊、灵魂自由的“人”。例如《致橡树》中传达的坚强独立、绝不攀附他人和牺牲自我的现代爱情观。

（3）诗歌蕴含着深厚的“爱”

这种“爱”有时表现为“美丽的忧伤”，有时表现为“沉重的思索”，诗歌在表现方式上倾向于浪漫主义。她的诗体属于自由诗，但又注重格律的调节，特别注重诗句和诗段的对称。如《致橡树》中的“仿佛永远分离，却又终身相依”，《思念》中的“蓓蕾一般默默地等待，夕阳一般遥遥地注目”。

（4）诗歌的意象多来自她生活的地域的自然景物

舒婷偏爱修饰性的词语，这和她曲折的内心情感的表达相关。另外，舒婷大量使用假设、让步、转折等句式，诗歌的意象多来自她生活的地域的自然景物。

总之，舒婷深入探讨女性的本体，从人的尊严和人的价值出发发表爱情的宣言；她呼唤人性寻找真善美，用无限爱的真情寻找理解和尊重；她歌唱祖国，充满爱的激情；悲剧性的时代烙印使她的诗流露出淡淡的哀愁，呈现出美丽忧伤的基调。

第20章 历史创伤的记忆

20.1 复习笔记

一、创伤记忆与历史反思

“文革”的结束标志着新时期的开始，沉寂多年的文学创作也摆脱种种禁锢，逐步回归正常的轨道。“伤痕文学”最先出现，其作品揭露了“文革”给个人肉体和精神带来的伤痛。随着批判的深入以及社会经济改革发展进程的需要，又出现了“反思文学”“改革文学”等一系列新的文学概念。

1. 伤痕文学

1977年刘心武的短篇小说《班主任》、1978年卢新华的短篇《伤痕》的发表，促使以揭发“文革”造成的肉体、灵魂伤害为主旨的作品大量涌现。“伤痕文学”的称谓，正与这些作品的出现相关。伤痕文学的创作冲破了“四人帮”极“左”文艺为创作设定的种种题材禁区，以人道主义立场和现实主义美学原则描写“文革”十年给人肉体及心灵带来的巨大伤痛，真情的流露使得文学脱离假大空的歌颂模式，具有浓郁的悲剧风格。而究其文学本质，“伤痕文学”是一种具有社会性控诉与批判的宣泄文学。

(1)《伤痕》

①内容概述

小说讲述一个家庭在“文革”期间的悲惨遭遇。一个信奉革命真理的女孩，在母亲被造反派揭露出是革命的“叛徒”之后，立即断绝了与母亲的关系，离家出走。但她也因此承担了母亲的政治过错给她造成的后果，在政治上无法进步，与相爱的男友也失去了进一步发展的机会。她只能放弃一切美好的希望，一个人孤苦伶仃、痛苦地生活下去。粉碎“四人帮”后，她才知道母亲的问题乃是冤案，她怀着激动和难过的心情星夜赶回家看望久别的母亲，但母亲却因为遭受精神与肉体的迫害，在女儿快要到来前的几小时去世。

②艺术特点

a. 小说虽然还显幼稚，但十分简洁细致，人物悲剧性的命运可以在一些细节的刻画中真切地呈现出来。

b. 小说令人震惊地提示出“伤痕”不仅仅印在父母辈的身上，也铭刻在青年一代的心灵上。

(2)《班主任》

①内容概述

小说以一个班主任的视角，来看几位学生在粉碎“四人帮”后不久时的精神状态，揭示“文化大革命”实行的文化专制给中国的一代青少年带来的恶劣影响，从而发出“救救孩子”的呼声。

②人物塑造

小说的主人公是一个流氓式的男孩宋宝琦，在班主任张俊石的眼里，这个男孩就是被“四人帮”推行的毁灭知识文化的极“左”路线戕害的产物。而另一个主人公谢惠敏受到“四人帮”的毒害更深。她是一个本质纯正、品行端庄的好学生，向往成为“一个好的革命者”，但实际却是一个思想僵化、眼界狭隘、没有任何判断能力的盲从者。她的头脑已经被“四人帮”的愚民政策和以阶级斗争为纲的思想所控制。

(3)“伤痕文学”的其他作品

继卢新华《伤痕》之后，文坛涌现出一批控诉“文革”践踏文化、摧残人性的作品，它们以强烈的爱憎表达了对灾难中无辜者命运的人道主义同情以及对野心家、阴谋家倒行逆施给人民、国家带来灾难的谴责。例如：郑义的《枫》、孔捷生的《姻缘》、陈国凯的《我应该怎么办》、方之的《内奸》、从维熙《大墙下的红玉兰》、周克芹《许茂和他的女儿们》、莫应丰的《将军吟》等作品。

(4)“伤痕文学”的不足

①小说情感宣泄色彩强烈，主题表现较为狭隘，艺术手法方面也不够成熟。

②由于时间的局限，伤痕文学以短篇小说为主，缺乏系统性的长篇代表作。

③与政治之间的关系依旧紧密，小说承载了过重的历史使命，文学的本体特征被忽视。

2. “反思文学”

继“伤痕文学”后，出现了对建国三十年来社会发展曲折进程重新审视的创作潮流——“反思文学”。不满足于情感宣泄，反思文学将理性批判精神注入文学创作中，深挖历史悲剧的根由，是现实主义创作潮流的深化。

(1)“反思文学”与“伤痕文学”的关系

随着思想解放和拨乱反正，文学创作逐渐突破禁区，不再满足于伤痕的展示与情绪的宣泄，开始以“伤痕”为源头，以更加开阔的视野回顾历史，反思造成历史悲剧的深层原因。反思文学是伤痕文学的进一步深化，体现了当代作家理性精神的复苏，它将文学对社会谬误的现象性揭示上升到对历史教训的经验性探寻上，与伤痕文学相比具有更加深邃清醒的目光，更加深刻的主题，也更具理性色彩。

(2)“反思文学”的特点

①在创作方法上以现实主义为主并逐步深化，从政治以及社会层面揭示“文革”对“现代化”的阻滞和压抑，从一般性地揭示谬误上升为对谬误产生原因的深切反思。

②反思文学以其独特的评判社会历史现实的勇气彰显了新时期文学主体意识的觉醒，以鲜明的理性批判精神将文学推向新的高峰。

③有意识地打乱适宜于反思的时空意识，用这种“准意识流”手法，对艺术表现形式进行创新与突破。

(3)“反思文学”的作品

被归为反思文学的有短篇《李顺大造屋》《“漏斗户”主》(高晓声)、《剪辑错了的故事》(茹志鹃)、《小贩世家》(陆文夫)；中篇《布礼》(王蒙)、《蝴蝶》(王蒙)、《人到中年》(谌容)、《犯人李铜钟的故事》(张一弓)、《洗礼》(韦君宜)、《美食家》(陆文夫)；长篇《芙蓉镇》(古华)等。

(4)反思的内容

①建国以来政治经济活动中的各种运动及“左”倾思潮对于社会人生的影响，如《天云山传奇》《灵与肉》《剪辑错了的故事》等。

②揭示封建残余势力和封建意识在现实人生尤其是人们精神世界的深刻烙印，如《挣不断的红丝线》。

③对党与人民的关系进行反思，对官僚主义进行批判，如《冬天里的春天》《蝴蝶》等。

④剖析与批判扭曲的人格、心理以及国民性，如《陈奂生上城》等。

(5)主要类型

①从表现对象看，主要有以王蒙为代表的表现干部问题的反思小说，以张贤亮、谌容为代表的表现知识分子问题的反思小说，以梁晓声、史铁生、张承志等为代表的表现知青问题的反思小说以及以高晓声为代表的表现农民问题的反思小说等。

②从主题内容看，主要分为“人民的主题”和“人的主题”两类。以“人民”为主题的反思小说的作品往往能够站在人民的立场上，通过从革命战争年代走来的高级干部自身的反省与忏悔完成对历史谬误的反思。以“人”为主题的反思小说则致力于恢复“文革”时期被践踏的人的价值、尊严与权利。

3. 改革文学

继“伤痕文学”和“反思文学”之后，出现了一个新的文学思潮——“改革文学”。“改革文学”面对“伤痕”和“废墟”，呼唤城市、乡村的“现代化”目标。

(1)发展分期

改革小说的发展可以分为如下三个不同时期：

①第一个阶段是呼唤与歌颂改革的阶段。小说及时反映了社会改革发展的新面貌，代表作是蒋子龙的《乔厂长上任记》、柯云路的《三千万》、张洁的《沉重的翅膀》和李国文的《花园街五号》。

②第二个阶段是全方位反映和审视改革发展现状的时期。这一时期的作品开始关注改革发展的问题及改革对人道德观念和思想情感的冲击。代表作：张炜的《秋天的思索》《秋天的愤怒》、柯云路的《新星》等。

③第三个时期是改革文学由政治经济反思向文化反思的深化时期。代表作张炜的《古船》、路遥的《平凡的世界》等。

(2)代表作品：《乔厂长上任记》(蒋子龙)

①内容概述

作品塑造了一个受命于危难之时的改革家的形象。乔光朴面对车间管理混乱、工人自由散漫、保守势力顽固不化等重重困难，依靠大智大勇力挽狂澜。乔光朴最大胆的改革措施就是抓住企业自主权，这是“文革”后中国企业改革迈出的关键的第一步，鲜明地体现了那个时期迫切需要的改革精神。

②思想特点

a. 所有那个时代的弊端与困惑，都在这部文学作品里有所呈现，并获得想象性的满足。

b. 作为理想化的、集体想象中的英雄，乔光朴不畏强权、敢于斗争、光明磊落、不屈不挠的“开拓者”形象呼应了改革的迫切现实需要。

c. 这篇小说不仅仅是一部成功的文学作品，也是新时期经济改革的一部及时的启示录。

(3)“改革文学”的其他作品

改革文学回应了走向改革开放时中国人民的心理诉求，提供了辅助人们认识现实生存空间的表象体系和情感意识，对于重塑社会精神生活有着重要意义。其他具有代表性的改革文学作品还有：何士光《乡场上》、铁凝《哦，香雪》、张平《抉择》、周梅森《至高利益》《苍天在上》、王跃文《国画》等。

二、三部中篇小说

80 年代初期，一批在“文革”中秘密创作的具有反思性的小说陆续出版。《公开的情书》《波动》以及《晚霞消失的时候》这三部小说被视作其中的代表。小说的作者都是较早觉醒的青年，小说中的人物也带有他们自身的影子。在时代转变之际，这些小说表达了青年一代寻求精神出路的思考与努力。

1. 靳凡《公开的情书》

初稿完成于 1972 年，曾以手抄和打印本形式流传。小说没有完整的情节，也没有通常小说的人物描写和性格刻画，思辨、说理色彩和强烈的感情抒发是作品的构成要素。作品展现了“文革”时期青年知识分子对国家民族乃至个人命运前景的追求，关注到了久被忽视的知识分子的内心世界，展示了他们难言的苦痛和紧守的希冀。

2. 北岛《波动》

(1)1974 年，赵振开以“艾珊”为笔名创作了中篇小说《波动》。小说叙述了极“左”思潮下一些道貌岸然的领导干部的丑劣行径和一群经历了荒诞现实的青年人精神上苦痛以及思索。

(2)小说的艺术特色主要为：

①拒斥宏大叙述模式，以独白的意识流形式构筑全篇，小说不断变换叙事视角，不同的人名成为每一章节的标题及该章节的叙述主体，实现了以零碎消解传统叙事的总体性特征，此外小说画面感及空间感也格外鲜明。

②突破“爱情”这一题材禁区，以杨讯和肖凌的爱情悲剧为线索，表现出各色人物复杂的内心世界。

③由于窥破了权利意识形态庄严神圣的外表，小说体现出鲜明的悲剧意识、主体意识和独立思考精神，同时也显示出孤独忧郁的黯淡基调。

3. 礼平《晚霞消失的时候》

小说叙述了李淮平与南珊“文革”期间失败的爱情经历。经历过种种历史的荒谬，二人虽然没有获得爱情，但是却获得了对历史、爱情及人生的深层次认识，在晚霞消失的时候，他们各自走上了自己的人生路。小说以冷静直观的笔触描写了“文革”时期的真实场景，反映了一代人精神的苦痛。

三、“复出”作家的历史叙述

1. “复出”作家

(1)“文革”结束后，最先回归文坛的是“文革”期间被打倒的作家，起初大多以回归十七年为基本诉求，第二批归来作家是在 1957 年前后蒙受冤屈离开文坛的作家，他们并不满足于十七年的状态，主张对极“左”路线的危害进行更久远的探寻。

(2)许多人具有人道主义和个人主义的思想，受到西方的古典作品和“五四”作家创作的影响，这些思想在部分作品中成为作家思想情感中的主导因素。

(3)复出作家的作品内容主要有两种，其一是致力于塑造“圣洁受难者”形象，其二是受难者对自我进行解剖分析。

2. 王蒙

王蒙以“文革”和“当代史”为题材的作品(《最宝贵的》《表姐》《布礼》《蝴蝶》《杂色》《春之声》《海的梦》《相见时难》等)，表现了一定的思想深度和艺术控制力，以及重视心灵现实、重视历史理念的思辨剖析的倾向。

(1)作品分类

①现实主义小说:《组织部新来的青年人》《青春万岁》

②现实主义与现代主义相结合小说:《在伊犁》《名医梁有志传奇》《活动变人形》

③后现代主义小说:《来劲》

④意识流小说:《布礼》《春之声》《蝴蝶》《夜的眼》《海的梦》

(2)创作思想

①王蒙作品与流行的揭露、控诉题材和情感方式保持距离，虽然有的作品也采用流行的以当代历史事件为结构框架的形式，但重视对心灵和历史理念的剖析。

②投身革命事业的青年知识分子在当代的生活、情感际遇，是他小说不断开掘的土层。

③在一些作品中，历史和个人曲折的命运会被归结为某一浮浅的政治命题；但在同一作品或另外的篇章中，又有深沉的人生感悟浮现。

④王蒙的小说即使是“意识流”小说也大多都涉及政治，但其姿态呈现一定的矛盾性，一方面他对这段奉献了自己的青春与爱的岁月怀有真挚的情感，另一方面也因历史和时代的愚弄而恼怒。

(3)艺术探索

①王蒙的意识流体现为典型的“东方意识流”：小说虽然突破了物理空间局限，但是思维相对比较理性且明朗的内容一般不涉及性意识；此外，繁杂的意识流表达背后有一种明确性，即对历史的明确反思和对理想的执着强调。

②《名医梁有志传》《球星奇遇记》和《坚硬的稀粥》等作品中，使用戏谑、夸张、带有荒诞色彩的寓言风格，似乎有意离开了规范的“写实”小说的路子。

③王蒙小说基本上采用的是“蒙冤——受屈——昭雪”的演绎模式，既准确揭示现实中的黑暗面，又不失时机地给予读者以希望，黑暗的现实描写往往呈现出明亮乐观的风格。

④作者对于抽象经验的关注使小说呈现出一种流动倾泻的叙述方式：语词上的变化和多样组合，不断展开的变化的句式，对于夸张、机智、幽默才能的充分展示等都对当代小说艺术贡献了力量。

3. 张贤亮

张贤亮的小说故事，大多发生于西北地区的乡村。从题材上说，一部分写80年代农村、工厂的经济改革，如长篇《男人的风格》，中篇《龙种》《河的子孙》；另一部分则以自己近二十年的“苦难生活”经历为素材，如《土牢情话》《邢老汉和狗的故事》《灵与肉》《绿化树》《男人的一半是女人》等，被看作是他的代表性作品。

(1)艺术贡献

①细致、“逼真”地在作品中展开生活情境和人物复杂心理活动。

②小说带有强烈的“自叙传”色彩，其结构模式和人物设计，无意中接续了某些“传统”因素(才子佳人模式、英雄落难美女搭救等)，后来成为限制其发展的因素。

③利用“灵与肉”二元对立的辩证法思维结构小说，将知识分子的受难写成一部灵魂升华的崇高史，例如《土牢情话》《灵与肉》。

④对于“文革”“伤痕”的描写不仅仅限于苦难的呈现，更强调一种“美”的存在，一种能使人振奋、使人前进的“美”。例如《绿化树》。

(2)《绿化树》

①作品概述

小说描写了知识分子章永磷从劳改农场的死人堆里爬出来，安身在另一个荒原上的农场的故事。他一旦果腹就开始研读马克思哲学与《资本论》，他还靠着自己的聪明，掌握了“盘火炕”的高超技术，并且获得了有“美国饭店”之称的美女工人马缨花的青睐，她无私地通过各种方式来抚慰他受伤的身心。最后，因为时局的变动，章永磷得以离开荒原，最终也失去了这位兼有“圣母”和“妖女”双重色彩的女性。

②艺术特色

a. 西北高原的环境设置为小说蒙上了一种粗犷、豪放、苍凉的叙事基调。

b. 主体在任何给定的磨难中，都能感受到爱与美，展示人性的光辉和劳动者的美好情愫。

c. 主人公对自我充满哲学意味的拷问使他完成了人格的蜕变与升华，小说充满了理性思辨色彩。

4. 高晓声

50 年代初开始从事文学创作，1957 年被打成右派。重返文坛后高晓声的主要成就集中在对中国农民形象的塑造，其中以《李顺大造屋》和“陈奂生系列”为主要代表作品。

(1)《李顺大造屋》

小说以李顺大造屋为线索，以“土改”“大跃进”“文革”等几个历史时期为断面叙写一个普通农民为实现造屋这一理想而辛苦奋斗三十载的曲折经历，深刻反思了极“左”路线对中国农民生活的严重危害，是反思文学的潮头作之一。

(2)陈奂生形象分析

①陈奂生是被成功塑造的农民典型，在他身上体现着中国农民性格的多侧面：既有农民淳朴善良、勤劳憨厚的一面，也有目光短浅、容易满足的一面。

②他的可怜命运是充满曲折与失误的历史年代中普通农民命运的缩影，他那病态的性格，是传统与现实合力造成的结果。

③陈奂生的复杂性格也是官僚主义和特权意识滋生的土壤，深刻地表现着农民性格与当代政治之间的复杂关系。

(3)高晓声小说创作的艺术特点

①小说的语言平实质朴而有韵味，叙述从容、清晰。

②善于在叙述中提炼有表现力的细节，充分表现人物的内心世界，塑造栩栩如生的人物形象。

③在小说取材方面，往往选取农民衣食住行等日常生活中琐屑的非重大事件抑或离奇故事作为创作材料，因而小说具有一定的普遍意义。

④描写当代农民性格心理的“文化矛盾”。从当代历史发生的挫折与传统文化积习相关的理解出发，揭示了农民这一“文化群体”的行为、心理和思维方式的特征。

5. 刘心武

刘心武 1977 年发表《班主任》，随后发表《爱情的位置》《醒来吧，弟弟》等短篇，提出“文革”在青少年心灵上留下的“内伤”及“后遗症”问题。

(1)创作历程

①以成名作《班主任》为起点，刘心武持续关注社会问题，创作了包括《爱情的位置》《醒来吧，弟弟》等在内的“问题小说”，充分发挥了小说的社会性功能。

②从中篇小说《如意》开始，刘心武走出了“问题小说”的模式，以浓郁的人道主义精神，开始向人心灵的更深处探寻。

③《钟鼓楼》以后，社会问题又成为刘心武创作关注的重点，深刻而富有理性的思考统率着情感，《王府井万花筒》《私人照相簿》等小说作品对于人精神世界的把握和世相的理解都相当深刻。

(2)创作特色

①刘心武文学创作最突出的特点就是社会性强，作家具有极为强烈的社会责任感和使命感，密切关注社会中发生的各种问题，发出正义且人道的呼声。例如成名作《班主任》中就发出了振聋发聩的“救救孩子”的呼号，揭示了“四人帮”的罪行，反映了时代的荒谬本质。

②由于对社会生活的积极参与，对人的心灵以及社会问题的持续关注和探讨，使得刘心武的小说颇具理性化的思辨色彩。

③从审美性角度而言，刘心武大部分“问题小说”都存在理性议论过多、形象性缺乏、文学性不足的特点。

6. 从维熙

其作品多描写受难的知识分子在监狱和劳改队的状况，如《大墙下的红玉兰》《第十个弹孔》《远去的白帆》《雪落黄河静无声》等，被批评界称为“大墙内小说”，或“大墙文学”。然而“大墙文学”的总体基调并不是颓唐绝望，从维熙着力表现那些在极端环境中的正义之士，他们依旧具有崇高的道德理想和矢志不渝的政治信念。在从维熙早期的小说中，美丑、善恶二元对立的简单化思维依旧存在，他继承了传统戏曲、小说的历史观，这种道德化的历史观制约了从维熙小说的艺术形态：人物被处理为某种道德“符号”，着力刻画的“正面人物”都具有灵魂“纯净”、道德“完美”的特征。

【名师点拨】重点掌握“复出”作家的主要特点，他们中的大多数接受了共产社会理想的许诺，愿意以“阶级论”和“集体主义”作为自己的世界观。另外，需了解从维熙悲情浪漫小说的艺术局限，主要是把历史运动看作是善恶、忠奸的政治势力之间的较量。

四、“知青小说”的演变

1. “知青小说”的含义

(1)作者曾是“文革”中“上山下乡”的“知识青年”。

(2)作品的内容主要是“知青”在“文革”中的遭遇，也包括他们后来的生活道路，如返城以后的情况。

70年代末到80年代，发表过以“知青”生活为题材的小说作家有韩少功、孔捷生、郑义、王安忆、史铁生、张炜、张承志、梁晓声、张抗抗、柯云路等。

2. 知青的“历史位置”与知青作家的写作

(1)“知青文学”带有明显的自传色彩，他们与“复出”作家有相似的意识，即书写与国家社会政治紧密关联的个人经历。但与“复出”作家相比，“知青”这一代人在“文革”中的生活意义，却是可疑和含混不明的，因此他们持续不断为一代人的青春立言，证明其价值和合法性。

(2)知青文学的背景虽然大多也是“文革”，但已经没有了“伤痕文学”以及“反思文学”那么强烈的批判性和反思性，对过往的知青经历的回忆往往渗透着作家浓厚的情感，表达了一代知识青年对青春岁月的眷恋、对理想失落的感伤以及对未知前路的困惑与迷惘。

(3)知青文学往往采用一种回忆性的叙事法，在理想与现实碰撞的过程中，通过对回忆的重构，参与建构了“主体”生成的历史。

3. 知青小说的阶段性演变

(1)孔捷生的《在小河那边》是最早的知青小说，早期知青小说往往对上山下乡的这段经历持否定态度，认为是对青春年华的虚度和浪费，直至叶辛的《蹉跎岁月》，才渐具高昂的格调。

(2)随着“知青运动”的结束与大批“知青”返城，知青们对于“知青”经历的感受却出现了微妙的变化。对于归来的“游子”而言，城市并不是原先企望的理想“天堂”，失落的情绪促使他们对过往知青记忆进行重构，寻找精神的归宿。例如王安忆的《本次列车终点》和孔捷生的《南方的岸》等小说。

(3)随着社会的进一步发展，知青们对于过往的“知青”经历呈现出批判与肯定两种不同的态度。具有代表性的是梁晓声、张承志等人的创作：

①梁晓声为一代人的“青春年华”和献身精神作证。小说《这是一片神奇的土地》充分彰显了一代充满理想主义的知识青年在建设垦荒点过程中展示出的献身精神。

②张承志以《黑骏马》以及《北方的河》等小说充分展示了“人”找寻自我、个性解放的历程，是渴望成为历史主体的一代知识青年的精神写照，为青年人擎起了理想主义的大旗。

③由于知青文学中对于“记忆”的展示与重构占据了绝大部分，小说缺乏对人与时代关系的深入思考，因而在80年代后期，随着倾诉情绪的淡化，知青文学逐渐退潮，知青作家陆续转向了其他题材的创作。

(4)90年代，以郭晓冬《中国知青部落》以及老鬼的《血色黄昏》为代表，一些知青题材的小说陆陆续续被发表出来，它们以理性批判的眼光探讨知青生活及返乡后困境的生成原因，这一时期的知青文学创作被称为“后知青文学”时期。

五、几位小说家的创作

1. 韩少功

韩少功开始是“知青作家”，也是文学“寻根”的主要倡导者。代表作有《爸爸爸》《女女女》《马桥词典》等。韩少功小说惯以文化寻根的姿态以及扑朔迷离的叙述形式深挖人性中蒙昧与冥顽的国民劣根性。

(1)创作分期:

韩少功小说创作大致可以分为三个不同的时期：

①第一阶段大多立足于知青的身份，以知识分子的视角书写农民在“文革”十年中的悲惨经历。

②第二阶段的小说创作注重对传统文化的批判性发扬，既揭露和批判传统文化中的落后腐朽意识，又积极吸取优秀传统文化经验，推动社会的现代化进程。

③第三阶段的小说创作中，韩少功对传统文化的态度相对宽容平和，此一时期的代表作有《月兰》《马桥词典》等。

(2)《爸爸爸》

这篇小说以寓言化的叙述，对历时性的政治时空叙事进行淡化，突出共时存在的文化时空，并虚构了一个原始、愚昧的鸡头寨作为小说演绎的空间。在实际的叙事中，作家再现原始生存景象、探寻文化精神之源的意图并未实现，相反他倒陷入了一个深刻的文化悖论中：

丙崽是一个侏儒、白痴，他的全部语言只有两句：“爸爸爸”“×妈妈”。作为一个极具象征性的形象，一个顽愚之神、荒诞之身，丙崽的存在象征了民族文化中原始、畸形、丑陋和愚顽的一面，寄托了作者对传统文化的理性审视与尖锐批判。

(3)《马桥词典》

①内容概述

故事以叙事者下乡当知青的年代为主体，向上追溯到各个历史时期的生活片段，向下延伸到改革开放以后，着重讲的是70年代马桥乡的各色人物与风俗情景。

②艺术特色

a. 开创了“词典体小说”，将故事的文学性隐藏在词典的叙事形式里，以词条诠释的方式引申文学故事。

b. 马桥民间语言的运用，即马桥活在马桥话里。通过被遮蔽的民间词语来展现被遮蔽的民间生活。

2. 阿城

原名钟阿城，代表作《棋王》《树王》《孩子王》《遍地风流》等，他的小说充满对民族文化尤其是老庄哲学的颇有意味的思考。其小说艺术特色主要为：

(1)阿城身为知青但其小说却难以归并到知青小说的序列。在他的小说中，政治事件和社会矛盾已被淡化，小说转而从基本的生存活动上表现“芸芸众生”的“文革”生活，立足于文化“寻根”的基点，企图用传统文化中的“优根性”来调和时代转型过程中的浮躁气氛。

(2)小说的艺术表达与人物精神风韵一致。体现在：叙事力求平淡以对应人物散淡的性格，语言古朴凝练，注重营造恬淡的氛围，传递清淡萧疏虚静的人生况味。

3. 史铁生

代表作有《山顶上的传说》《插队的故事》《务虚笔记》《老屋小记》《我的丁一之旅》。

他的创作特点有：

(1)他早期小说的自传性很强，个人的生命体验与对生命及生存的认识内在化地与其创作联系在一起，通过对自我个体命运的反思，探究人类普遍性的生存意义，并对精神“伤残”有独到的认识和关注。

(2)当文坛热衷于对上山下乡这段经历进行批判性反思时，史铁生却能够用委婉细腻的笔触写出知青与当地村民之间的情谊，以平静的眼光和散文化的笔法在困苦的生活中发现美。

(3)史铁生在小说形式上始终保持着不渝的探索，叙事追求形而上的意念，试图用思想穿透生活的现实，因而并不避讳玄虚和艰涩。如长篇小说《务虚笔记》，批评家称之为哲学小说。

(4)史铁生后期创作表现出“玄想而不虚无，执着但不偏执，困惑却不绝望，卑谦而不宿命”的气质，思想的锋芒使得这些小说充满了大气的理想主义内核以及对“残缺”之必然的怜惜，文本有着极强的精神张力。

4. 张炜

张炜是一个较为多产的作家。80年代早期的小说主要写农村青年男女的浪漫情感。代表作有小说集《他的琴》《浪漫的秋夜》等，长篇小说《古船》《我们的田园》《家族》《柏慧》《九月寓言》中尤以《古船》和《九月寓言》为人称道。张炜的作品与他同时期写作的散文随笔，表达了一种强烈的对社会文化现实的批判，和以理想主义的人文精神为基尺的呼唤“大地”的情怀。其代表作《九月寓言》被誉为20世纪小说的殿军之作，小说主要内容及艺术特色表现为：

(1) 主要内容

《九月寓言》描写的是一组发生在田野里的故事，展现了一个“小村”从 50 年代到 70 年代的历史。这部作品由三类故事组成：一类是传说中的小村故事，一类是民间口头创作的故事，还有一类是现实中的小村故事。

(2) 主题意蕴

作者创设了一个与世隔绝、自然清明的小乡村，运用诗性的语言写出小村子的食色与苦乐，血腥与残暴，这里的生命因得天地之清明而生生不息、活力长存，贯穿全篇相互比照的“停吧”和“奔跑”两种生命形态也隐喻着原始农业文明和现代工业文明对抗过程中的此消彼长。

(3) 艺术特色

a. 多个叙事视角的介入。

b. 寓言的虚拟性与现实的真实感相互交错。

c. 不确定的时间概念使得故事本身与时代背景相分离。

d. 独特的天地境界。

e. 神奇、惊险、刺激、怪诞的民间故事的穿插。

5. 张承志

早年有在内蒙古草原放牧的经历，第一篇小说《骑手为什么歌唱母亲》及其享有盛誉的《黑骏马》都是以此为背景进行的创作。张承志小说充满了理想主义的激情，其他代表作还有《北方的河》《老桥》等。其小说的艺术特色有：

(1) 他的小说有散文化的倾向和“浪漫主义”的格调，这表现为作品中对理想的不懈坚守和追求，以及诗化的抒情和表达方式。

(2) 张承志有关草原生活的小说创作都以“母亲－人民”为主题，用浓烈而饱满的感情倾诉着有关草原的记忆，他将个人的青春经验与对草原牧民生活的感激融合在一起，文字背后渗透着草原所赋予他的雄劲勇猛的气质以及苍凉沉郁的基调。

(3) 在张承志的小说中，个人渴望成为历史主体，他们超越了“文革”记忆中的“人”，向着更加深远的历史以及自然去寻求自我生命的意义。

(4) 他创造了一种情感真挚铺陈，语言之流倾泻的整体叙述形态。

(5) 90 年代后的创作带有一定的宗教倾向，文坛对此存在一定争议。

20.2 考研真题与典型题详解

一、填空题

1. 张贤亮的小说______被改编成电影《牧马人》。[中国人民大学 2015 年研]

【答案】《灵与肉》

【解析】《灵与肉》是张贤亮的代表作之一，1982 年由著名导演谢晋改编拍成电影《牧马人》，朱时茂、丛珊等出演。

2. 改革文学中，蒋子龙的小说______塑造了乔光朴的形象。

【答案】《乔厂长上任记》

【解析】《乔厂长上任记》讲述了电器公司经理乔光朴主动要求到机电厂任厂长，通过改革以改变该厂落后面貌的故事。上任后他采取一系列改革措施，使生产局面迅速改观。但他也受到各种阻挠，一度陷于内外交困的境地。然而，在领导和群众支持下，他对改革依然充满信心。

二、概念题

1. 改革文学[武汉大学2025年研]

答：改革文学是指20世纪70年代末至80年代中期，以反映中国社会改革进程为主要内容，展现改革过程中各种矛盾冲突、人物命运变化以及社会观念变革的文学作品统称，是中国当代文学中的一个重要文学流派和创作思潮。代表作品有蒋子龙《乔厂长上任记》、柯云路《新星》、贾平凹《浮躁》、路遥《平凡的世界》、张洁《沉重的翅膀》、张炜《古船》等。这些作品聚焦于社会改革中的现实问题，如城市企业改革、农村经济体制改革、教育体制改革等。作品深入描绘了改革在各个领域所引发的矛盾冲突，包括新旧观念的碰撞、利益格局的调整以及人们生活方式和价值观念的变化；着力塑造了一批具有改革精神的人物形象，如改革者、开拓者、创业者等。他们勇于冲破旧的体制和观念的束缚，敢于创新，为推动社会进步而不懈努力，同时，也刻画了在改革浪潮中持保守态度或受到旧思想束缚的人物，通过对比展现改革的艰难与必要性。改革文学以其强烈的现实针对性和时代使命感，及时反映了中国社会改革的历史进程，为人们了解改革、认识改革提供了生动的文学资料。

2.《活动变人形》[河北大学2017年研]

答：《活动变人形》是中国作家王蒙1980年代后期创作的一部长篇小说。该小说审视了旧时代中国知识分子倪吾诚的一生经历，从一个独特的艺术视角，概括了数十年间中国的历史风云和社会变迁，反映了生活的形形色色及其本质的诸种矛盾，揭示了民族性格中的痼疾以及长期以来积淀的陈腐观念。作者通过活动变人形这一文化符码阐释了"变"的辩证法，犀利剖析、批判了以倪妻为代表的文化保守派面对现代文明所折射出的封闭、缺乏变通的封建文化心态，同时，对倪吾诚缺乏理性批判的态度、全盘接受并生搬硬套西方文化的行为给予了善意、辛辣的讽刺。《活动变人形》的结构跳出了传统长篇小说的情节结构模式，而代之以独特的心理结构。这部长篇小说处处从人物的心理角度来写，层次丰富，并把叙述与抒情高度融合，歌奏出一支夺人心魄的命运交响曲。

3. 伤痕文学[华东师范大学2015年研；暨南大学2013年研]

答：伤痕文学是20世纪70年代末到80年代初在中国大陆文坛占据主导地位的一种文学现象。它得名于卢新华以"文革"中知青生活为题材的短篇小说《伤痕》。伤痕文学的主要内容，可大致分为两个方面：一是写知识分子、国家官员受到的迫害与他们的抗争；二是写"知青"的命运，即以高昂的热情和献身的决心投入这场革命，却成为献身目标的"牺牲品"。伤痕文学的代表作品有《班主任》(刘心武)、《献身》(陆文夫)、《从森林里来的孩子》(张洁)、《醒来吧，弟弟》(刘心武)、《大墙下的红玉兰》(从维熙)、《天云山传奇》(鲁彦周)、《许茂和他的女儿们》(周克芹)等。

4."大墙文学"[吉林大学2013年研]

答："大墙文学"是指以特定历史条件造成的冤狱生活为描写对象的文学题材。70年代末80年代初，从维熙、张贤亮相继创作了《远去的白帆》《白云飘落天幕》《雪落黄河静无声》《土牢情话》《男人的一半是女人》《灵与肉》(后三部为张贤亮作品)，"大墙文学"的概念由此而提出，并成为70、80年代影响较大的一种文学派别。

5.《晚霞消失的时候》[南京大学2013年研]

答：《晚霞消失的时候》是礼平创作的一部中篇小说，发表于《十月》杂志1981年第1期。这部小说描写了南珊和李淮平两个青年在"文化大革命"前后的经历、思考和追求，反映了不同阶层人们的社会观、历史观和人生观。小说以李淮平和南珊从红卫兵年代到改革开放后的一段扭曲的精神恋爱为叙述主线，虽然他们仅见过四面，却代表了作者的人生历程。整部作品以其浓重的思辨色彩与对人生价值的探索性，在当时引起广泛而激烈的讨论。

6.《北方的河》［首都师范大学 2012 年研］

答：《北方的河》是著名作家张承志的代表作之一。《北方的河》是以主人公“我”的意识流向构成情节的。黄河是“北方的河”的伟大象征和代表，孕育了中华民族和中华文明，“北方的河”是民族的、历史的、文化的象征物，也暗示着“我”在辽阔的、奔流不息的黄河寻到了“我”的根。小说一经发表，就以其沉郁的抒情风格、强烈的思辨色彩和浓厚的文化底蕴引起文坛强烈反响。

7. 反思文学［四川大学 2011 年研］

答：反思文学是继“伤痕文学”之后出现的一种文学思潮。它以反思十年动乱的种种前因后果和经验教训，回顾历史、展望明天为主要内容。反思文学深刻地揭示出极“左”思潮和现代迷信给党和人民造成的巨大损失和严重后果，从不同方面总结了党的优良传统受到破坏的历史教训，启示人们思考产生历史悲剧的社会原因。揭露和批判极“左”路线，揭示社会和历史悲剧，刻画悲剧人物性格是反思文学作品具有的共同特色。代表作品有《内奸》《人到中年》《芙蓉镇》等。

三、简答题

1. 简述“伤痕文学”的价值和缺陷。［中国人民大学 2024 年研］

相关试题：

(1) 简述“伤痕文学”的成就与局限。［河北大学 2017 年研］

(2)“伤痕文学”的代表作及其社会影响。［中国传媒大学 2010 年研］

答：伤痕文学是 20 世纪 70 年代末到 80 年代初在中国大陆文坛占据主导地位的一种文学现象。它得名于卢新华以“文革”中知青生活为题材的短篇小说《伤痕》。较早在读者中引起反响的“伤痕文学”是北京作家刘心武刊发于《人民文学》1977 年第 11 期的《班主任》。随后，揭露“文革”历史创伤的小说纷纷涌现，影响较大的有王亚平的《神圣的使命》、王宗汉的《高洁的青松》、吴强的《灵魂的搏斗》、陆文夫的《献身》、孔捷生的《姻缘》、从维熙的《大墙下的红玉兰》、遇罗锦的《一个冬天的童话》、鲁彦周的《天云山传奇》以及冯骥才的《铺花的歧路》、周克芹的《许茂和他的女儿们》等。“伤痕文学”的出现直接起因于上山下乡，它主要描述了知青、知识分子、受迫害官员及城乡普通民众在那个不堪回首的年代的悲剧性遭遇。

(1)“伤痕文学”的价值

①伤痕文学的问世标志着新时期文学的开端。它是觉醒了的一代人对刚刚逝去的噩梦般的苦难年代的强烈控诉。伤痕文学的作者们以清醒、真诚的态度关注、思考生活的真实，直面惨痛的历史，在他们的作品中呈现了一幅幅十年浩劫时期的生活图景。

②从艺术内容来说，早期的“伤痕小说”大多充溢着对往昔苦难人生、丑恶人性的无情揭露，其基调是一种愤懑心曲的宣泄，这一切都表现出对以往极“左”路线和政策强烈的否定和批判意识，在涉及个人经验、情感时，则有着比较浓重的伤感情绪，对当下和未来的迷惘、失落、苦闷和彷徨充斥在作品中。这种感伤情绪在后来的“反思文学”中得以深化，转为带着对个人、对社会、对人生、对未来深刻思索的有意识的追求和奋进，将一场神圣与荒谬杂糅的运动不只简单归咎于社会、政治，同时也开始探讨个人悲剧或命运与整个大社会大

背景的联系。

③“伤痕文学”在中国当代文学史上具有不可或缺的开拓性意义。它冲破了“四人帮”极“左”文艺的种种清规戒律，突破了一个个现实题材的禁区，提出了一系列重要社会问题，并创造了中国当代文学史上第一批社会主义时期的悲剧；它在中国当代文学史上第一次真正遵循现实主义美学原则，按照生活的本来面目描写生活，开启了80年代文学现实主义深化的道路；它在当代文学史上第一次真正地从社会主义人道主义立场来塑造文学人物，描写了人性遭受专制主义与极“左”路线摧残的悲剧，成为新时期社会主义人道主义文学思潮的先导。

(2)“伤痕文学”的缺陷

作为刚刚摆脱“文革”僵死的创作模式的文学先声，“伤痕文学”的局限也十分明显：

①从社会意义上来说，“伤痕文学”对“文革”的否定不够深刻。它只是从政治、社会、人际关系的角度考察浩劫产生的原因，而缺少对传统文化心理、封建意识的分析。作品对罪行的谴责往往归之于“坏人做坏事”，表现出一种忠心不被理解的冤屈与不平，是一种在肯定“个人崇拜”前提下对坏人坏事的谴责。

②在艺术表现上，“伤痕文学”显得十分幼稚。人们可以发现，许多小说中的语言明显带有“文革”“左”倾的印痕，如在《班主任》中，作者这样形容张俊石老师：“像一架永不生锈的播种机，不断在学生们的心田上播下革命思想和知识的种子。”另外，由于“伤痕文学”作者们关注现实的强烈责任感，他们常常会压抑不住激荡的情感而跳出来对某个情节直接高谈阔论，表述自己疗救时弊的观点，使作品的情感表露不免趋于肤浅。

③“伤痕文学”作品中虽然重新出现了悲剧意识，但其悲剧精神却具有表层性的弱点。鲁迅曾经说过“悲剧将人生有价值的东西毁灭给人看”，可见，悲剧的深化应该有两个层次：其一是表现灾难；其二是在灾难中展现崇高。而“伤痕文学”只是停留在悲剧的第一个层次上，作品一味注重悲惨故事的叙述而忽视了对人格的刻画。这样，主人公就只是单纯的受难者而非美的体现者，其悲剧只是灾难的展现而不是“美的毁灭”，只能引起人们“兔死狐悲式”的同情而不能给人以永恒的震撼和心灵的升华。

④“伤痕文学”具有模式化的喜剧结尾。由于当时的政治形势和思想环境尚未明朗，文艺界仍然存在着“写暴露”“写悲剧”的禁忌，同时大多数作者仍然难以摆脱以往“左”的创作观念的惯性影响，因而往往在结尾加入一个“前途光明”的机械性预言或大团圆式的喜剧性结局，以至淡化了悲剧效果，影响了作品的深刻性。

总之，以今天的眼光重新审视，“伤痕文学”具有明显的局限，在新时期的文学发展中，它的最大价值在于连接“文革”“假、大、空”文学与新的体现“人”的真实性的文学的过渡作用。这种过渡性在冯骥才的《啊!》以及金河的《重逢》等作品中表现十分明显，后者虽然被誉为“伤痕文学”的代表作，但却已经显示出反思文学的深刻力度。

2. 简评王蒙的“东方意识流”小说。［首都师范大学2012年研］

答：80年代开始，王蒙率先借鉴了意识流手法，先后写了《布礼》《夜的眼》《风筝飘带》《蝴蝶》《春之声》等小说。这些作品以意识的流动作为作品结构的线索，强调人物内心变化及其精神模式，明显地带有“意识流”小说的一些特征，但又不同于欧美文学的意识流小说，所以被称为“东方意识流”。王蒙“东方意识流”小说的特点主要表现在三个方面：

(1)由外向转向内向，着意于心理描写

王蒙把对社会现实反映的焦点聚焦在人物心灵世界的塑造上，着意于心理描写，剖析人物的精神世界。在王蒙看来，创作应略过外在的细节写心理、写感情、写联想和想象、写意识活动，《夜的眼》描述的重点完全是主人公的心理活动，即以简单的事件取代戏剧性较强的故事。没有故事的开端、发展、高潮、结局等情节主线，取而代之的是纵横于广阔时空的、多线条展开的心理活动。这是典型的意识流手法。

(2)打破自然时空，凸现"心理结构"的叙事结构

王蒙的这一系列小说，并不是遵循自然的时空顺序，按照事情发生的先后顺序或是逻辑顺序来安排情节，而是以人物的心理活动为线索，通过人物的联想来组织故事，自然时空顺序被打乱，过去、现在、将来或并置，或交错，或颠倒。比如，中篇小说《布礼》写一个忠诚的年轻共产党员钟亦成被错划成"右派"的故事。小说将原本比较完整、复杂的情节故意用人物的心理感受切割、打乱、拆散，按照人物的心理感受来重新组合，从而获得一种"震撼人心"的效果。

(3)运用感觉联想，记录主人公的主观思绪

《夜的眼》写了一个长期生活于边陲的人对大城市之夜的独特的主观感觉。主人公陈杲在遇到了一个轻浮的小伙子并受到他的无理嘲弄之后，心绪昏乱，但是优美的舞曲却使他暂时驻足，让他引发了自由联想，感觉到了边陲——他的第二故乡的绮丽风光。这是他在大城市办事受挫后，听这首舞曲的独特感受，即带有对比性的感受。别人不一定有这样的感受，这是他在特定情景中的特定心态。

总之，王蒙小说中的意识流与西方意识流是有区别的，他在自己的一系列中短篇小说创作中借鉴了西方意识流的技巧，但他摒弃了西方意识流中的一些元素，加入了自己的主观创造，因此是具有东方特色的意识流小说。

3. 简析王蒙的《蝴蝶》的思想艺术特色。［武汉大学 2011 年研］

答：(1)《蝴蝶》的思想内容

《蝴蝶》中的主人公张思远作为老一代革命家，经历了艰苦的革命战争年代和建国后的社会主义革命，在"平反"回京后，他开始浮想联翩，思绪任意地流动。文章用相对质朴的语言，浅显恰当的比兴，诉说一个故事，带着读者反思历史。

(2)《蝴蝶》的艺术特色

《蝴蝶》是一篇意识流小说，但又不同于西方意识流小说，它体现了王蒙小说自身的"东方意识流"特色。《蝴蝶》体现的"东方意识流"特点具体表现为以下几点：

①打破了传统小说的情节

在《蝴蝶》中确实有情节和人物性格的发展，它们在小说的许多小节或明或暗地存在着，但这些情节大多是在人物的意识流动中展开的，并没有多大的波折。

②运用了典型的意识流手法

例如，时空蒙太奇、内心独白、内心分析、感官意象、象征等意识流手法。小说所描述的时间跨越了30年，作者采用心理时间的结构，通过主人公内心思想意识的流动将过去、现在相互交叉、渗透。特定的环境，朦胧的思绪，配合意识流的艺术手法，很是吻合。主人公的思绪流动着跳跃着，忽而过去，忽而现在，忽而城市，忽而山村，忽而张副部长，忽而老张头，前后跳动，不循轨迹，不受时空限制，不受情节制约，呈现一种自由的心理结构。

③用意识流的手法表现对人生的思考

人生沧海桑田，官场升降沉浮，这一切使人想起那个古老的传说，"庄生梦蝶"。庄周梦见自己变成了蝴蝶，醒后却弄不清自己为何物，不知是庄周变成蝴蝶，还是自己原本是蝴

蝶而在梦中变成了庄周。张思远也面临着同样的困惑。

总之，王蒙批判地吸收了意识流表现手法上的优点，虽然作品中有大量的意识流动、内心独白、联想、思维跳跃，但并没有扑朔迷离、晦涩难懂的感觉。这是由于王蒙在借鉴意识流手法的同时，继承和发扬了传统小说的特点，注重故事情节，小说中有完整的生活片段和性格鲜明的人物形象，读者能够从中获得一种完整的故事以及全新的感受。王蒙的探索创新是对新时期文坛的重要贡献，因此，被评论称为“东方意识流”。

4．简述“陈奂生系列”中高晓声对陈奂生性格的塑造和发展。［首都师范大学2010年研］

相关试题：简述陈奂生的性格演变。［首都师范大学2015年研］

答：“陈奂生系列”包括《“漏斗户”主》《陈奂生上城》《陈奂生转业》《陈奂生包产》《战术》《种田大户》《陈奂生出国》一系列小说。陈奂生是高晓声着力塑造的一个处于社会变革时期的老一代农民的典型形象，在他身上，既凝聚着农民的传统美德，折射出新时期农民的深刻变化，同时，还承受着因袭的心灵重负，体现了作者对社会人生国民性的深深忧虑和严肃思考。

(1)“陈奂生系列”中高晓声对陈奂生性格的塑造

①《“漏斗户”主》中的陈奂生

陈奂生具有勤劳、善良、憨实、厚道、质朴等美好品格。《“漏斗户”主》中的陈奂生，虽然“饿得头昏目眩”，但他的“脊梁骨仍然是挺着的”，而且“干起活来，像青鱼一样，尾巴一扇，向前直窜，连碰破头都不管”，不心疼力气，不耍滑偷懒，他相信“共产党能够使他们的生活好起来”。政策调整后多分了粮食，本来是自身的劳动所得，他还感动得泪流满面，以为是别人赐给他的，足见其善良厚道的一面。

②《陈奂生上城》中的陈奂生

摘掉“漏斗户”主帽子的陈奂生，美好品格仍未改变，卖油绳不搞投机取巧，全靠自家的原料和手艺，而且徒步进城出售。他对生活更加充满信心，“相信会越来越好”，对党的干部吴书记在他生病之际的“挺身而出，拔刀相助”，感激得“流出晶莹的泪珠。”

③陈奂生性格的塑造

作为从特定历史环境中走出来的传统农民，陈奂生的血液里还流淌着旧时代的遗传基因，他的身上还残存着极“左”路线长期统治造成的奴性、愚昧、自卑自贱，以及小生产者的自私狭隘、目光短浅和阿Q式的自我欺骗、自我安慰等弱点。

(2)“陈奂生系列”中高晓声对陈奂生性格的发展

高晓声1980年发表了短篇小说《陈奂生上城》后，又陆续写作了以陈奂生为主人公的系列小说《陈奂生转业》《陈奂生包产》《战术》《种田大户》《陈奂生出国》。这五篇小说体现了高晓声对陈奂生性格的发展。

①简要内容

回村后，陈奂生担任大队采购员，由于与地委书记的关系，不仅完成采购任务，而且得到600元奖金。发财后，他平添许多烦恼和“惶恐”，便决计辞职干老本行。他一门心思种田，当年获得丰收，想造屋又舍不得钱。别人劝他搞副业，他怕担风险，就大包产，成为种田大户。一次偶然的出国机会，他又有种种奇遇。作者以轻松的笔调，幽默的语言，悲喜交集地展现出处于改革时代的中国农民终于迈出改革的第一步，又由于传统的精神重负使这一步走得极为艰难的历程，体现了作者对中国农民的深沉思考。陈奂生这个形象塑造得很成功，陈奂生性格已成为国民性格中美德和弱点的一面镜子，越来越显示出普遍的社会意义。

②陈奂生性格的发展

陈奂生性格中虽然有自卑、自欺的特点，但随着生活的不断变化，他已有了很大的进步。尤其是在农村普遍实行多种形式的生产责任制之后，经过反复的思想斗争，他终于从历史的迷梦中惊醒，开始寻找自己和自己的位置。

总之，高晓声对陈奂生性格的塑造是通过“陈奂生系列”小说实现的，其性格随着时代社会的变化而不断发展。陈奂生性格中既有老一辈农民的传统美德，又有根深蒂固的落后性，高晓声对国民性这一主题做出了深刻思考。

第21章 80年代中后期的小说(一)

21.1 复习笔记

一、文学的“寻根”

20世纪80年代中期的中国文坛处于一种开放的状态，思想观念更迭活跃，作家们像海绵似的吸收来自世界各地的文学资源，并渴望着将中国文学的发展推向新的发展方向，“寻根文学”潮流就在这样的语境中酝酿而出。

1. “寻根文学”的产生

(1)1984年12月，在杭州召开的“新时期文学：回顾与预测”会议上，作家和评论家们对如何将中国传统文化纳入文学创作资源的话题展开了讨论，会议成为发动“寻根文学”运动的重要平台。参加者主要是以“知青作家”为主的中青年作家、批评家，他们纷纷撰文发表有关文学“寻根”的见解。

(2)会后，韩少功发表《文学的“根”》一文被看作是这一文学运动的“宣言”。此外郑万隆《我的根》、李杭育《理一理我们的“根”》、阿城《文化制约着人类》等文章，以及汪曾祺《受戒》、王蒙《在伊犁》等小说的发表，被追溯为文学“寻根”思潮的源头。

(3)这一系列的“宣言”为“寻根文学”运动的展开造出了声势，理论的倡导者或者说运动的发起者也正是创作的实践者。1985年前后，文坛出现了大量有明显“文化倾向”的作品。

“寻根”作品主要有贾平凹的“商州系列”，李杭育的“葛川江小说”系列，杨炼的大型组诗《礼魂》，阿城的《棋王》《遍地风流》，郑义的《远村》《老井》，韩少功的《爸爸爸》《女女女》，郑万隆的《异乡异闻》，王安忆的《小鲍庄》，张炜的《古船》等。

2. “寻根文学”产生的原因

(1)外部动机

①植根社会大环境，从文学本身出发，有着拨乱反正回归“启蒙”话语的渴望。“寻根文学”既是以“反传统”“现代化”为核心内容的“新启蒙”强大思潮的延续与推进，也是“新启蒙”在政治改革受挫后“文化热”转向的结果。

②寻根文学是紧接着伤痕、反思、改革的文学浪潮而涌现的一股新的有意识、有理论主张的文学潮流。一些作家认为中国自“五四”新文化运动以来出现了长时间的“传统文化断裂”时期，希望以文学来弥补这一文化的断裂。

③一种世界性潮流在中国的反映。1981年前后，由于长篇小说《根》的影响，在美国出现过寻根热。1982年，诺贝尔文学奖被哥伦比亚作家加西亚·马尔克斯获得，中国作家对此表现出极大的热情，《百年孤独》及其魔幻现实主义等成为中国作家的热门话题。马尔克斯和拉美文学给中国作家的最大的启发就是，应该通过沉入本民族文化来表现自己的民族，民族的也是世界的这样一个论题通过诺贝尔奖获得了证明。急于得到世界承认和认同的中国文学有了摆脱困境、走向世界的最好路径；它也给苦于突破无门、超越无路的中国作家，特别是知青作家们带来了成功的希望。在寻根文学运动中担任主要角色的是知青作家，他们用完了知青生活带给他们的文学素材之后，面临着一种共同的创作困惑，深化其创作是他们共

同的追求。因为这批年轻作家开始走向成熟的时候，也需要寻找一种属于自己的文化标志。

(2)内部动机

①“寻根派”作家认为，人类的存在和发展无不受到“文化”的制约。文学的根应该深植于民族文化、传统文化和地域文化之中。只有这样，中国文学才能与世界各国文学鲜明地区别开来，从而获得它在世界文学中的应有地位。愈是民族的，才愈是世界的。基于这种认识，他们刻意追求文学的民族的、地域的文化背景，注重写出民族历史发展的持恒性，注重揭示出民族心理、性格的稳态结构。文学有根有底，方能与世界文学对话，亦步亦趋地追随而不从本土发掘，很难在世界文学占有一席之地。他们认为中国文学应该建立在对“文化岩层”的广泛而深厚的“文化开凿”之中。

②美国作家福克纳和南美洲借助本土资源在20世纪后半期取得的成果给当时作家极大的信心。迫切希望摆脱困境的年轻作家们认为，如果将自己的文学创作植根于悠久而深厚的民族文化土壤中，以中国人的感受性来改造西方的观念和形式，将有可能产生别开生面的成果。

3. 寻根文学的批评和质疑

当“寻根文学”不断地向偏远或者即将消失的文化寻找文化发展资源的时候，他们恰恰回避了最重要的文化发展的问题。其实，他们在写一种不可能复原的文化，甚至是与文明的发展逻辑相悖的文化。当然，有些优秀作品对这种愚昧与落后的书写有警示现实的作用，但总体上来看，大量的作品并没有达到这种反思的“警示”效果，却造成了偏远文化就是我们的“根”的错觉。

然而，从整个小说艺术发展史的角度看，“寻根文学”在理论观念上的模糊和暧昧并没有阻止其在艺术实践层面产生丰厚的成果。如果就寻根这一主题来说，“文化”本身的丰富性无疑取代了政治题材的单一，带来了创作主题的丰富和想象力的充盈，特别是那些优秀的“寻根文学”作品，恰恰是那些对文化充满想象力的作品。

二、“寻根”与小说艺术形态

“寻根”思潮对小说艺术形态产生多方面影响。

1. 对地域因素的追求

自觉关注民间乡土生活或市井凡俗人生，营造不同人文地理区域的风俗人情，创作出极富地域特征的艺术世界。“寻根”小说对于世俗日常生活的相关风俗、地域文化表现出浓厚兴趣，对民俗在小说情调、氛围、人的心理等方面的作用表现出重要的理解。作品因作家出生地理环境的不同，以及叙述手法的不同，呈现出不同特色，如陆文夫的苏州系列，邓友梅的旧北京系列，冯骥才的“津门系列”等。

2. 对“传统文化”的复杂态度

一方面，倡导“寻根”的“知青”身份作家在“文革”后接触到了丰富而深厚的传统文化，产生了对传统文化的倾慕；另一方面，他们大多更倾向于将“传统文化”做出“规范”和“不规范”的区分：对以儒家学说为中心的“规范”的、体制化的“传统”，更多持拒斥、批判的态度；认为在野史、传说、民歌、偏远地域的民情风俗，以及道家思想和禅宗哲学中，有更多的文化“精华”——这延续了“新启蒙”的批判立场。

3. 小说艺术的探索

一些作家受到诸如福克纳、马尔克斯的启发，把对生活情景、细节的真实描述与幻想、象征、寓言的因素糅合，创造一种独特的艺术情境；而以现代意识来审察中国传统审美的思维、表达方法，开发传统小说的艺术要素，成为艺术创造更主要的追求。这具体表现在：

(1)对整体情调、氛围营造的重现。

(2)语言向着平淡、节制、简洁的方向倾斜。

(3)小说的章法、结构、叙事方式有时向古代小说取法。

三、风俗乡土小说

1. 京味小说

出现在20世纪80年代，与乡土乡情文学同时兴起的一种文学现象。在日常生活中表现“传统”与“现代”的冲突(如心理、行为方式、居所空间、习俗风物等)，特别是对于北京历史与文化的体验，使“京味小说”作家一时涌现。邓友梅、刘心武、陈建功、苏叔阳、王朔、韩少功等，在一段时间里都致力于这方面的写作。他们普遍地存在一种历史激烈动荡感和对城市悠久文化的精神失落感，不少作品带有“挽歌式”的怀旧情调。北京地域方言、四合院的空间布局及生活方式、对“旧时”人物的兴趣，构成这个时期“京味小说”的基本特征。这一文学现象与30年代前后以老舍为代表的京派小说有所区别。京味文学的写作特点：

(1)“京儿”，现代学者认为通常指一种风格现象，是在人与城市之间特有的精神联系中发生的，是人所感受到的城市的文化意味。“京味”尤其指人对文化的体验和感受方式。“京味儿”文学内容上一般是用俗白、风趣的北京话书写北京城的人物、故事，表现具有浓郁京华色彩的风俗文化、人情世态。

(2)俗白、凝练、纯净，是京味小说的特色。作家对北京口语进行了广泛吸收和精细提炼，调动了日常生活语言的强大表现力。让北京人说北京话，用北京话叙述北京的故事，描绘北京的风物，使作品的内容和形式完全融为了一体。

2. 邓友梅

(1)创作题材及主要作品

邓友梅“文革”后写的小说，有“写北京的和写京外的”两套笔墨；创作取材上，基本上与其生活经历相对应。新时期以来他创作大量作品，开始写部队的战斗生活和活跃在各条战线上的知识分子，有《我们的军长》《追赶队伍的女兵们》等。后来创作不少“京味小说”，表现北京市民的现代生活，注重世俗民风的描写，富有浓郁的地域特色，有小说集《寻访画儿韩》《那五》《烟壶》《话说陶然亭》《据点》和长篇小说《京城内外》等。

(2)艺术特点

①独特的地域色彩

邓友梅的市井小说散发着一股浓郁的“北京味儿”，地域化的人文特征在其小说中普遍地作为艺术对象出现，多表现北京人，北京人的生活方式。

②鲜明的文化视角

邓友梅选取文化视角来探索“北京文化”的底蕴，其市井小说独特的题材范围所显示的视角焦点、独特的人物形象系列所显示的视角向度及“民族与文化”基本母题的形成充分显示出邓友梅文化视角鲜明的个性特征：他用文化剖析的目光去重新审视其所熟悉并倍感亲切的北京城，洞察和烛照北京人的文化性格，剖示他们的文化心理结构，展示“北京文化”在漫长的历史过程和多重文化撞击中的发展和变迁。

③开放性的叙述方式

邓友梅市井小说的艺术形式与我国传统小说形式有着十分密切的渊源关系，主要表现在对传统小说叙述形态和叙述结构的继承和发展。

④京味化的方言口语

邓友梅市井小说的语言是异常醒目的，那京腔、京韵、京味的语调是其作品艺术形式中最具个性的特征因素。他用真的活的北京话，写北京的人和物，对艺术对象与表达媒介之间关系的把握达到了高度契合，这主要体现在作家对绝妙的语义表现功能机制和灵活的语音表现功能机制的运用上。

⑤独特的审美价值

邓友梅这类民俗学风味小说是特定时代的世态炎凉的形象记录，大量记载了特定时代的京城市井风俗，塑造了特有的系列人物，突出地运用了富于特色的京白土语，“京味儿”浓郁，表现出深沉、幽默、风趣的个性化格调，是邓友梅独特功力的表现。

3. 陈建功

他的作品有两大类，一是以《飘逝的花头巾》《鬈毛》为代表，写青年知识分子的；一类以《丹凤眼》为代表，写工人、市民的。前类作品着力表现当代青年人生道德的探索，后一类则表现市民的文化心态。《丹凤眼》《飘逝的花头巾》获全国优秀短篇小说奖。其小说追求哲理的启迪，讴歌生活中的强者。他的“谈天说地”系列用纯京白写“京味小说”，风格明快，单纯而不乏幽默。

4. 冯骥才

冯骥才70年代后期开始文学创作。1977年底发表长篇历史小说《义和拳》(与李定兴合作)，后来创作日丰。出版有《冯骥才中短篇小说集》《雕花烟斗》《高女人和她的矮丈夫》《怪世奇谈》等。随后，对“文革”的反思成为冯骥才持续创作的主题。

(1)“文革”题材小说

冯骥才代表作品有《雕花烟斗》《铺花的歧路》《啊!》《高女人和她的矮丈夫》《感谢生活》等。其中人与人之间的温情，常是处于逆境的人物苦难生活的支撑，构成作品的“底色”。

(2)“怪世奇谈”系列小说

这一系列写发生在天津的“闲杂人和稀奇事”，具有“地道的天津味”。因此，批评家称这些小说为“津味小说”。主要作品有《神鞭》《三寸金莲》《阴阳八卦》《炮打双灯》等。其创作特点有：

①部分作品取材于“文化遗迹”，如女人的缠足等。取材于历史文化遗迹的细节，绘制出市井文化的风俗画卷。

②常采用章回体，并以天津方言、俗语作为小说语言的主体。

③重视通俗小说的故事性和传奇色彩的融入，加强娱乐性的传奇因素。但是，他又着重表现人物的精神世界，尤其是通过知识分子灵魂的变异以映现“文革”反人性的历史本质。

④追溯鲁迅“寻找劣根性”的思路，试图以历史的眼光来廓清复杂、丑陋现象产生的根据。

5. 陆文夫

陆文夫在“文革”后发表《献身》等不久，很快离开“伤痕”写作阶段，把反思放置在城市文化与个人命运关联的背景中进行。其小说对苏州市井风情和对这个城市的文化体验有明显的描写，这在人物性格、日常生活细节描写和语言运用上都有形迹可寻。其代表作品《小贩世家》《井》《美食家》等叙述张弛有序，语言幽默富于韵味。

四、几位小说家的创作

1. 汪曾祺

汪曾祺是为数不多难以归类的作家之一，他以独立的姿态，按照自己的文学理想写作，表现他熟悉的、经过他的情感、心智沉淀的记忆。代表作品有小说集《邂逅集》，代表小说有《受戒》《大淖记事》等，80 年代后有《晚饭花集》《茱萸集》等散文集。

（1）小说的艺术特点

①大多取材于家乡高邮乡村和市镇的旧日生活，也有的写到昆明、张家口坝上、北京等地的各色人等、行状。

②作品中有传神的细节刻画，也流动着为记忆过滤、培育的情感。

③小说在乡俗民情的描述中张扬率真的人性和淳朴的人情，揭示出民间世界的道义力量和生命韧性。在其笔下，风俗即人，人传风俗，交相呈现出民间生活的沛然元气。《鉴赏家》写一个卖水果的和一个画家之间风雅而朴实的知音之交，《岁寒三友》写几个小人物在艰难处境中的相互扶助，《陈泥鳅》写扶危救困的陈泥鳅与王奶奶相濡以沫的情谊，等等。他小说中自然淳朴的地域风情、民俗世界组成了洋溢着生之快乐的生存空间，这种率性自然或顺其自然的生活方式具有一种超功利的潇洒和美，象征着作者自然、通脱、仁爱和宽厚的生活理想。

④汪曾祺被戏称为 20 世纪的最后一个“士大夫”是对此前中国文学“非文学”现象的一种反拨，也是对小说观念和小说样式的一次更新，并意味着小说向自身审美功能的回归，这对于促进文学形式的自觉意识无疑具有积极意义。他不仅汲取了本土民间文化和传统文化资源并有所创造性转化，而且接续了现代文学史上废名、沈从文的文学薪火，使得长期以来被遮蔽的审美传统得以重新发扬光大。

⑤就叙述方式来说，他采用的是一种顺其自然的闲话文体，也是一种看似随意的随笔体，叙述简洁平缓，运笔如行云流水。

汪曾祺小说的语言质朴明澈，简约冲淡。他的叙述语言简洁干净，文白相间，雅俗互化。雅则凝练传神，富于幽默和情致，活色生香；俗则接近口语，多用短句，质朴鲜活。总体来说，其语言节制而富于弹性，清爽而韵味醇厚。写人物往往是淡淡几笔，形神俱出；叙事状物，自然中显风神，平淡中见性情。其文字简洁、节制、质朴，但也不缺乏幽默和典雅。

（2）《受戒》

①作品概述

《受戒》是汪曾祺创作的一部短篇小说，也是 80 年代民俗风情小说的代表作。小说以主人公明海和小英子之间纯洁、朴素的爱情为主线，赞美了江南水乡的风俗美、人性美，表达了作者“桃花源”式的自然纯朴的生活理想。

②艺术特色

a. 没有集中的故事情节，叙述者的插入成分特别多。

b. 娓娓道来、一任自然的闲话文体。

c. 小说塑造的空间是诗意的，充满梦幻色彩。

d. 善于通过地域风情的描写，衬托淳朴的民俗。

e. 笔调不失甜俗，清雅之中略有苦味。

f. 语言如行云流水，潇洒自然之中自有法度。

2. 莫言

莫言，中国当代著名作家，代表作品有《透明的红萝卜》《红高粱》系列、《球状闪电》《爆炸》《红蝗》《丰乳肥臀》等。2012 年 10 月 11 日莫言以其“用魔幻现实主义将民间故事、历史和现代融为一体”的特点而获得诺贝尔文学奖，是首位获得该奖的中国籍作家。

(1) 小说的艺术特点

①莫言的小说始终拥抱着高密东北乡这片生他养他的土地。他在其作品中展开了中国现代文学此前少见的乡村天地：狂躁、混杂，充满酒气和血色，有骁勇血性的人物和无所拘束的激情。他对历史的叙述完全摆脱了过去意识形态化的历史观念，而以生命哲学和酒神精神重构了历史的核心结构。

②莫言的小说表现了开放自己感觉的那种感性化风格。他采用了一种天马行空、不受拘束的叙述方式。“题材广泛，色彩斑斓，手法多变，在对现实世界的感知和表达中，融入了有鲜明个性的天马行空般的主观灵性，构成了独具魅力的感觉世界和意象世界，塑造了众多神采盎然、真力弥满的人物形象”，莫言的小说世界充满着色彩感及生命的张扬力。

③90 年代以来，莫言的小说创作既沿袭着他对民间资源的发掘又努力突破，表现出了一定的历史深度和精神厚度。文本的狂欢化叙述、怪诞手法等的综合运用，表现出了极大的写作自由，这也是新历史主义小说在技法上对传统历史小说的突破和超越。

(2)《红高粱》

①作品概述

小说的情节是由两条故事线索交织而成的：主干写民间武装伏击日本汽车队的起因和过程；中间穿插余占鳌与戴凤莲的爱情故事。小说表现了一种生机勃勃的民间激情，即对性爱与暴力的迷醉，对狂野不羁的野性生命力的向往，体现出一种民间自发地为生存而奋起反抗的暴力欲望。

②艺术特色

a. 逾越了政治意识形态的限制，站在民间立场上对历史发展与社会现实境况以及民间世界给予一种直接的观照与自由的表达。

b. 在情节构成上采用民间自身的主题模式，突出表现民间世界中强悍生动的暴力与性爱内容。

c. 在人物形象塑造上，除去了传统意识形态中的二元对立式的正反人物概念。

d. 开辟出一个鲜活生动的民间世界，将刺激的暴力与作品整体的和谐相交织，形成一种奇异的美感。

e. 大胆借鉴意识流小说的时空表现手法和魔幻现实主义小说的情节结构方式。

f. 运用大量充满了想象力并且总是违背常规的比喻与通感等修辞手法，形成语言瑰丽神奇的色彩。

3. 贾平凹

1983 年以后，贾平凹陆续发表的有关陕西商州地区农民生活变迁的小说，被称为“商州系列”，包括《小月前本》《鸡窝洼人家》《腊月·正月》《远山野情》《天狗》《黑氏》《古堡》《火纸》和长篇小说《商州》《浮躁》。其小说创作的特点有：

(1) 贾平凹自觉以商州的人文地理、自然风光、历史现实为创作背景，深入表现时代剧变中家乡的民情风俗、社会心理、个人命运的变迁，刻画着乡里人的性格与灵魂，既表现这块充满野情野味野趣、古老而神秘的土地的稳固性，又尽力把握着这块古老土地上历史演进的缓慢节奏。

(2)社会转折期出现的“悲剧人物”，在小说中占有重要位置。作者描写了他们必然“被剥夺”的命运，但也给予深切的同情。

(3)社会变迁所引起的人生体味，是贾平凹长期关注的问题。但由于艺术上的原因，使他这部分小说的命意难以摆脱视域上的单一性，带来人物、故事上的重复。

90 年代初开始，对真切人生体验的开放，使贾平凹抵拒了宏大单一主题的诱惑。这种追求，出现在长篇《废都》中。小说描写了古城西京(以西安为“原型”)的作家庄之蝶等人物的生活世相，风格和艺术韵味力求对明清白话小说艺术的吸纳，形成自然顺畅，含蓄简约，富有内在韵味的格调。

【名师点拨】汪曾祺、莫言和贾平凹三位作家的创作是本章重点，尤其需要注意：汪曾祺是为数不多难以归类的作家之一；莫言的“红高粱”系列作品有一股生命放纵的原始欲望流宕于其中；贾平凹长期关注“社会变迁所引起的人生体味”。

21.2 考研真题与典型题详解

一、填空题

《爸爸爸》的作者是______。[浙江师范大学 2023 年研]

【答案】韩少功

【解析】《爸爸爸》是韩少功的中篇小说，主人公丙崽是个永远长不大，却也死不了的白痴、侏儒。作者赋予这一形象以特殊的象征意义，即传统文化的原始性、丑陋性与顽固性。丙崽的思维方式与水平还停留在蒙昧阶段，只会运用阴阳两极的思维方式认知外在世界，作者把他作为民族文化“劣根性”的象征物来进行创造。

二、单项选择题

王安忆的作品中被认为是“寻根文学”代表作的是(　　)。

A.《本次列车终点》　　B.《叔叔的故事》

C.《小鲍庄》　　D.《岗上的世纪》

【答案】C

【解析】王安忆《小鲍庄》(1985)的引子以“一场七天七夜的雨”将故事拉向一个充满遥远感的时空中，体现了一种文化定格的意味。随后，在这个空间中，作者通过多个故事并行的结构方式，营造生活于小鲍庄里的人们的各种形态，并指向封闭的、仁义文化意味的传达。小说带有文学“寻根”的特点，因此被人视作“寻根文学”的代表作。

三、概念题

1. 寻根文学[浙江师范大学 2023、2022 年研；华南师范大学 2023 年研；复旦大学 2019 年研；吉林大学 2012 年研]

答：寻根文学是指以“文化寻根”为主题的文学形式。20 世纪 80 年代中期，中国文坛上兴起了一股“文化寻根”的热潮，作家们开始致力于对传统意识、民族文化心理的挖掘，他们的创作被称为“寻根文学”。1985 年韩少功率先在一篇纲领性的论文《文学的“根”》中声明“文学有根，文学之根应深植于民族传统的文化土壤中”，他提出应该“在立足现实的同时又对现实世界进行超越，去揭示一些决定民族发展和人类生存的谜”。在这样的理论之下作家开始进行创作，理论界便将他们称为“寻根派”。

2.《棋王》[中国传媒大学 2014 年研；山东大学 2011 年研]

答：《棋王》是作家阿城 1984 年发表的处女作，一直被看作是寻根文学的代表作。这部以"知青"生活为题材的中篇小说着重表现的是对传统文化中理想精神的寻找。阿城把知青文学书写时代和历史的写作，转换成叙写知青的个人记忆。通过对主人公王一生的塑造深切表达了动乱社会里普通人生生不息的生命力量。语言平实朴拙、简约有力，但言近意远、别有情趣。《棋王》的深层意蕴是在文化上对传统民族精神的思考。

3.《透明的红萝卜》[北京师范大学 2014 年研]

答：《透明的红萝卜》是莫言发表在 1985 年《中国作家》上的一篇小说。《透明的红萝卜》以从小受继母虐待、沉默寡言并对大自然有着超强的触觉、听觉等奇异功能的主人公黑孩短短的几天辛酸生活为主线，穿插着小石匠与菊子姑娘、小铁匠与老铁匠及小铁匠对待石匠和菊子等几重故事，为我们展现了在物质生活匮乏的大背景下，像黑孩这样小的弱势群体的生活状态，及当时农民的生活风貌，其中黑孩这一人物更使整篇小说充满发人深思的寓言性。在小说中，莫言将现实因素与非现实因素融合在一起，运用类似白描的手法将那些作为心灵对应物的景物勾勒出来，故意拉大象征体和象征义之间的距离，设置具有多重象征意义的意象，也导致了小说主题指向性的模糊。《透明的红萝卜》里的语言来自民间，并且是色彩化了的。《透明的红萝卜》多少给人一种迷离恍惚之感，它所描写的一切，似乎是现实的，又是非现实的，是经验的，又是非经验的，是透明的，又是不透明的。小说这种独特的艺术形象和艺术效果，使人们获得一种新鲜的、陌生的审美经验。

四、简答题

1. 简述寻根文学的特征。[厦门大学 2025 年研]

相关试题：

(1)寻根文学小说艺术特色。[福建师范大学 2025 年研]

(2)结合具体作品谈谈寻根文学的内涵和特征。[厦门大学 2013 年研]

(3)试述 80 年代"寻根文学运动"的主要内容、特点、成就与意义。[北京师范大学 2012 年研]

答：寻根文学是 20 世纪 80 年代中期出现的文学思潮，旨在探寻民族文化之根，其艺术特色主要体现在以下几个方面：

(1)传统文化与地域特色

①深挖传统文化

寻根文学作家致力于挖掘中华民族的传统文化，将古老的神话传说、民间故事、宗教信仰等元素融入作品。如韩少功的《爸爸爸》，以湘楚文化为背景，通过对鸡头寨的描写，展现了原始部落文化中的巫风楚俗，揭示了民族文化中的集体无意识。

②凸显地域色彩

强调对特定地域文化的展现，使作品具有鲜明的地方特色。如贾平凹的商州系列小说，描绘了陕西商州地区独特的地理风貌、风土人情和方言土语，展现了当地独特的文化传统和生活方式，使地域文化成为作品的重要标识和灵魂所在。

(2)叙事风格与结构创新

①魔幻化风格

韩少功的《爸爸爸》立足湘西这块古老的土地，以夸张、变形、象征主义以及魔幻化手法，以黑色幽默的笔调，通过对民族历史文化传统中落后和暗面的展示及批判，表现了他对理性、人道主义、民族生命力和自强意识的痛切呼唤。小说与现实拉开了极大的距离，体现出鲜明的浪漫色彩，时空的模糊性、意义的象征性、内容的古朴性，无不体现着作者“寻找东方文化的审美优势”的追求。

②结构多样化

在结构上进行创新，采用非传统的叙事结构。如阿城的《棋王》，以“棋”为线索，将王一生的故事与知青生活等内容巧妙交织，结构看似松散却又浑然一体，体现了对传统叙事结构的突破与创新。

(3)表现手法与语言革新

①多种表现手法融合

融合了多种表现手法，如象征、隐喻、神话原型等。如郑义的《老井》，以老井为象征，不仅代表着生存的艰难，更象征着民族的坚韧和对土地的执着，作品中还运用了大量的民间传说和神话元素，使作品具有丰富的文化内涵和深厚的历史底蕴。

②强烈的语言表现力

莫言这一时期的一系列作品，如《透明的红萝卜》《红高粱》《爆炸》《球状闪电》等，都显示了其独特的描写能力、语言表现力和丰富的感觉。他文学叙事和文学语言上所做的探索，以及对传统道德观念的反叛，强有力地影响了随后的先锋派小说。

总的来说，寻根文学在美学倾向上表现出对民族文化的重新认识与阐释，发掘其积极向上的文化内核，深入挖掘民族文化心理的深层结构；在表现出浓厚的民族文化特征和民族审美方式的同时，又渗透了现代的意识倾向，既富有民族文化的独特性又融合了现代感的美学倾向；新颖的审美形态，投射在他们那融合了现代与传统、特别富于想象力的艺术风格中；生发于作家主体的独特感受和各自文化背景下不同的审美理想，通过塑造具有生命活力的人格形象表达文化魅力，并以此完成一种人格境界的美感塑造。

2. 简述“寻根文学”中阿城、韩少功、王安忆对传统文化的态度，及其艺术表现方式的异同。［首都师范大学 2010 年研］

答：(1)对传统文化的态度

①阿城对传统文化的态度

阿城寻找的“文化之根”，恰恰表达了与政治意识形态的对抗性，在 80 年代的文学语境中，这是引发人们关注阿城的重要原因。阿城的《孩子王》《树王》和《棋王》一样，都直指中国传统文化的内核，棋、字、树，都是中国文化中人格的象征，小说里的人物便在与传统文化的相融之中，实现了一种超越世俗的人生追求。

《棋王》的主人公王一生有着执着于心灵自由的追求。他身形孱弱，吃起东西来却一丝不苟，仿佛周围无人，只沉浸于自我的世界中，下起棋来更是内力鹊起，仿佛与茫茫宇宙之气息相互贯通。阿城将王一生的这种沉静和脱俗放置于知青上山下乡的热潮中来展示，力图表现传统文化中的道家文化思想，并借助道家的这种“超越性”与时代浪潮形成一种对抗性的关系。作品中流露出推崇朴素、本源的生命意识，以及推崇直觉体验的感知方式。

②韩少功对传统文化的态度

韩少功认为，“文学有根，文学之根应该深植于民族传统文化的土壤里，根不深，则叶难茂。”作家的责任，就是“释放现代观念的热能，来重铸和镀亮‘民族的自我’”。

《爸爸爸》的故事发生在封闭的、年代感亦模糊不清的偏远山村，主人公丙崽是一个具有象征意味的人物：来历不明、外形怪异丑陋，总也长不大，唯一会说的两句话就是“爸爸”和“×妈妈”。这些是作为民族文化“劣根性”的象征物来创造的。丙崽的那两句话，不仅仅指向了愚昧的文化理性批判，也指向了生命延续的无理性的隐喻。小说意味绵长，给人无限的思考空间。

③王安忆对传统文化的态度

王安忆《小鲍庄》的引子以“一场七天七夜的雨”将故事拉向一个充满遥远感的时空中，体现了一种文化定格的意味。随后，在这个空间中，作者通过多个故事并行的结构方式，营造生活于小鲍庄里的人们的各种形态，并指向封闭的、仁义文化意味的传达。

80 年代中期以后王安忆着力于文化、人性的探索，以冷静观照式的叙述见长，如带有文化反思的“两庄”(《小鲍庄》《大刘庄》)、探索性的“三恋”(《荒山之恋》《小城之恋》《锦绣谷之恋》)及《岗上的世纪》等。90 年代以后开始进行新的叙事实验，追求新的叙事风格，以《叔叔的故事》为代表性转折点、以《纪实与虚构》铺展开来。完成于 1995 年且获第五届茅盾文学奖的《长恨歌》是王安忆 90 年代小说创作的又一高峰，因其对上海的城市风情、都市精神的精到把握和精微传达而被视为继张爱玲之后的“海派文学的传人”

王安忆视野开阔，能驾驭多种生活经验和文学题材，创作表现出多变的风格，并始终保持创新的活力。

(2)艺术表现方式的异同

①“寻根文学”中阿城、韩少功、王安忆的艺术表现方式的不同之处

a. 阿城的小说重视文学民族传统的继承。作品的语言简洁传神，返璞归真。正如有的评论所说：“口语化而不流俗，古典美而不迂腐，民族化而不过‘土’。”这些，都可以见出对明清白话小说语言和叙事方式的借鉴。

b. 韩少功的小说借鉴了拉美魔幻现实主义的创作技巧，运用荒诞隐喻的手法，通过描写在湘山鄂水之间一个原始部落的历史变迁，把祭祀打冤、迷信掌故、乡规土语糅合在一起，刻画出一幅具有象征色彩的民俗画。在艺术上别具风格：模糊了历史时空，抽空了人性内容，具有强烈的象征色彩，成为民族的“现代寓言”；强化了认识的深度，弱化了体验的深度，显示了鲜明的知性色彩。

c. 王安忆的小说语言平白质朴、缜密冷静、沉着超然，具有独特的艺术风格。她在《纪实与虚构》中对家族的寻根最终没有结果，只是一场文字叙述的狂欢，在《叔叔的故事》中对上代知识分子的尊严进行了解构。

②“寻根文学”中阿城、韩少功、王安忆的艺术表现的相同之处

a. 在文学的美学意义上对民族文化资料进行重新认识和阐释，发掘其积极向上的文化内核。

b. 他们都以现代人感受世界的方式去领略古代文化遗风，寻找激发生命能量的源泉。

c. 他们都对当代社会生活中所存在的丑陋的文化因素进行了批判，如对民族文化心理深层结构的深入挖掘。

总之，阿城、韩少功、王安忆作为寻根文学的代表作家，对传统文化各持不同的态度。虽然他们的艺术表现方式不同，但都十分重视对民族文化的重新审视与挖掘，对人性的思索与终极关怀，以及对丑恶的批判和国民性的思考，从而成为寻根文学的重要作家。

五、论述题

1. 结合作品，谈谈现当代文学史上地域文化与作家创作的关系。[华中师范大学 2024 年研]

相关试题：请以莫言和张承志为例，论述区域文化对文学创作的影响。［中国传媒大学2012年研］

答：地域文化与作家创作之间存在着密切的关系。地域文化不仅为作家提供了创作背景和灵感来源，还影响了作家的主题选择、写作风格和语言表达。因此，在理解和评价一部作品时，我们需要充分考虑其所在地域文化的影响，以更全面地把握作品的价值和意义；同时，我们也应该认识到，地域文化并不是限制作家创作的因素，而是激发作家创作灵感和创造力的源泉。下面以莫言和张承志的文学创作为例来探讨一下地域文化与作家创作的关系。

（1）莫言的文学创作与山东高密东北乡

自20世纪80年代中期的《红高粱》家族以来，莫言的写作始终拥抱着高密东北乡这片生他养他的土地。

①1985年以中篇小说《透明的红萝卜》引起文坛关注。1986年发表的中篇小说《红高粱》获全国优秀中篇小说奖。莫言的小说，对民族文化、原始生命、个人记忆、个体经验的认识与发掘，以及出色的语言表现和敏锐的艺术感觉，都具有既现代又先锋的文学特征，如《透明的红萝卜》《爆炸》《球状闪电》《金发婴儿》。莫言小说数量之多，表现出惊人的创作生命和旺盛的创作激情，极大地丰富了当代中国文坛，为世界文坛贡献出大量的优秀文学作品。

②在早期，莫言显然要通过文字构造一个能不断叙述的"高密东北乡"。部分作品也写到"当代"生活，但更多时候是将笔伸向"历史"。20世纪90年代后期的《丰乳肥臀》虽有一个"蛊惑人心"的书名，但并不能掩饰莫言在生死、家国之间审视乡土中国的创作意图。《蛙》则通过讲述一位乡村女医生的人生经历，既反映了乡土中国六十年的生育史，也揭示了当代中国知识分子灵魂深处的尴尬与矛盾。莫言与人民大众保持紧密联系，潜心于艺术创新和探索，穿透、逼视、考问和反思乡土中国在迈向现代化进程中所承载和负荷的历史多重性，既"拓展了中国文学的想象空间、思想深度和艺术境界"，又穿过这片土地"向着世界性延伸"，进而于2012年10月荣膺全球瞩目的诺贝尔文学奖，成为首位获得该奖的中国籍作家。

（2）张承志的文学创作与内蒙古草原

张承志的作品坚持在严峻的现实里发现理想的光彩，几乎所有的重要作品，都与对理想无条件的捍卫、追求、牺牲的主旨相关。

①其高扬的精神资源发掘地，主要以生活于内蒙古草原，特别是西北黄土高原的蒙古族、回族的历史和现实为对象。在汉文明和异域文明之间的徘徊，成就了张承志独特的文化视野，他在现代文明的边缘地带思索民族、信仰、责任、正义等文化命题，张扬出自己的创作风格。

②《心灵史》共分为七门，每一门叙述一代圣徒的传教故事，它写的是教史，呈现的却是哲合忍耶为了保卫信仰而浴血奋战的心灵历程，涉及许多宗教人物和事件、史料与民间典籍，把深刻的哲理思辨和热情的宗教情感、令人惊颤的故事情节杂糅在一起。《心灵史》以一种历史的眼光、审美的情趣表达了人生价值的哲思，体现出一种奇异神圣的牺牲与信仰之美。这部作品不论在表达的思想情感上，还是叙事方式上，都是他最主要的作品。

总之，高密东北乡之于莫言和内蒙古草原之于张承志已不仅仅是小说故事发生的环境载体，更为重要的是作为精神资源的发掘地、文学想象的源泉以及心灵的栖息地而存在。在他们的小说里充分显示出区域文化对其创作的深刻影响。

2. 结合创作实际，谈谈莫言小说的成就及特色。[北京师范大学2013年研]

答：(1)莫言小说的成就

①从数量上看，莫言创作了大量的小说作品

莫言80年代初开始发表作品。1985年以中篇小说《透明的红萝卜》引起文坛关注。1986年发表的中篇小说《红高粱》获全国优秀中篇小说奖。莫言的小说，对民族文化、原始生命、个人记忆、个体经验的认识与发掘，以及出色的语言表现和敏锐的艺术感觉，都具有既现代又先锋的文学特征，如《透明的红萝卜》《爆炸》《球状闪电》《金发婴儿》。莫言小说数量之多，表现出他惊人的创作生命和旺盛的创作激情，极大地丰富了当代中国文坛，为世界文坛贡献出大量的优秀文学作品。

②从质量上看，莫言小说具有极高的文学艺术成就

莫言是当代最有代表性，也最具有影响力的作家之一。他在新世纪连续发表了两部长篇小说，《生死疲劳》曾经荣获香港浸会大学颁发的第二届"红楼梦"文学奖、世界华文长篇小说大奖；《蛙》曾经获得中国茅盾文学奖。而莫言小说获得诺贝尔文学奖是对其个人文学成就在世界范围内的极大肯定。在新世纪中国文学重振雄风的过程中，以莫言为代表的中国当代作家们做出了重要贡献，他们人到中年，经过三十年多年的历练，最终形成了丰富的表达自我的成熟风格，而他们的美学追求，也构成了一个时代的文学风格。

③从风格上看，莫言小说对魔幻现实主义手法的运用达到了炉火纯青的境界

在早期，莫言显然受福克纳影响，通过文字构造一个能不断叙述的"高密东北乡"。莫言的写作始终拥抱着高密东北乡这片生他养他的土地。90年代后期的《丰乳肥臀》虽有一个蛊惑人心的书名，但并不能掩饰莫言在生死、家国之间审视乡土中国的创作意图。部分作品也写到"当代"生活，但更多时候是将笔伸向"历史"。与人民大众保持紧密联系，潜心于艺术创新和探索，穿透、逼视、考问和反思乡土中国在迈向现代化进程中所承载和负荷的历史多重性，既"拓展了中国文学的想象空间、思想深度和艺术境界"，又穿过这片土地"向着世界性延伸"，进而于2012年10月荣膺全球瞩目的诺贝尔文学奖，成为首位获得该奖的中国籍作家。莫言的新作《蛙》通过讲述一位乡村女医生的人生经历，既反映了乡土中国六十年的生育史，也揭示了当代中国知识分子灵魂深处的尴尬与矛盾。

(2)莫言小说的特色

①选用儿童视角来讲述故事

莫言是当代文学巨匠，作品繁多又都具有重量。在我们阅读他的作品时，特别是以高密东北乡为背景的小说，我们会发现他运用儿童视角、弱智视角的叙事方式是最多的。因此在他的小说里，我们看到了一些精灵似的孩子，《红高粱家族》中的"我爸爸"、《丰乳肥臀》中的上官金童、《檀香刑》中的赵小甲、《透明的红萝卜》中的小黑孩、《四十一炮》中的罗小通、《梦境与杂种》中的柳树根与柳树叶、《酒国》里的一个小妖精等。在莫言的笔下，儿童是美丽的、聪明的、充满智慧的。与对儿童的偏爱相对照，莫言笔下的其他人物相形见绌。

②想象是莫言写作艺术的一大特色

勃兰兑斯认为，想象力是作家的显微镜，而"通过显微镜看起来，一个蜘蛛比最巨大的大象还要大，组织还要复杂"。莫言正是借助一个显微镜，使自己从一个出色的观察家进而成为一个深刻的透视家，成功地突破了一般的平面简单的描写，深入到事物内部进行立体的观测和描绘，不光写出一滴水珠的形状，甚至解剖分析出它的光和色乃至基本粒子。因此，他往往可以在一点上无限深入下去，且写得声色并茂，情采饱满。这样一种立体化、深层化

的细部描写功力，在当代作家中几乎是凤毛麟角。我们不少人缺的就是这种汪洋恣肆的主观创造力，常常使艺术在过分拘泥于生活的真实上失足，一味“描绘”“照相”，把水灵灵、活脱脱的生活写得干巴枯燥，死气怪样。特殊的想象天赋成全了莫言，使他在取材炼意乃至细部描写诸方面都获得了高度自由，在创作的“自由王国”里如鱼得水。

③“立体时空小说”

莫言擅长把风马牛不相及的若干事物联系在一起，熔成一炉，烩为一锅，揉成一团，剪不断，撕不烂，扯着尾巴头动弹。莫言的中篇《爆炸》便是如此。小说写的是“我”带妻子去医院流产的经过，事情本来十分简单，时间也不过半天。可他在天上调来一支飞行部队，若干飞机漫天盘旋，连连打炮；在地上弄了几十个人带着一群狗拼命撵着一只狐狸东奔西突，满草甸子乱窜；还在公路上支使一对青年男女骑着一辆摩托来回兜风。真是产房内外，天上地下贯通一气，四条线索纵横交织立体推进。作者似乎是有意无意间把发生在这一时空内的一切人和事和盘托出，既让你觉得场面雄阔，气度恢弘，又感到这千头万绪之间互有关系。结构的复杂性，自然就带来了小说题旨的多义性，你可以说它反映了人口的“爆炸”，也可以说它表现了新旧道德观念矛盾的“爆炸”，甚至也不妨看作是各种时代信息的“爆炸”。

④“多角度叙述结构”“对位式结构”“时序颠倒”“时序并列”等多种结构手法

莫言小说还大胆试验“多角度叙述结构”（《球状风电》）、“对位式结构”（《金发婴儿》）以及“时序颠倒”“时序并列”等多种结构手法。

为了“使人物和环境获得最大可能的立体感”，使“故事活动起来，获得一种生命的力量”，他怎么方便怎么来，表现出极大的随意性。这种随意性甚至还体现在他每每越出常规的闲情逸致上。如《秋千架》里写部队过河的那一段，按常理可说是节外生枝，即便不全部删除，至少也可大量压缩。可他反而在这儿洋洋洒洒写下近千字。如果说“过河”的这一整段已经有点儿节外生枝的话，那么这里插进来的几句歌词就更是旁逸斜出了。然而，他正是通过这信笔拈来的歌词的分句穿插，通过紧张混乱的军车渡河场面与悠扬抒情的歌词“二声部平行”的交叉叙述，自然造成了叙述节奏的急促与舒缓、语言形式的韵文与散文、感官形象的视觉与听觉、内在含义的历史与现实的四组对比，而这四组对比又产生了崇高与滑稽、欢快与沉重、忠诚与愚昧、甘甜与苦涩的四重组合。最终给了读者一颗浸透着那个特定历史时期的军民关系、社会心理和人物情绪的怪味豆，让你咀嚼之余，啼笑皆非，获得一种奇特的审美快感。

3. 论述汪曾祺文学创作及其文学史贡献。［复旦大学 2025 年研］

相关试题：

（1）试论汪曾祺 80 年代小说创作。［复旦大学 2014 年研］

（2）结合具体作品，论述评价汪曾祺的创作。［中国传媒大学 2011 年研］

答：（1）汪曾祺文学创作

①汪曾祺的小说创作

a. 原生状态下的中国民俗风情画卷

汪曾祺的小说充溢着“中国味儿”。正因为他对传统文化的挚爱，因而在创作上追求回到现实主义，回到民族传统中去。在语言上则强调着力运用中国味儿的语言。这是他艺术追求的方向，也是他小说的灵魂。

汪曾祺小说中流溢出的美质，在于他对人们民族心灵和性灵的发现，以近乎虔敬的态度来抒写民族的传统美德。他说：“我写的是美，是健康的人性。”而美与健康的人性，不论在多么古老的民族传统中，永远是清新得如同荷风露珠一般。为此他写成了脍炙人口的《受戒》和《大淖记事》。《受戒》中一对活泼可爱的小儿女之间萌发的天真无邪的朦胧爱情，蕴含着对生活和人生的热爱，洋溢着人性和人情的欢歌。这种内在的欢乐情绪同古代乐府和民间情歌相同。《大淖记事》的爱情故事略为曲折，秀美可人的巧云和年轻风流的锡匠十一子纯真赤诚的爱情遭到野蛮的蹂躏，然而无比坚贞的爱竟可使生者死、死者生，使所有人为之敬佩，文中描写的锡匠形象尤为鲜明。这是令作家“向往”和“惊奇”的美，它深藏在民间，深藏在民族传统中。

b. 抒情现实主义的创作心理

汪曾祺在展示美与健康的人性的同时，也常常对人性的丑恶发出深沉的喟叹。《钓人的孩子》反映的是货币使人变魔鬼，《珠子灯》揭示的是封建贞操观念的零落，《职业》写的是失去童年的“童年”和人世多辛苦，《陈小手》更揭示了封建主义、男权专制的残暴。

当然，作者也无意掩饰人们民族心理和性格的弱质。《异秉》中对市井小人物渴望拥有“异秉”加持，以期突破自身困境的猥琐心理，也进行了不无调侃的讽刺，《八千岁》中米店老板的心理自我调节也颇似阿Q。对于自卑、平庸、麻木的心理状态，作者都有所针砭，但毕竟同情与悲悯要多于批判。因为在作者看来，今天写过去的事，需要经过反复沉淀，除净火气，特别是除净感伤主义。所以即使在《八月骄阳》中写老舍之死时，也只是将一腔愤懑深藏在凄清和冷寂中。除净火气、感伤，达到恬静、淡泊，可说是汪曾祺小说的主要风格，也是他自己饶有特色的“抒情现实主义的心理基础”。

c. 以小见大的艺术哲学

汪曾祺在中国当代文坛上的贡献在于他对“大文化”“大话语”“大叙事”的解构，在于他对个体生存的富有人情味的真境界的昭示和呼唤，在于他帮助人们发现了就在自己身边的“凡人小事”之美。美在身边，美在本分。汪曾祺散文的精神气质和艺术神韵之所以能对读者产生强大的魅力，就在于他对“凡人小事”的审视，能做到自小其“小”，以小见大。

汪曾祺强调其作品还应于世道人心有补，于社会人生有益。他的作品间或也流露出道家主张的随缘自适、自足自保的悠然任化的意趣。在本质上他对人生的理解和描绘是乐观向上的，相信“人类是有希望的，中国是会好起来的”。汪曾祺是要从内容到形式上建立一种原汁原味的“本色艺术”或“绿色艺术”，创造真境界，传达真感情，引领人们到达精神世界的净土。

②汪曾祺的散文创作

汪曾祺的乡土风情散文多来自童年趣事、故乡风物、家人乡亲、个人经历的回忆，其绝大部分乡土散文都表现了因经历人生曲折而愈发渴求爱与美的心灵以及对童年温和亲切的怀恋。回忆中的故乡风土人情经过了主体思想、情感和审美取向的过滤，因而变得纯净温情，在汪曾祺这里还体现为文化意识的深深浸润，这是他乡土风情散文的一个显著特点。如《故乡的元宵》对节日里家乡特有的情景表现得生动鲜活；《耿庙神灯》《文游台》等篇在描写故乡景物的笔触中充满了向往美与爱的感情；《水母》将细致入微的笔触深入到民间文化活泼的温情一面，诙谐有趣而富有泥土气息。

(2)文学史贡献

汪曾祺是中国当代文学史上一位具有独特风格和重要地位的作家，他在文学创作、文学观念、文学传承与培养新人等方面都有着不可忽视的文学史贡献，具体如下：

①独特的小说风格

汪曾祺的小说淡化了传统小说的情节冲突，以散文化的笔调、舒缓的节奏展开叙述，注重对生活细节和人物内心世界的细腻刻画，营造出一种如诗如画的氛围。如《受戒》中，没有跌宕起伏的情节，而是通过对小和尚明海和农家女小英子之间纯真感情的细腻描写，以及对荸荠庵风土人情的生动描绘，展现了一个充满人性美和生活美的世界，为中国当代小说创作带来了清新自然的风格。

②鲜明的语言特色

汪曾祺的语言简洁朴素、清新自然，同时又富有韵味和表现力。他善于运用口语化的语言，将民间俗语、方言等融入文学创作中，使作品具有浓郁的生活气息和地方特色；他还注重语言的节奏和韵律，以简洁而富有张力的文字，传达出丰富的情感和深刻的思想，为中国文学语言的发展提供了新的范例。

③新颖的文学观念

汪曾祺强调文学与文化的紧密联系，认为文学作品应该蕴含丰富的文化内涵，通过对传统文化和地域文化的深入挖掘和展现，使作品具有深厚的文化底蕴。他的作品中常常涉及对中国传统民俗、饮食、书画等文化元素的描写，为读者呈现了一个丰富多彩的文化世界，启发了后来作家对文学文化性的重视和探索；同时，他主张文学应该具有审美价值，注重作品的艺术感染力和审美情趣，在创作中，他以细腻的笔触、独特的视角和优美的语言，营造出一种和谐、自然、美好的审美境界，让读者在阅读中获得美的享受。这种对文学审美性的强调，对纠正当时一些文学作品中存在的概念化、公式化倾向具有重要意义，为中国当代文学的审美发展指明了方向。

④文学传承与新人培养

汪曾祺深受中国传统文化的熏陶，他的作品继承了中国传统文化的精髓，同时又结合现代社会的特点和需求，进行了创新和发展。他将传统的儒家思想、道家思想与现代的人文精神相结合，以独特的方式展现了中国传统文化的魅力，为传统文化在现代文学中的传承与发展做出了重要贡献。汪曾祺的文学作品和创作理念对许多年轻作家产生了深远的影响，他的作品为年轻作家提供了学习和借鉴的范例，启发他们在创作中注重文学的艺术性、文化性和人性关怀；他还积极参与文学活动，关心和支持年轻作家的成长，为中国当代文学事业培养了一批优秀的人才，推动了中国文学的持续发展。

4. 结合《小鲍庄》《爸爸爸》《棋王》谈谈寻根文学的艺术特征。［南开大学2010年研］

相关试题：韩少功《爸爸爸》的思想艺术特色。［简答题，武汉大学2010年研］

答：(1)对日常生活的关注，对地域、民族风俗的挖掘与展示

《小鲍庄》通过对一个小小村落几个家庭和十多个人物的生存、命运与心理状态的立体描绘，剖析了中华民族世代相袭的以“仁义”为核心的文化心理结构，深刻地指出，“仁义”意识已经等同于某种“原罪”意识，同时作品也揭示了“仁义”文化走向衰落的历史命运。作家一方面发掘和表现了民族精神中善良、厚道、团结、抗争等美好意识，另一方面也批判了愚昧迷信、知天顺命的民族劣根性和落后的宗族意识。小说中捞渣这一形象有着巨大的象征意义，他的身上集中了中华民族全部的美德、传统，自然也包含着“仁义”这一道德准则，而他的死亡正是民族文化中“仁义”观念走向消亡的象征。众多作家将民生民俗和地域特色赋予为文化象征的对应物，并通过民生民俗来表现与之相联系的民族文化心理，给读者以思考和启迪。

(2)对传统文化暧昧不清的态度

"寻根文学"运动宣言明确指示了寻找传统文化的偏向，这种传统文化往往不是以孔儒为中心的传统文化，而主要是道家思想、禅宗哲学以及一些偏远地区的传说、民俗风情等。比如，阿城作品中明显体现出的庄禅思想，韩少功力图寻找的楚文化，李杭育力图建构的吴越文化，以及乌热尔图描述的鄂温克狩猎文化等等。像王安忆作品力图建构的儒家文化中的仁义文化，也是根源于民间的。"寻根文学"运动的目的体现出了对现有文化的不满，以及力图跨越现有叙事规则而寻找新的话语资源的冲动。不过，这样的立场更多地体现了文化寻根运动在动机上做出的努力，在实际的理论建构中，这种追寻实际上并没有带来"穿越"式的强大力量。因为当"寻根文学"不断地向偏远或者即将消失的文化寻找文化发展资源的时候，他们恰恰回避了最重要的文化发展的问题。换言之，当作家们不断地将笔触指向穷乡僻壤、落后愚昧的时候，其实，他们在写一种不可能复原的文化，甚至是与文明的发展逻辑相悖的文化。当然，有些优秀作品对这种愚昧与落后的书写有警示现实的作用，但总体上来看，大量的作品并没有达到这种反思的"警示"效果，却造成了偏远文化就是我们的"根"的错觉。

《爸爸爸》是韩少功"寻根文学"的代表作。他主张文学创作对民族文化、民族精神重新进行审视和思辨，希望在立足现实的同时又对现实世界进行超越，去揭示一些决定民族发展和人类生存之谜的因素。作品通过一个山寨的衰微，反思全民族发展的途径。作品在进行民族自审方面，外化了人们身上世代流传、绵绵不绝的深厚文化积淀：对落后、愚昧、原始祖训奉若神明，对新思想、新观念、新事物本能地抵御和反抗，乃至于拼命地排斥、打击和扼杀。丙崽的形象是民族劣根的象征体。而革新者在"离经叛道"上都失败了，比如丙崽娘带来的些许文明的消失，及至后来她本人也杳无音信；仁宝想按照山外的风习搞些改革，得到的却是其父响亮的耳光。这些，都深刻地表现了民族自审、文化反思的主题。

(3)小说艺术受多种西方小说艺术的影响

寻根小说以现代意识观照现实和历史，反思传统文化，重铸民族灵魂，探寻中国文化重建的可能性；作品题材和文化反思对象呈鲜明的地域特点；表现手段上既有中国传统文学的手法，又运用现代派的象征、暗示、抽象等方法，丰富和加深了作品的文化意蕴。

从古典文化的儒释道三教中汲取养分，形成阴柔、虚静、和谐的美学格调。又将鲜活的民间语言和古典文学语言相融合，形成古朴、空灵、含蓄的语言风格。还将古代笔记杂说与西方现代派完美结合，将散文笔法运用于小说创作。这一切无不加深了其小说的文化意蕴。

莫言和韩少功等人，则较深地受到美国作家福克纳和拉美作家马尔克斯的影响，从他们那里大胆借鉴了意识流小说的时空表现手法和魔幻现实主义小说的情节结构方式。几乎完全打破了传统的时空顺序与情节逻辑，把整个故事讲述得非常自由散漫。但这种看来任意的讲述却是统领在作家的主体情绪之下，与作品中那种生机勃勃的自由精神暗暗相合。此外，还运用了大量充满想象力并且总是违背常规的比喻与通感等修辞手法，在语言的层面上就形成了一种瑰丽神奇的特点，以此造就出了整个小说中那种异乎寻常的民间之美的感性依托。

(4)小说的章法、结构、叙事方式，向古代小说取法

汪曾祺认为中国古代小说存在"两个传统"，即唐人传奇和宋人笔记。前者是"投入当道的'行卷'"，因为要使"当道者"看得有趣，赏识作者的才华；后者却"无此功利目的"，故清淡自然，自有情致。50年代初，孙楷第在谈到当代作家向古代小说学习时，从另一角度也对唐人传奇有所贬抑，认为"传奇是史传的别支，是智识阶级、士大夫阶级的高贵文学"，"坐在屋里自己说自己的话"，他推崇的是明末白话短篇小说，因为它们的作者"化身为艺

人，面向大众说话”。阿城延续的自然是清雅自然的小说流脉。

《棋王》一经发表，便以作者独特的美学感知、人生体验和创作风格而震动文坛。小说在以知青生活为题材的作品中独树一帜的原因在于，作家目的不在“以文传棋”，而在“以棋写人”；而且以一个与那“史无前例”时代的文化精神颇有些不合辙儿的小人物的故事，在与那时代形成距离的历史观照中，展示出实人生、真生命的存在与面目。在这里，作者通过人物形象力图阐释的，并非人与棋的关系，而是一种平凡而实在的人生态度。当读者读到王一生因其“呆”，误撕某造反团的大字报致使其“大名”沸沸扬扬，本人也被对立的两派争来夺去成为“斗争”焦点而忍俊不禁时，在那一哂一笑之间，所包容的是由作品形象感发的具有时代意义的丰富内容，是对那整个畸形时代的嘲讽。阿城审美视角的独特处在于：当他反思那一时代时，不是沉湎其中，而是超然象外、省察人生。由此，从当时比比皆是，可以说构成一时潮流的“造反”“讨伐”“反戈一击”、大字报战等文化现象中，显示出其与历史、与实人生的悖谬。而这又是巧妙地以王一生这样一个普通小人物和时代“主导”意识相违拗的人生追求显示出来的，在鲜明的映衬中，揭示了那一时代被扭曲的文化表层之下，历史、生命坚实而不可逆转的进程。

第22章　80年代中后期的小说(二)

22.1　复习笔记

一、文学创新与“现代派文学”

1. 80年代的文学变革概况

进入80年代以后，象征、怪诞等现代派常使用的表现手法逐渐被作家们采用，并且随着对现代派文学的大量译介和引入，现代主义呈现出全面推进的态势。

(1)“文革”期间的“地下”诗歌、小说已经开始了对现代主义的最早尝试；“文革”后，朦胧诗以挑战者的姿态冲击传统美学范式的批评准则，呼唤美学领域新的变革。

(2)1980年，《文艺报》开辟“文学表现手法笔谈”专栏，宗璞、王蒙、张洁等作家纷纷撰文表达对现代主义的支持，现代主义呈现全面推进的态势。随后，高行健的《现代小说技巧初探》和徐迟的《现代化与现代派》扩大了现代派的影响。

(3)1985年后，现代主义逐渐走向成熟，涌现出刘索拉《你别无选择》、徐星《无主题变奏》、莫言《透明的红萝卜》《红高粱》、残雪《山上的小屋》等一系列优秀的作家作品。

(4)在“85新潮”的同时，现代主义开始了三个方面的分化：一是诗歌方面的“第三代诗歌”，二是以王朔为代表的小说，三是马原、格非、余华等人的先锋小说。

2. 现代派文学探索形成的原因

(1)翻译和文学创作政治化的程度被削弱，被遮蔽的西方现代派作品重新受到关注，大量的理论及作品被翻译和介绍，对中国当代文学创作产生重要影响。

(2)文学的自主性追求及艺术创新与形式变革的自觉力量越来越强，“文革”后文学的创新压力持续困扰着众多作家，文学探索、调整的步伐加速。

3. 现代派的最初探索

“文革”后，茹志鹃《剪辑错了的故事》以及王蒙《春之声》等小说作品中已经有了现代主义的因素。直至80年代中期，现代主义的探索才呈现明确而鲜明的形态，文坛涌现出刘索拉《你别无选择》、徐星《无主题变奏》等小说，这些小说在思想意识、文学精神以及表现手法方面都具有鲜明的“现代派”特征，标志着中国现代派文学的成熟。

4. 现代主义思潮的基本特征

(1)对传统的否定与反叛。颠覆传统审美范式和日常经验的表达，反叛既有秩序、文化及价值观念。

(2)追求文学主体性和文本自足性。文学摆脱政治观念的束缚，认为文本本身就是一个独立自足的世界，不再关注客观真实而聚焦于作家主观心理真实。

(3)对终极意义的消解以及对于文本形式的极端关注。

二、“先锋小说”的实验

80年代后期出现了比现代派小说更具先锋意识的小说流派，即“先锋小说”。其中，马原、洪峰、格非、余华、苏童、叶兆言等人都是典型的代表。

1. “先锋小说”的观念和方法

“先锋小说”重视“文体的自觉”，即小说的“虚构性”和“叙述”在小说方法上的意义。通常认为，它的观念和方法与法国“新小说”(罗布·格里耶的“零度叙述”)，拉美马尔克斯、博尔赫斯的创作，60、70年代美国的“反小说”有关。

2. 先锋小说的特点

(1)在文化上表现为对意义的嘲弄与消解。打破了传统小说形式为内容服务的范式，怎么写远远比写什么更重要，将形式视作小说创作的本位。他们的作品不再有固定的主题，作家也不再具有高度强烈的社会责任感。

(2)重视现象与个人的感性体验。在先锋小说家眼中，主客观世界混乱不堪，唯一能够进行确证的只有自我对世界的感觉、体验和想象。因而放弃了对本质的探寻，放弃了所谓的宏大叙事，文本只有自我指涉的功能。

(3)在先锋小说家眼中，世界的确定性与必然性都早已不复存在，因而不再追求所谓的历史真实性，他们打破了传统小说的虚构观，小说虚构的色彩格外浓烈。

(4)在文本叙述方面，小说成为一种叙述游戏，文本的逻辑关系被故意拆解，小说结构混乱、破碎。

3. 先锋小说主要代表作家作品

(1)马原

其作品有《拉萨河的女神》《冈底斯的诱惑》《西海无帆船》《错误》《虚构》《拉萨生活的三种时间》《叠纸鹞的三种方法》等，大多以西藏的历史、文化为背景。马原采用元叙事手法，形成了著名的“马原的叙事圈套”，在那个时间成为文学创新者的热门话题。如在1985年发表的小说《冈底斯的诱惑》中，马原将藏族汉子穷布猎熊发现雪人的故事、藏族姑娘央金意外死亡与陆高和姚亮观看天葬遭拒的故事以及顿珠、顿月兄弟的传奇故事这三个看似内在关联并不强的故事随意连接起来，却有一种难以言喻的相互映衬的神奇效果，小说也在肆意流转的叙事结构中显出更加自由的开放性特征。

(2)洪峰

其代表作有《奔丧》《瀚海》《极地之侧》等。他并不避讳展示内心的幽暗和怯懦，小说也往往呈现出一种压抑、疲倦、厌烦、无聊而又忧伤的氛围。小说叙述者的角色化、叙述视角的局部化和语调的情绪化展示着洪峰颠覆传统小说的努力。

【名师点拨】本章的重点是“先锋小说”。需注意在“先锋小说”中，个人主体的寻求和历史意识的确立已趋淡薄，它们重视的是“文体的自觉”。同时，先锋小说对西方资源也有借鉴。

三、面向世俗的“新写实”

1. 历史背景

新写实小说发端于80年代中期，以写实为基本的创作原则，注重对生活原生态的还原。“新写实小说”的产生有其自身的历史背景：

(1)存在主义等西方哲学思潮的翻译和引介使得文学更加关注个体生存意义。

(2)发现了传统现实主义文学创作中忽略了个体生存以及世俗价值这一题材盲区。

(3)话语的透支和对于形式的过分关注造成了阅读障碍，使得先锋小说渐渐失去读者。

2. “新写实小说”的代表作品

代表作家作品有：池莉的《烦恼人生》《不谈爱情》、刘恒的《狗日的粮食》《伏羲伏羲》、刘震云的《一地鸡毛》《塔铺》、方方的《风景》《黑洞》、叶兆言的《艳歌》以及李晓的《继续操练》等。

3. “新写实小说”的新特征(与主流“现实主义”的区别)

(1)以“小写的人”代替“大写的人”，高度世俗化，关注普通人的日常生活琐事，叙写小人物的生存困境及其无奈，放弃对人生意义的正面阐述，同时也远离英雄伟业的叙述。

(2)体现人的本能欲求，消解政治文化的附加阐释，不回避粗俗猥琐的场景刻绘，主张细节真实，用单纯的“生命”叙事还原生活以“本来面目”，拒绝主流现实主义被典型化的“生活”叙事。

(3)回避创作激情，隐蔽主观倾向，不对文本中的人物及事件进行主观评述，主张“零度介入”。

(4)“原生态”是批评家概括“新写实”哲学和美学特征的“关键词”，是作家所要呈现的另一种“新现实”，即消解生活的诗意，拒绝乌托邦，将灰色、沉重的“日常生活”推到时代的前面。

四、几位小说家的创作

1. 残雪

残雪80年代初开始写作，受卡夫卡、萨特的影响很深，文本呈现非理性的特异风格。代表作有：《山上的小屋》《苍老的浮云》《天堂里的对话》等。残雪小说的特点主要有：

(1)小说将现实与梦幻“混淆”，以精神变异者的冷峻眼光和受害者的恐惧感进行叙述，创造了一个布满恶、丑的意象，人物有不断的梦呓和谵语的世界。大面积地使用阴暗、丑陋和乖戾的意象，人物之间冷漠且充满敌意，充满荒诞色彩。

(2)小说丧失了具有因果关系的情节，混淆了时空，也淡化了包括时间地点背景等传统小说的叙事要素，在错乱颠倒的幻觉世界构建其艺术时空。

(3)营造恐怖惊悸不安的阅读体验，为读者创造出一个远离日常经验的陌生的审美世界，文字带给人强烈的精神震撼。

2. 苏童

苏童的代表作品《一九三四年的逃亡》《罂粟之家》中叙述人身份、叙述视角的诡异转换以及作品表现出的神秘感，切合当时的“先锋”特征，因此被汇入“先锋小说”的行列。其代表作有《妻妾成群》《红粉》。

(1)苏童小说的特点

①往往通过家族史来表达自我人生体验，“历史”在苏童那里是主体进入想象世界的入口。生命最丑恶的各种形式都被放在家族与血缘的链条上考察，勾画出一个个由盛而衰的家族史。

②将人与人之间的社会关系悬置，强化自然意味的人的存在，发现家族与血缘矛盾在阶级矛盾中的巨大作用，使得历史变革带有血亲复仇的伦理化色彩，消解了历史的严肃性。

(2)《妻妾成群》

中篇小说《妻妾成群》问世于1989年底，它是“新历史小说”最精致的作品之一。倪震根据苏童的《妻妾成群》改编出了电影《大红灯笼高高挂》，由张艺谋导演。

①核心理念

由“一夫多妻制”生成的封建家庭内部互相倾轧的人生景象及相应的生存原则。

②主题内容

小说讲述了一个自愿走向旧家庭，自愿成为旧式婚姻牺牲品的女性颂莲悲剧的人生命运。小说对读者的审美定势以及历史认知进行了颠覆：面对历史的个体并非总是处于被动状态，他也具有自主选择的可能，也恰恰是这种自主而真诚的选择导致了个人的悲剧命运。

③艺术特色

a. 以单一视角来叙事。

b. 文字细腻精微。

c. 善于捕捉女性身心的微妙感受，并运用精确传神且富有神秘性的多义隐喻。

d. 赋予文字令人心惊的主观感受，即对人的生存世界的普遍化警觉与疑惑。

3. 格非

格非的小说致力于叙事迷宫的构建，其代表作品有：《褐色鸟群》《青黄》《迷舟》《敌人》《边缘》《欲望的旗帜》等。其小说的特点有：

(1)作品常出现被称为"叙述怪圈"的结构。格非非常重视小说中"空缺"的设置，由于关键部位的空缺，小说故事的完整性被打破，在作家创作与读者阅读之间形成了一道充满张力的缝隙，延伸了小说的想象空间。例如在《迷舟》的叙述中省略了萧去榆关送情报抑或是与表妹杏见面的关键情节。

(2)乌托邦世界的建构、在时间碎片中表达作家的想象与追忆在格非小说中占据重要位置，他擅长营造一种具有神秘感的氛围并借此牵引故事及人物命运的发展。

(3)大量浸透个体生命色彩的意象的运用也是格非小说创作的一大特色，作品充满隐喻与象征色彩。

(4)运用多重叙事视角，给予读者充分的能动性，例如《雨季的感觉》中，六个部分的叙述视角都不尽相同。

4. 叶兆言

叶兆言的代表作有《枣树的故事》《艳歌》《去影》《绿色陷阱》《死水》《一九三七年的爱情》《花煞》等。在叙述策略方面，叶兆言认识到世界万事万物因果结合的意外法则，以此作为小说的叙述策略，本该富有暗示性的细节意义也"虚空"，在其冷静节制的叙事中，二者构成一种"叙事欺骗"，对一般小说叙事的程式进行颠覆，例如《五月的黄昏》《绿河》《最后》《古老话题》。

5. 孙甘露

孙甘露早期的作品常被作为"先锋小说"在文体实验上的典型文本加以讨论。他的《信使之函》堪称最放肆的小说写作，小说中既没有明确的人物，也没有时间地点的交代，更没有什么故事情节，只是以诗意的语言阐述东方智者之思。其他重要作品还有《访问梦境》《夜晚的语言》《眺望时间消逝》《忆秦娥》《呼吸》。

6. 扎西达娃

1979 年发表处女作《沉默》，短篇小说《系在皮绳扣上的魂》是其代表作。他的小说有着 80 年代那种"寻根""魔幻"的色彩。"寻找"是故事"原型"，透露了不同民族文化相遇，以及现代文明对传统文化的"入侵"所产生的复杂体验。在将西藏置于时代冲突对比的过程中，扎西达娃对民族的内在精神气质和人的灵魂给予了充分的关照。

7. 余华

余华是当代中国最具先锋意识的作家之一，他的创作深受川端康成、卡夫卡等人的影响。自处女作《十八岁出门远行》发表后，余华开始先锋性小说的创作实践。主要代表作有

《十八岁出门远行》《现实一种》《活着》《鲜血梅花》等。其作品的特点有：

(1)小说往往体现一种“局外人”的视点和冷漠、不动声色的叙述态度。对“暴力”和“死亡”精确而冷静的叙述以及在“冷静”后面的愤怒，让当时的不少读者感到骇异，曾被称为“残忍的才华”，并且小说执着于对人性“恶”的挖掘，体现出强烈的苦难意识，如《十八岁出门远行》《现实一种》《四月三日事件》《世事如烟》。

(2)余华以其体验和想象力来挣脱“日常生活经验”的围困，重视感觉与非理性经验，在感觉与幻觉的世界中呈现无情感、无深度的人生面影，对古典小说形式进行一定的戏仿，如《鲜血梅花》《河边的错误》《古典爱情》等。

(3)在余华的小说中，意义与叙事单元分离，叙述本身不具有自我指涉性。例如他常用精神病视角进行叙述，叙述本身负载着非日常生活经验层面的意义，在叙述过程中造成读者的阅读期待。

(4)90 年代之后，余华的创作发生转向，在形式上，小说的叙述走向传统；在内容上，乐观情绪代替了虚无的悲观、温和代替了冷峻，对人性恶的关注转向了对真善美的颂扬。

8. 池莉

新写实小说代表作家。1981 年池莉开始发表小说，她的作品语言朴实晓畅，故事真实可感，能够从平凡的琐事中流露出生活的酸甜苦辣。

(1)代表作品

短篇代表作《白云苍狗谣》；中篇代表作《烦恼人生》《你是一条河》《不谈爱情》等；长篇代表作《来来往往》。其中《不谈爱情》《太阳出世》以及《烦恼人生》被学界合称为“烦恼三部曲”。

(2)创作特色

①池莉的小说取材于普通百姓的日常生活，写作主张“零度叙事”，不掺杂任何主观情绪，流水账式的叙述风格保持了与生活的同步，冷静客观的笔调还原生活以本来的面貌。

②池莉笔下的人物从来不具有英雄光环，只是芸芸众生中再普通不过的那个，在普通人都将经历的生活中品尝着酸甜苦辣，升沉起伏。

③小说对琐碎平凡的生活刻绘别有一番温情，平淡的故事情节也不失一些峰回路转的变化。

9. 方方

方方在创作《“大篷车”上》后，《白梦》《白雾》《白驹》等作品开始转向表现普通人灰色、沉闷的生活。后创作的《风景》，被当作“新写实”小说的代表作。小说主要描写城市底层市民卑微、残酷的生存状况，视角独特，因其叙述语调尖刻冷酷而带有一定的“批判性”，小说逼真而深刻的描写展示了底层市民粗鄙丑陋、野蛮冷酷的生存境况和知识者悲剧性的人生命运。

10. 刘恒

处女作《小石磨》，中短篇小说代表作《狗日的粮食》《伏羲伏羲》《虚证》《教育诗》，长篇小说代表作有《黑的雪》和《逍遥颂》。刘恒除小说外，还致力于电影、电视剧本的创作、改编工作，曾改编电影剧本《本命年》《菊豆》《秋菊打官司》《没事偷着乐》等。刘恒小说的创作特点有：

(1)关注人的生存条件和食、性、权力等基本欲望，以及因自然、历史文化环境而导致的人性扭曲、变态和卑微化现象，并对此进行深刻的揭示，如《狗日的粮食》《伏羲伏羲》《白涡》等。

(2)小说中，人物因为欲望与压抑力量之间的矛盾，以及对欲望本身的惊惶，其行为、心理往往表现出一种恐惧和紧张的状态，这与他细致、从容的叙述构成了鲜明对比。

(3)擅长营造人生悲剧，在刘恒笔下，人性的悲剧往往是由极端贫乏抑或极端充分的生存要素造成的，悲剧感是现代人无法逃避的宿命，如《伏羲伏羲》《虚证》和《黑的雪》。

(4)90年代中期以后，刘恒小说的紧张感有了降低，“精英”的人文生活理想，似乎逐渐让位给对平民生活哲理的发现和肯定，幽默、解嘲式的自我开脱，成为对艰难虽无奈，但也积极的承受方式，如《贫嘴张大民的幸福生活》等。

11. 刘震云

成名作为《塔铺》，写实小说代表作有《新兵连》《一地鸡毛》《新闻》等，“官场系列”小说代表作有《单位》《官场》《官人》等，“故乡系列”小说有《故乡天下黄花》《故乡相处流传》《故乡面和花朵》等。

(1)刘震云小说的艺术特点

①超越一般新写实小说对于庸常碎屑生活的纯粹讲述，刘震云对小说的哲理深度有一定的追求，他笔下的日常生活充满了荒诞感，人也存在异化的色彩。

②人性的种种弱点和严密的社会权力机制，构成了难以挣脱的网。刘震云的小说善于通过人与社会环境的关系阐释展示人性的“阴暗面”，以冷峻的眼光审视悲剧性的人生，例如《单位》《一地鸡毛》。

③对于反讽的运用是刘震云小说一大特色，在其小说《塔铺》以及《新兵连》中都有反讽手法的运用。

(2)《一地鸡毛》

①主要内容

这部作品以非常冷峻而又略带微讽的笔触，叙写出了极其平庸琐碎的当代日常生活景况。

②主题意蕴

小说以十分表浅的意义述说，揭示出作者所理解的生存本相：生活就是种种无聊小事的任意集合，它以无休无止的纠缠使每个现实中人都挣脱不得，并以巨大的销蚀性磨损掉他们个性中的一切棱角，使他们在昏昏欲睡的状态中丧失了精神上的自觉。

③叙述风格

a. 冷静客观地写实，不掺杂创作主体的感受和判断。

b. 经验性的事件被反复地施以琐屑的细节描绘、反复的心理揭示，对现象本身给以质感充分的烦琐刻画。

c. 运用凡俗化叙事，即“草民”叙事，向凡俗心态认同。

d. 尖锐的讽刺精神，充满荒谬意味。

e. 于低调和平淡的语句中表达绝望的心境。

22.2 考研真题与典型题详解

一、填空题

1. 作家______从80年代初开始写作，1985年发表第一篇小说，主要代表作有《山上的小屋》《苍老的浮云》《公牛》《我在那个世界里的事情》等。[中山大学2017年研]

【答案】残雪

【解析】残雪的学历不高，却有广泛的阅读经验。1980 年代初开始写作，1985 年发表第一篇小说。主要作品有《山上的小屋》《苍老的浮云》《公牛》《我在那个世界里的事情》《阿梅在一个太阳天里的愁思》《黄泥街》《天堂里的对话》《突围表演》等。她的小说将现实与梦幻“混淆”，叙述人以精神变异者的冷峻眼光和受害者的恐惧感，创造了一个怪异的世界。

2. 地域文化与很多中国现当代作家有着不可分割的联系，如老舍之于北平，沈从文之于湘西，先锋作家马原之于______。[河北大学 2017 年研]

【答案】西藏

【解析】1982 年，29 岁的马原从辽宁大学中文系毕业后去了西藏，先后做过记者、编辑。他把生命中最灿烂的七年都留在了西藏，也留下了中国文学史上标志性的“马原小说”。1982 年开始发表作品，著有《冈底斯的诱惑》《拉萨河女神》《西海无帆船》《虚构》等。其著名的“叙述圈套”开创了中国小说界“以形式为内容”的风气，对中国当代文学的发展起到了重要影响。马原最初的四本小说都诞生于西藏，他认为“这都是拜西藏所赐：西藏把我原来一些极端个人化的方向明确了，写出的东西也就被激活了、点燃了。西藏是一个奇特的地方，能给你想象力，给你独特的角度和意境，没有任何一个地方可以和西藏做比较”。

3.《一地鸡毛》的作者______。

【答案】刘震云

【解析】《一地鸡毛》是刘震云的一部中篇小说。小说主要描写了主人公小林在单位和家庭的种种遭遇和心灵轨迹的演变。菜篮子、妻子、孩子、豆腐、保姆以及单位中的恩恩怨怨和是是非非，反映了大多数中国人在 80、90 年代的日常生活和生存状态。它真实而生动地反映了大多数中国人生活的主旋律，深刻反映了内链变更改革开放的新形势给人们内心和外在的变化。

4. 1985 年，刘索拉的小说______被认为是现代派小说。

【答案】《你别无选择》

【解析】刘索拉的小说多以音乐界生活为素材，采用“黑色幽默”的笔法，表现当代中国 80 年代的现实，笔下人物多为“精神贵族”或“迷惘的一代”。《你别无选择》是刘索拉在 1985 年创作的中篇小说，在全国引起轰动，曾被香港媒体称为“刘索拉旋风”。

二、概念题

1. 先锋文学[中国人民大学 2016 年研；南开大学 2010 年研]

答：先锋文学是现代主义文学的一个重要流派。它是 19 世纪末至 20 世纪中期出现的各种思潮、流派的总称，又称现代主义文学或现代派文学。20 世纪 80 年代中国已经有不少作家运用现代主义手法创作，先锋文学在新时期成为一种文学潮流。其思想内容是表现人与社会、人与人、人与自然、人与自我等方面的基本关系，着重表现这些基本关系在社会现实矛盾中的变动与异化。先锋文学主张非理性，在创作中重主观表现，重艺术想象和形式创新。

2. 印家厚[首都师范大学 2015 年研]

答：印家厚是池莉的成名作中篇小说《烦恼人生》中的主人公，也是新写实小说一派的典型代表人物。小说中，池莉以其特有的女性视角，写出了平凡的男性，并从平凡中深入挖掘，再现了一个普普通通的小市民型男性形象。印家厚的特点主要表现在三个方面：在平凡生活中的奋斗精神、梦与现实的理智选择以及“忍”与“和”的生活哲学。《烦恼人生》中，池莉对印家厚平凡人生的描述、体验、认同，明确展示了自己的市民化立场。印家厚代表着最广大民众的心灵的声音，虽然平凡，却有着平凡中的奋斗。

3.《山上的小屋》[首都师范大学2013年研]

答：《山上的小屋》是残雪的代表作，是20世纪80年代中期出现的以形式探索为主要特征的先锋小说的代表作之一，最早刊登在《人民文学》1985年第8期上。残雪是具有鲜明个性化创造风格的作家，她着眼于深层的精神世界，不断开拓和挖掘，在中国文学界是一个极为独特的存在。《山上的小屋》中，残雪用一种怪诞的视角描述了一个梦幻的境界，这个梦中世界是生活的原生态在时代缩影下的扭曲体现，而小屋这一意象正是残雪通过梦幻的形式来反映现实的媒介。

4. 新写实小说[东北师范大学2025年研；中国传媒大学2011年研；中山大学2011年研；北京大学2010年研]

相关试题：新写实主义思潮[南京师范大学2017年研]

答：新写实小说是近几年小说创作低谷中出现的一种新的文学倾向，又称"现代现实主义""后现实主义"等。代表作家作品有方方《风景》、池莉《烦恼人生》、刘震云《塔铺》《一地鸡毛》《单位》、刘恒《狗日的粮食》《伏羲伏羲》等。"新写实小说"的正式命名，始于《钟山》杂志1989年第3期上开辟的"新写实小说大联展"，在该刊的"卷首语"中，编者对新写实小说的特征做了比较正式的说明。新写实小说的作者们放弃传统现实主义再现典型环境、塑造典型人物的目标，致力于用生活的"平常性""平凡性""庸常性"来呈现生活。

5."实验小说"[北京师范大学2010年研]

答："实验小说"是20世纪80年代中后期借鉴西方20世纪文学后在中国出现的小说创作潮流，又称先锋小说。"先锋"作家借助西方20世纪文学所提供的经验，寻求创作题材和艺术方法上的各种可能性。主题上追求对具体现实社会政治问题的超越，艺术上摆脱"写实"方法的拘囿，以追求"本体意味"的形式和"永恒意味"的生存命题，这在当时成为很有诱惑力的目标。这种"本体化"形态的想象，与他们曾经预期的"世界化文学"的想象是一致的。代表作家有马原、残雪、余华、格非、苏童等。

三、简答题

1. 简要概括刘震云80年代小说创作的突出特点。[中国传媒大学2014年研]

相关试题：刘震云[概念题，复旦大学2025年研]

答：刘震云是中国当代极具影响力的作家。1958年生于河南省新乡市延津县，15岁时谎报年龄参军，在甘肃的部队中开始大量阅读，积累了文学素材，退伍后以河南省高考文科状元的成绩考入北京大学中文系，毕业后到《农民日报》工作，后又相继考上鲁迅文学院和北京师范大学。代表作品有《一地鸡毛》《温故一九四二》《我不是潘金莲》以及《一句顶一万句》(获茅盾文学奖)等。他擅长从小人物或底层社会的角度出发，刻画他们的生存境遇和生活态度，描写"最普通的人在最普通的生活中所发生的最普通的事"。

刘震云80年代小说创作的突出特点主要表现为：

(1)利用民间意识反讽手法是刘震云80年代小说创作的突出特点。反讽作为西方文论中的重要美学法则和表达方式，在新时期"新写实小说"中被广泛运用。刘震云作为该流派的重要代表作家，其初期代表作从《塔铺》到《新兵连》，没有"唐人绝句"式的空灵境界和淡泊悠闲的奇风异俗，而是着力于剖析社会存在中矛盾冲突的本质和生活苦涩的无奈，直至淋漓尽致地演绎这种反讽叙事手法。

(2)在80年代，相比起另外的"新写实"小说来，刘震云对琐屑生活的讲述有对"哲理深度”的更明显的追求，也就是对发生于日常生活中的，无处不在的“荒诞”和人的异化的持续揭发。

(3)人性的种种弱点和严密的社会权力机制，在刘震云所创造的普通人生活世界中构成难以挣脱的网。生活于其间的人物难以自主地陷入原先拒绝陷入的“泥潭”，在适应这一生存环境的过程中，经历了个人精神、性格的扭曲。

2. 结合代表作家作品，试述80到90年代“先锋小说”的主要特点与成就。［北京师范大学2013年研］

相关试题：

(1)中国“先锋小说”的具体体现。［北京语言大学2025年研］

(2)简论80年代后期“先锋小说”的艺术特点。［中国传媒大学2012年研］

(3)结合两位具体作家作品，分析先锋文学的特征。［论述题，北京大学2018年研］

(4)结合你熟悉的格非作品论述其作为先锋小说家的贡献。［论述题，中国传媒大学2018年研］

答：先锋小说是指中国文坛20世纪80年代中后期出现的文学创作流派，又称新潮小说或实验小说。代表作家有马原、洪峰、余华、苏童、格非等。先锋文学无论是题材范围、思想主题、形式技巧还是创作理念都借鉴和模仿了西方现代主义文学，表现出与传统文学迥然不同的特征。

(1)80年代到90年代“先锋小说”的主要特点

①对旧有意义模式的反叛与消解

在文化上表现为对旧有意义模式的反叛与消解，作家的创作已不再具有明确的主题指向和社会责任感。如马原的《拉萨河女神》和《冈底斯的诱惑》等作品中，“怎么写”的问题远远超过“写什么”，小说的主题模糊暧昧或者根本没有主题，作者在为叙事而叙事。

②颠覆旧的真实观

在文学观念上颠覆了旧的真实观，一方面放弃对历史真实和历史本质的追寻，另一方面放弃对现实的真实反映，文本只具有自我指涉的功能。先锋作家们追求新历史主义的创作，如苏童的“枫杨树乡村”系列作品，以前作品中的那种宏大真实的历史观被消解，使小说得到了可以直接进入人物心灵的途径，原生态地展现历史地表之下的真实的人物生活状态。而马原小说中的那句“我就是那个叫马原的汉人”打破了传统的阅读真实观。

③叙述游戏

在文本特征上体现为叙述游戏，更加平面化，结构上更为散乱、破碎，文本意义的消解也导致了文本深度模式的消失，人物趋于符号化，性格没有深度，放弃象征意义模式，通常使用戏拟、反讽等写作策略。例如，在余华的很多小说中，人物根本没有自己的名字，用“1、2、3”这样的符号来代替；残雪的《山上的小屋》中凌乱的梦境、嘈杂的现实，文本结构像她所描写的生活本身一样混乱不堪。

(2)80年代到90年代“先锋小说”的主要成就

①对当代中国小说的重新定义

先锋派文学创造了新的小说观念、叙述方法和语言经验，并且毫不夸张地说，它们改写了当代中国小说的一系列基本命题和小说本身的定义。

②出现一大批优秀作家作品

a. 80年代中后期，马原、洪峰、余华、苏童、叶兆言等青年作家纷纷登上文坛，他们以独特的话语方式进行小说文体形式的实验，被评论界冠以“先锋派”的称号。毋庸置疑，先锋派文学是中国当代文学史进程中一个重要的文学现象。

b. 进入90年代，苏童、余华先后发表了《米》《妻妾成群》《活着》《许三观卖血记》等小说，预示先锋作家减弱了形式实验和文本游戏，开始关注人物命运，并以较为平实的语言对人类的生存和灵魂进行感悟，现实深度和人性关注又重归文本。不少论者认为这是先锋作家为迎合大众而走向通俗化，这一转向标志着先锋文学向现实主义传统的回归。

3. 列举“新写实”派小说的主要作家和主要作品。［北京语言大学2010年研］

答：(1)新写实小说

新写实小说是指不同于历史上已有的现实主义，也不同于现代主义“先锋派文学”，而是近几年小说创作低谷中出现的一种新的文学倾向。在社会转型时期，和“先锋小说”同时或稍后出现的是“新写实小说”。被归入到这一名目之下的作家非常广泛，包括刘震云、方方、池莉、范小青、苏童、叶兆言、刘恒、王安忆、李锐、李晓、杨争光、赵本夫、周梅森、朱苏进、迟子建等。

(2)主要的“新写实小说家”及其作品

①池莉及其代表作品

池莉将目光投向普通人的生活，描写了普通人的琐事，将新时期初期“大写的人”置换成“小写的人”。池莉主要作品有中篇小说《烦恼人生》《不谈爱情》《太阳出世》《你是一条河》《预谋杀人》《凝眸》等。其中1987年发表的《烦恼人生》是常常被批评家用来阐述“新写实小说”特征的主要文本之一。这一小说连同《不谈爱情》《太阳出世》，也曾被人合称为“新写实三部曲”。

②方方及其代表作品

方方的《风景》写出了当代生活最粗陋的状态，作者以冷静、不动声色的叙事方式把现实生活和盘托出，让人们对生存命运的思考更加深邃。方方1982年发表小说处女作《大篷车上》之前曾致力于诗歌创作，1987年发表的《风景》在评论界反应热烈，这个中篇也被当作新写实小说的代表作。《风景》之后的主要作品有：《落日》《祖父在父亲心中》《桃花灿烂》《纸婚年》等等。

③刘恒及其代表作品

刘恒把生存的基本欲求置于写作的中心而拒绝复杂深邃的文化附加物，他以与“寻根”不相干的态度表示了对“寻根”的逃避。刘恒1977年发表小说处女作《小石磨》，1986年发表《狗日的粮食》，获全国优秀短篇小说奖。此后的主要作品有：《黑的雪》《白涡》《伏羲伏羲》《虚证》《连环套》《苍河白日梦》《逍遥颂》等。另外，还出版有《刘恒自选集》。《狗日的粮食》《伏羲伏羲》和《白涡》也被比较一致地认为是新写实小说的代表性作品。

④刘震云及其代表作品

刘震云没有着力刻画底层人生活的艰辛，而是写出他们生活和人生的方方面面；不是去挖掘生活的深层意蕴，细细咀嚼生活的复杂滋味，而只满足于写出一种生活状态。悲剧性的情感总是被尴尬处境所消解，为无聊的快乐所冲淡。刘震云的作品有《塔铺》《新兵连》《一地鸡毛》《单位》《官场》等。这些作品，特别是其中的《一地鸡毛》，通常都被看成是新写实小说的代表作。进入90年代后，主要作品是长篇小说《故乡天下黄花》《故乡相处流传》和《故乡面和花朵》等。

四、论述题

1. 请结合具体的作品，谈谈“新写实主义小说”的文学史意义。［中山大学 2017 年研］

答：（1）“新写实主义小说”的出现及概念

“新写实小说”是在“先锋小说”出现的同时或稍后，小说界出现的另一重要现象。“新写实小说”作为一种创作潮流，固然是当时文学精神转移的体现，也与文学刊物的推动相关，出版于南京的大型文学杂志《钟山》将“新写实小说”作为重要文学现象提出。

《钟山》对“新写实小说”下了定义，“所谓新写实小说，简单地说，就是不同于历史上已有的现实主义，也不同于现代主义‘先锋派’文学，而是近几年小说创作低谷中出现的一种新的文学倾向。这些新写实小说的创作方法仍以写实为主要特征，但特别注重现实生活原生形态的还原，真诚直面现实，直面人生。虽然从总体的文学精神来看，新写实小说仍划归为现实主义的大范畴，但无疑具有了一种新的开放性和包容性，善于吸收、借鉴现代主义各种流派在艺术上的长处。”这段话既说明了“新写实小说”的概念，也表明了“新写实小说”在文学史上的重要地位。

（2）“新写实主义小说”的文学史意义

①“新写实主义小说”在题材上的先进性

“新写实小说”与当代奉为主流的“现实主义”小说确有明显区别，其“新”的特征正是指向这一现象而言。“典型化”（典型环境与典型人物），以及与此相关的表现历史本质的目标为“新写实”所放弃，“新写实”对过去“宏大历史”叙述所舍弃、遗漏的平庸、琐屑的俗世化“现实”表现了浓厚兴趣。代替英雄的壮举与情思的，是普通人（“小人物”）衣食住行、生老病死的烦恼、欲望，生存的艰难、困窘，和个人的孤独、无助。

如作家刘震云的《塔铺》《一地鸡毛》《单位》《官场》《官人》等，侧重关注人与环境的关系，即社会结构中人的悲剧性处境。他对“单位”这一特殊的当代社会机制，以及这一机制对人所产生的规约和销蚀力量，做了具有发现性质的描述。无法把握、也难以满足的欲望，人性的种种弱点和严密的社会权力机制，在刘震云所创造的普通人生活世界中，构成难以挣脱的网。生活于其间的人物（如《一地鸡毛》《单位》中走出校门的小林夫妇），面对强大的“环境”压力，难以自主地陷入原先拒绝陷入的“泥潭”，也在适应这一生存环境的过程中，经历了个人精神、性格的扭曲。对于这一世界中人们的复杂关系，他们的折磨、倾轧以及猥琐、自私、残忍的心理行为，小说采用冷静、不露声色，却使人感到冷峻批判立场的叙述方式。在 80 年代，相比起另外的“新”写实小说来，刘震云对琐屑生活的讲述，有对“哲理深度”的更明显的追求，也就是对发生于日常生活中的、无处不在的“荒诞”和人的异化的持续揭发。由此可见“新写实小说”在关注当代普通人平凡琐碎的生活上体现出的进步意义。

②“新写实主义小说”在艺术方法上的先进性

“新写实”在艺术方法上，持一种较为开放的态度，并不像当代的“现实主义”那样画地为牢；而它的艺术风尚，则表现了一种所谓“还原”生活的“零度叙述”的方式。叙述者持较少介入故事的态度，较难看到叙述人的议论或直接的情感、价值评价。这透露了“新写实”的写作企图：不做主观预设地呈现生活“原始”状貌。“原生态”是批评家概括“新写实”哲学和美学特征的“关键词”，是作家所要呈现的另一种“新现实”。这使他们的创作切入过去的“现实主义”小说的“盲区”，当然也因此产生新的“盲区”。“新写实小说为 20 世纪 90 年代文学在另一个价值平面上的展开提供了新的地标。它消解生活的诗意，拒绝乌托邦，将灰色、沉重的‘日常生活’推到了时代的前面。”

例如余华的作品《十八岁出门远行》和中篇《现实一种》，以一种“局外人”的视点和冷漠、不动声色的叙述态度，构造“背离了现状世界提供给我的秩序和逻辑”的“虚伪的形式”。他拒绝那些关于“现实”的共享的结论，以其体验和想象力来挣脱“日常生活经验”的围困。而其之后的作品，例如《活着》《许三观卖血记》与原先和“现实”、日常经验的“紧张”关系有了缓和，但叙述还是冷静、朴素、有控制力的，同时也有心境放松之后的余裕，来把握叙述上的节奏等问题。更重要的是，可以觉察到那种含而不露的幽默和温情。透过现实的混乱、险恶、丑陋，从卑微的普通人类乎灾难的经历，和他们内心中发现的那种值得继续生活的简单而完整的理由，是这些作品的重心。这种隐含在文本中的作家态度所呈现出的叙述方式，是“新写实主义小说”特有的艺术方法。

2. 鲁迅的《狂人日记》和余华的《四月三日事件》都是以“非常态人物”为主人公的，比较两者之间的差异，并说明其成因。［南开大学2011年研］

答：鲁迅和余华都看到了异化人性的本质并通过不加掩饰的方式向人们展示黑暗的现实和丑陋的人性，形成了对暴力与疯人的书写。

(1)鲁迅的《狂人日记》和余华的《四月三日事件》两部作品中都有关于疯人的书写。然而虽然同样是书写疯人的作品，但两者也有不同之处，两者之间的差异具体表现为：

①《狂人日记》里“狂人”是鲁迅战斗精神的代表

《狂人日记》里的“狂人”是有过发狂记录的人，他的疯狂在文本中有清楚鲜明的表现，他虽然没有精神患者的病症却因为觉醒、反叛、抗争，被世俗者看作是狂人。狂人的形象是鲁迅战斗精神的代表，狂人反省到“自己也曾吃过人的肉”并冒着被吃的危险，“诅咒”和“劝转”那些“吃人的人”，虽被按住了口，还依然发出了“救救孩子”的呼喊。这是对历史和现实做出思索的结果，与鲁迅早期呼唤的独自觉醒的“精神界战士”相契合。狂人躬行他先前所憎恶和反对的一切，拒斥先前所崇拜、主张的一切，这是超越同时代知识分子的做法，代表着包括作者在内所有知识分子所面临的困境，并用实际行动实践着鲁迅宁愿投身于“混战”中也不可止步于前的战斗精神。

②《四月三日事件》里“狂人”是余华彻底的怀疑精神的代表

余华的《四月三日事件》同样写了一个类似于“狂人”的患迫害狂的青年，他同样感到所有的人，包括他的同学、街上的陌生人、店里的营业员以及他的邻居、父母亲，都憎恶他并想迫害他；同样认为所有的人都已经联合起来，要在四月三日这一天对他采取行动，这行动的目的是让车撞死他。总之，是要置他于死地，他也同样坚信这行动的主谋是他的亲人——父母。余华借狂人来怀疑世界，包括亲情。余华笔下的狂人，他的怀疑与否定精神弥足珍贵，但在叙述中为了突出疯人的特质而动用超过审美底线的残忍、变态和恶心的表达。他的疯子行为已经超越了常规，戳穿了理性范畴下隐藏的非理性的“恶”的真实，是余华彻底的怀疑精神的代表。

(2)《狂人日记》和《四月三日事件》中“非常态人物”之间差异的成因

①《狂人日记》中的“疯”是源于新旧文化价值的对立

鲁迅小说中的“疯”是源于新旧文化价值的对立，疯子代表着新的价值体系所折射出的反省和先觉的火光。借助狂人的思维来对抗旧的社会制度是一种无奈，狂人勇于向仁义道德挑战，宁可被视为异类、疯子也坚守自己破除旧观念、追求真理的信念。但是这先觉者还只是先行的个体，并未得到广泛的认同与关注，所以“狂人”最后的出路是和常人和好，接受治疗，再回到现实的社会秩序中去，并“已赴某地候补”。鲁迅的疯人最终只是悲壮的英雄，暗含着无奈和苦闷。

②《四月三日事件》里的"疯"源于西方现代派小说的影响

《四月三日事件》里的"疯"集中了人性中阴暗、丑陋、非理性的一面，通过对这一区域的描写，余华告诉人们这也是"现实一种"，它是"用无作者思想、无主体知识、无同一性理论"来取代人的视角之后的后人道主义眼中的人性现实。但是，余华的叙述充满了超过审美底线的残忍、变态等非理性因素，这与余华受西方现代派小说家如卡夫卡、博尔赫斯的影响有关，他塑造的疯子也是疯人的异化。

总之，余华缺少鲁迅洞察人性的深度和剖析精神实质的能力，但余华却一直在鲁迅开辟的狂人之路上辛苦跋涉，并通过异化疯人的广泛存在显示了社会结构的精神暴力机制，这也是余华承接鲁迅精神和阴冷风格的表现。

3. 选择20世纪80年代以来的一位女性作家为例，论述其小说文艺创作的得失。［四川大学2011年研］

答：池莉的小说属于新写实主义，其作品大都发表于80年代末90年代初，共同特点就是对生存的世俗性、庸常性、卑微性和琐碎性的原生状态的展示。她的"人生三部曲"——《烦恼人生》《不谈爱情》《太阳出世》，是其代表作。

（1）"人生三部曲"的内容简介

《烦恼人生》是池莉的成名作。小说通过轧钢厂操作工印家厚一天的生活经历，十分详尽地展现了当代普通工人所面临的生活困境和不尽的烦恼，描写了他在这重重困境中的挣扎、奋斗和心理感受，深刻地揭示出中国当代产业工人生存的困境和无尽的人生烦恼。《不谈爱情》中庄建非和吉玲的爱情则消解在日常生活的柴米油盐酱醋茶中，爱情已成为生活中的奢侈品甚或遥远的神话，要想维持生活就得彻底放逐爱情、浪漫和诗意。《太阳出世》中赵胜天和李小兰由最初结婚时的幼稚，到经历生子后得到彻头彻尾改变的成长过程揭示出生活中的种种琐事总会把人们的锐角磨光、磨圆的道理。

（2）小说创作的成功之处：世俗化的姿态

池莉这一时期的文学创作可以说顺应了中国社会转型期商业化和利益化的总体趋势，始终保持了一种世俗化的姿态。这些小说除了对市民生活的原生态和生活流式的结构模式外，主要特点还在于：作者的零度情感介入、纯客观的冷静叙述；小说中人物的精神理想的缺席以及作者批判精神的退场等。

（3）小说创作的不足之处

①小说改编影视剧，导致文学精神的退化

在90年代文学日益边缘化的过程中，池莉的小说因适合市民大众的口味而迅速走俏。她的小说被频频改编为影视剧，成为市民阶层的精神文化食粮。然而，仅仅以市民的标准、世俗的判断作为文学的标准，只能导致文学精神的退化。

②小说创作整体上有重复之嫌

池莉90年代的创作虽然有了一些变化，但总体而言，她的创作是在同一个层面上重复。有论者指出她的小说的精神缺陷："作为一个作家，轻视和排斥知识分子，轻视和放弃思想的力量，作品缺乏深刻的灵魂拷问，缺少情感的力度和震撼力，缺少激起人们追寻生存意义和提升审美理想的强大动力，也缺少对于妨碍社会发展、妨碍人性完善的真正障碍的严肃思考和犀利批判；价值观的单向性，难以覆盖生活的丰富性；作品的可读性，也不能遮掩作品的单薄感。"

4. 论述80年代后期的先锋文学小说的形式变革。［北京大学2010年研］

相关试题：论述20世纪80年代后期“先锋小说”的文学史意义。［北京师范大学2014年研］

答：80年代后期的先锋文学小说的形式变革：

(1)先锋小说的创作概况

20世纪80年代后期，马原、莫言、残雪等人相继发表一系列风格独特的作品，比如马原的《冈底斯的诱惑》《虚构》，莫言的《红高粱》、残雪的《山上的小屋》等，这些作品开始确立先锋派的最初地位，继而余华、格非、孙甘露、苏童等人成为先锋派的中坚人物。他们发表的一系列作品被称为是形式主义的，甚至是“后现代主义”的。1989年以后，先锋派逐渐退潮，那些热衷于先锋探索的作家们纷纷后退，脚踏实地地开始了他们的文学生涯。

(2)先锋文学小说的形式变革之一：文体变革

①元叙事的使用

马原的在先锋文学小说中广泛地采用“元叙事”的手法，有意识地追求一种亦真亦幻的效果，形成著名的“马原的叙事圈套”。元叙事也叫元虚构，它通过作家自觉地虚构过程，产生间离效果，进而让读者明白小说就是虚构，不能把小说当作现实。虚构在小说中获得了本体意义。

②叙事结构的转变

余华在《在细雨中呼喊》中，使用了加下划线的叙述。这种叙事话语采用闪回和闪进的方式，打破固有的叙事时间，或是弥补一些事实，或是返回故事的某一点，交代事情的进展，造成因叙事时间跳跃而产生的迷惑感。这种叙事话语的转变，打破了传统线性叙事的叙事时间结构，叙事者不断地进入过去或未来的叙事时间。

(3)先锋文学小说的形式变革之二：语言试验

马原小说中的人物马原和作者马原经常被混淆起来，造成一种非常幽默和别致的阅读效果。小说《虚构》一开头就说：“我就是那个叫马原的汉人，我写小说。我喜欢天马行空，我的故事多多少少都有那么一点耸人听闻。我用汉语讲故事；汉字据说是所有语言中最难接近语言本身的文字，我为我用汉字写作而得意。全世界的好作家都做不到这一点，只有我是个例外。”这种叙述追求语言的充分游戏化，消解了文学的功利主义传统和“文以载道”的教条。

总之，先锋小说作家高举形式主义的大旗，进行了一系列的艺术实验，强调结构的迷宫化和叙述的感受化，认为文学本体的意义只在于文本的生成过程和阅读过程，而不在于认识意义。“怎样写”取代了“写什么”的传统叙事模式，在小说的现代化叙事上取得了新的业绩。但是，由于其“先锋性”缺乏历史和文化的底蕴，又脱离民族的审美心理和需求，因而在轰动一阵后便因受到读者的冷落而消沉了。

第23章 女作家的小说

23.1 复习笔记

一、女作家和“女性文学”

新时期之初，随着文坛对“人的尊严”的呼唤，女性文学开始复苏，以张洁、张辛欣、铁凝、王安忆等女性作家的作品为代表，文坛涌现出一系列优秀的女性文学作品。

1. “女性文学”与“女性主义文学”

(1)女性文学

①产生：19世纪末20世纪初的思想启蒙运动与社会变革使得一些女作家能够通过写作的方式表达女性的声音和内在情感经验。在早期的研究论著中，“女性文学”与女作家的文学概念相当，基于生物学意义的性别立场，用以与男性作家区别，如“女作家”“女诗人”等。

②质疑：随着80年代女作家创作的繁荣，一些女作家对“女性文学”的归类较为反感。

(2)女性主义文学

女性主义文学的概念建立在当代西方女性主义理论批评的基础上，这类作品不再关注自然属性的性别，而关心自身性别的社会处境、女性文化身份反思以及女性立场及其主体地位。“女性主义文学”的界定要比“女性文学”更加严格，理论与创作的密切联系有时也会限制文学文本的丰富性与可能性。

2. 20世纪女性写作的三次高潮

20世纪中国女性写作出现过三次高潮：

(1)第一次高潮出现在“五四”时期，冰心、陈衡哲、石评梅、凌叔华、冯沅君等大批女作家以写作的方式表达了她们对于“人”启蒙与觉醒的思考，触及与女性相关的婚姻家庭、自由恋爱以及青春期苦闷心理的题材。但此时的女性书写只是作为“五四”思想启蒙这一宏大话语中的一部分而存在。

(2)第二次高潮出现在“新时期”，借助思想启蒙精神的回归、人道主义的复苏，文坛涌现了诸如张洁、谌容、张抗抗、张辛欣、戴厚英、残雪、王安忆、铁凝等优秀的女作家，她们以自己敏感的神经表达了这个时期思想和情感解放的迫切愿望，也表达了女性自身的情感。

(3)第三次高潮出现在90年代，此时的女性写作具有鲜明的性别立场，不再依赖社会文化思潮的推进，而凭借自身独立丰富的思想资源，尤其是女性主义理论，大胆表达女性经验与女性意识。

3. 80年代女性作家创作概况

(1)80年代前期，女作家们是在“花木兰式的境遇”中力图以超越性别的身份进行写作的，具有代表性的作家作品是张洁的《爱，是不能忘记的》《方舟》、张辛欣的《在同一地平线上》《我在哪儿错过了你》等，这些作品较早地反映了女性意识的觉醒以及对男权话语的反叛，表现了不甘于充当男性傀儡和附庸的观念。

(2)80年代，女作家的创作呈现出一种矛盾的状况。一方面，女作家们在社会生活和文学表达上都普遍忽视，也有意遮蔽男女性别上的差异；另一方面，纯净、抒情、细腻等在文化想象方面习惯性地被认为是属于“女性”的特有风格，这种风格也在部分女作家的创作中得到体现。

(3)80 年代后期，女作家们以女性身份来表达属于女性的独特经验、感受和思考。以王安忆、铁凝等一批女作家为代表，她们站在女性的立场上透视父权制历史中女性生存的真实境遇，对被剥夺了话语权的女性命运提出了尖锐的质疑与挑战，其中对于女性自身性爱欲求的描写成为重要的文学主题。王安忆的《小城之恋》《荒山之恋》《锦绣谷之恋》，以及铁凝的《麦秸垛》《棉花垛》等都是其中的代表作。

4. 90 年代的“新女性小说”

女性写作在 90 年代风起云涌，形成强大势头，充分表现出了文学创作中强烈的作家个性、人物倾向和独特的创作诉求。以“新女性小说”为代表，其特征主要有：

(1)性别复苏与话语自觉

20 世纪 70 年代末，女性写作中的性别意识在沉寂了 30 多年后的再度复苏，掀开了中国当代女性主义文学思潮的序幕，如舒婷的《致橡树》。“话语自觉”是指在女性写作中，创作主体从自觉的女性立场出发，努力摆脱对男性话语的依附关系，以女性独有的表意方式，建构性别色彩鲜明的女性主义性别诗学。如林白的《一个人的战争》、陈染的《私人生活》、徐坤的《狗日的足球》、卫慧的《上海宝贝》等。

(2)父权解构与主体建构

揭破女性在男性中心社会遭受压抑和禁锢的真相，对传统父权文化秩序实施解构、反叛和颠覆，如伊蕾的《处女湖》等女性主义诗歌就率先表达了对女性“贞操”“节烈”的大胆质疑。女性主义小说，更通过贞操观念受害者和牺牲品的悲剧命运的形象展示，对封建男权的片面、荒谬的贞操观进行了彻底否定。女性“精神主体建构”体现了新女性从被动到主动、由人身依附到人格独立的灵魂蜕变和精神成长，表征着以“独立”为核心内容的女性主体意识的真正觉醒。如张辛欣《在同一地平线上》，王安忆的“三恋”。

(3)女权理论与文学实践

西方女权理论的大量译介与渗透，为中国当代女性主义文学思潮的发生奠定了思想和理论基础。如西蒙娜·波伏娃的《第二性》、伍尔夫的《自己的一间屋》、埃莱娜·西苏《美杜沙的微笑》等对不少当代女作家的创作产生直接而深刻的影响，如林白《一个人的战争》。

【名师点拨】近年来，各类文学考试时常涉及“女性文学”“女性意识”等概念。即使是考查某一具体女作家作品，也应结合该作家和“女性文学”的整体规律进行作答。同样，在面对“女性意识”等抽象问题时也必须结合女作家的具体创作来谈。因此，必须熟记“女性文学”的概念、特点及 80 年代女作家的创作情况。

二、女作家的小说(一)

1. 宗璞

十七年期间宗璞创作了著名小说《红豆》，“文革”后她的作品加紧了对于现代主义的探索，注重心理描写，具有超现实的荒诞性和象征性，比如《我是谁》《蜗居》《泥沼中的头颅》等，受到批评界的注意。她的创作特点主要有：

(1)以知识界与知识分子为主要的描写对象，透过知识分子这一自己熟悉的资源展示中国历史变迁的信息。如《红豆》写女性知识分子的缠绵恋情和面对恋爱与革命矛盾时内心的苦闷挣扎，《我是谁》写女学者韦弥在“文革”期间的遭遇。

(2)采用“内向化”的表现视角，注重展示人物的内心世界，对知识分子的心灵进行探寻。

(3)在自足、完整的作品结构中蕴含着巨大的情感张力，使其结构具有无限的延展性，也彰显了人物精神世界的复杂与丰沛。

(4)由于出身背景和良好的文化素养，宗璞小说的语言有着传统文化中那种含蓄、雅致、清淡自然的韵味。

2. 谌容

谌容的长篇小说代表作《万年青》，在“文革”后期曾有较大影响。1980 年因发表中篇小说《人到中年》而蜚声中外。她的创作特点主要有：

(1)她的创作表现出一种面对女性自我、整个世界乃至更广阔社会人生的比较开放的女性意识。

(2)善于从日常琐屑中开掘出重大的社会主题，小说具有诗意美，艺术表现新颖独到。如《人到中年》触及的是“当代”中年知识分子的处境“问题”，《人到老年》《死河》则与中国社会老年问题、生态问题日见突出有关。

(3)80 年代中期以后，她的小说风格发生了一些变化。伤感、抒情的叙述格调有所削弱，增加了荒诞、滑稽色彩等戏剧性成分。

3. 张洁

(1)张洁是位具有古典理想主义精神的作家，她的早期作品闪耀着对完美生活状态和理想境界的追求，善用抒情性的叙述与哲理性议论相结合的手法描绘人物的内心世界。小说的开篇之作《从森林里来的孩子》就以清新流丽的语言引人注目。

(2)80 年代后期，张洁的创作发生重大转向，以审丑为基准，采用调侃、反讽的手法营造种种超现实的文本景观，从而抒发对现实世界的荒诞感受，抨击、嘲讽某些男性人物的猥琐、低俗趣味，表现出强烈的憎恶，如《无字》。她的文风也由含蓄深沉变得辛辣狂放。

(3)纵观其创作，张洁始终是一位痛苦的理想主义者，始终以社会悲悯和俯瞰人间的精英姿态传达女性经验，是 80 年代文学创作不可忽视的一抹景色。

4. 戴厚英

戴厚英最有影响力的作品是《人啊，人!》。小说以青年和历史为写作对象，在无意识和时间的深层缠绕中揭示知识青年所遭遇的挫折与矛盾，小说对人性与人道主义的直接呼唤表现了“应该有自己的人的价值，而不应该被贬抑为或自甘堕落为‘驯服的工具’”的思想。

5. 王安忆

(1)创作历程

①80 年代初是王安忆写作“青春自叙传”时期，作品往往以优美的抒情笔调细腻地展现年轻人对爱与理想真诚而执着的追求。以“雯雯系列”为代表的一系列小说较为真切地展示了女知青雯雯在插队的农村以及返城以后的经历，细致地表现了青春女性的情感经验，构筑了一个纯真美丽的艺术世界。

②之后她的关注点拓展到“知青”回城的矛盾、苦恼，改革年代剧团内部的冲突，地位浮沉带来的人生体验等。代表作品为《本次列车终点》《尾声》《流逝》《归去来兮》等，有了更强的现实针对性。

③1984 年美国之旅结束后，意识到民族的和人类世界的文化眼光，她写出了《小鲍庄》《大刘庄》等中篇，在 1985 年的“寻根”热中占据了一席之地。

④1986 年以后，王安忆发表了引起众多争议的“性题材”作品“三恋”(《小城之恋》《荒山之恋》《锦绣谷之恋》)。

⑤90 年代以后，王安忆又发表了《叔叔的故事》《伤心太平洋》《我爱比尔》等中篇小说以及《纪实与虚构》《长恨歌》等长篇小说。这些作品标志着作家的创作取得了新的突破。

(2)《长恨歌》

①内容概述

平民女子王琦瑶，在年轻时代参加上海的选美活动，获“三小姐”一举成名，随即又成了国民党某要员的外室，辉煌与腐烂共生；中年时代蛰居上海弄堂，与一群游离于体制外的市民整日沉浸在怀旧中，并演出了一场多余人的爱情悲喜剧；老年时代适逢改革开放，旧上海的繁华梦又重新发出迷醉的诱惑力，结果吸引了一批粗鄙腐烂的寄生者，作为旧梦象征的王琦瑶被谋杀。

②艺术特点

a. 作为王安忆都市文学的代表，《长恨歌》以一个女人的故事呈现一个城市的精神，以民间的立场讲述一种城市的平民精神，而其中的苍凉意味与虚无感某种意义上又承袭了张爱玲式的海派传统与精神文脉。

b.《长恨歌》延续并推进了王安忆在“三恋”中表达的对女性命运的关切，其中也始终隐藏着男性历史对女性日常性的压迫。

c. 以上海为中心，通过一个人的命运写了上海近四十年的命运，意蕴丰富地象征了上海的市民文化本身的生命力与魅力。

d. 表现出一种普遍性和通常性，把女主人公当作一个公共性的人物来写，从而探询和揭示两性间微妙的支配关系，以及男女在欲望本能和社会权力之间的挣扎。

6. 张抗抗

张抗抗的代表作《分界线》《夏》《北极光》等，讨论了女性的生活位置和独立意识的问题。张抗抗的写作一直关注个体的感情世界和个性的丰富性，从建构当代中国文学中“人”的形象这一角度来说，张抗抗小说的意义应该受到更充分的肯定。

7. 张辛欣

张辛欣在 80 年代的小说，大多与女性问题的“探讨”和女性自我反思的主题有关，如《在同一地平线上》《我们这个年纪的梦》等；也传达现代都市人在变动的社会生活中“主体”失落、离散的惶惑和焦虑，如《清晨，三十分钟》《疯狂的君子兰》。其创作特点主要有：

(1)在张辛欣的小说中，“觉醒女性”的根本性困惑在于，她们仍然找不到真实、可靠的“归宿”。她们的困境不止来自外部环境，也来自女性自身。

(2)强烈的反庸俗倾向、深沉的理想幻灭的痛苦、激烈的主观与客观的矛盾斗争，决定她的作品中多采用讥刺和嘲讽的笔调来揭露、谴责社会种种不合理的、不正常的现象及在不正常不合理的境况下人的可笑与可恶之处。

8. 铁凝

铁凝 70 年代中期开始发表作品。80 年代，她以《没有钮扣的红衬衫》《哦，香雪》等作品知名。

(1)创作特点

①其小说平实而“传统”，常以写实的笔法，写当代变革中的生活矛盾。

②善于在历史和文化中表现女性，通过刻画女性敏感的内心世界彰显时代心声与文学魅

力，能够深入到女性的性本能深处，揭示困顿生活下女性依旧保有的自我意识及其背后沉重的历史压力。

③铁凝笔下的女性形象往往具有鲜明的成为他者的“脱序”冲动和行动力。

(2)《玫瑰门》

《玫瑰门》是铁凝最具有女性立场的作品，小说以独特的视角，探讨了中国女性的悲剧，揭示女性如何成为传统父权制的牺牲品。

①内容概述

小说以司漪纹及其外孙女苏眉这一老一少两位女性为叙事轴心，展开了历史与现实交汇的女性生活史。司漪纹的身上汇聚了中国传统妇女的悲剧，她是父权家长制的受害者，但又是其同谋，而后者更显示其深刻和悲哀的特质。她早年渴望得到传统大家庭的接纳，但旧家庭的迅速崩溃，让她卷入了革命暴力的历史，外部世界对她构成巨大的压迫。

②艺术特点

a. 在铁凝众多相对单纯的小说中，其人物、结构都显得丰富、复杂。

b. 作品通过第三人称叙述，精心塑造了司漪纹、姑爸、苏眉、宋竹西、罗大妈、叶龙北等一系列人物形象，并通过描述人物性格的异化、怪诞，行为的激进以及各个人物之间纠缠、错综复杂的关系，从而不言自破地揭示特定社会环境(“文革”)对人心灵的毒害，对人性格异化的催化作用和对人物命运结局的掌控作用，表达了对封建传统文化的批判。

9. 迟子建

迟子建的作品与其童年生活紧密相关，由于描述的地域、风情等具有某种相似点，批评家有时会将她与萧红联系在一起。其作品渗透着对善良、隐忍、宽厚的亲人的爱意，对脆弱却从容的大自然生命的领悟，给读者提供一种难得的温暖和安定感，如《秧歌》《东坊》等。

三、女作家的小说(二)

1. 林白

林白80年代中期开始发表小说，80年代末90年代初的《同心爱者不能分手》《子弹穿过苹果》等代表作品确立了她此后写作的女性主题和独特的个人特征。其创作特点主要有：

(1)受个人经历影响，凄清又具有浓厚异域风情的南国“沙街”与喧嚣而华美的主流文化中心“北京”成为林白小说的两大想象空间。

(2)“沙街”系列小说中，林白通过月亮意象将女性的美与欲望具象化，书写她们在历史厚重中神秘消失或死亡的结局，从而展现在历史中“失语”的女性隐秘而苦难的生存经验。而其中唯美的诗性叙事将大胆的性爱描绘变得虚幻而感伤。

(3)“北京”是林白真正的“女性欲望叙事”，“北京故事”的核心是对“性政治”的反叛，也是女性欲望对于被压抑、被控制的直接拒斥。

(4)林白的小说叙事有如一个女人对镜独坐，女性形象具有一定的自我幻象特征，显现着一种自述身世的率直动人的狂热。

2. 陈染

(1)创作风格的转变

①陈染早期的小说主要表现校园中现代青年的精神状态，以1986年的《世纪病》为代表。

②其后她以一个名为“乱流镇”的小镇上人们怪异的生活为主要内容，写了一系列带有“魔幻”与象征色彩的小说。

③90 年代初《与往事干杯》《无处告别》《嘴唇里的阳光》等作品刊出后，陈染声名鹊起，她的创作因被女性主义批评家命名为“个人化写作”而得到赞赏，作品被视为“90 年代女性写作的路标”。

(2)创作特点

①陈染的女性成长小说关注到了一直为人所忽视的女性生存境遇的悲凉性，并由此建构对已有生存体制、性别体制和社会体制的全方位反思。

②小说往往采用第一人称的叙述方式，抒发女性一己的真情与经验，小说中女性叙述人的感觉极为活跃，体现出女性思维的片段性与发散性。

③小说的女性叙事者往往能够自由穿梭来往于现实与幻觉之间，使小说的叙述呈现出神秘的、幻象式的审美情调。对于梦与幻想的书写既表现了女性自我的潜在欲望，也表现出对现实的一种逃避。

④个人生活与生命体验是陈染写作的重要来源，她的写作也呈现出对自我的极度关注和“个人化色彩”，具有鲜明的性别意识。

3. 徐小斌

(1)徐小斌于 1989 年发表短篇《对一个精神病患者的调查》，因在题材和表现方法上具有探索性而引起注意，被文坛誉为“落入凡间的精灵”，代表作有《羽蛇》《双鱼星座》《敦煌遗梦》《对一个精神病患者的调查》等。

(2)其小说充满迷幻的气息，她创造了许多神秘诡异的空间。她认为这些神秘事物是原始生命中的本真在现代社会中的遗留，既寓意着女性的命运，也是她们悲剧性地抗拒、逃离男权社会的精神处所。对于神秘世界的沉浸恰恰彰显了对世俗世界的失望和搏击。

4. 徐坤

(1)主要代表作有小说集《先锋》《女娲》《行者妩媚》等。

(2)知识分子批判是其小说的主基调，她惯用大量的反讽、调侃、荒诞以及黑色幽默等技法，以僭越的姿态入侵男性精英世界，对精英文化进行戏仿与调侃，使小说充满批判和讽刺力度，如《白话》《呓语》《热狗》《先锋》等作品。

5. 海男

(1)代表作有长篇小说《我的情人们》、小说集《香气》、散文随笔集《屏风中的声音》和诗集《风琴与女人》等。

(2)其小说在主题意象、结构、语言上有较明显的诗化色彩，运用死亡、生命等形而上的抽象意旨来组织小说。她的小说一般没有完整的故事，人物对话也常不连贯，具有“零散化”的特征。海男的部分小说以女性的“出走”和“逃离”为主题，研究女性生存的真实含义，而在另一部分作品中，女性则以性主体的形象现身，为女性主义写作开辟了新向度。

23.2 考研真题与典型题详解

一、填空题

宗璞十七年期间最著名的作品是短篇小说《______》。[中山大学 2017 年研]

【答案】红豆

【解析】宗璞十七年期间最著名的作品是短篇《红豆》。小说运用倒叙的方式描写全国解放前夕女大学生江玫与银行家少爷齐虹之间的一段剪不断、理还乱的恋爱故事，揭示了一代青年知识分子艰辛而曲折的心灵历程。通过一个爱情悲剧，表达了一个在时代巨变面前如何选择人生道路的重大命题。小说跳出了“爱情+革命”的枷锁，真实地描写青年知识分子的情感生活，反拨了传统的“文艺为政治服务”的模式，体现了作家的一种人性关怀。

二、概念题

铁凝［首都师范大学2012年研］

答：铁凝是我国著名的当代女作家，现为中国作家协会主席、河北省作家协会主席。早期作品描写生活中普通的人与事，特别是细腻地描写人物的内心，从中反映人们的理想与追求、矛盾与痛苦，语言柔婉清新。后期关注女性生存状态，成为女性文学代表作家之一，标志着铁凝步入一个新的文学创作时期。主要著作有《玫瑰门》《大浴女》《麦秸垛》《哦，香雪》等。

三、简答题

20世纪90年代出现的“新女性小说”有何特点。［华中师范大学2013年研］

相关试题：以两位女作家的创作为例，简要阐述中国当代女性文学的基本特征。［首都师范大学2010年研］

答：女性写作在20世纪90年代风起云涌，形成强大势头，似乎已成了90年代文化的一种重要标志，这充分表现出了文学创作中强烈的作家个性、人物倾向和独特的创作诉求，产生了大量的女作家及作品。其中最具有代表性的应属“新女性小说”，其特征主要有：

(1)性别复苏与话语自觉

20世纪70年代末，女性写作中的性别意识在沉寂了30多年后的再度复苏，掀开了中国当代女性主义文学思潮的序幕。如舒婷的《致橡树》，诗作以鲜明的女性立场和充满挑战的口吻，宣告女性主体人格意识的觉醒，成为一代女性的爱情宣言。“话语自觉”主要指在女性写作中，创作主体从自觉的女性立场出发，努力摆脱对男性话语的依附关系，以女性独有的表意方式，建构性别色彩鲜明的女性主义性别诗学。如林白的《一个人的战争》、陈染的《私人生活》、徐坤的《狗日的足球》、卫慧的《上海宝贝》等。

(2)父权解构与主体建构

揭破女性在男性中心社会遭受压抑和禁锢的真相，从而对传统父权文化秩序实施解构、反叛和颠覆，是中国当代女性主义文学思潮前期发展的一个基本主题。伊蕾的《处女湖》等女性主义诗歌就率先表达了对女性“贞操”“节烈”的大胆质疑；而稍后的女性主义小说，更通过贞操观念受害者和牺牲品的悲剧命运的形象展示，对封建男权片面、荒谬的贞操观进行了彻底否定，同时对女性主体性和主体意识进行了建构。“精神主体建构”体现了新女性从被动到主动、由人身依附到人格独立的灵魂蜕变和精神成长，表征着以“独立”为核心内容的女性主体意识的真正觉醒。如张辛欣《在同一地平线上》中力争与男性的平等；王安忆的“三恋”大胆展现女性的赤裸情欲和旺盛生命活力，指出女性在性关系上的主动权。

(3)女权理论与文学实践

西方女权理论的大量译介以及以此为主要渠道的西方女权思潮的逐渐渗透，为中国当代女性主义文学思潮的发生奠定了思想和理论基础，制造了初步的女权启蒙的舆论氛围。如西蒙娜·波伏娃的《第二性》、伍尔夫的《自己的一间屋》、埃莱娜·西苏《美杜沙的微笑》等。受这些理论影响，有不少当代女作家的创作就明显表现出与西方女权理论的某种对应关系，表现出理论对创作直接而深刻的影响。这在林白的某些创作中表现得尤为突出，其代表作《一个人的战争》就是一部完全按照女性主义理论操作的精致女性文本。

综上所述，90 年代是我国商品经济正式终结计划经济的象征，更是个性张扬的年代，这时期的女性小说创作，既有女性作者们个人的许多特征，也真真切切地体现了这个时代的文学特征和价值取向。

四、论述题

1. 迟子建小说的艺术特点。［北京语言大学 2024 年研］

相关试题：试论迟子建小说创作。［复旦大学 2014 年研］

答：迟子建是当代著名的女作家，她的小说大多以东北农村小镇乡土故人为追忆和书写的对象，用独特的体验构建出一个异彩纷呈的瑰丽世界，描绘一幅幅奇异的北国风情画卷。代表作有《北极村童话》《白雪的墓园》《树下》《原始风景》《晨钟响彻黄昏》《雾月牛栏》等。她宁静而又理性的创作态度在当代女性作家中极具个性，其小说创作有以下特征：

（1）小说创作的视角

迟子建在小说叙事策略的选取与意义表达上采取了儿童或者少年的叙述角度，以此作为切入现实世界的依据，体现了她在一种纯真心理状态下对于生命的体认。同时，她又以女性特有的心智结构以及女性与生俱来的母性，通过对日常细碎事物的描摹，在对自然诗意生命本能的眷恋与追寻中，展现人物丰富而敏感的心理世界和挣扎的脆弱灵魂，从而使艺术视角穿越了历史回归到心灵本真的境地。

儿童视角作为一种叙述视角，在作家这里形成了特有的价值取向和审美风格，即使是一些与儿童生活无关的作品，迟子建也喜欢选择一些具有儿童气质的弱者或傻子的视角作为叙述角度，这些都使得作品充满一种浓郁的童话色彩与天真淳朴的气息。如获得鲁迅文学奖的小说《雾月牛栏》中的主人公痴呆儿宝坠，是未长大的少年，这在文本叙事进程中与儿童视角有大致相同的功能。

（2）小说创作的风格

迟子建的小说充满了地域色彩与自然之美。从迟子建的众多作品里我们可以切身感受到那股东北人民所特有的精神气质，古老黑土地上所散发出的芬芳。作家引领读者重返质朴丰润的大自然，面向自然、敞开心扉，在与自然的交流中获得宽厚的关爱，同时也体验到与自然共存的莫大喜悦，以乐观的态度对待这个美好的世界，以平和的心境去看待生死与功名。迟子建在对民间的持续关照中特别看重风俗和神话传说，在她的很多作品里都有对民间习俗的精彩描绘和对民间文化的真诚书写，她对它们有种特别的迷恋和信仰。

在作品《白雪的墓园》中“我”与父亲的相见，那种感觉何等真切，“每到腊月二十七我们便到墓园地请父亲回家过年，非常喜欢的父亲也会在家里通宵逗着小外孙玩，直到大年初三我们再把父亲送回去。”作家把失去亲人的悲痛化作另一种情感表达，在这里没有悲伤，没有泪水，有的只是脉脉温情的流注。人的生命是伟大的也是渺小的，人生只不过是短暂的一瞬间，但是无论到了什么时候，人间情爱不会改变。那片黑土地上人们在冰天雪地里寻找着生命的奇迹，丰富着自己的情感体认。大自然的精神启示着人的生命意识，这一切都在作家的作品里得到有力的彰显。

（3）小说创作的立场

迟子建的小说创作坚持民间立场和女性立场，充满了底层关怀。她以一个纯真女子的目光去打量小说里女主人公的命运，去讲述那些令人心酸的故事，运用自己的一套话语系统和修辞策略，在单纯明快的童话情节中渗透出强烈的人文关怀。

小说创作的立场在她以女性为主人公的一些作品中表现得尤其明显。如《原始风景》里美丽泼辣的二姨，“做的饭菜把整整一个家庭的人都弄得饱嗝连天”；娇憨、任性的小姨在父母的宠爱下无忧无虑，自有一番别样的天真和质朴，但最终还是无法逃脱悲剧的宿命。从这些场景描绘中我们可以看出，男尊女卑、男主女从的社会观念和文化心理早已渗透进生活的每一个角落，植根于人们思想意识的深处，它无处不在地束缚着人们对女性生命意义和生存价值的认同和肯定，也束缚着女性自我独立人格的完善和发展潜力的开掘，并成为导致女性主体丧失和悲剧命运形成的根本原因。

总之，迟子建的小说创作采取了儿童或者少年的叙述角度，充满了地域色彩与自然之美，坚持民间立场和女性立场，因而成为当代小说界一道亮丽的风景。

2. 结合两部以上有代表性的作品分析王安忆的创作特色。［北京大学2010年研］

相关试题：以《长恨歌》为例，分析论述王安忆作品中都市与女性的关系。［中国传媒大学2014年研］

答：王安忆是新时期一位重量级的女作家，她创作了大量具有丰富的思想内涵与精湛叙事艺术的作品，受到了普通读者的推崇和评论家的青睐。其主要创作特色为：

(1)风格多样

在其三十多年的写作生涯中，她不断地探索小说作为叙事艺术的最大可能的空间，在新时期文学的每一发展阶段，她始终是一位有活力的探索者。从“雯雯系列”的理想化书写到反思文学的《本次列车终点》，到寻根文学的代表作《小鲍庄》，到探讨男女两性的“三恋”，再到个人化叙事的《叔叔的故事》和《长恨歌》，每一次探索都体现了王安忆对文学的热爱，对艺术的追求。

(2)小说题材开阔，体现出强烈的历史意识

王安忆既关注普通人的日常生活，如《富萍》，也常常对生命进行形而上的追问，如《纪实与虚构》。而在《长恨歌》中，对上海三小姐王琦瑶一生的细细描述，也是对上海这座城市乃至整个中国过去几十年的书写，表达了人生的苍凉和历史的沧桑。

(3)小说体现出浓厚的女性意识

身为女性写女性，她深知女人之处境，对女性生命有着深邃的观察和独到的思考。她刚中有柔，承认两性差异，强调女性应保持发扬自己的特性，呈现出颇具民族特色的中庸姿态。她常常从女性独特经验出发，对现代文明、人的本质进行了深刻的思索和质询，张扬了女性的内审意识，完成了女性自我意识由内到外的深层变革。如《小城之恋》《荒山之恋》《锦绣谷之恋》等小说，体现了女性的独立意识和作者对人性的探索深度。

(4)叙事追求创新，具有独特的艺术风格

小说创作追求叙事的创新，语言平白质朴、缜密冷静、沉着超然，具有独特的艺术风格。她在《纪实与虚构》中对家族的寻根最终没有结果，只是一场文字的叙述狂欢，在《叔叔的故事》中对上代知识分子的尊严进行了解构。语言的自由流畅与缜密在《长恨歌》中得到展现，开头的“弄堂”“流言”等完全可以作为精美的散文来读。

总之，王安忆的写作形成了独特成熟的个人创作风格，构成了日益丰富、多元化的格局，文学创作空间相对自由，写出了越来越多的优秀作品。

第24章 散 文

24.1 复习笔记

一、八九十年代的散文

1. 80年代的散文变革

(1)历史机遇

①在“文革”中遭受极“左”政治迫害的作家恢复了写作的权利，80年代的散文队伍出现了“四世同堂”的壮丽景观。

②对极“左”政治的彻底否定和解放思想实事求是的号召为80年代的散文创作提供了较为宽松的思想文化环境。

③翻译和引入了大量外国理论和文学作品，为80年代的散文创作提供了丰富的学习和借鉴资源。

(2)历史挑战

①散文创作人才的历史性断裂不利于散文的发展与变革创新。

②80年代处于政治与社会思想变革的过渡期，通过散文表达自由而真实的思想依旧受到许多主客观因素的制约。

③西方散文概念相当宽泛，文体特征不够鲜明，缺乏可供学习借鉴的外部资源。

(3)新特征

①趋向于“回到”个人体验，回到日常事态和心绪，书写个人生活、情绪、心境，这也导致了80年代对“散文”概念的重新界定——“窄化”成为80年代散文的新趋势。于是，“抒情散文”“艺术散文”“美文”等名称被重新提出。

②报告文学、回忆录、史传文学等不再笼统放置在“散文”里面。尤其是报告文学，随着80年代初期一系列优秀作品的问世(如徐迟《哥德巴赫猜想》)，基本上已不再被作为散文看待。

③由于散文文体特性较为宽泛和模糊，80年代散文开始向戏剧、小说、诗歌等文体寻求发展经验。如汪曾祺、何立伟、张承志等融会散文某些因素的“小说的散文化”或“散文化小说”。

2. 80年代散文发展状况

80年代的散文创作可以以1985年为分界分为两个阶段：

(1)第一阶段(1978～1985)，文坛先是出现了巴金《怀念萧珊》、宗璞《哭小弟》等“忆悼散文”，而后与“伤痕文学”“反思文学”相呼应，开始了对历史悲剧的反思；随着改革开放的到来，部分作品也表达了对当下生活及时代的礼赞。

(2)第二阶段(1985～1989)，散文开始了世纪末的繁荣，巴金、孙犁等老作家依旧坚持创作，此外，文化散文、女作家散文以及游记、传记、杂文创作也取得了明显的成绩。

(3)80年代散文创作的价值在于，一方面这些散文体现出了对真实与真诚品格的追求，另一方面体现出了作家自觉的散文文体意识。

3. 90 年代的散文热

90 年代，受市场经济下文化消费取向的影响，散文突然显现出“繁盛”的局面，形成“散文热”现象。其主要表现如下：

(1)出现诸如《散文》(海外版)、《中华散文》《当代散文》《美文》《散文天地》等在内的多种登载纯散文的杂志。

(2)小说家、诗人、学者的共同参与使得散文创作队伍扩大化、作者结构多元化，给散文肌体注入了活力，使散文变得更加朝气蓬勃。

(3)散文创作成果空前丰富。

(4)散文创作风格多样。

二、老作家的散文

80 年代的散文界，老作家的散文创作格外引人注目。他们多以自身丰富的人生阅历和深厚的文化素养以及深厚的创作经验积累，通过“个人性”的表达，对包括“文革”在内的“当代”中国历史做出回应，由此创作出一大批感人肺腑、启人深思的作品，具有鲜明的理性反思色彩。

1. 巴金

1978 年 12 月至 1986 年 9 月，年近八旬的巴金历时 8 年完成了 150 篇共计 42 万字的《随想录》，由香港三联书店和人民文学出版社陆续出版。

(1)《随想录》的内容和表达方式的特征

①自觉、坚定的批判封建专制主义的意识。

巴金认为，自己有责任通过文字来建构起“‘文革’博物馆”，有责任“揭穿那一场惊心动魄的大骗局”，让人民永远记住文革，在暴露伤痕的同时也深刻反思了“文革”发生的根因。

②清醒、深沉的人性意识和人道主义精神。

这主要体现在三个方面：其一，人身权利及人格尊严神圣不可侵犯；其二，人要保持独立思考之精神；其三，通过大力倡导讲真话表达对人个性的推崇。

③深刻而坦诚的自省与忏悔意识。

巴金散文中的自我既是观察的视角，又是剖析的对象，他用《随想录》建立起一生的收支总账，以自己为例，为一代知识分子的言行忏悔。

④朴实自然的文风，在质朴中显现风华，在平淡中蕴藏深味，在冷静中倾注热情。

(2)《随想录》的价值

①十分典型地反映出了现代中国知识分子所经历过的文化心态。

②完成了对自己和对整个知识分子群体背叛“五四”精神的批判。

③由作为知识分子的忏悔而重新提出了知识分子应该坚守的良知和责任，重新倡导了“五四”精神的回归。

④为当代中国知识分子找回了久已失落的社会良知，以个人流血的灵魂诉说确立了知识分子的当代精神传统。

2. 孙犁

“文革”后，孙犁的创作进入另一个“高峰”期，他将力量全部放在散文、随笔写作上，创作了散文集《晚华集》《秀露集》《无为集》等。这些散文的内容和创作特征主要有：

(1)笔墨平淡古朴，却耐人寻味，在对往事故人的回忆中，流露出一种人生无常的感慨和饱经忧患的“残破”意识。

(2)孙犁的散文有小说写作的笔法，往往以类型化或典型化的方式编写散文。

(3)散文题材的多样化探索。孙犁晚年尝试过诸如“耕堂散文”“乡里旧闻”“芸斋短简”等不同名目、不同格式、不同题材的散文创作。

3. 杨绛

当代著名作家、评论家、学者、翻译家，有着很深厚的学养。“文革”期间的苦难遭遇成为她新时期散文创作的重要题材来源。《干校六记》写的是她1969年至1972年在“五七”干校的生活经历，另一代表作《将饮茶》中涉及“文革”期间生活的叙写。

(1)创作特色

①以身着“隐身衣”并“站在人生边上”的眼光关照社会人生，叙述冷静客观。

②对于“小点缀”“小穿插”的详细描绘和对“大叙事”“大故事”的省略，使得事件本身的紧张感得以缓解。

③对于悲喜剧精神的灌注，杨绛的散文往往用喜剧笔法压倒悲剧精神，以平淡冲和的语言抚慰残酷的回忆，以幽默睿智的语言排解精神压力，温情幽默的笑语声中有着悲凉无奈的底色。

(2)《干校六记》

①主要内容：《干校六记》收录了包括《下放记别》《凿井记劳》《学圃记闲》《“小趋”记情》《冒险记幸》《误传记妄》在内的六篇散文作品，分别从衣食住行、夫妻之情、同志之情谊等方面展现“文革”期间知识分子在干校的生活遭遇与心路历程。

②内在精神：琐事记忆与温情取向是杨绛选材和叙事的态度。她为我们展示的是黑暗中的火花、寒冷中的微温、艰难中的乐趣、无望中的慰藉，表现出了个人面对历史灾难与谬误时罕见的大度与宽宥。但凡有关政治“运动”的篇章，杨绛都采取了温情和宽容的立场。

三、抒情、艺术散文

20世纪90年代是抒情散文收获的时期，抒情散文创作突破了秦牧、刘白羽等人的创作风格而有了新貌。或表现个体生命的苦乐，或言说精神灵魂的思索，或传达人与自然一体的情怀，或凸显高尚的力量与精神品格，在远离政治化宏大话语中抒发日常化、私人化和生命化的情感，表现了一些作家强调“自我”表现和重视“抒情性”的倾向。

1. 周涛

著名的诗人、散文家。散文代表作有《稀世之鸟》《游牧长城》《秋风旧雨集》《兀立荒原》等。其散文的特点主要有：

(1)以“游牧心态”进行意象处理，进行“边缘化”言说，表现出中原文化与少数民族文化的二元冲突。

(2)天山与草原是周涛散文的重要生命源泉，由此展现对坚硬、粗粝的西北世界的歌颂。

(3)散文诗意的激情与个体文化探索彰显了一种真正的西部精神。

(4)内心对普通人日常生活中的真情实感有所回避，议论颇具理想色彩，缺少节制，“卒章显志”表现方式也带有一定程式化的色彩。

2. “女性散文”群体

这一时期女性作家群体的散文创作善于从日常生活中发现诗意，并在对自我心理、情绪的敏感捕捉中，营造一种细腻的感性情调。张洁、斯妤、梅洁、苏叶、王英琦、唐敏、叶梦、韩小蕙等女性散文家以其不凡的创作实力造就了女性散文美丽的风景。

(1)90 年代的女性散文较少关注社会历史人生，更倾向于表达女性在日常生活中纯粹而强烈的女性经验及女性意识。这一阶段出现的“小女人散文”就是典型的代表，构成了对男权宏大话语的反讽，具有女性精神私语的性质。

(2)叙述层面，“我”作为抒情主体与“女人”实现了统一，由此实现了个体与女性群体的统一。

(3)结构方面，出现了诸如王安忆“生活流”、斯妤“意识流”、马莉“意象型”等多种散文结构。

3. 小说家和诗人的散文创作

在80、90 年代，小说家和诗人中的许多人对散文也有程度不同的倾注。这自然也是“新文学”的“传统”。作为“业余写作”或写作基本功的散文也可以承载他们在诗、小说中受到限制的经验表达。

(1)张洁

张洁的散文《挖荠菜》《拣麦穗》《盯梢》等，记述了童年的往事，表现了对失落的爱、纯洁、温情的感伤怀念。

(2)贾平凹

①“大散文”的提出

贾平凹提出的“大散文”观念在散文界有很大的影响力。在内容上，“大散文”坚持大气清正的创作风格，追求时代和人生的意味；在形式上，他认为“散文就是一切文章”，力求大而化之。

②贾平凹散文的创作特点

a. 自然本真的哲学视域。贾平凹不掩饰对自然万物的珍视，总是试图把自我的生命置放在自然事物之下，这既是崇拜自然的一种看待世界的视角，也是一种观察自然事物的方法。

b. 大气怪异的文化品位。贾平凹的文化色彩十分鲜明，他的作品中倾注了非常偏执的个人趣味，例如，他总是要把一个事物解释得别具一格，与所有相近事物区别开来。

c. 超然颓废的人生态度。贾平凹的人生态度偏向于颓废怪诞，他喜爱那些颓败的事物胜过那些生机勃勃的存在，他沉迷于怪诞阴郁远胜于向往光亮明媚。颓唐是他散文常有的一种人生态度，那是看透世间后的一种消极自由。

d. 率性奇诡的美学格调。贾平凹的文章有一种率性而为的自然风格，但又总是散发着诡异之气，而且他又总是对事物有着一种怪癖般的玩味之意，一直要引向神秘不可知方才罢休。

(3)汪曾祺

汪曾祺晚年出版有《蒲桥集》《塔上随笔》等散文集，主要是对家乡人情风土、对40 年代昆明生活的记述，从容简朴的文字中蕴涵真切深情。

(4)小说家的散文创作

一些以小说闻名的作家在散文方面也有不错的成绩。例如，王安忆的《乘火车旅行》和《漂泊的语言》散文集。在王安忆眼中，散文应具有心灵性、情节性和重大性，表现重大的心灵情节。张承志的《美丽瞬间》《辉煌的波马》《涂画的旅程》等散文作品围绕独特的民族风情，用旷达的笔触展现了雄奇壮丽的风景以及作家凝重深沉的思想意蕴。

(5)诗人的散文随笔集

80年代后期以来，于坚的《棕皮手记》、西川的《让蒙面人说话》、翟永明的《纸上建筑》、王小妮的《手执一枝黄花》以及王家新、北岛、钟鸣、柏桦等的散文随笔集也引起了很大的反响。

四、学者的散文随笔

1. 学者散文概述

“学者散文”一词最早见于余光中《剪掉散文的辫子》。80、90年代，一些从事人文社科研究的学者在专业研究之外，创作了一些融会学者的理性思考和个人的感性表达的文章，这些散文作品因具有现代学者的思维特征、价值取向以及话语方式等特征被命名为“学者散文”。

2. 学者散文的特点

(1)在形式上，学者散文并不具有散文创作的规范，这种随意性使得作家的智慧和个人感受得到了充分的表达。

(2)在内容风格上，学者散文大多擅长旁征博引、谈古论今，风格与古代小品文相近，带有一定的文人士大夫书写的特色。

(3)在艺术追求上，学者散文偏于冲淡闲适，追求幽默性灵，对思想深度的挖掘往往不够。

3. 季羡林

著名学者，1946年回国后利用学术之余进行散文创作，代表作有《朗润集》《天竺心影》等散文集。其散文创作特色有：

(1)在题材内容方面，季羡林的散文基本与生活同步，或记载慈爱的母亲，或记载艰辛的学业，或记载友朋之间的深情厚谊，注重描写人性中的真善美，展示出中国传统士人情怀，具有浓厚的人文色彩。

(2)在语言风格方面，他的散文文字典雅清丽，淳朴有味，情浓而不造作，庄重却不板滞，如《虎年抒怀》《一个老知识分子的心声》等。

(3)取法于中国古代散文、日本散文和英国散文，具有清新婉致、纯美伤感的特点。

4. 张中行

张中行长期从事语文教科书和语文教育的编辑、研究工作。代表作散文集《负暄琐话》《负暄续话》《负暄三话》《流年碎影》。“三话”的出版和流行开启了90年代以随笔的方式评说民国人物的潮流。张中行的散文被视作学者散文的代表。张中行散文写作的特点主要有：

(1)记人，他勾魂摄魄，能写出人物文化内涵与精神品格；状物，他机智洒脱，常发出智慧之音；言理，他冷静超脱，化高深的学理为平实的意识，充满哲学与史学、灵感与理性的宁静邃远之美。

(2)“诗”“史”结合的笔法使得张中行的散文在平淡闲散的叙述中别有一番温暖的情趣和浓郁的深情。

5. 余秋雨

余秋雨是90年代影响广泛，但争议也颇多的散文家。散文作品有《文化苦旅》《山居笔记》等。他的散文被视为典型的文化散文，每一个景点在他的笔下都有着深厚的文化积淀。余秋雨散文创作的特点主要有：

(1)历史的事实性与悲剧意识。余秋雨擅长写典型的、隐含着浓郁传统文化悲剧性的历史事实，常引起人们强烈的心灵震撼与共鸣。

(2)感伤的抒情格调与反思性。在历史时间的回溯中，让山水和文化踪迹负载诸多沉重的现代问题，包括时代的兴衰浮沉、知识分子的使命与命运等等。理性精神与忧患意识为余秋雨随笔带来了庄严性与震撼力。

(3)余秋雨的散文语言典雅华丽，充满诗意，平实睿智，浩大的抒情使余秋雨随笔颇具艺术性。

(4)余秋雨散文中诗性的语言、小说性的叙事与哲学性的文化反思密切融合在一起，行文张弛有度。

(5)余秋雨散文注重典型性细节的把握和选取，从容的叙述与细致的描写使其散文具有鲜明的镜头感和画面感。

【名师点拨】本章重点是巴金和杨绛的散文创作。散文这种较少限制的文体，对他们直接讲述个人的经历、体验、思考有一定的便利之处。此外，需知晓巴金对历史持坚定介入、干预的姿态，也需注意杨绛《干校六记》的创作特征。同时，学者中余秋雨的散文也属于本章的重要部分，考生应有所了解和掌握。

24.2 考研真题与典型题详解

一、填空题

1. 《负暄琐话》《负暄续话》《负暄三话》以及《流年碎影》的作者是30年代毕业于北京大学的______。[中山大学2017年研]

【答案】张中行

【解析】张中行长期从事语文教科书和语文教育的编辑、研究工作。代表作散文集《负暄琐话》《负暄续话》《负暄三话》《流年碎影》。“三话”的出版和流行开启了90年代以随笔的方式评说民国人物的潮流。张中行的散文被视作学者散文的代表。

2. ______的《干校六记》记述作者20世纪60年代末70年代初在河南“五七干校”中的生活经历，其“六记”包括：下放记别、凿井记劳、学圃记闲、______、冒险记幸、误传记妄。

【答案】杨绛；“小趋”记情

【解析】《干校六记》(1981)是杨绛的散文代表作，是从1969年底至1972年春在河南“五七干校”生活的速写。作品选取了六件事：下放记别、凿井记劳、学圃记闲、“小趋”记情、冒险记幸和误传记妄，传神地再现了其干校生活，表现出了个人面对历史灾难与谬误时罕见的大度与宽宥，文笔淡雅细腻，语言诙谐幽默，具有“怨而不怒，哀而不伤”的格调。琐事记忆与温情取向是杨绛选材和叙事的态度。

二、概念题

1. 学者散文[南开大学2017年研；北京大学2010年研]

相关试题：文化散文[吉林大学2020年研；南开大学2010年研]

答：学者散文，又称“文化散文”，是对20世纪80、90年代流行的一种散文创作形态的指称。这些散文的作者大都是一些从事人文学科或社会科学研究的学者，他们在专业研究之外，创作了一些融会学者的理性思考和个人的感性表达的文章，这类随笔式的散文被称为学者散文或者文化散文。代表作家有金克木、张中行、余秋雨等。学者散文作者大都有较为丰厚的学术修养，往往将学术知识和理性思考融入散文的表达中，不特别注重文体规范，而将散文视为专业研究之外的另一种自我表达或关注现实的形式。在风格上学者散文大多较为节制，通常会以较为智性的幽默来平衡情感的因素，学理知识的渗透也使其具有特别的思想深度和情感厚度。代表作品有余秋雨《文化苦旅》《山居笔记》、张中行《负暄琐话》《负暄续话》《负暄三话》等。学者散文的出现，显示了知识分子关注现实问题和参与文化交流的新的趋向。

2. 大散文［首都师范大学2011年研］

答：大散文是20世纪90年代初由贾平凹首倡的一种散文写作理念。1992年9月，贾平凹创办《美文》杂志，正式提出“大散文”理念，呼吁扫除浮艳虚华、陈言旧套，呼唤散文的现实感、史诗感、真情感，主张拓宽散文取材范围，关注社会人生，追求“大境界、大气象、大格局、大气魄”。《美文》杂志拒绝那些政治概念性的作品，拒绝那些“小感觉”“小感情”的作品，而尽量约一些从事别的艺术门类的人的文章，大量地发表小说家、诗人、学者所写的散文，而且将一些写得好的信件、日记、序跋、导演阐述、碑文、诊断书、鉴定书、演讲稿，甚至笔记、留言等加以发表。“大散文”理念的提出虽也遭到异议，但不可否认的是，它是对当代散文的自觉探索，是现代散文理论构建的宝贵资源，不仅仅对散文，也对文学整体产生了深远的影响。

三、简答题

分析杨绛《干校六记》的艺术特色。［首都师范大学2013年研］

相关试题：简述杨绛散文的基本特征。［首都师范大学2010年研］

答：《干校六记》是杨绛于1981年出版的一部散文集。分为《下放记别》《凿井记劳》《学圃记闲》《“小趋”记情》《冒险记幸》《误传记妄》六篇。《干校六记》的主要艺术特色包括：

（1）达观幽默、从容大度的人生写照

《干校六记》记叙的是作者1970年7月至1972年3月被迫下放到“五七”干校劳动改造的一段生活。这一事情本身就属于动乱时代的人生荒谬，蕴涵着极“左”政治对知识分子从肉体到精神的摧残与迫害。但是，杨绛却写得恬淡自然、从容大度，避开了社会政治的人生观照，而以边缘人的达观幽默，表现了作家在逆境中的洒脱镇静，体现出学者式的智慧风范。杨绛以边缘心态解构荒谬的时代环境，表现出另一种自我的生命力量。

（2）善良美好、平淡朴素的思想情怀

作品没有正面描写干校里摧残人性的大事件，只是通过衣食住行、同志之谊、夫妻之情等小事、琐事，以个性化的审视角度反映那个特殊的年代与知识分子的命运。作品以轻盈空灵的笔调，刚柔相济、热中见冷的情思，漫不经意却浑然一体的结构，平淡朴素而又耐人寻味的语言，形成一种独特的艺术魅力，展示了一位老作家的赤子之心和善良美好的情怀，揭示了“文革”的历史真实和知识分子的情怀，十分真实地展示了在毁灭性的肉体与精神的折磨、摧残下，一代中国知识分子对祖国始终如一的痴情和高尚的节操，也为散文创作提供了一种新的审美样式。

（3）诙谐、泰然的艺术格调

作者在追忆经历的种种不公待遇时，处处带着“回头一笑”的宽容，以如话家常般的从容娓娓道来，妙语连珠，涉笔成趣，从凝重阴暗的生活底色上呈现出纯朴、动人的光彩，显示了真正审美意义上的发达的智慧与宽厚的境界。作者写到在干校时编的门帘、积的肥、沤的绿肥、种的菜被当地百姓连偷带拾拿去时，既让人感受到当地人民生活的贫困，又令人忍俊不禁。而当我们读到作者去收获他们精心培育的“象牙萝卜”时，也几乎要同作品中的

"我"一样，笑得"跌坐地下"。正因如此，《学圃记闲》等反映干校生活的纪实散文，以其无穷的韵味，赢得了读者广泛的好评。

总之，在《干校六记》中，作者杨绛从衣食住行、同志之谊、夫妻之情等琐事中反映"文化大革命"中知识分子在干校的劳动生活，文笔淡雅细腻，语言诙谐幽默，具有"怨而不怒，哀而不伤"的格调。

四、论述题

1. 谈谈巴金《随想录》的主题思想和表述特点。［清华大学2015年研］

相关试题：

(1)巴金《随想录》的艺术特征和意义。［四川师范大学2018年研］

(2)巴金《随想录》思想艺术特色。［江南大学2025年研］

(3)《随想录》［概念题，复旦大学2025年研；浙江大学2025年研；东北师范大学2023年研；西南大学2023年研］

答：《随想录》是巴金晚年创作的一部杂文集，在作品中巴金直面"文革"带来的灾难，直面自己人格曾经出现的扭曲。他愿意用真实的写作，填补一度出现的精神空白。

(1)主题思想

①巴金自1978年底在香港《大公报》开辟《随想录》专栏以来，历时八年，写完这部全长42万字的散文巨著。对于年届八旬的巴金来说，这不仅意味着工作的艰辛，更是一次对心灵的无情拷问，是一次伴随着内心巨大冲突而逐渐深入的痛定思痛的自我忏悔。

②巴金在《随想录》一书中，以罕见的勇气"说真话"，为中国知识分子树立了一座丰碑。他对过去的反思，他追求真理的精神也赢得了文化界的尊敬。从《随想录》里，人们又见到了那个熟悉的巴金，他开始独立思考而不再盲目听命，挣脱思想枷锁而不再畏首畏尾，直言中国过去"太不重视个人权利，缺乏民主与法制"，痛感"今天在我们社会里封建的流毒还很深，很广，家长作风还占优势"。

(2)表述特点

巴金的《随想录》是在用真实的话语来表达燃烧在他心灵的深情，"真""情""美"就是这部著作的特点。

①真实自然

真实是散文的生命，巴金的《随想录》自然也不例外。读过《随想录》，就会明显感受到"真人真事，真情实感，真知灼见"乃此巨著的生命之所在。《随想录》正是巴金用全部的、真实的、坎坷的人生境遇来倾吐的作品，坚持用真实现身说法，充满了真情的流露。巴金的《随想录》之所以被推崇为"当代散文的巅峰"，就是因为他的每篇散文里，句句都是情感真挚的真心话。

②以情感人

对故友或亲人的怀念是《随想录》的一个重要主题，早已过古稀之年的巴金就自己的记忆所及，对师长、朋友和亲人进行追述或怀念，朴素平淡的字里行间流动的是真挚的感情，散文《怀念萧珊》当数最佳之作。巴金用渗着血和泪的文字深情哀悼含恨死去的妻子，她的善良美丽以及她在"文革"中遭受到的非人折磨，留给人们沉重的思考。巴金说过有感情必须发泄，有爱憎必须倾吐，而这种发泄和倾吐的情与爱让读者常常感受到一种高尚人格力量的震撼。

③恢宏大气的人格美

巴金在《随想录》的创作中，逐步觉醒了“五四”时期的现实战斗精神，处处彰显出恢宏大气的人格之美。巴金这种重新被点燃的勇气使他对各种现实社会问题保持着警醒和批判的态度，对存留在当代社会形态中的封建意识进行毫不留情的揭露。尽管在心理上经过了义无反顾和心有余悸的交替消长，但最终他战胜了几十年不幸遭遇留在他心头的恐惧，在最后的几篇随想，如《官气》《“文革”博物馆》《二十年前》《老化》《怀念胡风》中，火山爆发式的社会激情又重新从他的笔端喷射出来，义无反顾，大声疾呼，以尖锐的社会性抨击完成了“五四”人格的再塑造。

可以说，巴金创作的这部“遗嘱”一般沉重深刻的“忏悔录”，为当代中国知识分子找回了久已失落的社会良知，也以个人流血的灵魂诉说确立了知识分子的当代精神传统。这就是知识分子对“五四”新文化传统的自觉继承，他们自觉地成为现实社会清醒的批判者，用现代文化来战胜社会上各种丑恶、落后和黑暗的事物。

2. 论述张中行散文创作的特色。［中国传媒大学 2011 年研］

答：张中行是学者散文的代表作家。张中行长期从事语文教科书和语文教育的编辑、研究工作。代表作散文集《负暄琐话》《负暄续话》《负暄三话》《流年碎影》。“三话”的出版和流行开启了 90 年代以随笔的方式评说民国人物的潮流。张中行散文创作的特色主要有：

(1)题材多样

题材上，张中行的散文可以分为述学、记人和叙事三大类。他的散文叙写了一些 20 世纪中国思想文化界的名士，“一些无社会之名的人物的小事”和一些文化现象与历史，具有深沉丰富的文化内蕴。其中以才学为根底的价值判断，是其鲜明的创作特征。

(2)文体风格含蓄节制

张中行的散文不事枝叶雕琢，情趣、理趣所在物尽极致，活现智慧面目，同时没有学者散文明显的枯涩生硬和显才露能的弊病。

其散文集命名为《负暄琐话》，意为一边晒太阳一边聊天，传达出闲散而又温暖的情调。而里面的作品像《启功》《胡博士》等，以传神的笔法勾勒出名人的魅力，将自己的缅怀与挽道之情寓于其中。

(3)独特的艺术内涵与品位

“诗”“史”兼用的杂家笔法，承继“谈话风”的遗风，在闲谈之中融贯自身的才学、诗学及文化情感，字里行间散发着知性魅力。

总之，张中行的散文平实朴拙、散淡冲荡，具有独特的艺术品位。记人，他勾魂摄魄，写出人物文化内涵与精神品格；状物，他机智洒脱，常发出智慧之音；言理，他冷静超脱，化高深的学理为平实的意识，充满哲学与史学、灵感与理性的宁静邃远之美。张中行的作品风格独特，自成一派，行文流畅，文笔精妙，较好地体现了作者的文学水平与艺术素养。

3. 余秋雨散文的特色。［武汉大学 2010 年研］

答：余秋雨散文的特色主要表现为：

(1)散文主题鲜明

余秋雨散文的主题更多的是对中国传统文明的重温与反思，以及对现代文明的拯救和重塑。其中以才学为根底的价值判断，是其鲜明的创作特征。如《文化苦旅》《山居笔记》《文明的碎片》等作品无不体现出作者对中国传统文明的重温与反思，对历史的关注以及对文人命运的思考，具有浓厚的文化意蕴与历史内涵。

(2)散文叙事的小说化特点

余秋雨深谙中国人的阅读习惯，他凭借小说这种文体，使他的作品为广大读者所接受。小说的要素之一是故事，余秋雨比较善于构建故事，甚至是传奇色彩很浓的故事，如《莫高窟》写到乐尊，写《上海人》，思绪飘逸，引出徐光启的故事，进而更深程度阐述上海人文化性的构成。小说的要素之二是细节，余秋雨散文中常常见到栩栩如生的描绘，依托细节构筑成优美深邃的诗情画卷。

(3)散文中的剧场效果

余秋雨在创作文化散文之前从事戏剧理论创作，对于戏剧可以说是了如指掌，因此他在文化散文中，融会贯通地运用了戏剧效果。他也曾说：我在散文中追求的场景，会使有些段落写法上近似小说，但小说的场景是虚构的，而我的散文中的情景，则力求真实。《文化苦旅》可以印证上述观点，如《都江堰》那久久伫立的仪态，复杂的心理情绪都可作为剧场的一个场景，还如《白发苏州》《信客》等篇章，只需稍微改动就可搬上舞台。

(4)典雅、灵动如诗般的语言

余秋雨对语言有一种超强的领悟力和驾驭能力，他的散文追求一种情理交融的雅致语言，并且“语言在抒情中融着历史理性，在历史叙述中也透露着生命哲理”。他选择恰当的、富有诗意和表现力的语言加以表达。这些语言具有诗的美感，从而把复杂深刻的历史思想和文化说得深入浅出、平易近人，可读性很强。同时他还综合运用对偶、排比、比喻等修辞手法，大段的排比、对偶增强了语言表达的力度，构成了一种语言的气势，使语言不矫揉造作、平淡无味，富有文采和张力。

总之，追寻文化是根，表达民族情感是茎，描述生活点滴是叶，这三者共同熔铸了茂盛而充满活力的秋雨散文之树。他突破传统的散文观念，关注中国传统文人的人格精神，寻找隐藏于山水古迹中的文化意蕴，表现出丰厚的美学内涵。

第 25 章 90 年代的文学状况

25.1 复习笔记

一、90 年代的文学环境

1. 市场经济的全面展开

90 年代以后，市场经济的进一步确立使得中国社会进一步转型：在经济上，中国一方面在国际上逐步融入全球经济体系，另一方面国内的资本分配也发生了变化；在社会上，中国的社会结构也产生了变化；在意识形态与文化领域，中国也出现了拥有新内容的意识形态与文化形态。

2. “大众文化”的崛起

90 年代文化上的最突出表现，是被称为“大众文化”的通俗、流行文化借助大众传媒的迅速“崛起”，并逐渐成为“主流文化”中的显要组成部分。中国大陆的“大众文化”在这一时期基本定型，并形成了较为系统化与产业化的生产模式。在这一时期，人民大众主要靠它们来满足自身的精神文化需求。这主要表现在：

(1)以大众娱乐节目和电视连续剧为主要内容的电视的蓬勃发展，时尚、消闲性的报纸杂志、书籍的大量涌现；城市的普及提供的大量娱乐资讯和网络的迅猛发展。

(2)在文学领域，涌现出了大量主要为了满足窥秘、猎奇、感官刺激、时尚需求等欲望的作品。

(3)在这一时期，不仅出现了十分经典的具有自身特质的大众文化产品，也出现了许许多多模仿与借鉴、颠覆与消解其他文化的大众文化产品。

3. 意识形态权力监管的转变

90 年代，意识形态权力经典的监管方式仍然继续发挥作用，但更具弹性，并更多运用经济集团活动的方式来影响、规范文学的取向。

4. 媒介与文化市场的引导

媒介与文化市场在这一时期主要引导人们进行感官式消费，放大人们的欲望或是禁忌。这成为媒介制造 90 年代文学样貌的主要手段。

【名师点拨】“大众文化”在 90 年代基本定型，并形成了较为系统化与产业化的生产模式。在这一时期，人民大众主要靠它们来满足自身的精神文化需求。

二、文学界的分化

分化的呈现是十分复杂的，它形成于纷杂的文化争论与不断的文化交流之中。

1. 分化的背景——“现代化”的充分展开

在 80 年代，知识分子赋予了“现代化”以积极的意义。他们认为“现代化”既是与“文化大革命”的一种决裂，也是针对新的社会矛盾的解决方案。但在“现代化”具体实践真正降临之后，人们猝不及防地惊觉了理想和现实之间的偏差，知识分子对自身的价值、曾经持有的文化观念产生了怀疑。

2. 规模较大的文化争论

这一时期有两个规模较大的文化争论。一是关于"人文精神"的讨论(1993 年至 1995 年)，主要围绕终极价值、理想精神、道德操守展开讨论；二是"新左派"和"新自由主义"的分歧(90 年代中后期)，两者就国情、知识分子的社会功能等方面展开了论争。

3. 文学界的思想分化

这一时期，作家自身也面临多方面的选择，包括创作理念、思想观点、文化立场等方面的选择，其中最为主要的选择是在自身与市场的关系上。这一局面的出现受到文化形态的日臻丰富、文化市场的形成与成熟、"大众文化"的日益主流化等方面的影响。

4. 作家"存在方式"的变化

90 年代作家的"存在方式"呈现了多样、复杂的情形：

(1)以"自由撰稿人"身份出现。

(2)作家"下海"经商，经商成功后重回文坛，"专业诗人"成为历史，"兼职"成为普遍现象。

(3)作家离开"纯文学"而选择有丰厚报酬的"亚文学"(影视作品等)写作。

(4)作家与传媒、图书市场营销身份的"合二而一"。

(5)出现了作家进入高校成为教授的热潮。

(6)还有部分作家蛰居偏远之地以保持其独立姿态。

三、文学的总体状况

1. 文学潮流的淡化

文学潮流的淡化是 90 年代的文学现象之一。这一现象的出现主要有以下三方面的原因：

(1)文学潮流所反映的是旧文学史观，而受到旧文学史观迫害的知识分子显然不可能再次强调文学潮流。

(2)文学市场化不可能保证文学的有序进行，使得原来意义上的文学潮流不可能再出现。

(3)由于中国的多方位开放，社会逐渐多元化，人们对文学的需求不可能限定在单一的"主题"上。

2. 文类的变化状况

(1)诗歌的边缘化最为突出，诗人的处境、诗集的出版都相当窘困。

(2)长篇小说和散文出现热潮。在 80 年代，文学成就不再集中在中篇小说上，而是集中于长篇小说。其原因有：

①由于长篇小说篇幅更长，作家的创作时间也相应增长，从而能在小说中展现更为复杂与广泛的社会问题，并且有更多的篇幅来展现自身的思考。

②作家的"文学史"意识普遍增长，由长篇承载的叙事文体成为标志性文学成就。

③长篇具有一种"文体的经济性"。长篇小说所讲述的故事往往更加曲折，更能满足读者的好奇心与阅读需求，从而更加容易流行，甚至还有可能被改编为影视作品。面对更大的阅读群体与更可观的创作收入，许多作者都自觉地加入到长篇小说的写作中。

3. 批评的"自足性"

(1)批评的理论化是这个时期出现的重要征象。在坚持传统文学批评观的作家、研究者看来，批评离"文学"、离作家创作越来越远，其注意力已不完全是在作品的评价上，而是更多地寻求理论自身的完整性和理论的"繁殖"。

（2）许多新的文学观念（包括后殖民主义、叙事学与符号学、女性主义）进入了文学批评中，使得文学批评领域精彩纷呈。

（3）文化研究的兴起，虽然在分析上仍重视结构、修辞等文本结构问题，但主要关注点已不再是对文本审美与文学性的探讨。文本成为阐释有关阶级、民族、性别问题的材料，因而也受到严重质疑。

4. 先锋探索的式微

进入90年代，“先锋”探索逐渐式微。前期“先锋”文学的探索已经影响了大部分作者的创作，“先锋”文学已经变得不够“先锋”。其实，小说和诗歌领域的先锋性实验仍在进行，但由于韩少功、韩东等作家的创作方向不再具有一致性，文学界只是将他们作为个例来看待。

5. 文学创作的取向变化

（1）日常生活写作的兴起

进入90年代，文学界已经不再像80年代那样富有积极的乐观情绪了，大部分作家在这一时期陷入了迷茫、困惑、颓废等较为消极的情绪中。他们的创作也将目光集中在了个人身上，对人的欲望、日常生活进行刻画，而不再讨论重大的社会问题。

（2）“新历史小说”的兴起

“历史”仍然是90年代文学写作的主题。“新历史小说”中的“历史”拥有新的含义，它不再关注历史上的重大事件，而是叙述在这些背景下个人或是家族的兴衰。多数以“历史”为题材的小说弥漫着一种沧桑感。比起50、60年代与80年代初期的历史书写，这类作品更加注重对个人经验的抒情书写，不再带有“史诗感”或是对政治的针对性。

（3）关注生存的精神性问题

作家们在90年代的创作不同程度地表现了现实批判的取向，如张承志、张炜、史铁生等。他们创作的共同特点有：

①他们大多都拥有“知青”的身份，并且在80年代就已经有不小的文学成就。

②试图从历史传统、民间文化、宗教中寻找维护精神“纯洁性”的资源。

③他们的作品常常富有哲学思考，对人的生存与存在进行了思考。

（4）对个人经验的重视

作为对特定的政治、物质威权社会的疏离，90年代作家的写作中往往赋予“个人经验”以特别的含义，将其作为观察、表达的主要依据。在诗歌方面，不少诗人都提出了“只为个人写作”的创作理念并提出要将历史书写个人化。小说方面，则表现为陈染、林白等女作家的自传体小说等。

（5）对现实社会问题的回应

①他们的创作继续表现现实社会中存在的政治、经济各方面矛盾。这种做法一方面是对以往创作规律的意识形态继承，另一方面则从文学的角度填补了当下与传统之间在发展方向上的缝隙。这在一批被看作是“主旋律”的作品中有鲜明的表现。

②通过描写都市市民的日常生活，以及对“体制”外人与事的深入描写，对现实社会出现的新问题进行回应。

25.2 考研真题与典型题详解

一、概念题

人文精神大讨论[北京大学2024年研]

答：人文精神大讨论是20世纪90年代中国文化、文学领域内的一次重要论争，起源于王晓明等人在《上海文学》上发表的对话录《旷野上的废墟——文学和人文精神的危机》。这次讨论主要围绕在商品化、市场化的冲击下，文学是否存在危机和人文精神失落问题，以及社会转型期知识分子价值取向和精神立场问题展开。人文精神被定义为人类在文化、哲学、宗教、艺术、道德等领域中所体现的价值观念和思维方式，旨在探究人类存在的意义和价值，以及人类与自然、社会之间的关系。这场讨论不仅是对当时社会文化现象的反思，也是对中国文学和人文精神未来发展的一次深刻探讨，它揭示了在快速的社会变革中，如何保持和发扬人文精神，以及文学艺术在其中的作用和责任。

二、论述题

1. 结合对人文精神的讨论，分析90年代的文学走向。[中国传媒大学2012年研]

答：20世纪90年代社会经济迅速发展，各种社会思潮纷纷涌现，人们的观念意识受到多种文化的冲击，深刻地影响了90年代文学的走向。具体表现在：

(1)文学潮流的淡化

文学潮流的淡化是90年代的文学现象之一。在“新写实”小说之后，文学界又出现过一些潮流性的命名。虽然这些文学潮流作为文学概念在文学批评中仍然被使用，但是实际上，被认为是其代表的文学创作与其理念并不相符，作家也并没有将其作为一种潮流进行推动来获得更为广泛的认可。文学潮流已经不再是事实上的文学潮流了，已不存在类似于80年代那样的以潮流方式推进的痕迹。

(2)90年代诗歌的边缘化最为突出

诗人的处境、诗集的出版都相当窘困。这一时期，诗歌的创作不再与政治有着密切的关联，与大众文化以及文学市场的关系也不太紧密。

与此相对，长篇小说与散文的创作在这一时期迎来了热潮，有许多优秀的长篇小说就是在这一时期创作的。长篇小说成为陈述这个时期文学成就和特征的主要引例对象。长篇小说的这种繁荣是有原因的：创作者有着更长的创作时间，能在小说中展现更为复杂与广泛的社会问题，并且有更多的篇幅来展现自身的思考。但长篇的兴盛也与作家普遍增长的“文学史”意识有关。

(3)进入90年代，“先锋”探索逐渐式微

进入90年代，“先锋”探索逐渐式微。前期“先锋”文学的探索已经影响了大部分作者的创作，“先锋”文学已经变得不够“先锋”。虽然有一部分作家依然坚持在形式上进行新的探索(例如韩少功、韩东、东西、述平等人的小说创作，西川、于坚等人的诗歌创作)，但是一方面他们的文学创作相对处于边缘的位置，另一方面他们的创作方向也不再一致，而是呈现出了自身特色，不能再统一称为“先锋文学”了。

(4)“日常生活写作”与“个人写作”

进入90年代，文学界已经不再像80年代那样富有积极的乐观情绪了，大部分作家在这一时期陷入了迷茫、困惑、颓废等较为消极的情绪中。他们的创作也将目光集中在了个人身

上，对人的欲望、日常生活进行刻画，而不再讨论重大的社会问题。因此，“日常生活写作”是这一时期主要的写作题材之一。

但是，这一时期的作家并没有放弃对“历史”的书写。只是“历史”有了新的概念，它不再关注历史上的重大事件，而是叙述在这些背景下个人或是家族的兴衰。比起50、60年代与80年代初期的历史书写，这类作品更加注重对个人经验的抒情书写，不再带有“史诗感”或是对政治的针对性。这种类型的小说，一般称为“新历史小说”。

(5)急切地关注生存的精神性问题

在80、90年代之交，中国社会经历了一场转型，市场的进一步扩大使得文学也不可避免地关注到激增的消费取向所带来的问题。张承志、张炜、史铁生等人的创作就从不同的方面关注到了消费社会所带来的人的精神问题。这些作家大多都拥有“知青”的身份，并且在80年代就已经有不小的文学成就。他们的作品常常富有哲学思考，对人的生存与存在进行了思考，并且试图通过传统文化、民间文化来寻找维护精神“纯洁性”的资源。代表作有张承志《心灵史》、韩少功《马桥词典》、史铁生《务虚笔记》等。

2. 你怎样评价90年代社会文化转型过程中张承志、张炜等作家对“精英”立场的坚持，请结合作品论述。[中国传媒大学2011年研]

相关试题：90年代张承志与张炜并称为文坛“二张”，简述他们的异同。[简答题，河北大学2017年研]

答：(1)概述

在80、90年代之交，中国社会经历了一场转型，市场的进一步扩大使得文学也不可避免地关注到激增的消费取向所带来的问题。张承志、张炜两人的创作就从不同的方面关注到了消费社会所带来的人的精神问题。两人都拥有“知青”的身份，并且在80年代就已经有不小的文学成就。他们的作品常常富有哲学思考，对人的生存与存在进行了思考，并且试图通过传统文化、民间文化来寻找维护精神“纯洁性”的资源。张承志的《心灵史》以及《荒芜英雄路》、张炜的《家族》以及《融入野地》就是其中的代表。

(2)张承志试图从宗教中坚持知识分子的“精英”立场

1984年，张承志到西北考察，被大雪困在黄土高原。其间，他广泛倾听当地村民讲述的故事，决心将其写成一部书。《心灵史》讲述伊斯兰教分支哲合忍耶惨遭清政府围歼和镇压，但仍然坚持其信仰与风俗的故事。和大多数歌颂或描述英雄伟人的作品相比，《心灵史》侧重于描写群众和贫民，描述人们追求信仰和心灵的不舍，这种把热情和理想投注于草原牧民和北方大自然，寻求与现代化的都市文明趋向相异的价值坐标，以一种特殊的语言来展示一个特殊地域的特殊社会生活及其特殊的民族精神文化的小说创作，被认为是当代文坛少见的“寻找精神价值，向世俗挑战的旗帜”。

(3)张炜试图从历史传统中坚持“精英”立场

张炜的小说无意选择轰轰烈烈的场面，喜欢从简单的小处着手。其意旨在于对人类生存家园的思考，凸显作者对自然和睦的“桃花源”式生活的向往。《家族》里主人公常常在追求中惶惑，他筑建的精神家园常常濒临崩溃、毁灭，而这也是张炜对理想社会的憧憬、追求，甚至毁灭的另一种精神写照。

总之，张承志、张炜等作家对“精英”立场的坚持，是知识分子对社会丑恶的批判，是对人性的终极关怀的坚持，是知识分子在社会急速变化的过程中保持着清醒头脑的理性思考。

3. 比较20世纪30年代和90年代城市书写。［南开大学2010年研］

答：城市书写在不同的年代，呈现出不同的文学风貌。20世纪30年代和90年代因城市的发展程度与认识程度不同，城市书写既有相同之处，又有不同之处，具体表现在：

（1）相同之处：物质化叙事和丧失主体性

①20世纪30年代的城市书写

a. 初期的海派小说过渡性地描写城市

作者能在城市罪恶之中发现美，但初期对城市的认识是肤浅的。他们的笔下出现了新式饭店、赌窟、跑狗场等消费场所，可是现代文明的体验不足，他们沉醉在物质享乐的同时又感到负罪，心理上是扭曲变态的。他们提出"都市男女"这一主题，重视小说形式的创新，改变叙事切入的角度，尝试心理的、象征的、新鲜大胆的小说用语和多种多样的表达方式，成为这批作家的时尚。

b. 新感觉派小说时期用现代人的眼光书写城市

新感觉派创作的特色就是在快节奏中表现现代大都市的生活，尤其是半殖民地都市的畸形和病态。新感觉派是中国都市文学开拓者中重要的一支。新感觉派作家刘呐鸥首次用现代人的眼光来打量上海，用一种新异现代的形式来表达这个东方大都市中城与人的神韵。

②20世纪90年代的城市书写

a. 20世纪90年代以来，随着市场经济体制的发展和城市化进程的推进，现代化城市迅速崛起，在带来高度发达的物质文明、改善人们生活条件的同时，又以物质化的形式改变着城市中人们的生存环境和精神状态。

b. 此时的中国城市成为真正现代意义上的城市——物质、欲望和消费的集合地。作家们面对中国城市的生存困境时，对这种物质化的现实做出了自己的思考。于是，他们以城市的物质现状为表达对象，关注当代城市人的物质生活，以此来反映城市人的生存方式和精神状态，表达自己的城市意识和观念。物质化叙事是他们书写城市的共同特点。

③丧失主体性的物化呈现

30年代和90年代的城市书写通过物质化叙事造成了主体的丧失，主体淹没在物质世界中，展示城市人的物化、异化现象，是这两个阶段城市物质化书写的重要特征。例如刘呐鸥对上海的书写、张欣对广州的书写和卫慧对上海的书写。

（2）不同之处：地域特色的鲜明和丧失

①30年代的城市书写：鲜明的地域特色

刘呐鸥把当时上海刚形成的现代生活和男女社交情爱场景，尽情摄入。他"是一位敏感的都市人，操着他的特殊的手腕，他把这飞机、电影、JAZZ、摩天楼、色情（狂）、长型汽车高速度大量生产的现代生活，下着锐利的解剖刀"。这反映了30年代城市书写具有的鲜明的地域特色。

②90年代的城市书写：无名同质的现代物质城市

90年代以来的城市书写，比如邱华栋和张欣的笔下，千篇一律的现代化物质图景充斥其间：高楼大厦、华丽时装、精致饮食、先进设备……城市书写的地域性特征随之消失。

第 26 章　90 年代的诗

26.1　复习笔记

一、90 年代诗歌概况

1. 90 年代诗歌的边缘化

(1)90 年代开始的“散文化”现实，加速了诗歌向着社会和文化边缘滑落的进程。从创作上来说，这一时期的诗歌创作没有完全承担起批评现实的功能；从阅读群体来说，这一时期的文学进入了大众化时代，但是诗歌并不能满足其需求。这两方面的原因使得诗歌在这一时期逐渐边缘化。

(2)90 年代，“专职”的诗人已经变得相当罕见。在这一时期，诗歌的市场变小，创作者无法只靠写作诗歌来生活，转而参与其他的工作或是多写作小说、散文等更有阅读市场的文类。在这样的情况之下，专门创作诗歌的诗人就变得很少了。

(3)诗歌在 90 年代的边缘化现象推动了新一轮的文学讨论：新诗的创作理念是什么？它有怎样的价值与意义？

2. 诗歌的调整

90 年代，诗歌与现实、历史的关系有了新的变化，所以部分诗人与诗评家在诗歌的创作理念、写作立场、叙述方式等方面进行了调整。

(1)诗歌调整的核心问题，是以“社会现实”“大众读者”的名义来规范诗歌，还是以“诗的方式”来展开语言实践和文化想象。不仅如此，诗歌还需要处理自身与“历史”的关系问题，如何让诗歌再次“向历史讲话”是当时诗人需要解决的问题。

(2)诗歌的调整与转型，破坏了诗歌曾具有巨大“政治能量”的幻觉，80 年代以抗争者、宣言者形象出现的诗人，已不大可能重现。

(3)这一时期的诗歌从宏大的叙事转为了“个人化”的经验、个性书写。“个人化”是重要的诗歌征象。诗人在诗歌中通过个性的表达与经验的抒情化书写，使诗歌在语言与形式方面更加开放，具有开拓性。

(4)一些诗人和批评家构造出了若干“自我叙述”式的“关键词”，来形容 90 年代的写作身份、立场、诗歌修辞、风格等诸方面，如“知识分子写作”“个人写作”等。

3. 诗歌的出版与传播

(1)在刊物方面：一是依然有专门的诗歌刊物在出版；二是在“民刊”中，出现了一些探索诗歌形式、讨论诗歌思想的内容，对推动诗歌的进一步创作有十分积极的作用。但是需要注意的是，不少的综合性文学刊物减少了对诗歌的刊登。

(2)在图书方面：正式地在出版社出版诗集十分困难，但由于印刷在这一时期变得相对便利，民间出现了个人自印诗集的普遍现象。

(3)90 年代后期，诗歌的传播需要借助小型诗歌朗诵会、诗歌节等形式，成为大众娱乐的一部分。而“网络诗歌”的兴起，也是这一时期出现的重要现象。

【名师点拨】90 年代诗歌与历史关系的变化，造成诗人写作姿态、想象方式、语言策略的改变，及其与80年代诗歌的区别与联系，是本章的重点与难点，通过一些具体的诗歌事件与作品来理解和记忆，对掌握这一部分内容很有帮助。

二、诗歌事件与“活跃诗人”

1. “活跃诗人”的组成

(1)“老一辈”诗人，如郑敏、牛汉、昌耀、蔡其矫等。他们始终保持创造活力，并不断有新的开拓。

(2)“新诗潮”诗人，如于坚、韩东、西川、欧阳江河等。他们在80年代就已经发表过具有影响力的诗作，并确立了属于自身的写作风格。

(3)在90年代才有明显个人风格的诗人，如西渡、孙文波、张曙光、黄灿然等。他们虽然在之前就已经开始发表诗作，但是个人创作风格不明显。

(4)90年代中期以后，众多更年轻的诗人开始受到注意。由于他们大多出生于60年代末之后，其创作受到了“朦胧诗”“第三代诗”等诗歌创作的影响，并在此基础上进行了自身的探索。

(5)80年代末以后，一些诗人移居海外，如北岛、杨炼、严力、张枣、多多、萧开愚、宋琳等。他们的创作对90年代的诗歌进程仍有不同程度的影响。

2. 诗歌事件

(1)“诗人之死”

90年代，中国有一部分诗人相继自杀，包括海子、戈麦、顾城等人。他们的自杀引起人们的强烈关注。

①人们不仅关注了他们自杀的具体原因，还集中讨论了“诗人自杀”这一现象所指向的哲学问题。如诗歌在这个失去“远方的时代”的艰难处境，个体生命价值与时代的紧张关系等。

②“诗人之死”并没有使人们陷于消极的悲伤情绪，而是促使人们探索诗歌的更多可能性。诗如何探索生存的各个方面，如何提供新的感受性，以及开发诗歌难以替代的文化批判功能，成为诗人们探索的中心点。

(2)诗歌论争

90年代，除“诗人之死”外，还有一个十分重要的诗歌事件：“民间写作”与“知识分子写作”之间的论争。这次论争提出的话题有诗人的身份，诗与现实、与当代生活的关系，全球化语境中的汉语写作问题，语言和写作行为的权力特征等问题。

①这次冲突发生于被称为“新诗潮”的诗界内部。这次冲突与论争不仅仅是由于诗歌创作理念上的分歧，更是来源于诗人对诗歌话语权的争夺，不同派别的诗人都想要在论争中获取有利于自身诗歌创作的利益。

②这次论争隐含着90年代知识分子分化的“症候”。这场论争改变了诗界在旁观者眼中的形象，诗界的庄严形象被消解、模糊化了。

三、几位诗人的创作

1. 西川

西川，在北大求学时与海子、骆一禾因诗相识并成为挚友。1988年参与创办民间诗刊《倾向》。主要长诗作品有《雨季》《挽歌》《远游》《致敬》《近景和远景》等。

(1)西川最有影响的作品是短诗。其短诗追求抒情的纯净性和语言、节奏的形式感，带有“古典主义”的特征，其中最著名的有《在哈尔盖仰望星空》《夕光中的蝙蝠》《十二只天鹅》等，表达了作者对“超验”、对“无法驾驭”的“隐秘”的兴趣与敬畏。

(2)1992年之后，西川的创作风格发生了明显的转变，其诗歌从具有抒情特性、向度单一的纯粹走向后期的多声混杂。这一时期的《致敬》《厄运》《芳名》《近景与远景》等作品明显对生活进行了碎片化的描摹并呈现出戏剧化的效果，不再具有80年代的唯美、空明风格了。

(3)西川的创作与个人化的精神历程相契合，他对伦理、精神价值，对超越性尺度的重视，以及从体验出发，借助冥想、回忆、虚构、穿越来表现带有“哲理”意味的思考的诗歌方式，仍得到继续与延伸。

(4)西川此期的创作常常将梦境、孤独、死亡、命运等作为表现的题材与主题，带有浓厚的存在主义哲学意味。在诗歌所包蕴的内容选择上，这些哲学内容并没高高在上，而是容纳了更多属于尘世中存在着的混乱与不堪。就诗歌本体而言，结构的松散、意象的纷繁、反讽等修辞方式的加入等让西川的诗歌在外在形式上经历着更大的跨越，突出了叙述者的“先知”身份。

2. 王家新

(1)早期创作

王家新早期的诗歌受到“朦胧诗”诗风的影响，追求一种东方文化的“禅意”境界。代表作有《空谷》《醒悟》《蝎子》，以及组诗《中国画》，大都充满了强烈的历史意识、文化意识和生命意识，采用了意象化的手法，语言简单而质朴。

(2)中期转型

20世纪90年代以后，王家新诗风转向“朴拙、笨重、内向”，写社会“转向”对个人的生命体验的影响，写作资源转向了西方现代诗歌。与西方现代派诗人进行精神上的对话，成为他追寻自我灵魂拯救的有效方式。80年代末至90年代初，他发表了《瓦雷金诺叙事曲》《帕斯捷尔纳克》等作品，从中可以看到执着于理想的“写作者”的影像。他不仅仅参与了诗歌的创作，还参加了不少诗歌批评活动，提出了自身对诗歌现象、诗歌问题的见解。

(3)《帕斯捷尔纳克》

①作品概述

《帕斯捷尔纳克》是王家新以诗人帕斯捷尔纳克的名字命名创作的一首抒情诗。帕斯捷尔克是一位注重自我内在体验的现代诗人，在苏联建国后被逐渐剥夺了自由写作的权利，于50年代后期发表长篇小说《日瓦戈医生》，获诺贝尔文学奖。

②主题意蕴

a. 表达了对异域诗人的追思与悼念，对自己经历的时代的反思。

b. 对生存问题进行探讨，要求面对苦难而不逃避，以无言的方式亲近灵魂。

c. 提供了一个诗学的高度，即写作是个人对时代承担的具体形式，要坚守内心的写作。

③艺术特色

a. 创造了一种“深度意象”。

b. 保持了一种朴素直接的表达方式。

3. 欧阳江河

欧阳江河，曾旅居国外数年，在20世纪80年代前期是最早尝试文化诗歌的诗人之一，代表作是长诗《悬棺》等。之后有重要影响的作品有《汉英之间》《玻璃工厂》《快餐馆》《傍晚穿过广场》《哈姆雷特》等。

(1)创作特点

①运用“反词”修辞，这是其诗歌创作中最具标志性、代表性，也是对现代诗贡献最大的写作手法。

②欧阳江河诗歌中有“玄学”特征，他将玄学的探究方法和思辨和谐地融入现代诗中。他的诗歌阐明玄理，被打上了以玄入理的烙印，因此在众多的诗歌中脱颖而出。

③他的诗歌以其独特的方式响应着一些“现实性”问题。几乎所有欧阳江河的诗歌，都是对时代的反映和解读，都揭示出了他能够看到而常人看不到的地方。

(2)文学活动

①90年代初欧阳江河提出了“中年特征”和“知识分子立场”等问题，主张将写作建立在稳固的智慧与学识的基座上，并且在对“现实”“无力感”的编织中来探索当代人的生存处境。

②诗人时常“跨界”到诗学批评、文化随笔，并对时事、政治、全球化语境中的文化现象进行关注，这也使其作品所处理的事实、经验带有一种“公共”的性质，如广场、餐馆、电影院、时装店、国际航班等。

4. 陈东东

(1)陈东东的诗歌具有鲜明的“知识分子精神”。他不仅注重对清澈、明净的诗歌的追求，也注重诗的节奏的“音乐性”。他使用了“弃绝”“逃逸”这样的字眼，靠词语虚构创造“另一个世界”，“以对照的方式对抗诗人不能接受的丑陋现实”。

(2)陈东东早期的诗歌反向地接通古典，在“现代性”的导引下不断打破旧有的精神枷锁和艺术镣铐，同时呈现出古典韵味。这一时期代表作包括《远离》《从十一中学到南京路，想起一个希腊诗人》《独坐载酒亭，我们该怎样去读古诗》。

(3)90年代后，其诗风在原先的轻盈、舒缓之外，有时也会变得匆促、急骤。

5. 萧开愚

(1)诗歌实验、艺术革新：

他作为当代诗人，十分强调“现代性”，提出了“限度意识”“中年写作”等诗学命题，纠正和丰富了“朦胧诗”中的“文化英雄”“对抗式主体”，突出了写作主体中的“成年形象”，调整了诗歌中的视角和语气。面对文学史和思想史中遗留下来的一系列异质性的“主体”形象，他采取了兼收并蓄的“综合意识”。

(2)诗歌创作

①早期的一些短诗，有一种清新、典雅的传统风格。

②80年代末至90年代中期，强调对“分裂感”的模仿，允许并主动承受不同的主体在自我内部发生争吵和冲突，并对社会现实进行反映。如《向杜甫致敬》《国庆节》等。

③旅居德国之后，他的作品又发生了风格上的变化，更加注重表达人的整体性，并在叙述手法、语言形式上进行了多方位的探索。

6. 孙文波

(1)孙文波的诗平易、亲切，具有坚实的道德感。在这一时期，其诗歌创作主要呈现出两个特征：一是“叙事性”，这属于诗歌现象的策略性概括，二是对身边事物的关注。当代社会诸多方面的日常情境与细节，是他的诗最通常的“入口”，也是他作品中的主要“元素”，因而一些诗也被称为“风俗诗”。其代表作有《在无名小镇上》《聊天》等。

(2)孙文波具有强烈而执着的历史关怀和人文视角，对生活与自我进行严格审视，因此在他的一部分诗歌作品中，他总是采取反讽的语言策略来表达自我审视与反思，充斥着一种寂寥与辛酸之感。这大大提升了“日常经验”的诗意质量。

7. 张枣

(1)在80年代初，张枣的诗歌呈现出“古典”的诗歌气质。具体来说，他的诗歌在内容上强调对事物的细致发现与变化式观察，并将其在诗歌用词上体现；在形式上，他的诗歌也注重节奏、韵律的运用。他的诗歌虽然取材于日常事物，却常有梦幻式的推演，代表作有《镜中》《何人斯》等。

(2)90年代以后，张枣的诗歌不再是叙述者的抒情独白，而是十分创新地运用了“对话”，隐藏着许多信息。这一时期的重要作品有《楚王梦雨》《卡夫卡致菲丽丝》《跟茨维塔伊娃的对话》等。

8. 柏桦

(1)柏桦的诗歌创作讲求“天赋”式的冲动与挥发，有一种“幻美”的“挽歌气质”，流动着“南方式的多愁善感和厌烦”。写于1981年的《表达》常被看作是他的代表作，此外《夏天还很远》《悬崖》《望气的人》也是其重要作品。

(2)柏桦诗歌对象是“幻象化”的，他的诗情具有一种孤单者的敏感和“神经质”的盲目力量。这类诗歌的代表作有《衰老经》《未来》《现实》。在这些诗歌中，柏桦采取了急促的叙述方式，对自身进行审视，呈现出了“瘦削”之感。

9. 张曙光

(1)张曙光关注“个人日常经验”，主要采用“陈述”语调，讲究语言具体、结实的倾向，其诗没有复杂的技巧，往往用联想、思索和语调加以组接。这样的处理方式不仅使得诗歌十分自然，而且也使诗歌呈现出了冥思的幽深氛围，两者由特殊的语调融合在一起，十分和谐。其代表作品有《1965年》等。

(2)他的诗歌意象是值得注意的。其中，“雪”是张曙光诗歌中经常运用的意象。在他的笔下，“雪”不仅是实际上的客体，也是柔美、亲和的思绪衍生，更是死亡、虚无话题的延伸。除此之外，死亡也是他诗歌经常触及的主题。比如说《疾病》与《西游记》等诗作中对“对现实生活的强烈怀疑”的表达。

(3)他的诗歌还有一种意念表达：用诗歌复活只能存在于记忆之中的事物，以此获得自我的救赎，从而进一步满足自我。时间在他的诗里便是基本的支撑点，既能给予温暖的感谢，也表达出对时间压力所产生的恐惧。

10. 臧棣

(1)臧棣对诗歌写作有着独特的见解。他认为“每一个时代的诗歌写作，其实都是处理它所面对(经常是有意选择)的其自身的诗歌史的问题”，他还指出“90年代的诗歌主题实际只有两个：历史的个人化和语言的欢乐”，这对他的诗歌写作趋向有着重要影响。

①臧棣的写作呈现出“历史个人化”特点。这不仅是指他的诗歌对个人经验的“历史”进行了描写，也指他的诗歌在个人意识、情感等方面的描写上也充满了“历史感”，更是指他的诗歌中的“书写者”拥有着强烈的“个人化”身份。

②在意识倾向上，他不认同“十七年诗歌”以来新诗的“宏大”叙述格调，而强调要对“小”的事物进行观察，并且在语句等形式方面采取更加“精细”的处理方式。臧棣的诗具有清晰、简洁的形态，他执意离开、并企图改造新诗强大的浪漫抒情传统。

(2)臧棣的写作始终呈现出“实验”色彩，他借着诗歌独特的视域、想象方式来展现自然、社会与人性的黑暗，这些都源于他理解的有抱负的诗人与“自身的诗歌史问题”之间的

“紧张”关系。

26.2　考研真题与典型题详解

一、填空题

90年代的盘峰论争是______和民间立场写作的论争。[南开大学2015年研]

【答案】知识分子写作

【解析】1999年4月16日至18日，由中国社会科学院文学研究所当代文学研究室、北京市作家协会、《诗探索》编辑部、《北京文学》杂志社联合举办的“世纪之交：中国诗歌创作态势与理论建设研讨会”在北京平谷县盘峰宾馆召开。来自北京和全国各地的近40位重要诗人、诗歌理论家和批评家与会，就一系列诗学问题展开了热烈的对话。会议特别就“知识分子写作”和“民间立场”的分歧进行了深入探讨，并力图寻找中国新诗在新的时代背景下的出路。这就是所谓的“盘峰论争”。这次论争打破了中国新诗诗坛长久以来出现的僵局，为中国新诗在新世纪的发展提供了契机和广阔前景。

二、概念题

1.《尚义街六号》[首都师范大学2015年研]

答：《尚义街六号》是于坚创作的一首关于青年时代生活与友谊的诗歌，全诗如行云流水，一气呵成。《尚义街六号》语言浅近，内容生活化，并呈现了许多极富幽默感的细节，人们既可以从中感受到文学的魅力，也能察觉日常生活诗意的一面。这首诗没有人们习见的象征和隐喻，凭着洋溢其间的出众自如的语感，使得这首内容“普通”的诗歌具有了深刻的诗性光芒；加上字里行间屡屡可见的机智与幽默，恰好印证了于坚1984年的短诗《我的歌》中的一句：“像上帝一样思考，像市民一样生活。”这首诗也证明了：真正的口语诗写作，不是泛泛而谈，不是蜻蜓点水，不是“口水”，而是从生活的土壤里沉淀、淘洗出金子的写作。

2. 骆一禾[首都师范大学2012年研]

答：骆一禾是当代著名诗人，著有巨制长诗《世界的血》《大海》等。骆一禾抒情诗的主题基本上表现为对爱、生命、青春的肯定和赞美，而他的长诗则反映了一种整体性的建构努力。骆一禾将长诗的实践建立在对世界、人类及民族历史等因素的总体把握之上。他是海子诗歌卓越的阐释者，对于中国诗歌的前景和诗人的任务，他提出了“修远”的命题，显示了诗人宏阔的历史视野与深邃而沉潜的人格品质。

三、论述题

分析和评价当代诗歌中的知识分子写作。[北京大学2010年研]

答：(1)“知识分子写作”的分析

①“知识分子写作”的命名

1987年，西川、陈东东、欧阳江河参加《诗刊》青春诗会，提出“知识分子写作”，这是知识分子写作最初兴起的时刻。1993年，欧阳江河在《89年后国内诗歌写作：本土气质、中年特征与知识分子身份》，程光炜在《90年代诗歌：另一意义的命名》中对知识分子写作提出明确界定，认为知识分子写作意味着写诗者首先是一个有独立见解和立场的知识分子，其次才是一个诗人，诗歌写作必须具有批判精神。

②“知识分子写作”的内涵

在西川、陈东东看来，知识分子写作偏重“古典主义”，以对抗自发性写作导致的诗歌泛滥和对诗歌品质的损耗；而欧阳江河以为，诗歌写作具有工作和专业的性质，诗人的身份是边缘性的；王家新以为，知识分子写作是一种承担的诗学，它强调了诗歌文化的参与意识与美学批判精神。

（2）对“知识分子写作”的评价

①“知识分子写作”的可取之处

90年代知识分子写作的兴起，是试图在世俗化的时代重新确立诗歌存在的根据。90年代，特别是1992年邓小平南方讲话以后，市场经济大规模铺开，一个资本主义全球化的时代正汹涌而来，诗歌边缘化的状况令人担忧。如何在一个“以经济建设为中心”的时代重新获得诗歌创作的动力，如何赋予世俗化的日常生活以深度，这是90年代的诗人必须要面对的问题。因而，知识分子写作，如同与之相对立的民间写作一样，都是对时代状况的呼应。知识分子写作试图在文本与现实，知识与经验之间建立有效的联系，也试图将西方现代主义诗歌传统嫁接到中国本土，从而使诗歌有效地对自身的合法性进行自我证明，这样的努力是值得认可的。

②对“知识分子写作”的质疑

当诗人标榜自己首先是一个知识分子的时候，让人不得不怀疑，诗歌的本体究竟何在，如果知识分子与诗人共享的是同一精神，并且必须在诗歌中体现它，那么，诗歌作为词语的艺术在本质上又如何区别于知识分子的知识生产呢？知识分子写作的提倡者并没有澄清这些问题，因而，其作为严格意义的流派是不存在的。

第 27 章　90 年代的小说

27.1　复习笔记

一、长篇小说的兴盛

1. 90 年代长篇小说的题材及代表作

(1)在 90 年代的长篇中，“历史题材”占有很大的分量。如二月河的“帝王系列”，唐浩明、凌力、刘斯奋的小说等。

(2)“家族题材”的长篇小说在 90 年代不仅拥有十分可观的数量，在艺术上也有不错的成就。有《白鹿原》(陈忠实)、《九月寓言》(张炜)、《旧址》(李锐)等。

(3)90 年代中期出现的社会问题长篇的持续热潮，被称为“现实主义冲击波”，实现了文学界许多人对文学“贴近”生活和读者的预期。

(4)这一时期有一重要的文学事件：“陕军东征”。它是指在 1993 年，陕西作家的长篇小说创作有了很大的影响，特别是《白鹿原》《废都》的出版使得陕西文学在北京引起了热烈反响。

2. 陈忠实的《白鹿原》

(1)创作意图

《白鹿原》的创作意图在小说的扉页上就有体现：“小说被认为是一个民族的秘史”。作家将陕西关中地区白鹿原上白鹿村中白、鹿两大家族的恩怨纷争放置在现当代的历史背景中，通过对家族中个人命运的描写，为我们展现了历史的变迁与民族的命运。

(2)主要内容

小说所表现的是自清末民初到解放战争时期，渭河平原白、鹿两个家族的起伏沉浮与历史风云之间的纠结，并融入政治风云、经济冲突、阶级矛盾、党派斗争等重大社会事件，形象地展现了乡土中国的历史变迁。小说用与儒家文化传统相关的宗族制度、祖训乡约、祠堂祭拜等，构成了日常生活的基本内容，具有浓郁的风土气息。

(3)人物塑造

小说成功塑造了一批性格饱满、富有历史文化内涵的人物形象，如白嘉轩、鹿子霖、黑娃、田小娥、白孝文等。其中，白嘉轩无疑是作者精心塑造的具有理想色彩的人物。作为白鹿两姓宗祠族长，他的身上寄托着作家对于儒家文化的现代意义的信念。一方面，他宽厚仁义、刚正不阿，具有几近完美的个人品质；另一方面，作为一个地主和封建宗法制度的卫道者，他又有着保守顽固、自私虚伪、专断残酷等负面的品性。

(4)成就与评价

《白鹿原》是 90 年代以来最有影响的小说之一，同时也是新历史小说创作的重要收获。

①小说的时空背景宏阔，历史文化信息丰富，具有史诗般的品格。它突破了“重事轻人”的历史写作的局限，真切地关注个体在历史风云中的命运遭际，以此烘托出历史的演进。

②小说深刻地揭示了受传统文化影响的家族以及家族中的个人在历史的洪流中、在现代

化的冲击下衰败、破裂的过程。这也是小说中的失败感和浓郁的“悲凉之雾”产生的根源。

③小说在表现艺术上进行了有益的探索。作者创造性地将现实情节同原始文化、神话传说、寓言故事融会在一起，营造出了一种亦真亦幻、富于象征意味的艺术效果，强化了作品中的民族文化意蕴。

④《白鹿原》对个人、家族、村落受到冲击后产生裂缝、冲突、失败的叙述显得局促，小说叙事结构上的脱节、矛盾，正是作家的信念与经验“在文本之中形成的致命的伤口”。

3. 阿来的《尘埃落定》

(1)主要内容

《尘埃落定》表现了川藏间康巴地区的藏民在现代的生活变迁。小说涵盖的内容十分丰富，包括藏族的传统习俗、故事歌谣、神话传说，地区的行政区划、土司制度，还有藏族文化的兴衰变化。

(2)艺术特点

①采用第一人称叙述方法，选择麦其土司的傻瓜儿作为“不可靠的叙事人”(智障者、无法长大的孩子，以及对成人世界的孩子视角等)，体现了作者的一种“边缘”的自觉意识。

②表现出了一种游离于“中心”的观察、体验和情感，寓意了人类某些基本事物、精神的涣散、逝去，有一种悲凉感。

③阿来称自己是“用汉语写作的藏族作家”，藏族的民间传承、思维、感受方式是他的根基，而且早期诗歌写作经验的加入，使他在不同语言、文化、文类之间发现心灵、想象、表达上的异同。这种“边缘”身份和经验的体认，显然有助于感受和意义空间的开掘、拓展。

④《尘埃落定》用词十分轻盈灵动，运用细节的描写来营造特殊的境界，在情感表达上显示出了不同凡响的控制力。作品的某种内在“魔幻”色彩，增加了感性的厚度。

【**名师点拨**】*应注意陈忠实的《白鹿原》是新历史小说的代表，作品包含了对中国现代历史变迁所做的全景式的史诗性描述。*

二、小说创作与文化事件

这一时期，因为社会的转型与文化的冲击，文学界出现了许多的小说事件。包括：对王朔小说创作的讨论、对王小波小说创作的争议、“现实主义冲击波”、对韩少功《马桥词典》的讨论、“私人写作”的小说创作以及讨论。这些小说事件折射出这个时期复杂的文化想象和文化冲突的某些“症候”。

1. 王朔小说的创作和讨论

王朔是新时期以来最早以自由撰稿人身份进行写作的作家之一。其代表作品有《一半是海水，一半是火焰》《顽主》《玩的就是心跳》《千万别把我当人》《我是你爸爸》《动物凶猛》《过把瘾就死》等。这些作品奠定了他当代中国“解构性写作”的主将地位。

(1)《动物凶猛》

《动物凶猛》是王朔于90年代初发表的一部中篇小说，也是他作品中商业气味最少的一篇。小说的书写针对了“文革”时期的书写原则，引起了文学界的探讨和争议。这次争议在客观上也拓宽了小说的题材范围，使小说可以涉及一些所谓的“敏感”题材。

①主要内容

展现了一段自我珍爱的纯洁的青春记忆：激情涌动的少年梦想与纯真烂漫的初恋情怀。以“少年”的口吻表达了在一个大而破的混乱时代里无所拘束的欲望和自由自在的情感方式。

②艺术特色

a. 追忆与自我剖析的叙事方式，初步显示出了“个人化”历史叙述的倾向。

b. 浓郁迷人的个人化色彩。

c. 超越通俗读物的审美趣味。

d. 减弱了构筑情节的功能，显现为相互没有直接关联的经验印象。

e. 对故事虚构本性的坦白，夸张、自相矛盾的叙事。

(2)王朔的“顽主”形象

在王朔的小说中，“顽主”是其中的中心形象：

他们既是作品主角，也是叙事人显示的姿态，这些人物表现了对作为主体中心的意识形态的抗拒倾向。这些形象有一种独特的语言风格——“反讽”。他的反讽不仅是运用北京地区的土话与俗语来进行语言上的调侃，也是一种反抗精英文化的政治策略。

例如1987年创作的《顽主》，作者借助几个游手好闲的青年的痞子化言行，构造出几种非常典型的对话关系与情境，通过“小市民角色”对“知识话语”的误解、对“政治话语”的滥用，瓦解了严肃的含义，产生了“话语狂欢”的效果。

(3)关于王朔及其作品的讨论

对王朔的争议主要集中于他在精神、道德倾向上所做的选择。这种争议，部分原因来自其文本内在的“混杂性”。赞赏王朔小说写作的人认为在他的小说文本中有着“伪道德”“伪崇高”“伪姿态”的书写，具有一种颠覆的力量；与此同时批评者也在他的“混杂性”中找到了依据：他的反讽与嘲弄不过是为了迎合大众的好奇心，是一种对知识分子以及精英的偏狭看法。

90年代中期以后，大众文化逐渐确立其在文化市场的稳固地位，文化的分流已趋清晰，王朔这种“混杂性”姿态赖以存在的空间日渐缩小。

2. 王小波

王小波和王小波之死，可以说是90年代的重要文化事件。这一事件不仅在文学界引起了探讨，而且也在大众的讨论中维持着热度。讨论不仅涉及了文学创作的层面，还涉及了知识分子的身份认同与责任义务等方面。许多人认为王小波是当代的自由思想家，为知识分子身份的独特性作出了贡献，而小说则是他最重要的创造。

(1)作为文化现象的王小波解读

①90年代以来，由于学术、文学界对体制、权力的普遍迷恋，王小波对“自由”的争取和论述一定程度上被“偶像化”了。他最值得重视的“反神话写作”，被构造为“新的神话”，多少“淹没”了他作为一个“独特的作家”的存在。

②另外的理解则将他纳入“流行文化”的范畴之中。王小波的创作确也具有多种“元素”，具备可以为大众传媒持续感兴趣，并按照流行文化方式运作的东西。

③王小波并不采用流行的方式组织自身的语言，而是拥有自身独特的想象模式。这种带有“先锋”意味的创造，既“背向”现存文化体制与观念，也“背向”“大众”和“流行文化”。

(2)王小波的小说创作

虽然王小波小说的题材依然是前人所写过的“文革”，但是却有着独特的呈现方式。这类小说的代表作有《黄金时代》《革命时期的爱情》。

①王小波与80年代以来普遍存在的“反向”写作(或“颠覆性”写作)有相似之处，但也有明显的区别，这主要在于他并不支持做出绝对性的正义判断，其写作也没有建构出对立性的框架。

②他呈现的是“被虐－施虐、忠贞－淫乱”的那种荒诞辩证与狂欢场景，并因此呈现了更具个人性的那些被“合法”的陈述所掩盖的生存体验。因此，王小波的讲述是难以被仿制和重复的。

③他的创造借鉴的文化资源，多是来自有着飞扬想象、游戏精神和充沛幽默感的作家。

(3)评价

王小波的价值并不在于他揭示出了真理，成为真理的宣告者，而在于他对文化精神的坚守。他在他的创作中一直表现的是思考的乐趣，他用自身的语言规则展现了文字本身所带来的审美体验与颠覆力量，用自身的文学创作证明了严肃文学的态度。这些使得他在那个缺乏文化精神的年代显得十分独特。

3.“现实主义冲击波”

“现实主义冲击波”最初是指有“三驾马车”之称的河北作家关仁山、谈歌和何申，还有湖北作家刘醒龙，河南作家李佩甫等人的创作。后来，扩大指称90年代后期大量出现的以“现实主义”方法，表现与市场经济改革进程和体制的根本矛盾有关的现实生活、揭示社会矛盾的小说在文学界产生的影响。对官场以及遍及社会各个角落的“腐败”现象的揭发和抨击，是这类小说描写的另外一面。

(1)代表作品

代表作品有刘醒龙的《分享艰难》、谈歌的《大厂》、何申的《信访办主任》、关仁山的《大雪无乡》、张平的《抉择》等。

(2)艺术特点

①强调文本与现实关系上的“同一性”。小说的“现实感”被等同于“贴近生活”。

②在叙事视角与故事结构上与“十七年文学”有着相似性，都采取“全知全能”的视角并且采用“矛盾产生—矛盾解决”的故事结构。

③这些小说强调严肃感与悲剧感，不采取戏谑式的语言，而是用十分庄严的语句来加强小说的美感，并在悲剧书写中增添正义的色彩。

④这些小说对“潜规则”“黑幕”等内容进行描写，并展现了获取这些“秘密”的满足。这与过去的“官场”小说有联系。

⑤有一部分作品也通过对现实的描写来展现“主流意识形态”当中的矛盾，从而对现实进行批判，回应读者的期待。

⑥以情感化的方式完成了对现实秩序合理化的论证，并对现实矛盾做出了想象性的解决。

4.《马桥词典》事件

(1)《马桥词典》是韩少功于1996年发表的一部长篇小说，这部作品在对民间世界的创造性的营造和对小说形式的实验性开拓两方面都具有鲜明的个人特色。这部作品一公开发表，就引起了不小的关注。不仅是文学界对作品存在巨大争议，媒体也参与到了这一作品的探讨中。其价值在于提出了有关叙事虚构在当前的“危机”和“可能性”的问题。

(2)《马桥词典》开创了一种新的小说叙事文体——用词典的语言来写小说。在关于《马桥词典》的争议中，人们更多关注的也是这种与“传统”，或“经典”小说叙事方式分离的小说文体的可能性和有效性。

(3)作家认为，在现代社会，由于媒体、网络的进一步发展，事件本身并不是小说要重点描述的部分，小说要强调的是事件被感知的方式。而且作家原有的历史观念及相关的叙事方式发生动摇，使小说的“表意策略”与文体特征的调整、变革变得尤为重要。因此韩少功尝试“打通”文史哲，采用将故事、随笔、议论、考证释义、风俗调查等加以综合的方式来探索文类的自我更新。

5. 90 年代小说叙事的探索

90 年代的小说叙事探索存在两个大的趋向。

(1)“跨文体”的写作，形成一种类乎“百科全书”式的风貌。

(2)强调“纪实性”。这类小说强调真实地记录现实，在对现实的描述上要摆脱作者与叙述者的主观干预，要呈现出不同于“自然主义”的姿态。

【名师点拨】90 年代的小说创作与文化事件是本章的重点内容。其中，需要重点掌握王朔小说显示出的对主流政治文化的颠覆、批判，以及对批判的内在消解、对精英文化的嘲笑和对这种文化身份的依恋靠拢。《马桥词典》引起的争论反映了 90 年代小说叙事的趋向：一是“跨文体”的写作，二是向“纪实”方面靠拢。

三、90 年代的小说家

1. 90 年代小说概况

(1)90 年代小说家

90 年代小说家，一方面是指虽有较长写作历史，但其重要作品发表于 90 年代的作家。以这个标准来看，90 年代小说家的范围就很大，阎连科、阿来、何顿、毕飞宇都可以算在其内。另一方面指出生于 60 年代以后，在 90 年代开始小说写作的作家。

(2)90 年代小说现象

①90 年代最先成为一种重要现象的是“女性写作”，即林白、陈染、徐坤、徐小斌、海男、须兰等人的写作。90 年代前期的“个人写作”“私人写作”由她们引领。

②在 90 年代的中后期，“现实主义冲击波”是不可忽略的小说现象。这些小说的作者大多出生于 60 年代以后，他们在小说中表现了对“现实主义”的“召回”与革新态度。

③在 90 年代末期，又出现了被称为“新生代”“晚生代”的作家群体，他们的小说通常描写“断裂”的文化感受。

2. “晚生代”小说家

(1)主要人物

包括朱文、东西、林白、毕飞宇、陈染、徐坤、李冯、邱华栋、何顿等在内的作家群体。

(2)创作特点

①虽然被批评家归入“晚生代”这一写作群体，但是其中不少作家都对这一群体归类表示了不认同，认为自身的写作十分具有个人倾向。但是，这种“个人性”恰恰印证了其写作的共同之处。

②他们强调个人化的书写其实与他们本身的身份地位有关。这群作家大多都处于制度或是文化的边缘地区，所以在他们的写作中总是呈现出边缘化与非制度化的特点。

③他们总是对现代都市生活进行描写，特别强调这种生活的“物化”“欲望”特征，并将关注点放在边缘人身上。个人“体验”和日常生活“状态”的捕捉上升到主要位置。

3. 阎连科

80、90 年代，阎连科曾创作“军旅生活”“历史题材”小说。《年月日》《日光流年》《坚硬如水》《受活》的发表，获得好评。阎连科笔下的军人已经不再是战争年代的军人形象了，而是和平年代下的世俗化军人，这类军人有着很强的农民特征，是农民与军人的结合体。

阎连科的小说构建了荒诞性的叙事框架，建立了悲喜剧杂糅的风格，使叙述增加了柔韧的成分，并赋予现实感极强的故事以寓言化隐匿和伸展的空间。

4．朱文

他的小说以“孤独”为主题，有三个整体特征：挑衅的叙述姿态、夸诞的叙述方式、现实批判的个人性叙述立场，这三个特征从不同角度塑造了一个具有颠覆、破坏的强劲力度的反抗者。他的代表作有《弟弟的演奏》《我爱美元》《因为孤独》等。

5．韩东

韩东曾主编民刊《他们》，是“第三代诗歌运动”代表诗人之一。90年代开始从事中短篇小说写作，代表作有小说集《我的柏拉图》《我们的身体》以及长篇小说《扎根》。其小说的语言和讲述方式具有质朴、简约和冷静从容的特点。

韩东与朱文都属于“激进的个人主义”的“异类”文化。他们实施一种“片面性”写作，包括被扭曲的片面生活情境，某种偏执片面的人物性格，向片面激化的生存矛盾，片面的美学趣味等。

6．何顿

何顿擅长写“个体户”为主的城市市民在经济转型的社会环境中的生活经历。何顿的都市欲望小说描写了对金钱的疯狂崇拜、性欲的极度膨胀及对理想的质疑，并塑造了唯利是图的底层市民和世俗化的知识分子。《黑道》就是其中的代表作之一。

7．毕飞宇

毕飞宇是一位注重深度意义表达的新生代作家。他的早期作品表现出对先锋小说叙事探索的兴趣，但在随后的创作中，作家越来越清晰地表明了他对人类历史的思考和对个体生命在社会现代转型时期的现实境遇，尤其是精神境遇的关注。

(1)代表作品

毕飞宇的代表作品很多，如短篇小说《哺乳期的女人》《青衣》，长篇小说《玉米》《推拿》等。

(2)创作特点

①小说多以“家乡的城镇生活”为题材，旨在寻找现代人的生存意义。

②虽然表现了某种“先锋”姿态，但并不过分，同时加入了通俗小说的人物、情节元素。

③作品有时会弥漫一种江南温润、迷茫的情调。

8．李洱

李洱的小说既有先锋小说的内核，又展现了新历史主义小说对历史和现实的思考。代表作有长篇小说《花腔》和《石榴树上结樱桃》，中短篇小说《导师死了》和《午后的诗学》。

(1)在小说创作过程方面，李洱既探索了小说的文体形式、审美风格，又自由运用了各种现代叙事技巧。

(2)从内容与思想来讲，小说聚焦了时代历史洪流之下普通人的日常生活，揭示了人类的生存境遇和精神困惑，对个体与历史、现实之间的问题进行了思考。

9．鬼子、东西、李冯

鬼子、东西、李冯三人被称为“广西三剑客”。

(1)鬼子于90年代中期开始发表作品。他的作品以中短篇小说为主，多关注底层人物的悲剧命运，对他们的困难进行超越个人的描写。代表作有“瓦城三部曲”。

(2)东西先是用“田代琳”为名发表过作品，1992后才正式用“东西”作为笔名。从1992年到1994年，东西的小说表现出强烈的形式自觉，和先锋小说的技巧有契合的地方。从1995年开始，东西的小说在思想主题上有了更深的探索，展现了现代人内心的自我认同危机和存在性焦虑。代表作有《耳光响亮》《没有语言的生活》。

(3)李冯的小说注重对个人生存困境的展现，并有着戏仿的成分。代表作有《多米诺女孩》。

27.2 考研真题与典型题详解

一、概念题

1. 王小波[北京大学2023年研]

答：王小波是中国当代文学的重要作家之一。20世纪90年代，王小波是一个尚不为知识界、思想界和文学界普遍接受的边缘性的自由的思想家和作家，他的作品虽然曾获两届台湾《联合报》文学奖，但在内地文坛没有得到应有的重视，直到1997年突然辞世，他的文学价值才被逐渐肯定和发现。他的《黄金时代》《白银时代》《未来世界》以及《革命时期的爱情》都堪称其小说的代表作品。王小波完全舍弃了伤痕文学和知青文学关于“文革受难”流于体制层面的叙述模式，而以非政治、非权威的民间视角，审视“文革”期间普通人荒诞怪异的日常生活，他甚至大量地描写性生活，并且通过某个荒谬情境的反复分析，将其分解示众，从而多侧面多角度地揭示“受难”的历史成因：既是“正统”和“权威”联手操纵的结果，也是愚昧、迷狂的“大众”盲目参与、趋之若鹜的结果，以此表达一个理性、独立的自由思想家的深刻思考。冷静客观的自由立场、民间立场，狂欢叙事是王小波写作个性的强烈体现。

2. 毕飞宇[湖南师范大学2021年研]

答：毕飞宇是中国当代小说作家。1964年出生，江苏兴化人。代表作品有《青衣》《平原》《慌乱的指头》《推拿》等。20世纪80年代中期开始小说创作，《哺乳期的女人》获首届鲁迅文学奖短篇小说奖，《玉米》获第三届鲁迅文学奖，长篇小说《推拿》获第八届茅盾文学奖。毕飞宇坚守现实主义写作立场，用写实的笔调抒写了对现实生活和历史的独特认识以及深邃的人生体验，在丰富多样的文本书写中构建了冷静客观的批判意识。毕飞宇的小说尤其擅长对女性形象的刻画，被认为是“当代男作家中最关注女性命运的人”。

3. 《白鹿原》[中国人民大学2018研]

答：《白鹿原》是陕西籍作家陈忠实于1990年代初期创作完成的一部50余万字的长篇小说，该小说以陕西关中地区白鹿原上白鹿村为缩影，通过讲述白姓和鹿姓两大家族祖孙三代的恩怨纷争，表现了从清朝末年到20世纪70、80年代长达半个多世纪的历史变化。《白鹿原》保持了历史的混沌性和丰富性，使这部偏重感性和个人主义的历史小说既成为一部家族史、风俗史以及个人命运的沉浮史，也成了一部浓缩性的民族命运史和心灵史。在具体的创作中，陈忠实大量借鉴了潜意识、非理性、魔幻、死亡意识、性本能等现代主义手法，使情节愈显曲折，突出了人物命运的不可臆测。1997年，该小说获得中国第四届茅盾文学奖。该小说也被改编成同名电影、电视剧、话剧、舞剧、秦腔等多种艺术形式。

4. 田小娥[南京大学2016年研]

答：田小娥是《白鹿原》中的一个属于传统女性与新型女性之间的过渡女性。《白鹿原》这部作品对这个纯朴、善良、无助、无辜而又劣迹斑斑的女性进行了浓墨重彩的描述。这个出身于书香门第的女人，从一开始就被父母出售给年龄够得上给她做爷爷的郭举人做小妾，同时又受正室的欺负。然而她天性就不是个安分的女人，一种生命的本能让她去“勾引”麦客黑娃，她原以为能改变命运，做个自由的人，不承想旧社会残酷的生存环境并没能让她改变自己的命运。她具有反抗精神，敢于追求自己想要的爱情，她甚至一度做过农协妇女代表。她是整个《白鹿原》上最低贱的女人，但也是整部《白鹿原》里唯一一个在被男人玩弄的同时也玩弄男人的女人。但是她这点反抗是不彻底的，她因为自己的反抗而招来了更大的灾难。失去了男人黑娃这个靠山后，她很快向身边的男权世界妥协，寻求其他的男性作为依靠，她很快成了一个堕落的女人。

5. 新历史小说［中国传媒大学2013、2012年研；南开大学2011年研］

答：新历史小说是指形成于20世纪80年代中后期的一种小说形态，但直到90年代初才被命名与确认。新历史小说摈弃了革命历史小说的二元对立模式，注重历史反思，发掘人性，努力将历史的真实凸现出来；挖掘传统历史文化对现时的影响，整合积极精神因素，塑造民族意识，形成民族凝聚力和向心力。它的抒写是反传统的，作家们将历史当作意念中的历史，按自己的理解篡改历史，充分发挥想象之能事以虚构故事，历史变成一个标志，一个符号，它的真实性不复存在。代表作品有陈忠实的《白鹿原》、莫言的“红高粱”系列、叶兆言的“夜泊秦淮”系列等。

6. 王朔现象［浙江大学2011年研］

答：王朔现象是指出现在20世纪90年代的一种大众文化现象。王朔以“文革”为题材的小说，表现了与80年代同一题材的多数作品的不同视角和处理方式。王朔这种挑战“文革”的统一书写引起争议，拓宽了这一敏感题材的表现空间。小说中的人物表现了对作为主体中心的意识形态的抗拒倾向，故事在世俗的日常生活情境中展开，以调侃、嬉笑怒骂为语言的基调。对王朔的争议主要不是发生在艺术的层面，而是集中于他在精神、道德倾向上所做的选择；因此，王朔及其文本成为“人文精神”讨论的一个组成部分。

7.《废都》［南京大学2011年研］

答：《废都》是贾平凹创作的一部深刻反映社会现实，揭露社会问题的小说。贾平凹在《废都》中写出了一部社会风俗史，小说以主人公庄之蝶为中心巧妙地组织人物关系。作品描写了围绕着庄之蝶的四位女性——牛月清、唐宛儿、柳月、阿灿。她们分别是不同经历、不同层次的女性，每个人的际遇、心理都展示着社会文化的一个侧面。小说采用了中国古典的草蛇灰线手法，也融入了西方的意识流和精神气质，中西合璧。《废都》创造了一种新的语言，这在文学史上是不可多得的。

8.《黄金时代》［首都师范大学2010年研］

答：《黄金时代》是王小波的“时代三部曲”之一，是一部以“文革”时期为背景的系列作品构成的长篇小说。故事发生在“文化大革命”期间，名叫“王二”的男主人公处于恐怖和荒谬的环境，遭到各种不公正待遇，但他却摆脱了传统文化人的悲愤心态，创造出一种反抗和超越的方式：既然不能证明自己无辜，便倾向于证明自己不无辜。于是他以性爱作为对抗外部世界的最后据点，将性爱表现得既放浪形骸又纯净无邪，不但不觉羞耻，还轰轰烈烈地进行到底，对陈规陋习和政治偏见展开了极其尖锐而又饱含幽默的挑战。

二、简答题

1. 简述阿来长篇小说《尘埃落定》文学意蕴。［北京语言大学2018年研］

答：《尘埃落定》是藏族作家阿来创作的一部长篇小说，于2000年获得第五届茅盾文学奖。《尘埃落定》蕴涵着浓郁的文化底蕴和民族特色，不仅生动形象地描绘了藏族地区人民的生活图景，而且将这片土地上的特殊历史时期展现在人们面前，完整地表述出土司制度在民国至新中国成立的特定历史时空中从繁荣到衰落的整个发展过程。《尘埃落定》以一个傻子(麦其土司家的二少爷)的视角，描绘了一个土司家族在历史前进道路上兴衰消亡的过程，体现了与旧有的社会、政治、经济、人物、观念、生活方式断裂的过程中人们对自我身份的迷失、对快速到来的历史转型的恐慌和无奈。

(1)藏民族部族生活的书写

在《尘埃落定》的历史叙述中，土司制度是一个情节枢纽或叙事重心，并诠释着特定历史时期藏族部族政治生活的主要内涵。《尘埃落定》所描述的是以麦其土司为代表的"嘉绒"部族。对"嘉绒"部族来讲，土司制度是一种特殊的政治制度，表征了他们在特定历史时期政治生活的具体状态与文化内涵，这在麦其土司司主身上得到了充分体现。对内，他在辖区内权力至高无上，有自己的官寨、专门的行刑人、书记官，有保卫自己的卫队和为自己服务的活佛、喇嘛等宗教僧侣阶层，甚至拥有相当数量的军队。对外，他一方面绝对服从中央王朝的政治统治，一方面则与汪波、拉雪巴、茸贡等其他土司往来，也与汉族人进行经济、文化往来。土司制度在"嘉绒"部族流行了数百年，是民族生活与政治生活的复合物。而作为政治制度，它集中反映了特定历史时期藏族部族之间、部族内部以及他们与中原统治者的复杂政治、外交等关系，也在很大程度上反映了藏民族的历史生存样态。

在描述土司制度的同时，《尘埃落定》也大量地描绘了嘉绒部族文化生活的情景，在表现民族思维与心理习惯中透视了藏族独特的民族文化。在麦其土司内部，如果说，麦其土司司主是土司权力象征的话，那么，济嘎活佛、门巴喇嘛、翁波意西书记官等人则是藏族民族文化精神的载体。济嘎活佛是敏珠宁寺的和尚首领，他在很大程度上反映了藏传佛教的教义与独特宗教信仰。

(2)历史的书写

《尘埃落定》还力图表现一种普遍的人类情怀或人类意识，力图从普遍人性的角度把握历史深处的文化秘密。从这个意义上说，对嘉绒部族历史的书写只是作家建构的一种历史"客体"，而对人类普遍历史之密的寻绎才是作家主要的文学意图所在。对权力的认识是《尘埃落定》所打开的寻绎历史之秘的一条新的通道。作家认识到，人类的历史发展到一定阶段，权力便开始成为社会生活的轴心，支配着人类的一切活动。无论世界其他民族还是嘉绒部族都是如此。在《尘埃落定》中，作家按照自己的理解，从对麦其土司与僧侣、书记官等知识层关系的描述中展示了历史生活中权力与知识的紧张关系。麦其土司代表权力，他遵循的生活逻辑便是维护自己不可侵犯的权威。活佛或书记官翁波意西代表着知识，他们崇尚史官意识，讲究"秉笔直书"，仗义执言。二者的矛盾必然发生，尽管某些时候知识会因为现实环境顺从权力，但二者关系的紧张状态却似乎永远不会完结。现实的情况是，济嘎活佛在麦其土司强大的权力下选择"沉默"或屈从，乃至沦为御用文人，翁波意西被麦其土司关进大牢并割掉"说话"的"舌头"，最终被处死。权力对知识占有绝对的优势，知识者堕入历史的炼狱。知识者在民族生活中拥有知识，企图参与历史文化建构，然而却被权力划定了活动界限。然而，知识者的这种人生结局不仅意味着他们自身人生的悲剧，更意味着历史理性的缺席，同时也反映了权力的泛滥及其严重的社会危害。从中，人们似乎能听见作家对历史未来的一种深切呼唤。

(3)人生的荒诞

《尘埃落定》还揭示了人生的荒诞主题。麦其土司等大量种植毒害人类自身的鸦片，并引起饥荒与战乱等灾害的普遍流行，是对大地的背叛，也是人性的异化，是荒唐的人类做出的荒唐的举动。人与人之间，例如土司与土司之间，土司与下属、百姓之间甚至土司父子之间，土司儿子之间，因为利害关系不能和平共处，而是勾心斗角，争权夺利，充满了流血斗争，则更是凸显了“他人即地狱”这一荒诞主题。比如麦其土司先是无端地杀害查查头人及杀手多吉次仁等，继而又成天生活在多吉次仁一家复仇的恐惧心态或心理阴影中，这是强权的荒诞与悲哀。他当土司的所谓“好处”，竟是“晚上睡不着觉，连自己的儿子也要提防”。而普通百姓在土司发动的战争中成为炮灰，甚至连傻子少爷的出生也是土司醉酒的结果等等事件，则无一不是命运的荒诞，是命运对人类的捉弄与嘲笑。《尘埃落定》还特别揭示了个体生存的另一重要主题：虚无。虚无是指人生价值的虚无，是荒诞人生主题的延伸。在宇宙中，永恒的只有时间，其余万事万物都是有限的，而个体的生命更是只有极其短暂的几十年，最后不得不以肉体的消灭，即死亡为归属。死亡使个体生命在生与死的两极之中得到某种界定。

《尘埃落定》中的麦其土司等人物虽说都曾活跃在嘉绒部族的历史舞台，享受了所谓的人生富贵荣华，也曾经是他人生命的主宰者，弄权一时，纵欲无度，但最终大多都是以死亡与虚无为生命的归属的。麦其土司在解放军的炮声中成为炮灰，他的汉族太太在历史的巨变中吞鸦片自杀身亡。土司的两个儿子，先后被复仇者杀死——作品的叙事人傻子少爷，实际上是一个早已死亡的亡灵。就连手握重权的国民党黄师爷以及姜团长等，都在战火中走向死亡。更有甚者，他们所依仗与希望世代沿袭的土司制度，也在历史潮流的冲刷之中荡然无存了。土司官寨分崩离析，冒起了蘑菇状的烟尘。腾空而起的尘埃散尽后，大地上便什么也没有了。在小说中，作家以一个提问者的身份向人类自身进行了发问，追问人类如何认识自身的问题。作品中，傻子少爷表面上似乎是一个傻子，实际上却是头脑较为清醒的自我审视者。一方面，傻子少爷也是一个肉身的化身，有着正常人一样的肉身欲望，同时生活在土司这样一个权势者家庭，与哥哥一样有着相同的生存背景与对权力与生俱来的欲望。另一方面，傻子少爷不断地反思历史，力图以理性的态度应对生活与环境。而当他无法区分自己的聪明与愚昧或历史的正确与错误时，他便不由自主地对自己发出了强烈的追问，一个不停地自问“我是谁”“我在哪里”以及“当土司能得到什么”等问题。这种发问，不仅是对他本人的发问，同时也是对麦其土司、土司太太、哥哥旦真贡布等的发问，或者说是对整个人类(你、我、他)的发问，是对权力、欲望、荒诞、虚无等人生命题的发问。人类发展到今天，未必真正认清了“自我”。傻子少爷可能找不到答案，并因此充满了无可奈何的困惑，但他不停地追问，并坚持对父辈的审视，这不但是人类主体意识彰显的表现，也体现了一种对抗荒诞与虚无人生的积极态度。

2. 你如何看待《马桥词典》引起的论争。［首都师范大学 2011 年研］

相关试题：分析韩少功小说《马桥词典》的语言和叙事艺术。［南开大学 2011 年研］

答：《马桥词典》是对传统小说文体的一次成功颠覆，而它真正的独创性，是运用民间方言颠覆了人们的日常语言，从而揭示出一个在日常生活中不被人们意识到的民间世界。《马桥词典》引起的论争涉及“文类”归属和小说文体探索等方面，即这种与“传统”的，或“经典”的小说叙事分离的方式的可能性和有效性。

(1)《马桥词典》在文类上的尝试

90 年代后期，在对“现实主义冲击波”热烈欢呼的同时，也存在着对“现实主义”传统叙事已陷入疲惫、衰落的估计。“叙事的衰落”之感觉和探求出路之意识，已经隐含于《马桥词典》的创作构思中。作者探索文类的“自我更新能力”的努力，采取的是尝试“打通”文史哲，将故事、随笔、议论、考证释义、风俗调查等加以综合的方式。

(2)《马桥词典》引起的争论反映小说叙事的趋向

①“跨文体”写作

《马桥词典》引起的论争反映出90年代小说叙事探索存在的一个大的趋向，即“跨文体”的写作，形成一种类乎“百科全书”式的风貌。“跨文体”写作属于长篇小说的“文体”变革，《马桥词典》正是在这一背景下产生的文学作品。

②向“纪实”靠拢

《马桥词典》引起的论争也反映了90年代小说叙事存在的另一大趋向，即向“纪实”方面靠拢，或在对生活现象的描述上，叙述者尽力退出那种“自然主义”姿态。《马桥词典》正是这样一部小说，它与90年代末的一些其他刊物专栏、长篇小说都可以放在“纪实”论题中考察。

总之，《马桥词典》引起了很大的争论。这部长篇小说没有采取传统的创作手法，而是巧妙地糅合了文化人类学、语言社会学、思想随笔、经典小说等诸种写作方式，用词典构造了马桥的文化和历史，使读者在享受小说巨大魅力的同时，领略每个词语和词条背后的历史与文明，看到中国的“马桥”、世界的中国。小说主体从历史走到当代，从精神走到物质，从丰富走到单调，无不向人们揭示出深邃的思想内涵。可以说，这是一次成功的创作实践，是中国当代文学一个重要的收获。

三、论述题

1. 结合具体作品，论述近几年“底层写作”的成绩与缺失。［首都师范大学2011年研］

答：“底层写作”源起于20世纪90年代，主要体现了创作主体对现实生活的密切跟踪，对弱势群体的体恤和关怀，尤其是对转型后的中国社会结构形态及其精神走向给予了自觉的思考。底层写作切入中国社会群体的生存现状，延续了“五四”以来新文学的现实主义传统，立体地多层面地探寻与挖掘大时代背景下各式人物的生存、生活与生命，又以其关注弱势群体的人性光芒，对生命人生的深刻揭示而日益受到关注。

(1)当前底层小说取得的艺术成就

底层小说的出现是文学对商品社会多阶层现象的认识和审美的把握，在今天这个特定时代有着深远的意义。在西方文学史上底层文学自文艺复兴以来一直是受到关注的一个焦点。这个概念在新中国文学史上第一次被提出来，是对“五四”之后倡导的“为人生”文学和关注“被损害者与被侮辱者”小说传统的继承与发扬。

①叙事角度的转变

近期反映底层生活的小说已不再把描写对象当作客观化的存在物，不是站在之外、之旁、之对立面，而是进入到它里面，体悟生活本身的意义和价值。这一转变标志着作家对用文学探讨本质产生了厌倦，开始了对文学神圣感和使命感的剥离，这一现象的出现源于现象学在理论上对作家的引导，同时也是中国的现状、读者的需要及作家对自身地位的体认和对文学追求的改变。

②叙事顺序的安排

底层生活小说的作家大多有相似的特点：作家无论用哪种人称叙事，大都倾向于叙事者对事件的介入，甚至于实实在在扮演一个角色，使读者在阅读时就像在体验这个故事，体验这种生活。

③叙述内容的表达

底层生活小说讲述的是老百姓的故事，展现出现代生活本身的平淡和复杂。在内容的表达上常常以真实的细节吸引读者，细节又常常因为语言的魅力而创造出幽默、讽刺的艺术效果。

(2)当前底层写作的不足之处

在文学创作的大氛围中，同其他题材作品相比，底层写作仍存在诸多不尽如人意之处。例如，底层小说的审美趣味有时候并不能贴近文化水平偏低的底层读者；有些作家由于商品经济的冲击，描写底层人物时出现了迎合市场的扭曲与夸张，缺少真实再现；缺少相应的底层理论的指导等等。比如当前一些书写底层生活的作品以"苦难"为窗口，窥视"底层"的欲望，甚至人为地扭曲这些苦难，最终掏空了苦难本身所具有的悲剧价值，作品只保留着作者窥视的眼睛和冰冷的文字。他们写底层女性，"大多从事三陪或变相地做'鸡'，以此来突出底层女性的苦难境遇"，并用过多的文字堆砌感官刺激。"底层"似乎只有麻木、肮脏、阴暗、猥琐、屈辱而没有美好和光明的一面。这样的作品名曰"底层写作"，实则是对底层苦难生活的极度扭曲与漠视，是对底层人性的侮辱。

总之，"底层写作"的提出、兴起与推动，以及随之而来的异议、批评与反对，是近几年文学界的一个热点。引起争论的是"底层写作"，但具体涉及的是文学的一些基本问题以及中国社会转型期文学发展的路向问题。中国人对现实主义的偏爱，部分是由于它对中国社会中"别人"的关注，在历史上这些"别人"被剥夺了发言的权力。在某种意义上，将这个被忽略的群体纳入严肃文学的视野里，对改变中国社会的结构十分重要。这里所说的"改变"，是"底层写作"的倡导者与支持者强调得最多的"现实意义"。然而，这一新的审视也要冒作家与他的对象——可见的但又是沉默的"别人"——分离的危险。

2. 试析新时期以来中国"新历史小说"的基本追求和发展概况。［北京师范大学2011年研］

答：新旧世纪交替的特殊时刻，急剧变化的社会现实，多元而泛滥的文化现状，迫使90年代的知识分子睁着迷惘的目光回过头去追寻历史，企图在对历史的再审视与反省中，总结过去，展望未来。新历史小说在90年代的小说叙事中，无可争辩地成为一个文化亮点。几乎所有风行于90年代的稍有名气的作家都涉足过历史题材，如格非的《迷舟》《大年》，苏童的《妻妾成群》《米》，叶兆言的"夜泊秦淮"系列，余华的《鲜血梅花》，刘震云《故乡天下黄花》等。这些小说虽然名为"历史"，却不同于以再现真实的历史事件和历史人物为宗旨的"历史小说"，而"借历史的躯壳来复活作家心目中的文化精魂"。

(1)自由的、反传统的抒写

相对于20世纪50、60年代的"革命历史小说"和90年代的正史小说，新历史小说作家们近乎偏执地想颠覆渗透于前者中的历史观念。他们用全新的手法反其道而行之，抒写带有强烈主观性、循环性、偶然性的历史，他们这种反传统的抒写主要表现在以下几个方面：

①民间视角，个人体验的强调

新历史小说所要表现的是具有"野史"意味的历史，是"经过作家们的思想过滤和心灵折射的历史印象"。民间视角便不可避免地成为新历史小说作家们首选的叙事视角。格非的《青黄》《风琴》，苏童的《妻妾成群》《米》、叶兆言的《追月楼》、须兰的《宋朝故事》、廉声的《月色狰狞》等，都是采用的民间视角。他们关心的是历史在演变过程中对个体生命、对百姓生存的影响。《青黄》中的九姓渔户"张"习惯了在河上漂流的"妓女"生活，新社会的到来虽然结束了他们漂泊无依的生活，同时也结束了他蓬勃张扬的生命力，使他在新生活中死去。叶兆言没有在《追月楼》中描述火热的抗日场面，娓娓讲述的却是丁家每个人的命运如何在日军入侵中得以改写：心高气傲、誓守晚节的丁老太爷在儿孙们的不争气中晚节不保；残酷的战争却给小文带来了好运，让她在丁家终于获得了一席之位；伯祺在家境艰难之下不得不重新工作，甚至为了生存与无赖流氓小文爸爸同桌喝酒……

②边缘人物，非史资料的撰写

新历史小说是以逆反的姿态走上20世纪文坛的。不同于传统历史小说中的官方意识，新历史小说更喜欢采用民间视角，强调个人体验。对应于这种强烈的“自我”体验的抒发，新历史小说不同于以往历史小说，把官方人物或在历史上有所记录的名人特别是正面人物作为故事的主角，而往往把土匪、地主、罪犯妓女等社会边缘人物作为自己描写的正面对象；构成小说故事的也往往不是正史书籍中所提供的材料，而纯粹是一种个人的自我生活体验。作者打破了传统历史小说中将人物性格与其社会角色相混同的思维模式，抛弃了简单地以“好”与“坏”来定义人物的审美定式，展示了这些边缘人物被历史身份所遮掩的正常人性，表现出人性的复杂丰富性。如果说《妻妾成群》中的颂莲对梅珊的同情理解表现了一个女学生天性中的善良的话，她对雁儿残忍的报复则体现了她性格中狠毒的一面。新历史小说中的人物很难简单地定义为“好”或“坏”，我们只能说他(她)们是一个个复杂体，而恰恰是这份“复杂”还原了历史的真实，道出了人物最真实的人性。

③叙述空缺，再现原则的瓦解

中国传统历史小说在叙事结构上多采用朝代更替、顺时发展的时序逻辑，类似于编年体史书；采用简练而缺乏想象的文字，对英雄行为进行密集、穿插的叙述，结构繁杂散漫，缺少聚焦。流行于50、60年代的“革命历史小说”也延续了这一史传传统。而新历史小说却从这一传统中突围而出，强调历史的审美性和想象性，打破了以往历史叙事的时序、因果、整体化结构，采用了回忆、联想、蒙太奇、抒情等多样叙述手段。特别的是他们的历史叙说是残缺不全的，是“借某个历史框架甚至是历史虚拟，来诠释变化无常的历史表象背后的人性法则，来表现生存意志和情感需求的历史内涵，来升华那种根植于现实地基上的历史幻想”。像余华的《鲜血梅花》《古典爱情》，根本无“历史”可言，仅仅是以“古代”作为时间标记，仅仅是摄取一道历史布景为其自由的抒写提供一种可能而已。格非的《风琴》在真切实在的历史事件后，却突然得出了意外的结局。须兰的《宋朝故事》采用蒙太奇的手段，让宋朝郡王、民国书生两个看似不相干的故事互为依存、交叉闪现。

(2)虚无的、非理性的历史

在传统历史小说中，历史往往是不可更改的客观存在，作者只能从自己的时代出发，对这个客体存在进行重新观照，挖掘出历史的新含义；而新历史小说家们眼中的历史却常常是随意的，是可以不断更新的过程。正如卡尔所说“历史是现在与过去的对话”，新历史小说作家认为，历史不是恒定不变的客体，其形成过程是千变万化的，历史真实只有在心灵与过去的沟通中才能逐渐展现。不同于传统历史小说的再现历史，在新历史小说里，历史真相是无关紧要的，重要的是在历史的叙说中，传达一种历史意识，一种历史情绪，追寻历史的本相过程才是历史的真正意义。格非的《青黄》与余华的《鲜血梅花》就典型地表现了这种历史观念。《鲜血梅花》写阮海阔在为父报仇的过程中，一次次与仇敌及知情者失之交臂，最后终于得知仇人姓名时，仇人却已被别人杀死，而杀死仇人的正是当初延误阮海阔报仇之人。这篇小说算不上是一个真正的历史小说，历史仅仅是可供写作的一种虚拟空间。但它却道出了某种历史本质：历史真实在不断的寻找中失去、得到、得到、失去，在这个循环轮回的过程中，历史本相已退为次要，不断追寻真相的行为本身体现了历史的真正意义。《青黄》通过对“青黄”一词的考证折射出了作者对历史存在的看法，叙说者孜孜追寻的“青黄”的历史真相，在经过千辛万苦的考证后，先是变成了一条狗的名字，最后竟演变成了一种植物的名称，词义的不断变化表现了历史的不确定性，也表现出了新历史小说的历史观念。

3. 请以“茅盾文学奖”为例，分析当代文学评价标准的现实主义特色。［中国传媒大学2010年研］

答：“茅盾文学奖”是根据提倡现实主义创作的中国原作协主席茅盾的遗嘱而设立的。“茅盾文学奖”由中国作家协会主办，每四年评选一次。参评作品需为字数在13万以上的长篇小说。评奖标准由试图引导国家主流文艺思想的中国作协划定，评选委员多是作协领导以及现实主义文学作家。因此，茅盾文学奖主要关注的是现实主义文学。茅盾文学奖对当代文学评价标准的现实主义特色为：

（1）用文学去分析、研究社会现实

“茅盾文学奖”认为文学是分析与研究社会的手段，为人们提供了特定时代丰富多彩的社会历史画面，具有很高的认识价值。例如，曾获得“茅盾文学奖”的路遥的作品《平凡的世界》，就具有鲜明的现实主义特色。这是一部全景式地表现中国当代城乡社会生活的长篇小说。作者在近十年间广阔社会背景上，通过复杂的矛盾纠葛，刻画了社会各阶层众多普通人的形象。劳动与爱情，挫折与追求，痛苦与欢乐，日常生活与巨大的社会冲突，纷繁地交织在一起，深刻地展示了普通人在大时代历史进程中所走过的艰难曲折的道路。小说以陕北黄土高原双水村孙、田、金三家的命运为中心，反映了从“文革”后期到改革初期广阔的社会面貌。这对于人们去认识那段深深影响中国命运的历史阶段仍然具有启发意义。

（2）富有人道主义关怀

“茅盾文学奖”遵循的现实主义以人道主义为思想武器，鼓励作家深刻地揭露与批判社会的不公，同情下层人民的苦难。例如，《许茂和他的女儿们》以1979年冬天四川一个偏僻农村的社会生活为背景，通过老农许茂和他的女儿们的生活故事，真实地揭露了“文革”给农业生产带来的灾难性破坏和在农民精神上造成的严重创伤，深刻地反映了70年代风云变幻的社会面貌，并预示了结束动乱之后必将出现的光明、美好的前景。这部小说逐渐脱离了之前单纯的政治目标和强调的教化功能小说模式，充满人文关怀地对人的内心痛苦、情感要求、思想矛盾等与人性相关的问题加以反映和表现。小说以一个家庭的矛盾纠葛和人物性格的变化来反映整个社会的动荡和时代的足迹，塑造了典型环境里的典型人物。

（3）对人的命运与前途的深切关怀

现实主义文学要求作品关心社会文明发展进程中的生存处境问题，表现出作家对人的命运与前途的深切关怀。例如《穆斯林的葬礼》就是一部人类心灵的史诗。小说讲述了一个穆斯林家族六十年间的兴衰，三代人命运的沉浮，两个发生在不同时代、有着不同内容却又交错扭结的爱情悲剧。这部五十余万字的长篇，以独特的视角、真挚的情感、丰厚的容量、深刻的内涵、冷峻的文笔，宏观地回顾了中国穆斯林漫长而艰难的足迹。小说揭示了他们在华夏文化与穆斯林文化的撞击和融合中独特的心理结构，以及在政治、宗教氛围中对人生真谛的困惑和追求，塑造了梁亦清、韩子奇、梁君璧、梁冰玉、韩新月、楚雁潮等一系列栩栩如生、血肉丰满的人物，展现了奇异而古老的民族风情和充满矛盾的现实生活。作品含蓄蕴藉，如泣如诉，以细腻的笔触拨动读者的心灵，曲终掩卷，荡气回肠，余韵绕梁，具有浓厚的生命意识和对人类命运的思考。

总之，当代文学评价标准的主流依然是现实主义特色，作为中国文学最高奖的“茅盾文学奖”遵循现实主义的评奖标准，历届获奖作品无不体现出现实主义的特色，而这也符合国家将现实题材长篇小说创作纳入“主旋律”的文化战略。